Ethnopsychotherapie

Forum der Psychiatrie

Herausgegeben von
Johann Glatzel, Helmut Krüger
und Christian Scharfetter

Neue Folge 26

Ethnopsychotherapie

Psychotherapie mittels außergewöhnlicher
Bewußtseinszustände in
westlichen und indigenen Kulturen

Herausgegeben von
Adolf Dittrich und Christian Scharfetter

7 Abbildungen, 17 Tabellen

 Ferdinand Enke Verlag Stuttgart 1987

Privat-Dozent Dr. Adolf Dittrich
Im Ahorn 14
CH-8125 Zollikerberg

Professor Dr. med. Christian Scharfetter
Psychiatrische Universitätsklinik Zürich,
Burghölzli, Forschungsdirektion
Postfach 68
CH-8029 Zürich 8

CIP-Kurztitelaufnahme der Deutschen Bibliothek

Ethnopsychotherapie : Psychotherapie mittels
aussergewöhnl. Bewußtseinszustände in westl. u.
indigenen Kulturen / hrsg. von Adolf Dittrich u.
Christian Scharfetter. – Stuttgart : Enke, 1987.
    (Forum der Psychiatrie ; N.F., 26)
    ISBN 3-432-95901-X

NE: Dittrich, Adolf [Hrsg.]; GT

Wichtiger Hinweis

Medizin als Wissenschaft ist ständig im Fluß. Forschung und klinische Erfahrung erweitern unsere Kenntnisse, insbesondere was Behandlung und medikamentöse Therapie anbelangt. Soweit in diesem Werk eine Dosierung oder eine Applikation erwähnt wird, darf der Leser zwar darauf vertrauen, daß Autoren, Herausgeber und Verlag größte Mühe darauf verwandt haben, daß diese Angabe genau dem Wissensstand bei Fertigstellung des Werkes entspricht. Dennoch ist jeder Benutzer aufgefordert, die Beipackzettel der verwendeten Präparate zu prüfen, um in eigener Verantwortung festzustellen, ob die dort gegebene Empfehlung für Dosierungen oder die Beachtung von Kontraindikationen gegenüber der Angabe in diesem Buch abweicht. Eine solche Prüfung ist besonders wichtig bei selten verwendeten Präparaten oder solchen, die neu auf den Markt gebracht worden sind.

Geschützte Warennamen (Warenzeichen) werden nicht besonders kenntlich gemacht. Aus dem Fehlen eines solchen Hinweises kann also nicht geschlossen werden, daß es sich um einen freien Warennamen handelt.

© 1987 Ferdinand Enke Verlag, P.O. Box 1304, D-7000 Stuttgart 1 – Printed in Germany

Satz und Druck: Druckerei Neubert, Bayreuth
Schrift: Times 10/11

6 5 4 3 2

Vorwort

Dieses Buch „Ethnopsychotherapie" behandelt Heilungsverfahren, besonders Psychotherapieformen verschiedener Kulturen. Es beschäftigt sich also mit einem speziellen Teil der interkulturell vergleichenden, transkulturellen Psychiatrie und Psychologie.

Die Idee dazu entstand in vielen Diskussionen der Herausgeber über außergewöhnliche Bewußtseinszustände ABZ („non-ordinary states of consciousness"') bzw. veränderte Wachbewußtseinszustände VWB („altered states of consciousness").

Eine nähere Beschäftigung mit diesem Gegenstand ohne Berücksichtigung indigener Kulturen ist nicht möglich. In diesen Kulturen erfolgt die institutionalisierte Erzeugung von ABZ in der Regel in dem kaum trennbaren Komplex von Religion, Magie und Heilbehandlung vor allem psychischer oder psychosomatischer Störungen. Psychotherapie mittels außergewöhnlicher Bewußtseinszustände findet sich aber auch in westlichen Psychotherapieformen – wobei diese z.T. sogar mehr oder weniger direkt aus indigenen Verfahren erwachsen sind, ähnlich wie viele westliche Medikamente ihren Ursprung in der indigenen oder früheren westlichen Verwendung bestimmter Heilpflanzen haben. Unter solchen Gesichtspunkten erscheint es sinnvoll, indigene und westliche Psychotherapieformen in einem Band zusammenfassend gegenüberzustellen. Die Autorinnen und Autoren dieses Bandes – aus den verschiedensten wissenschaftlichen Disziplinen wie Ethnologie und Anthropologie einerseits, Psychiatrie, Psychologie und Biochemie andererseits –, die wir zur Teilnahme eingeladen haben, sind darauf durchweg mit Enthusiasmus eingegangen. Sie haben speziell für dieses Buch eine Arbeit verfaßt, in der sie z.T. jahrzehntelange eigene Forschungen referieren. Wir möchten ihnen auch an dieser Stelle sehr danken.

Die Übersetzung der englischsprachigen Texte von *D. Akstein, S.R. Lankton, E. Pressel* und *M. Richeport* besorgte Frau *Marina Prins,* die der Arbeiten von *M. Califano, A. Idoyaga Molina* und *A.A. Perez Diez* aus dem Spanischen führte Frau *Carlota Romero* durch. Beiden gebührt unser Dank. Die Übersetzung der Texte von *S. Grof, G.S. Hehr, W.G. Jilek* und *P. Suedfeld* sowie die Zusammenfassungen der Arbeiten von *G. Baer, M. Califano, A. Idoyaga Molina, A.A. Perez Diez, S. Grof, W.G. Jilek* und *E. Pressel* erfolgte durch die Herausgeber, die dafür allein verantwortlich sind. Frau Dr. *Marlis Kuhlmann* vom Enke Verlag möchten wir dafür danken, daß sie unser Konzept bereitwillig aufgegriffen und viel zu seiner Verwirklichung beigetragen hat. Wir danken auch Frau Dr. *Maja Maurer,* die in vieler Hinsicht half.

Last but not least gebührt unser Dank Fräulein *Monika Birchler,* die in aufopferungsvoller Weise unter schwierigen Bedingungen die umfangreiche Korrespondenz und die Reinschrift für den Druck erledigte sowie in vielen editorischen Angelegenheiten half.

Zürich, im Herbst 1986   Die Herausgeber

Inhalt

Einführung

A. Dittrich und *C. Scharfetter*

Dieses Buch ist als Ergänzung zu dem von *Pfeiffer* und *Schoene* (1980) beim Enke-Verlag herausgegebenen Band über „Psychopathologie im Kulturvergleich" zu betrachten, weil hier transkulturelle Aspekte der Psychotherapie im Vordergrund stehen, die dort nur kurz behandelt werden konnten.

Eine solche „Ethnopsychotherapie-Forschung" kann unter verschiedenen Gesichtspunkten angegangen werden. Einmal ist es möglich, ausgehend von den heutigen westlichen Psychotherapieformen verwandte Erscheinungen in indigenen Kulturen zu suchen und die Unterschiede und Gemeinsamkeiten näher herauszuarbeiten. Der umgekehrte Weg besteht darin, von indigenen Heilverfahren auszugehen, um danach analoge westliche Psychotherapieformen zu betrachten. Beide Ansätze dürften sich überschneidende, aber nicht identische Ergebnisse liefern. In diesem Buch wird der zweite, eher ungewöhnliche Weg gewählt, weil wir der Ansicht sind, daß der so erzeugte „Verfremdungseffekt" zu neuen, fruchtbaren Fragestellungen der westlichen Psychotherapieforschung beitragen könnte.

Schon ein oberflächlicher Blick auf indigene Heilverfahren – eine Trennung in Somato – und Psychotherapie ist hier nur selten eindeutig gegeben – zeigt, daß solche Verfahren in der Regel mit speziellen Bewußtseinszuständen einhergehen. Solche Zustände werden in der westlichen Kultur unter verschiedenen Bezeichnungen abgehandelt. Sie reichen von Trance, Ekstase, Besessenheit, Monoideismus, Hysterie usw. bis hin zu heute eher gebräuchlichen wie außergewöhnliche Bewußtseinszustände (ABZ, „non-ordinary states of consciousness") oder veränderte Wachbewußtseinszustände (VWB, „altered states of consciousness").

Der berühmteste Satz, der wohl jemals über solche Zustände geschrieben wurde, stammt von *William James* (1902/1929):

„One conclusion was forced upon my mind at that time, and my impression of its truth has ever since remained unshaken. It is that our normal waking consciousness, rational consciousness as we call it, is but one special type of consciousness, whilst all about it, parted from it by the filmiest of screens, there lie potential forms of consciousness entirely different. We may go through life without suspecting their existence; but apply the requisite stimulus, and at a touch they are all there in all their completeness, definite types of mentality which probably somewhere have their field of application and adaptation."

Solche außergewöhnlichen Bewußtseinszustände heben sich als kurzfristige Verlaufsgestalten vom Hintergrund eines aus der Sicht der westlichen Kultur allein „normalen", „rationalen" Wachbewußtseins ab. Sie werden willkürlich selbst erzeugt oder ihre Fremd-Induktion, z.B. durch Heiler, wird zugelassen. Die Kriterien „Kurzfristigkeit" und „Freiwilligkeit" unterscheiden außergewöhnliche Bewußtseinszustände im Sinne dieses Buches von der weitaus überwiegenden Anzahl psychischer Störungen, die durch Erkrankungen und/oder widrige soziale Umstände (z.B. Isolation) aufgezwungen sind und zudem meist länger dauern.

Die Wertung solcher Zustände in der heutigen westlichen Kultur ist sehr unterschiedlich. Auf der einen Seite werden sie nach den geltenden westlichen Normen abwertend als „anders", irrational, fremdartig, abnorm oder pathologisch charakterisiert, was die westliche Sicht der Realität impliziert (*Weber,* 1920). Dies gilt auch für manche Mitglieder der „scientific community", nach deren traditionellen Normen das „Irrationale", zu dem auch die außergewöhnlichen Bewußtseinszustände gehören, im allgemeinen abgewertet wird oder unbeachtet bleibt (*Duerr,* 1981a, 1981b). Andererseits findet sich seit etwa Anfang der sechziger Jahre eine zunehmende Anzahl von Angehörigen der westlichen Kultur, die im Widerspruch zu deren Wertvorstellungen außergewöhnliche Bewußtseinszustände als positiv betrachten, als Selbstzweck anstreben und gelegentlich bei sich selbst erzeugen. Dies hat auch zu einer Flut pseudowissenschaftlicher Arbeiten geführt, die auf der neuen „Irrationalismuswelle" reiten.

In den meisten indigenen Kulturen gelten außergewöhnliche Bewußtseinszustände als wertvoll. In ihnen wird nämlich die Erzeugung von außergewöhnlichen Bewußtseinszuständen bei bestimmten sozialen Anlässen sogar institutionell gefordert. Dies zeigt die Arbeit von *Bourguignon* (1973), welche die Verbreitung der Institutionalisierung von außergewöhnlichen Bewußtseinszuständen in verschiedenen Kulturen statistisch untersuchte. Sie ging dabei vom „Ethnographic Atlas" (*Murdock,* 1967) aus. Ihre Ergebnisse an einer repräsentativen Stichprobe von 488 Ethnien zeigt die nachfolgende Tabelle 1.

Tabelle 1 Institutionalisierte Formen außergewöhnlicher Bewußtseinszustände: Vorkommen in den hauptsächlichen ethnologischen Regionen (nach *Bourguignon,* 1973, p. 10).

	Anzahl untersuchter Gesellschaften	Anzahl *mit* institut. veränderten Bewußtseinszuständen	Anzahl *ohne* institut. veränderte Bewußtseinszuständen
Afrika südlich der Sahara	114	94 (82 %)	20 (18 %)
Mittelmeerraum	44	35 (80 %)	9 (20 %)
Osteurasien	65	61 (94 %)	4 (6 %)
Pazifik-Inseln	86	81 (94 %)	5 (6 %)
Nordamerika	120	116 (97 %)	4 (3 %)
Südamerika	59	50 (85 %)	9 (15 %)
gesamt	488	437 (90 %)	51 (10 %)

Danach sind also in 90 % der untersuchten Kulturen außergewöhnliche Bewußtseinszustände institutionalisiert. Dies ist nach *Bourguignon* (1973) vor allem in dem bei indigenen Kulturen nicht trennbaren Komplex von Religion, Magie und – worauf es in diesem Buch besonders ankommt – Heilbehandlung der Fall.

In indigenen Kulturen haben also außergewöhnliche Bewußtseinszustände ein unbestrittenes „field of application and adaptation" im Sinne des obigen Zitates von *W. James* inne.

Anders verhält es sich hingegen mit der hier interessierenden Verwendung von außergewöhnlichen Bewußtseinszuständen in westlichen Psychotherapieformen. Einerseits werden sie heute oft unkritisch als Gipfel oder Zukunft der Psychotherapie überhaupt betrachtet. Häufiger jedoch werden sie aus dem Blickwinkel der traditionellen Psychologie und Psychopathologie genauso unkritisch abgelehnt oder gar nicht einmal zur Kenntnis genommen.

Die beiden Herausgeber sind hingegen der Meinung, daß in Grenzbereichen wie dem hier behandelten neue Ansätze weder vorschnell als die „endgültige Lösung" betrachtet noch – weil sie traditionelle Ansichten bedrohen – vernachlässigt werden sollten. Dementsprechend hat dieses Buch auch zum Ziel, die Diskussion über außergewöhnliche Bewußtseinszustände zu versachlichen.

Weiterhin will es dazu beitragen, die verschiedenen westlichen Ansätze zur Psychotherapie mittels außergewöhnlicher Bewußtseinszustände einander näher zu bringen. Wie auch Arbeiten in diesem Buch zeigen, besteht heute noch ein Mangel an Kommunikation zwischen den verschiedenen Forschungsansätzen. So scheinen manche methodischen Probleme, die bei der Verwendung bestimmter Verfahren bereits weitgehend gelöst sind, in anderen Bereichen noch Schwierigkeiten zu bereiten.

Last but not least bietet dieses Buch durch die Vielfältigkeit der dargestellten psychotherapeutischen Ansätze Beiträge zur „common-factor"-Forschung in der Psychotherapie.

Die „common-factor"-Forschung fragt in einer kulturübergreifenden Perspektive nach gemeinsamen Wirkungsbereichen in verschiedenen psychotherapeutischen Heilprozeduren. In einer Zusammenfassung verschiedener vorangehender Autoren und in eigenen interpretativen Ansätzen arbeitete *Frank* (1981) die Wirkung gegen die Demoralisierung, das Gefühl von Ausgesetztsein, Ohnmacht, Selbstaufgabe des Klienten als Grundwirkung vieler Heilverfahren heraus. Wirkfelder daraufhin sind:

1. Handlungen (z.B. Beten, Sprechen, Berühren, Verhaltensvorschriften),
2. Emotionen (Heilserwartung, Hoffnung, Vertrauen, besseres Selbstbewußtsein),
3. Kognitionen (Krankheitsvorstellungen, Konzepte zur Entstehung und Behandlung, Umdefinition der Annahmenwelt des Patienten, korrektives Lernen).

Die Interpretation solchen Umlernens als neurophysiologisch-lerntheoretischen Vorgang schlug *Sargant* (1957) vor. *Jilek* (1976) erörtete die Mechanismen von De- und Neuprogrammieren am Beispiel von Heilritualen nordwestamerikanischer Indianer.

Roesing (1985) hat eine weitere Differenzierung des kognitiven Wirkungsbereiches vorgeschlagen: Intrapersoneller Wissenskreis (um den Leib, die Psyche, die Person, die Biographie), interpersoneller Wissenskreis (soziale und ökonomische Belange), transpersoneller Wissenskreis (Anthropologie, Kosmologie, Religion, Ethik) von Heiler und Patient treten in eine Interaktion, welche beim Patienten eine Korrektur, Erweiterung, Perspektivenänderung zu neuer Sinnverknüpfung bewirken.

Sinnschöpfung und -verknüpfung geschieht in Symbolen als sematischen und energetischen Trägern der Heilungsinteraktion (symbolische Heilung). Integrativer Einbau von Krankheitserleben bedeutet im besten Falle Versöhnung mit dem eigenen Schicksal, der eigenen Sozialgruppe, dem transpersonalen Bereich.

Veränderte Wachbewußtseinszustände ermöglichen eine Perspektivenänderung (kognitive Wandlung) in den genannten Wissenskreisen und bereiten eine Neuorientierung vor, oft mit einer gewichtigen emotionalen Erfahrung: der der Neugeburt nach dramatischen katarthischen Erlebnissen. Das Handlungsgeschehen im Heilritual ist wegbereitend, stützend, strukturierend, bahnend, auffangend und richtunggebend.

Das Buch gliedert sich in drei Teile.

Im ersten Teil werden Grundlagen dargestellt. Es wird zunächst eine Übersicht über wichtigere Verfahren zur Auslösung von veränderten Bewußtseinszuständen gegeben. Danach wird die Frage behandelt, ob außergewöhnliche Bewußtseinszustände unabhängig von der Art ihrer Entstehung im Kern etwas Invariantes gemeinsam haben und wie dieses im Einzelnen aussieht. Bedingungsspezifische Phänomene und die Modifikation von außergewöhnlichen Bewußtseinszuständen durch kulturelle Faktoren werden erwähnt.

Im zweiten Teil werden Beispiele für indigene Heilbehandlungen mittels außergewöhnlicher Bewußtseinszustände und die ihnen zugrundeliegenden Krankheitskonzepte gegeben. Geographisch umfaßt die Spannweite indigene Kulturen auf dem gesamten amerikanischen Kontinent, in der Karibik, in Äquatorial-Westafrika und in Asien. Eingebettet in die jeweiligen indigenen Heilrituale wird die Verwendung von ,,heiligen Pflanzen", Meditation, Yoga, Hypnose, ,,Reizüberflutung" sowie weiterer Techniken zur Auslösung von außergewöhnlichen Bewußtseinszuständen betrachtet.

Der dritte Teil beschäftigt sich schließlich mit der Verwendung von außergewöhnlichen Bewußtseinszuständen in der westlichen Psychotherapie. Diskutiert wird zunächst der Gebrauch von Halluzinogenen in der psycholytischen und psychedelischen Therapie. Danach werden Psychotherapieformen besprochen, bei denen Reizentzug im weitesten Sinne eine Rolle spielt. Hierher gehören diejenigen durch ,,herabgesetzte Umweltstimulation", autohypnotische Verfahren wie Meditationstechniken und das Katathyme Bilderleben wie auch manche Formen der Heterohypnose. Die Entstehung einer westlichen Psychotherapieform aus indigenen Verfahren wird besonders deutlich im Kapitel über die Verwendung von Reizüberflutung.

Literatur

Bourguignon, E. (ed.): Religion, altered states of consciousness, and social change. Ohio State University Press Columbus, Ohio, 1973

Duerr, H.P. (Hrsg.): Der Wissenschaftler und das Irrationale. Erster Band: Beiträge aus Ethnologie und Anthropologie. Syndikat, Frankfurt a.M. 1981a

Duerr, H.P. (Hrsg.): Der Wissenschaftler und das Irrationale. Zweiter Band: Beiträge aus Philosophie und Psychologie. Syndikat, Frankfurt a.M. 1981b

Frank, J.D.: Die Heiler. Klett-Cotta, Stuttgart, 1981

James, W.: The varieties of religious experience. Modern Library, New York, 1902/1929

Jilek, W.G.: ,,Brainwashing" as a therapeutic technique in contemporary Canadian Indian Spirit Dancing: A case of theory building. in: *Westermeyer, J.* (1976)

Murdock, G.P.: Ethnographic atlas. University of Pittsburgh Press, Pittsburgh 1967

Pfeiffer, W.M., Schoene, W. (Hrsg.): Psychopathologie im Kulturvergleich. Enke, Stuttgart 1980

Roesing, J.: Ethno-psychotherapeutische Forschung in den Hoch-Anden Boliviens. Arbeitsbericht zuhanden der Robert-Bosch-Stiftung 1985

Sargant, W.: Battle for the mind. Pan Books, London 1957

Weber, M.: Gesammelte Aufsätze zur Religionssoziologie, Band 1. Mohr, Tübingen 1920

Westermeyer, J. (ed.): Anthropology and mental health: Setting a new course. Mouton, Hague 1976

1 Grundlagen

1.1 Bedingungen zur Induktion außergewöhnlicher Bewußtseinszustände

A. Dittrich

Zusammenfassung

Es wird eine Übersicht über die wichtigeren Bedingungen gegeben, unter denen außergewöhnliche Bewußtseinszustände (ABZ) auftreten können. Solche Induktionsmethoden lassen sich im wesentlichen in vier Typen gruppieren:

1. Halluzinogene I. Ordnung. Dazu zählen z.b. LSD, Meskalin, Psilocybin, N,N-Dimethyltryptamin (DMT) und Δ^9-THC.

2. Halluzinogene II. Ordnung. Die Wirkung dieser Substanzen ist stärker als bei denen I. Ordnung durch eine Bewußtseinstrübung und seltener durch szenisch-optische Halluzinationen gekennzeichnet. Hierher gehören Scopolamin, Stickoxydul (Lachgas) oder Muscimol.

3. Reduktion der Umweltstimulation bzw. des Umweltkontaktes im weitesten Sinne. Zu nennen sind hier die sensorische Deprivation i.w.S., hypnagoge Zustände, hetero- und autohypnotische Zustände einschließlich bestimmter Meditationsverfahren.

4. Erhöhung der Umweltstimulation bzw. des Umweltkontaktes. Dabei lassen sich im wesentlichen zwei Formen unterscheiden, nämlich eine intensive monoton-rhythmische Stimulation verschiedener Sinnesorgane und eine Reizüberflutung durch sehr variable Stimuli.

Hinzu kommen verschiedene Kombinationen der erwähnten Induktionsarten sowie weitere, in die erwähnte Systematik schwer einzuordnende Verfahren wie der Schlafentzug und die Hyperventilation.

Einleitung

Es gibt eine Vielzahl von Bedingungen, unter denen außergewöhnliche Bewußtseinszustände (ABZ bzw. VWB) im Sinne dieses Buches auftreten können. Einige von ihnen – und zwar vor allem diejenigen, die auch in westlichen Subkulturen eine bedeutende Rolle spielen – wurden auch experimentell untersucht. Wie aber historische und ethnologische Berichte zeigen, sind ABZ insgesamt besonders im Hinblick auf die Modifikation ihrer Wirkung durch kulturelle, situative und persönlichkeitsspezifische Faktoren noch schlecht erforscht. Die meisten der auch experimentell genauer bekannten Stimuli zur Auslösung außergewöhnlicher Bewußtseinszustände lassen sich zwanglos in zwei große Typen einteilen, nämlich einen pharmakologischen und einen psychologischen Typus, wobei einige weitere Bedingungen schwer einzuordnen sind. Auch eindeutig als „psychologisch" und „pharmakologisch" zu klassifizierende Stimulustypen sind nicht unbedingt disjunkt, da nach den heute üblichen Betrachtungsweisen des Leib-Seele-Problems psychologische mit somatischen Veränderungen einhergehen und umgekehrt.

In Tabelle 1 wird eine Übersicht über die bekannteren Bedingungen zur Auslösung von ABZ gegeben.

Tabelle 1   Systematik wichtiger Verfahren zur Auslösung von außergewöhnlichen Bewußtseinszuständen

1. Pharmakologische Stimuli
   1.1. Halluzinogene I. Ordnung
      1.1.1. Phenyläthylamin-Derivate
         (z.B. Meskalin)
      1.1.2. Indol-Derivate
         (z.B. N,N-Dimethyltryptamin (DMT), Psilocybin, Ibogain, d-Lysergsäurediäthylamid [LSD])
      1.1.3. Dibenzpyran-Derivate
         (z.B. (−)-Δ^9-trans-Tetrahydrocannabinol (Δ^9-THC))
   1.2. Halluzinogene II. Ordnung
      1.2.1. Isoxazol-Derivate
         (z.B. Muscimol)
      1.2.2. Indol-Derivate
         (z.B. d-Lysergsäureamid, Lysergsäure-Hydroxyäthylamid)
      1.2.3. Tropan-Derivate
         (z.B. Scopolamin, l-Hyosciamin)
      1.2.4. Andere chemische Struktur
         (z.B. Phencyclidin, Ketamin, Stickoxydul [Lachgas])
2. Psychologische Verfahren
   2.1. Herabgesetzte Variabilität des Wahrnehmungsfeldes bei herabgesetzter oder normaler Intensivität
      2.1.1. Sensorische Deprivation i.w.S.
         2.1.1.1. Sensorische Deprivation i.e.S.
         2.1.1.2. Perzeptive Deprivation
      2.1.2. Hypnagoge und hypnopompe Zustände
      2.1.3. Hetero- und autohypnotische Techniken
         2.1.3.1. Heterohypnotische Techniken
         2.1.3.2. Autohypnotische Entspannungsverfahren
            (z.B. Autogenes Training, Meditationstechniken)
   2.2. Erhöhte Rhythmizität oder Variabilität des Wahrnehmungsfeldes
      2.2.1. Intensive Rhythmizität des Wahrnehmungsfeldes
      2.2.2. Erhöhte Variabilität des Wahrnehmungsfeldes bei normaler oder erhöhter Intensität
   2.3. Weitere Stimuli zur Auslösung von ABZ
      2.3.1. Einzelstimuli
         (z.B. Schlafentzug, Hyperventilation)
      2.3.2. Kombination verschiedener Verfahren

Die in Tabelle 1 zusammengefaßten auslösenden Stimuli sollen im folgenden kurz beschrieben werden, wobei experimentelle Ergebnisse im Vordergrund stehen. Detailliertere Angaben auch bezüglich der Literatur finden sich bei *Dittrich* (1985 a).

Stimuli zur Auslösung von außergewöhnlichen Bewußtseinszuständen

Pharmakologische Stimuli

Die Kerngruppe von Substanzen, deren Applikation regelmäßig ohne bedeutende körperliche Begleiterscheinungen zu ABZ führt, wird meist unter dem Begriff Halluzinogene subsummiert (vgl. z.B. *Leuner,* 1962, 1981; *Stafford,* 1977). Gruppen verschiedener Halluzinogene sind nur ziemlich unscharf abgrenzbar, was dazu führt, daß die verschiedenen Systematiken der Halluzinogene beträchtliche Unterschiede aufweisen. Zumindestens im deutschen Sprachbereich hat sich die Einteilung von *Leuner* (1962, 1981) durchgesetzt, welcher Halluzinogene I. von solchen II. Ordnung unterscheidet. Der Hauptunterschied zwischen den beiden Gruppen besteht darin, daß diejenigen II. Ordnung seltener strukturierte optische halluzinatorische Phänomene, dafür aber eine stärkere Bewußtseinstrübung hervorrufen. Eine differenziertere Einteilung der Halluzinogene nach ihrer psychischen Wirkung ist vorläufig kaum möglich und wird deshalb nach der chemischen Struktur durchgeführt.

Halluzinogene sind größtenteils pflanzliche Produkte oder deren chemische Derivate (*Schultes* und *Hofmann*, 1973, 1980). Der Gebrauch von halluzinogenhaltigen Pflanzen hat in indigenen Kulturen eine beträchtliche Bedeutung, wie z.B. die Übersicht von *Blum* (1970) zeigt. Die wissenschaftliche Erforschung halluzinogener Substanzen begann in der Mitte des vergangenen Jahrhunderts. Meilensteine sind die Arbeiten von *J.J. Moreau de Tours* (1845/1973), *Ernst Freiherr von Bibra* (1855), *Carl von Hartwich* (1911), *Louis Lewin* (1927), *Kurt Beringer* (1927), *Stoll* und *Hofmann* (1943) und *Stoll* (1947).

Halluzinogene I. Ordnung

Die Halluzinogene I. Ordnung werden nach ihrer chemischen Struktur vor allem in Phenyläthylamin-Derivate, Indol-Derivate und Dibenzpyran-Derivate eingeteilt.

Phenyläthylamin-Derivate

Die chemische Struktur von Phenyläthylamin-Derivaten ist eng mit derjenigen der Neurotransmitter-Dopamin und Noradrenalin verwandt. Das wohl wichtigste Phenyläthylamin-Derivat ist *Meskalin* (3,4,5-Trimethoxyphenyläthylamin). Meskalin ist die hauptsächliche halluzinogene Wirksubstanz der Kaktee *Lophophora williamsii*, welche vor allem im Norden Mexicos und den angrenzenden Gebieten wächst. Auch weitere Kakteen, insbesondere der Gattung *Trichocereus* enthalten Meskalin, wobei die in den Anden wachsende Spezies *T. pachanoi* unter der dort üblichen Bezeichnung „San Pedro" am bekanntesten ist (*Schultes* und *Hofmann*, 1973, 1980). Meskalin wurde zuerst aus *Lophophora williamsii* isoliert und bereits früh synthetisch hergestellt (*Spaeth*, 1919).

Die Verwendung von *Lophophora williamsii* zur Erzeugung von ABZ hat in Mittelamerika eine lange Tradition. Sicher ist, daß bei der Ankunft der Konquistadoren der Gebrauch des Kaktus bei den Azteken, Tolteken und Chichimeken weit verbreitet war. Obwohl dieser „Peyotl-Kult" durch die Spanier brutal bekämpft wurde, starb er bei den Indianern Mexicos anscheinend nie völlig aus und läßt sich noch heute bei einer Anzahl von Stämmen dieses Bereiches nachweisen. Nach 1870 fand Peyote (heute übliche Bezeichnung für Peyotl) auch bei den nordamerikanischen Prärie-Indianern eine weite Verbreitung. In Kontakt mit dem Christentum entwickelte sich daraus um 1890 eine Religion, welche heute als „Native American Church" offiziell anerkannt ist und 250 000 Mitglieder hat (*La Barre,* 1970; *Gerber,* 1980).

Die Erforschung der psychischen Wirkung des Meskalins gipfelte in der bereits erwähnten Monographie von *Beringer* (1927). Die in experimentellen Untersuchungen am Menschen am häufigsten verwendeten Dosierungen liegen zwischen 50 und 500 mg bei oraler oder subkutaner Applikation. Die Wirkung beginnt etwa eine Stunde nach Applikation und dauert ca. acht Stunden. Chemisch verwandt mit dem Meskalin sind eine Reihe von methoxylierten Amphetamin-Verbindungen, aber auch das im Samen von *Myristica fragans,* der Muskatnuß, vorkommende Myristicin.

Indol-Derivate

Diese Halluzinogene I. Ordnung sind chemisch mit dem Neurotransmitter Serotonin (5-Hydroxytryptamin) verwandt. Sie lassen sich nach *Schultes* und *Hofmann* (1973) chemisch unterteilen in

a) Tryptamin-Derivate,
b) 4-Hydroxytryptamin-Derivate,
c) 5-Hydroxytryptamin-Derivate und
d) zyklische Tryptamin-Verbindungen.

Das wichtigste halluzinogene Tryptamin-Derivat ist *N,N-Dimethyltryptamin (DMT).* Es kommt in verschiedenen Pflanzengattungen vor, welche in Mittel- und Südamerika wachsen. Viele Indianerstämme, vor allem im nördlichen Amazonasbecken, stellen aus solchen Pflanzen halluzinogene Schnupfpulver her, welche inhaliert oder in die Nasenlöcher geblasen werden. Die Entdeckung dieses Brauches geht auf *Columbus* zurück, der auf seiner zweiten Reise nach Amerika beobachtete, daß die Eingeborenen auf Kuba ein Pulver schnupfen, das ihr Verhalten stark verändert. Zuerst wurde DMT von *Manske* (1931) synthetisiert. Die halluzinogene Wirkung des DMT entdeckte *Szara* 1956. Es zeigte sich, daß DMT bei oraler Applikation bis zu einer Dosis von 350 mg, wahrscheinlich sogar bis 1000 mg, keine psychotropen Effekte hat. Bei intramuskulärer Verabreichung in wäßriger Lösung als DMT-HCl treten dagegen deutliche Effekte bereits bei 50 bis 70 mg auf. Die Wirkung setzt zwei bis drei Minuten nach Applikation ein, hat ein Maximum nach zehn Minuten und ist in der Regel nach 60 Minuten völlig vorbei. Dies entspricht dem Verlauf, der in ethnologischen Berichten über die Wirkung der indianischen Schnupfpulver beschrieben wird. Verschiedene Homologe des DMT wurden inzwischen synthetisiert, von denen N,N-Diäthyltryptamin und N,N-Dipropyltryptamin am Menschen näher untersucht wurden. Die Wirkung dieser Substanzen tritt in der Regel später auf und dauert länger als bei DMT.

Die beiden wichtigsten halluzinogenen 4-Hydroxytryptamin-Derivate sind *Psilocybin* und *Psilocin,* welche zuerst von *Hofmann, Heim, Brack* und *Kobel* (1958) isoliert und synthetisiert wurden. Psilocybin und teilweise auch Psilocin kommen in verschiedenen Pilzen vor (*Singer,* 1978). Von besonderer Bedeutung sind dabei Arten der weltweit verbreiteten Gattung Psilocybe.

Die Chroniken der Konquistadoren Mexikos zeigen, daß die aztekischen Priester-Ärzte neben anderen heiligen Pflanzen auch das Teonanacatl, „Fleisch der Götter", bestehend aus Pilzen, bei religiösen Riten verwendeten. Die Spanier trieben den Pilzkult in den Untergrund. Er hielt sich aber, wie *Hofmann* in diesem Buch (Kapitel 2.1) zeigt, vereinzelt bis heute.

Psilocybin wirkt im Gegensatz zu DMT auch bei oraler Applikation. Die Dosierungen liegen überwiegend im Bereich von 50 bis 200 µg/kg Körpergewicht. Bei oraler Applikation treten die Effekte nach 30 Minuten auf, das Maximum ist meist nach einer Stunde erreicht und die Wirkung fünf bis sechs Stunden nach Applikation in der Regel abgeklungen.

Dem Psilocybin wird zugeschrieben, daß es Erlebnisse hervorruft, die den Erfahrungen von Mystikern verschiedener Kulturen entsprechen. Dieser Ruf dürfte auf seine Geschichte und das religionspsychologische Experiment von *Pahnke* (1963) zurückzuführen sein, der Theologiestudenten kurz vor dem Besuch einer Karfreitagsliturgie Psilocybin applizierte.

Psilocin hat ähnliche psychische Effekte wie Psilocybin. Das gleiche gilt auch für zu Psilocybin homologe, synthetisch hergestellte Verbindungen wie das 4-Hydroxy-N,N-Diäthyltryptamin (CZ 74) und das 4-Phosphoryloxy-N,N-Diäthyltryptamin (CEY 19), welche von *Leuner* und *Baer* (1965) am Menschen untersucht wurden.

Die *in Position fünf* substituierten Tryptamin-Derivate sind von besonderem theoretischem Interesse, da durch diese Substitution eine hohe Ähnlichkeit mit dem Neurotransmitter Serotonin erreicht wird. Zwei dieser Verbindungen, Bufotenin (5-Hydroxy-N,N-Dimethyltryptamin) und 5-Methoxy-N,N-Dimethyltryptamin (5-MeO-DMT) werden als mögliche Halluzinogene diskutiert. Die Untersuchungen über die halluzinogene Wirkung von Bufotenin beim Menschen sind widersprüchlich. 5-MeO-DMT soll nach *Shulgin* (1976) bei parenteraler Applikation eine halluzinogene Wirkung haben.

Diejenigen Halluzinogene, welche als zyklische Tryptamin-Derivate betrachtet werden, werden oft unterteilt in das *Ibogain,* die *β-Carboline* und die *Lysergsäure-Derivate.*

Ibogain ist das wichtigste Alkaloid des im tropischen Afrika wachsenden Strauches *Tabernanthe iboga.* Aus der Rinde seiner gelblichen Wurzel wird von den Afrikanern vor allem in Gabun und den benachbarten Gebieten Zaires (Kongo) „Iboga" gewonnen, welches in sehr hohen Dosierungen, die aber bereits beträchtliche Nebenwirkungen verursachen können, halluzinogen wirkt. Ein solcher Gebrauch bei den Mitsogho in Gabun wird in diesem Buch von *Prins* (Kapitel 2.2) beschrieben.

Die wichtigsten *β-Carboline,* die meist in unserem Zusammenhang erwähnt werden, sind das Harmin sowie das Harmalin. Diese beiden Substanzen konnten vor allem in zwei Lianenarten der tropischen Region Südamerikas, *Banisteriopsis caapi* und *B. inebrians,* nachgewiesen werden. Harmin findet sich aber auch in der Steppenraute (*Peganum harmala),* welche in den trockeneren Regionen des östlichen Mittelmeerraumes bis hin nach Nordindien, der Mongolei und Mandschurei wächst.

Während es noch ungeklärt ist, ob die Steppenraute jemals zur Erzeugung von ABZ Verwendung fand, wurde bereits in der Mitte des vergangenen Jahrhunderts berichtet, daß Indianerstämme im nördlichen Teil Südamerikas aus den genannten Lianen ein halluzinogenes Getränk herstellen *(Porter,* 1962). Solche halluzinogenen

Getränke sind noch heute im westlichen Amazonasgebiet weit verbreitet und werden als „caapi" (Brasilien und Kolumbien), „pinde", „yagé" (Kolumbien), „ayahuasca" (Peru, Bolivien und Equador) und als „natéma" (Equador) bezeichnet (*Schultes,* 1965; *Harner,* 1973). In diesem Buch (Kapitel 2.3) beschreibt *Baer* „ayahuasca"-Heilbehandlungen in Peru.

Es ist aber zu bezweifeln, daß Harmin (bzw. Harmalin) die allein verantwortliche Substanz für die zweifellos vorhandene halluzinogene Qualität von „ayahuasca" und verwandten Getränken ist. *Maurer, Lamparter* und *Dittrich* (1984) konnten in ihrer Untersuchung von Harmin auch in höheren Dosierungen keine halluzinogene Wirkung nachweisen. Hingegen ist unbestritten, daß Harmin ein kurz wirkender Monoaminooxydasehemmer ist (*Pletscher, Besendorf, Bechtold* und *Geigy,* 1959). Nach der ethnobotanischen und chemischen Untersuchung von *Rivier* und *Lindgren* (1972) enthalten „ayahuasca" und verwandte Getränke neben Harmin auch DMT, welches möglicherweise in dieser Kombination auch oral wirksam sein könnte.

Das wichtigste zyklische Tryptamin-Derivat ist zweifellos das *d-Lysergsäurediäthylamid,* dessen Abkürzung „*LSD"* in den allgemeinen Sprachgebrauch eingegangen ist.

LSD kommt in der Natur nicht vor. Es wurde 1938 partialsynthetisch von *Hofmann* aus der im Mutterkorn (*Claviceps purpurea)* vorhandenen Lysergsäure hergestellt. Die psychische Wirkung von LSD wurde fünf Jahre später durch *Hofmann* (1979) entdeckt. Dem Selbstversuch *Hofmanns* folgten bald systematische Untersuchungen durch *Stoll* (1947) und *Condrau* (1949) in der Schweiz. Diese und weitere Arbeiten lieferten Beschreibungen der psychischen LSD-Wirkung, dessen Ähnlichkeiten mit denen unter Meskalin bereits in den ersten Untersuchungen erkannt wurden. Bereits 1959 fand in New York der erste internationale Kongress statt, auf dem die Verwendung von LSD in der Psychotherapie diskutiert wurde. Den heutigen Stand dieser Verwendung von LSD beschreiben in diesem Buch vor allem *Leuner* (Kapitel 3.1) und *Grof* (Kapitel 3.2).

Die in experimentellen Untersuchungen am Menschen am häufigsten verwendete Dosierung beträgt 100 μg p.o., d.h. etwa 1,5 μg/kg Körpergewicht. LSD ist damit diejenige Substanz, die in der mit Abstand geringsten Dosierung einen halluzinogenen Effekt hat. Der ABZ unter LSD in einer Dosierung von 100 μg beginnt etwa 45 Minuten nach der Einnahme, erreicht seinen Höhepunkt nach zwei bis drei Stunden und dauert acht bis zwölf Stunden. Da LSD kein in der Natur vorkommendes Halluzinogen ist, hat es im Gegensatz zu den wichtigsten bisher besprochenen Halluzinogenen keine religions-ethnologische Geschichte. Bemerkenswert ist aber, daß sich bereits 1961 in Harvard um das LSD eine Art Kult entwickelte, wobei LSD als Sakrament betrachtet und dessen Einnahme mit dem Hinweis auf das Recht zur freien Religionsausübung verteidigt wurde. Der Protagonist dieser Organisation mit wechselndem Namen war der vorher ziemlich unbekannte Psychologieprofessor *Thimothy Leary.*

Weitere Lysergsäure-Derivate, die Halluzinogene I. Ordnung sind, sind eher von biochemischem oder pharmakologischem Interesse (vgl. *Shulgin,* 1976).

Dibenzpyran-Derivate

Das wichtigste halluzinogene Dibenzpyran-Derivat ist $(-)$-Δ^9-trans-Tetrahydro-cannabinol (Δ^9-THC), die hauptsächliche psychotrope Wirksubstanz des Hanf *(Cannabis)*. Nach *Schultes* und *Hofmann* (1973) lassen sich drei Cannabisspezies unterscheiden, nämlich *C. sativa, C. indica* und *C. ruderalis*. Cannabisprodukte, vor allem von *C. indica*, werden in verschiedenen Zubereitungen zur Erzeugung von ABZ verwendet, wobei *Marihuana* (Blüten und Blätter) und *Haschisch* (Harz) die größte Bedeutung besitzen. Sie sind die halluzinogenen Produkte mit der wahrscheinlich längsten Geschichte und sicherlich weitesten Verbreitung. Zusammenfassungen finden sich ausführlich bei *Abel* (1980) und kürzer bei *Dittrich* (1985a). Die Isolierung und Strukturaufklärung von Δ^9-THC gelang 1964 und wurde durch zwei von einander unabhängig durchgeführten Totalsynthesen bestätigt *(Mechoulam, Braun* und *Gaoni,* 1967; *Petrzilka* und *Stikemeier,* 1967). Untersuchungen über die psychotrope Wirkung der Reinsubstanz zeigten, daß diese mit der von Zubereitungen aus pflanzlichem Material weitgehend ähnlich, aber nicht identisch ist. Die Wirkungsintensität ist auch von der Applikationsform abhängig: Oral wird eine zwei bis zweieinhalb mal höhere Dosierung zur Erreichung gleicher Effekte benötigt als beim Rauchen. In relativ hohen Dosierungen scheint Δ^9-THC eine große Ähnlichkeit zur psychischen Wirkung von LSD zu haben (*Isbell* und *Jasinsky,* 1969). Abhängig von der Applikationsform ist auch der Wirkungsverlauf. Der Wirkungseintritt erfolgt beim Rauchen schon nach zehn Minuten, das Maximum wird nach dreißig Minuten erreicht. Die Wirkung dauert etwa vier Stunden. Bei oraler Applikation sind Wirkungseintritt sowie das Erreichen des Maximums verzögert und die Dauer der Wirkung verlängert.

Von den weiteren halluzinogenen Dibenzpyran-Derivaten ist vor allem das synthetische Synhexyl zu nennen, welches (erfolglos) beim Morphinentzug therapeutisch eingesetzt wurde (*Hollister, Richards* und *Gillespie,* 1968).

Akute Wirkungen und Gefahren von Halluzinogenen I. Ordnung

Die aufgeführten Halluzinogene I. Ordnung und eine Reihe weiterer, weniger bedeutsamer scheinen trotz teilweise sehr unterschiedlicher Struktur in bestimmten Dosierungen ähnliche ABZ hervorzurufen. Unterschiede zwischen diesen Halluzinogenen lassen sich oft nur in ihren physiologischen Effekten und ihrem Wirkungsverlauf klar aufzeigen.

Dittrich (1985a, p. 31 f.) faßt die durch Halluzinogene I. Ordnung in mittlerer bis hoher Dosierung hervorgerufenen ABZ folgendermaßen zusammen:

Triviale Dinge des Alltags erhalten eine Frische und Ausstrahlungskraft, als würden sie zum ersten Male gesehen. Sie sind aus dem üblichen Kontext, dem normalen Figur-Grund-Verhältnis, herausgelöst und so von ungewohnter Bedeutung: Farben haben eine gesteigerte Brillanz, sie sind leuchtender und satter. Sonst kaum hörbare Geräusche werden manchmal übermäßig, teilweise sogar fast schmerzhaft laut gehört. Auch Gerüche können intensiver hervortreten und zu affektgeladenen Erinnerungen Anlaß geben.

Dieses Erleben ist äußerst unstabil, es verändert sich meist ruckartig oder vibrierend. Bei geschlossenen Augen oder in abgedunkelten Räumen tritt oft ein lebhaftes Spiel von Farben und Formen auf. Es kommt zu einer kaleidoskopartigen Vielfalt sich bewegender optischer Erscheinungen. Diese reichen von einfachen, wenig strukturierten Bildern (sog. „Elementarhalluzinationen") bis zu hochkomplexen szenischen Abläufen (sog. „komplexen Halluzinationen" bzw. „Visionen"). Es flackert, glitzert und sprüht wie Feuerwerk, Farben fließen ineinander. Kreise, Ellipsen, rasende Strudel und Spiralen, glänzende Perlen, Ornamente und Arabesken werden gesehen. Diese strukturieren sich oft zu fantastischen Landschaften, zu Fratzen und Masken, zu „übernatürlichen" Wesen oder zu Bildern aus dem Weltall. Manchmal treten auch Synästhesien auf, d.h. Töne setzen sich in optische Erscheinungen um; die Vision einer Landschaft verändert sich im Rhythmus der Musik, Handbewegungen erzeugen Farben und Geräusche. Mit offenen Augen ist die Dauer von Nachbildern meist stark verlängert, was zu Überlagerungen mit anderen Wahrnehmungsgegenständen führt. Auch werden an im normalen Wachbewußtsein weißen, strukturlosen Wänden optische Erscheinungen gesehen. Normalerweise banal wirkende Musik kann wie ein fantastisches Konzert gehört werden. Insgesamt treten aber Veränderungen der akustischen Wahrnehmung in den Hintergrund. Nur gelegentlich werden Geräusche, Musik und Stimmen gehört, die für Menschen im normalen Wachbewußtsein nicht hörbar sind.

Auch Raum und Zeit sind verändert. Gegenstände haben neue Proportionen, sie weiten oder verengen sich, Flächen pulsieren und es ergeben sich ungewöhnliche Perspektiven. Die Zeit steht still oder (seltener) rast. Oft befindet man sich in einer Art Zeitlosigkeit, einer punktuellen Gegenwart ohne Vergangenheit und Zukunft.

Das Körperschema ist verändert. Man ist riesengroß oder zwergenhaft, einzelne Glieder sind fremd und abgelöst vom übrigen Körper oder in den Proportionen verändert. Der Körper ist besonders schwer oder leicht, wobei dies oft mit „Schweben" oder „Fliegen" einhergeht. Manchmal zerfließt der Körper in jeder Richtung, er verschmilzt mit der Umgebung und man wird schließlich körperlos. Seltener ist das Ich außerhalb des Körpers und beobachtet ihn.

Die willkürliche motorische Koordination fällt unter diesen Umständen schwer; Bewegungen bleiben im Ansatz stecken, besonders wenn in der Zeitlosigkeit vergessen wird, was man gerade intendierte. Die Auflösung der Ich-Grenzen wird manchmal zu einem mystischen Einswerden mit dem Kosmos. Feierlichkeit und außerordentliche Glücksgefühle herrschen vor, oft begleitet von einer Erleuchtung, in der alles evident ist.

Der Anblick einer Blume, eines Schuhs oder eines Kaffeeflecks kann zu einer Offenbarung werden. In diese Verschmelzung werden gelegentlich auch andere Personen einbezogen, mit denen man nonverbal und manchmal sogar telepathisch besser als verbal zu kommunizieren scheint.

Die Sprache des normalen Wachbewußtseins ist verändert: Wörter haben eine andere Bedeutung; eigentümliche linguistische Nuancen werden erlebt.

Geschwindigkeit und Inhalt des Denkens machen wesentliche Wandlungen durch. Oft stürzen so viele Gedanken auf einen ein, daß man fortwährend vergißt, was man gerade sagen wollte. Es fluten vielfältige Gedankenbruchstücke ineinander. Andererseits bleibt man manchmal an einem Gedanken hängen und kommt von ihm nicht los. Der Gedankengang ist sprunghaft und wenig zusammenhängend.

Die Selbstbeobachtung bleibt jedoch in der Regel erhalten. Man vergißt auch nur selten, daß der eigene Zustand auf die Einnahme eines Halluzinogens zurückzuführen ist. Es findet ein häufiger und manchmal abrupter Wechsel der Stimmung statt: Die ganze Welt ist friedfertig; man fühlt sich gelöst und zufrieden. Solche Gefühle des Wohlbefindens, der ozeanischen Geborgenheit im All und Allmachtsgefühle wechseln jedoch oft abrupt mit Dysphorie oder sogar Ängsten. Die durch das Halluzinogen hervorgerufenen ungewohnten neuen Aspekte der Welt, die Veränderungen der vertrauten Umgebung und des eigenen Ichs können außerordentlich bedrohlich wirken („bad trip"). Ängste treten auf, daß der Zustand nie wieder vorbeigehen wird, die übliche Selbstkontrolle für immer verloren ist und man geisteskrank wird. Dies ist vor allem der Fall, wenn bei sehr hoher Dosierung oder verlängerter ABZ-Dauer die Erinnerung verlorengeht, daß ein Halluzinogen eingenommen wurde. Ähnliches passiert häufig, wenn Halluzinogene unwissentlich appliziert werden.

Mit der Angst vor dem Verlust der Selbstkontrolle kann die Umgebung verunsichernd wirken. Man fühlt sich von andern ausgelacht, hypnotisiert, gesteuert und bedroht. Das ganze Erleben hat trotz klarem Bewußtsein oft die Qualität des Traumhaften.

Die Wirkung der Halluzinogene I. Ordnung klingt meist wellenförmig aus. Es kommt dann zu einem Hin- und Herschwanken zwischen der Welt des normalen Wachbewußtseins und der des ABZ.

Über die akuten Gefahren der kontrollierten Verwendung von Halluzinogenen und speziell LSD berichten vor allem *Cohen* (1960, 1972) und *Malleson* (1971). Sie befragten systematisch Wissenschaftler, die experimentelle Untersuchungen – vor allem mit LSD (und vereinzelt auch Meskalin) – durchgeführt oder diese Substanzen

in der psycholytischen bzw. psychedelischen Therapie verwendet hatten. Ihre Daten, die sich auf 75'000 Applikationen von LSD (oder Meskalin) bei 9'500 Probanden beziehen, zeigen, daß Komplikationen bei kontrollierten Untersuchungen eher selten sind. Auch scheint die Teilnahme an einem Experiment mit einem Halluzinogen I. Ordnung oder einer psycholytischen Therapie kaum dazu zu führen, daß man dadurch von solchen Substanzen psychisch abhängig wird (*Cohen,* 1960, 1972; *Dittrich, von Arx* und *Staub,* 1980). Ängstliche Zustandsbilder („bad trips"), welche von den meisten Autoren nicht zu den Komplikationen solcher Untersuchungen gerechnet werden, treten hingegen häufiger auf. Diese Angaben gelten nur für kontrollierte Untersuchungen, in denen bestimmte Vorsichtsmaßnahmen, die in *Dittrich* (1985a) zusammengefaßt werden, berücksichtigt werden.

Halluzinogene II. Ordnung

Die wichtigsten Halluzinogene II. Ordnung werden nach ihrer chemischen Struktur eingeteilt in:

a) Isoxazol-Derivate,
b) Lysergsäure-Derivate,
c) Tropan-Derivate und
d) solche anderer chemischer Struktur.

Isoxazol-Derivate

Die beiden Isoxazol-Derivate *Muscimol* (Pantharidin, Agarin) und *Ibotensäure* sind die wichtigsten halluzinogenen Wirksubstanzen des Fliegenpilzes (*Amanita muscaria),* der vor allem in den gemäßigten Zonen Europas, Asiens und Nordamerikas wächst.

Mit dem Gebrauch des Fliegenpilzes zur Erzeugung von außergewöhnlichen Bewußtseinszuständen hat sich vor allem *Wasson* (1967) beschäftigt. Nach ihm soll das rätselhafte Soma der Arier, die vor 3'500 Jahren nach Indien kamen, *Amanita muscaria* gewesen sein. Der Konsum des Fliegenpilzes hat sich bei verschiedenen Ethnien in Sibirien, im Gegensatz zu Indien, bis heute gehalten. Wahrscheinlich war der Gebrauch früher auch in Europa weit verbreitet (*von Hartwich,* 1911).

Die Isolierung von Muscimol und Ibotensäure gelang 1960, die Strukturaufklärung und Synthese der beiden Verbindungen erfolgte bald danach (*Takemoto, Nakajima* und *Yokobe,* 1964; *Gagneux, Haefliger, Eugster* und *Good,* 1965). In den ersten Untersuchungen über die psychischen und somatischen Effekte von Muscimol und Ibotensäure am Menschen durch *Theobald, Buech, Kunz, Krupp, Stenger* und *Heimann* (1968) zeigte sich, daß beide Verbindungen sehr ähnliche ABZ erzeugen, wobei das Muscimol jedoch fünfmal aktiver ist als die Ibotensäure. Nach oraler Applikation von 7,5 mg bzw. 10 mg Muscimol tritt innerhalb einer Stunde die Wirkung ein, erreicht ihr Maximum nach drei Stunden und klingt nach viereinhalb Stunden etwas ab, läßt sich jedoch noch zehn Stunden später nachweisen. Der Fliegenpilz scheint heute in der psychedelischen Struktur Europas und der USA gar nicht so selten zur Erzeugung von ABZ verwendet zu werden.

Lysergsäure-Derivate

Zu den Lysergsäure-Derivaten, die bei den Halluzinogenen II. Ordnung einzuordnen sind, gehören das d-Lysergsäureamid (*Ergin,* LA-11) und das dazu stereoisomere Isolysergsäureamid (*Isoergin*). Beide Halluzinogene kommen zusammen mit verwandten Verbindungen in verschiedenen Pflanzen, vor allem Windengewächsen (*Convolvulaceae*) vor (*der Maderosian,* 1967; *Schultes* und *Hofmann,* 1973).

Die Samen von manchen dieser Pflanzen (z.B. *Rivea corymbosa*) scheinen von den Azteken neben dem schon erwähnten ,,Peyotl'' und ,,Teonanacatl'' als Zauberdroge verwendet worden zu sein und hießen ,,*Ololiuqui*''. Auch heute werden diese halluzinogenen Pflanzen in Mexico noch verwendet und spielen auch in westlichen Subkulturen eine bedeutende Rolle. Die chemische Analyse des pflanzlichen Materials ist wiederum *Hofmann* (1961) zu verdanken. Die Resultate waren phytochemisch überraschend, da verwandelte Alkaloide vorher nur bei niederen Pilzen der Gattung *Claviceps* bekannt waren. *Isbell* und *Gorodetzky* (1966) sowie *Heim, Heimann* und *Lukacs* (1968) führten die ersten Untersuchungen mit einem künstlichen Alkaloidgemisch der wichtigeren psychotropen Inhaltsstoffe des ,,Ololiuqui'' durch. Sie fanden zwar Wirkungen, wie sie bei Halluzinogenen II. Ordnung erwartet werden können. Die nähere Analyse dieser Arbeiten läßt jedoch Unterschiede zwischen dem künstlichen und dem natürlichen ,,Ololiuqui''-Präparat erkennen, die die Gleichsetzung der beiden Mischungen problematisch erscheinen läßt. Das Geheimnis des aztekischen ,,Ololiuqui'' (bzw. des verwandten ,,Tliltliltzin'') scheint doch noch nicht völlig gelöst.

Tropan-Derivate

Zu den halluzinogenen Tropan-Derivaten gehören *Scopolamin* (*l*-Hyoscin) und *l-Hyoscyamin*. Beide Verbindungen kommen nebeneinander in verschiedenen Solanaceen (Nachtschattengewächsen) vor. Bei der Aufbereitung pflanzlichen Materials razemisiert *l*-Hyoscyamin zu d,*l*-Hyoscyamin, d.h. Atropin.

Solanaceen (etwa 90 Gattungen und über 2400 Spezies) wachsen in allen Kontinenten, wobei Scopolamin und l-Hyoscyamin vor allem in den Gattungen *Atropa, Madragora, Hyoscyamus* und *Datura* vorkommen. *Datura*-Arten (Stechapfel) sind von den Solanaceen am weitesten verbreitet (*Schultes* und *Hofmann,* 1973).

Die Verwendung von *Datura* zur Erzeugung von ABZ findet sich weltweit. So verwendeten die Azteken eine *Datura*-Art (*D. inoxia*), die sie als ,,Schwester des Ololiuqui'' bezeichneten. Noch heute verwenden verschiedenste Indianerkulturen in südwestlichen Teilen der USA, in Mexico und in Südamerika *Datura* als Halluzinogen. Aber auch in anderen Kulturkreisen spielen Nachtschattengewächse eine bedeutsame Rolle. So werden *Datura*-Samen in Indien *Cannabis*-Produkten beigegeben, um deren Wirkung zu steigern. Hinweise für den Gebrauch von *Datura*-Samen finden sich auch in Kenya und Tansania. Das Bilsenkraut (*Hyoscyamus niger*) wurde in Sibirien, aber auch in Mitteleuropa bis ins 16. Jahrhundert dem Bier beigesetzt. Aus Australien wird die Verwendung von ,,Pituri'' berichtet (*von Hartwich,* 1911). Nachtschattengewächse waren zudem die wichtigsten psychotropen Inhaltsstoffe der Hexensalben des europäischen Mittelalters.

Mit solchen Hexensalben wurden auch in neuerer Zeit von verschiedenen Autoren Selbstversuche durchgeführt, so von *Kiesewetter* (1894), *Ferckel* (1954) und *Peuckert* (1960), die neben den anticholinergen somatischen Nebenwirkungen von Scopolamin und Atropin auch die bewußtseinsverändernde Wirkung bestätigt fanden. Seit Anfang der 60er Jahre häufen sich in der Literatur Beschreibungen über die Verwendung von Nachtschattengewächsen in der westlichen Subkultur. Experimentelle Untersuchungen über die psycho-physiologische Wirkung von reinem Scopolamin wurden erstmals von *Heimann* (1952) durchgeführt.

Abood, Ostfeld und *Biel* (1958) synthetisierten eine Reihe von Atropinabkömmlingen, die wie Scopolamin und Atropin starke Anticholinergica sind. Vor allem JB 318 (*Lebovits, Visotzky* und *Ostfeld*, 1962) und JB 336 erwiesen sich als Halluzinogene.

Andere chemische Strukturen

Eine Vielzahl weiterer Halluzinogene II. Ordnung verschiedenster chemischer Struktur findet sich unter den Narkosemitteln, die ein ziemlich langes Exzitationsstadium (Stadium II der Narkose) haben. In neuerer Zeit sind vor allem Phencyclidin und Ketamin bekannt geworden, während die halluzinogene Wirkung von *Äther, Chloroform* und *Stickoxydul* (Lachgas) schon seit langem diskutiert wird (*James*, 1902/1929).

Phencyclidin (PC, CI-395, Sernyl®, Sernylan®) wurde in den 50er Jahren als kurz wirksames Narkotikum entwickelt und 1957 erstmals klinisch geprüft (*Chen, Ensor, Russell* und *Bohner*, 1959). Es zeigte sich dabei, daß viele Patienten in der postnarkotischen Erholungsphase länger als üblich psychische Veränderungen wie Halluzinationen, Verwirrtheit und Erregungszustände hatten. Seit 1965 wird das Mittel deshalb nur noch in der Veterinärmedizin verwendet. Untersuchungen an freiwilligen Probanden mit subnarkotischen Dosierungen bestätigten, daß diese Verbindung ein Halluzinogen II. Ordnung mit allerdings beträchtlichen „Nebenwirkungen" ist (*Luby, Cohen, Rosenbaum, Gottlieb* und *Kelly*, 1959).

Phencyclidin wurde Anfang der sechziger Jahre in der Drogenszene als „Meskalin", „Psilocybin" oder „THC" gehandelt. Seit 1974 wird Phencyclidin auch unter anderen Bezeichnungen, wie vor allem „angel's dust", in entsprechenden Subkulturen zur Erzeugung von ABZ benutzt.

Wegen der postnarkotischen Reaktion nach der Verwendung von Phencyclidin wurde dessen Derivat *Ketamin* (Ketalar®) klinisch geprüft (z.B. *Corssen* und *Domino*, 1960). Auch Ketamin hat jedoch, wenn auch anscheinend seltener, die erwähnten medizinisch unerwünschten postnarkotischen Wirkungen. Es wird heute in westlichen Ländern in der psychedelischen Subkultur, aber auch experimentell in der psycholytischen Therapie, verwendet.

Stickoxydul (Lachgas, N_2O) ist ein unter Atmosphärendruck farbloses Gas mit schwach süßlichem Geruch. Es wurde bereits 1772 von *Priestley* hergestellt.

Daß Lachgas ABZ bewirken kann, wurde lange vor seiner Verwendung in der Zahnmedizin erstmals durch *Wells* 1844 entdeckt. So erlebte der englische Chemiker *Sir Humphrey Davy* bereits vor 1800 bei Selbstversuchen mit Stickoxydul dessen bewußtseinsverändernde Wirkung. Die wohl bis heute noch differenzierteste Beschreibung der ABZ unter Lachgas stammt von *William James* (1882, 1902/1929), der aufgrund seiner Selbstversuche der Substanz faszinierende Wirkungsqualitäten, vor allem bezüglich der Erzeugung eines „mystischen Bewußtseins", zuschrieb. Es gibt nur einzelne experimentelle Untersuchungen über diesen Aspekt der Lachgaswirkung, wie die Arbeiten von *Steinberg* (1975) und *Probst* und *Stephan* (1975). Die subkulturelle Verwendung von Lachgas in der westlichen Kultur darf nicht unterschätzt werden (*Shedlin, Wallechinsky* und *Salyer*, 1978). *Tart* (1969) rechnet Lachgas zu den „minor psychedelic drugs". Die Lachgaswirkung tritt nach etwa ein bis zwei Minuten ein und klingt nach der Beendigung der Applikation ebenso schnell wieder ab.

Akute Wirkungen und Gefahren von Halluzinogenen II. Ordnung

Die Halluzinogene II. Ordnung sind bezüglich ihrer chemischen Struktur, ihrer psychischen und physiologischen Wirkung sowie ihrer akuten Gefährlichkeit viel heterogener als Halluzinogene I. Ordnung. Unter den Halluzinogenen II. Ordnung kommt es im Gegensatz zu denjenigen I. Ordnung, wie bereits erwähnt, seltener zu strukturierten optisch-halluzinatorischen Phänomenen, hingegen aber häufiger zu einer Bewußtseinstrübung, die sich als Schläfrigkeit, Apathie, erhöhte Ermüdbarkeit und ein Erleben „wie durch einen Schleier" näher charakterisieren läßt. Die Gefahren von Halluzinogenen II. Ordnung sind in der Regel größer als bei denen I. Ordnung, weil die „therapeutische Breite" kleiner ist. Als Ausnahme ist aber z.B. Stickoxydul bei genügender Sauerstoffzufuhr zu erwähnen.

Psychologische Stimuli

Die psychologischen Verfahren zur Auslösung von ABZ haben mit den Halluzinogenen die große kulturhistorische und religionsethnologische Bedeutung gemein.

Ein wesentlicher Unterschied zwischen den beiden Stimulationstypen besteht aber darin, daß die derzeit in der westlichen Subkultur verwendeten psychologischen Stimuli wohl weniger häufig intensive ABZ auslösen als Halluzinogene in den üblichen Dosierungen. Für manche psychologischen Stimuli, wie etwa autohypnotische Techniken, ist eine längere Einübung notwendig, bevor ein deutlicher ABZ auftritt. Halluzinogene wirken hingegen in der Regel in höheren Dosierungen bereits bei der ersten Applikation.

Erste Ansätze zu einer umfassenderen theoretischen Analyse psychologischer Stimuli zur Auslösung von ABZ und einer darauf basierenden Taxonomie finden sich bei *Suedfeld* (1980). Eine Erweiterung dieses Ansatzes zeigt Abb. 1.

Nach dieser Taxonomie von *Suedfeld-Dittrich* lassen sich wichtigere der hier interessierenden psychologischen Stimuli in ein orthogonales, zweidimensionales System mit den theoretischen Koordinaten „input level: high-low" und „input variation: high-low" einordnen.

Unter der Dimension „Intensität des Wahrnehmungsfeldes (I) – input level: high-low" wird die Gesamtheit der Empfindungsintensitäten von Helligkeit, Lautstärke, Geruch, Geschmack, Schmerz, Kälte, Wärme, Druck usw. verstanden. Die zweite

Abb. 1 Zweidimensionale Taxonomië von psychologischen Stimuli zur Auslösung außergewöhnlicher Bewußtseinszustände (aus *Dittrich*, 1985 a, p. 44)

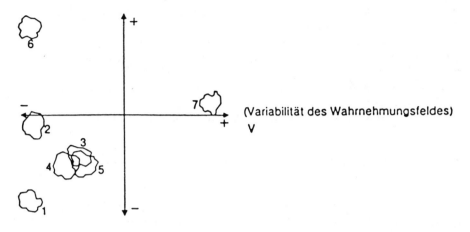

(Intensität des Wahrnehmungsfeldes) I

(Variabilität des Wahrnehmungsfeldes) V

Erläuterungen:
1. sensorische Deprivation
2. perzeptive Deprivation
3. hypnagoge und hypnopompe Zustände
4. heterohypnotische Verfahren
5. autohypnotische Verfahren wie Meditation
6. Reizüberflutung durch rhythmisch-monotone Stimulation
7. Reizüberflutung durch erhöhte Variabilität

Dimension ,,Variabilität des Wahrnehmungsfeldes (V) – input variation: high-low" wird vorerst global definiert als die Anzahl unterschiedlicher ,,Figuren" pro Zeiteinheit, die von einem ,,Grund" als abgehoben erlebt werden.

Auch wenn mit dieser Systematik nur eine approximative Beschreibung möglich ist (vgl. *Dittrich*, 1985a), erlaubt sie doch die Einordnung wichtigerer psychologischer Stimuli zur Auslösung von ABZ.

Die Mehrzahl der Stimuli findet sich im Quadranten (–I, –V), d.h. bei einer gleichzeitig herabgesetzten Intensität und Variabilität des Wahrnehmungsfeldes. Als Beispiel aus dem ,,Alltag", d.h. von Situationen in der Nähe des Mittelpunktes des Koordinatensystems, lassen sich z.B. Dauerbeobachtungen am Radarschirm angeben. Als Extremfall liegt in diesem Quadranten die ,,sensorische Deprivation i.e.S." (1), worunter eine möglichst weitgehende Reduktion der Intensität von Umweltreizen verstanden wird. Die ,,perzeptive Deprivation" (2) dieses Quadranten besteht in einer Reduktion oder Eliminierung des Sinngehaltes von Reizen durch Monotonisierung. Die Zustände herabgesetzt wahrgenommener Intensität und Variabilität finden sich natürlicherweise beim Einschlafen und Aufwachen, wo ,,hypnagoge" und ,,hypnopompe" (3) Phänomene auftreten. Im gleichen Quadranten liegt auch die Mehrzahl der Techniken zur Einleitung der Hypnose (4) wie auch autohypnotischer Verfahren (5), unter denen viele Meditations- und Entspannungstechniken subsummiert werden können.

Im Quadranten (+ I, –V) findet sich diejenige Form der sogenannten „Reizüberflutung" (6), die mit einer sehr intensiven rhythmisch-monotonen Stimulation einhergeht. Der Quadrant (+ I, + V) enthält schließlich eine weitere Art der Reizüberflutung (7), bei der bei leicht erhöhter oder normaler Intensität die Variabilität des Reizfeldes stark gesteigert wird.

Die offensichtlich fließenden Übergänge zwischen den erwähnten psychologischen Verfahren zur Auslösung außergewöhnlicher Bewußtseinszustände und „alltäglichen" Reizgegebenheiten erklären, warum ein großer Prozentsatz der Allgemeinbevölkerung ABZ aus eigener Erfahrung auch ohne Halluzinogene kennt (*Jaffé*, 1958; *Greeley,* 1975; *Hardy,* 1980).

Dieses Problem diskutiert *Suedfeld* in diesem Buch (Kapitel 3.3).

Herabgesetzte Variabilität des Wahrnehmungsfeldes bei herabgesetzter oder normaler Intensität

Zu dieser Gruppe psychologischer Stimuli zählen diejenigen Verfahren zur Auslösung außergewöhnlicher Bewußtseinszustände, welche sich im Quadranten (–I, –V) befinden.

Sensorische Deprivation i.w.S.

Es ist uraltes Wissen, daß in Situationen, in denen sinnhaltige Informationen über die Außenwelt reduziert sind, ABZ auftreten können.

Ein Aufsuchen von Abgeschiedenheit und Monotonie, um sich für Visionen und Erleuchtungserlebnisse zu öffnen, läßt sich für verschiedene Kulturen belegen. *Moses* und viele Propheten begegneten Gott in der Wüste, *Christus* wurde dort vom Teufel versucht und der heilige *Antonius* sowie andere frühe christliche Eremiten wurden von Dämonen bedroht (*Waddel,* 1942). *Mohammed* soll im Alter von vierzig Jahren sein erstes visionäres Erlebnis in einer Höhle bei Mekka gehabt haben *(von Glasenapp,* 1963). Bekannt sind solche Erscheinungen auch im Rahmen des christlichen Einsiedlertums im Mittelalter.

Ein detailliertes Beispiel für den heutigen Gebrauch von Reizentzug im religiösen Rahmen findet sich bei *Henney* (1973). Sie berichtet, daß die Shaker auf der Insel St. Vincent in der Karibik sich einem längeren Reizentzug aussetzen. Der Inhalt der dabei auftretenden Visionen bestimmt wesentlich mit, welchen Rang ein Shaker in der Hierarchie seiner Kirche einnimmt. Auch bei vielen nordamerikanischen Indianerkulturen scheint das Aufsuchen der Einsamkeit zur Erlangung von Visionen, vor allem bei Initiationsriten, von Bedeutung zu sein (vgl. z.B. *Hallifax,* 1981).

Als Beginn der experimentellen Untersuchung der sensorischen Deprivation i.w.S. gelten die Arbeiten an freiwilligen gesunden Probanden, die ab 1951 im psychologischen Laboratorium der McGill-Universität in Montreal durchgeführt wurden *(Heron, Bexton* und *Hebb,* 1953). Die Ergebnisse fanden vor allem in Amerika großes Interesse. Eine detaillierte Zusammenfassung der ersten 15 Jahre Reizentzugsforschung findet sich bei *Zubek* (1969), die Fortsetzung dieses Sammelreferates stellt die Arbeit von *Suedfeld* (1980) dar. Bereits in den ersten Veröffentlichungen wurde auf die therapeutische Verwendungsmöglichkeit des Reizentzugs hingewiesen, worauf *Suedfeld* in diesem Buch näher eingeht (Kapitel 3.3).

Nach einem Vorschlag von *Kubzansky* (1961) wird heute zwischen zwei Arten von Reizentzug unterschieden, d.h. die ,,sensorische Deprivation i.w.S.'' wird unterteilt in ,,sensorische Deprivation i.e.S.'' und ,,perzeptive Deprivation''. Unter ,,sensorischer Deprivation i.e.S.'' wird dabei, wie bereits erwähnt, eine möglichst weitgehende Reduktion der Intensität von Reizen verstanden. ,,Perzeptive Deprivation'' bezeichnet eine Reduktion oder Eliminierung des Sinngehaltes von Reizen bei normaler oder herabgesetzter Intensität.

Sensorische Deprivation i.e.S.

Die sensorische Deprivation i.e.S. wird technisch vor allem auf zwei Arten realisiert. Eine Möglichkeit besteht in der Verwendung eines schalltoten und völlig verdunkelten Raumes, d.h. einer Camera silens. Ein weiteres wichtiges Verfahren zur Erzeugung von sensorischer Deprivation stellt die Eintauchtechnik dar, welche zuerst von *Lilly* (1956) verwendet wurde. Bei dieser Technik schwebt der Proband in einem Wassertank, der vibrationsfrei in einem dunklen und schallisolierten Raum steht. Die Hydrodynamik des Wassers wird durch Umwälz- und Filtersysteme konstant gehalten, eine gleichmäßige Temperatur von 34,5° Celsius durch ein Kontrollsystem gewährleistet. Der Proband trägt eine Kopfmaske, an der sich ein Schlauch zur Zufuhr von gefilterter Luft befindet. Aus dieser Technik haben sich der sogenannte ,,Samadhi-Tank'' sowie verwandte kommerziell verwendete Verfahren entwickelt.

Perzeptive Deprivation

Die perzeptive Deprivation, d.h. die Eliminierung oder Reduktion des Sinngehaltes von Außenreizen durch Monotonisierung, läßt sich technisch relativ leicht realisieren. Sie wurde bereits in den schon erwähnten ersten Untersuchungen an der McGill-Universität verwendet. Der Proband liegt dabei auf einem bequemen Bett in einer schallgedämpften, klimatisierten Kammer. Er hat eine durchscheinende Augenbinde an, die nur diffuse Helligkeit durchläßt. Im Kopfkissen sind Lautsprecher eingebaut, die ein Zufallsgemisch von hörbaren Frequenzen abstrahlen, wodurch andere Geräusche maskiert werden. Der Proband trägt Kartonröhren um die Unterarme, um die taktile Selbststimulation zu verringern. Im Verlaufe der weiteren Forschung über perzeptive Deprivation wurde dieses Verfahren vielfältig abgewandelt und vereinfacht.

Auf die Wirkungen und die Gefahren der sensorischen Deprivation i.e.S. bzw. der perzeptiven Deprivation braucht an dieser Stelle nicht weiter eingegangen zu werden, da dies durch *Suedfeld* in diesem Buch (Kapitel 3.3) geschieht. Betont werden soll aber auch an dieser Stelle, daß die ABZ, welche unter Reizentzug auftreten können, in der Regel nicht so dramatisch sind, wie sie nach den ersten Veröffentlichungen zu diesem Forschungsbereich erschienen.

Hypnagoge und hypnopompe Zustände

Auch beim Einschlafen und Aufwachen, wenn Wachheit und Umweltkontakt reduziert sind, können ABZ auftreten, die dann als hypnagoge bzw. hypnopompe Phänomene bezeichnet werden. Hinweise finden sich schon in der frühen hinduistischen Literatur (vgl. *Reps,* o.J.) und bei *Aristoteles* in den ,,Parva naturalia (de somniis III)". Als erste wissenschaftliche Abhandlung über Einschlafphänomene gilt die Arbeit von *Müller* (1826/1967). Bald danach befaßten sich die französischen Psychiater *Baillarger* und *Maury* mit dem Erleben beim Einschlafen. *Maury* (1857, 1878) prägte auch den Begriff ,,hypnagog", wohingegen der Begriff ,,hypnopomp" erst von *Myers* (1904) verwendet wurde. Die bisher umfassendste Darstellung der älteren Literatur findet sich in der Monographie von *Leaning* (1925). *Schacter* (1976) gibt eine Zusammenfassung neuerer Arbeiten.

Wie neurophysiologische Untersuchungen zeigen (z.B. *Kuhlo* und *Lehmann,* 1964; *Foulkes* und *Vogel,* 1965; *Koukkou, Dittrich* und *Lehmann,* 1975), sind vor allem hypnagoge Phänomene ein weit verbreitetes Phänomen. Ihre Häufigkeit wird üblicherweise unterschätzt, da hypnagoge (und auch hypnopompe) Phänomene leicht vergessen werden.

Nach der Zusammenfassung von *Dittrich* (1985b) sind beim Einschlafen und Aufwachen Veränderungen des Körperschemas, einschließlich Schwebe- und Schwindelgefühle sehr häufig. Durchgängig werden auch Veränderungen des Denkens beschrieben, die darin bestehen, daß die Denkprozesse immer weniger von Zielvorstellungen gesteuert und damit fortwährend ungeordneter werden. Dies kann mit Neologismen einhergehen. Die wohl eindrucksvollsten hypnagogen bzw. hypnopompen Phänomene sind optische und akustische Halluzinationen bzw. Pseudohalluzinationen unterschiedlichen Strukturierungsgrades. Bemerkenswert ist zudem die spontane Entstehung von Symbolen im hypnagogen bzw. hypnopompen Zustand, welche als Silberer-Phänomen (*Silberer,* 1909, 1912) bezeichnet werden.

Hetero- und autohypnotische Techniken

Hierher gehören solche hetero- und autohypnotische Verfahren, die in den Quadranten (–I, –V) der obigen Taxonomie einzuordnen sind. Dies sind einmal diejenigen heterohypnotischen Techniken, bei denen eine Hypnoseeinleitung erreicht wird, indem sich der Proband in einem passiven, immobilen Zustand auf einen durch den Hypnotiseur vorgegebenen Gegenstand, wie dessen Stimme oder einen visuellen Fixationspunkt, so konzentriert, daß die Wahrnehmung der sonstigen Umwelt herabgesetzt wird.

Weiterhin sind in diesem Abschnitt bestimmte konzentrative Meditationsarten und verwandte Selbstversenkungsverfahren zu diskutieren, bei denen die Aufmerksamkeit während einer bestimmten Zeit auf einen einzigen Gegenstand gezielt und selbstgesteuert kanalisiert wird.

Heterohypnotische Verfahren

Neuere Übersichten über die Hypnose finden sich z.B. bei *Hilgard* (1965), *Barber* (1969, 1972), *Kroger* (1973), *Langen* (1978) und in den Arbeiten von *Erickson,* welche in diesem Buch von *Richeport* (Kapitel 2.4) und *Lankton* (Kapitel 3.4) besprochen werden.

Bei weitem nicht alles, was unter der uneinheitlich definierten Bezeichnung „Hypnose" in der Fachliteratur diskutiert wird, wie etwa die „Hypnoseinduktion" durch intensive rhythmisch-monotone Stimuli, gehört in den Rahmen dieses Kapitels. Darüber hinaus ist es fragwürdig, ob manche Arten der „Hypnose" im heutigen Wortgebrauch überhaupt mit ABZ im Sinne dieses Buches in Verbindung stehen.

Auch eine Darstellung kulturhistorischer und ethnologischer Aspekte der Hypnose wird dadurch erschwert. Folgt man dem Ethnologen *Stoll* (1904), der in seiner umfassenden Monographie einen außerordentlich weiten Hypnosebegriff verwendet, dann sind heterohypnotische Techniken die ältesten und am weitesten verbreiteten psychotherapeutischen Verfahren überhaupt.

In Europa ging mit der Verbreitung des Christentums die Verwendung der Hypnose zurück, da sie als Hexerei betrachtet wurde, um erst im 18. Jahrhundert als Therapieform wieder an Bedeutung zu gewinnen. Berühmt wurde *Franz Anton Messmer* (1734 bis 1815), der den schon lange vor ihm angenommenen „tierischen Magnetismus" als Grundlage seiner Heilbehandlung propagierte. Der Hypothese des „tierischen Magnetismus" als Grundlage der Hypnose wurde vom englischen Chirurgen *Braid* (1795 bis 1860) widersprochen. Er prägte die Bezeichnung „Hypnose" und versteht darunter einen ABZ, der als Resultat einer langdauernden visuellen Fixierung oder andersartigen, andauernden Ausrichtung der Aufmerksamkeit auf einen Gegenstand zustande kommt („Monoideismus"). Gegen Ende des vergangenen Jahrhunderts stand in Europa die Hypnotherapie, vertreten vor allem in Paris durch *Charcot* und in Nancy durch *Liebault* und *Bernheim,* in voller Blüte.

Die „klassische" Hypnosetechnik besteht im wesentlichen darin, daß zunächst die Einstellung des Patienten bzw. Probanden zur Hypnose exploriert wird und ungünstige Erwartungen abgebaut sowie positive verstärkt werden. Die eigentliche Hypnoseinduktion erfolgt nach diesen Verfahren meist durch eine Kombination von optischen Reizen mit repetitiven Verbalsuggestionen von Ruhe, Entspannung und Müdigkeit. In der sogenannten „Fixationstechnik" wird der Proband z.B. aufgefordert, den Finger des Hypnotiseurs zu fixieren. Die dabei auftretenden physiologischen Erscheinungen wie Schwere der Augenlider werden als „Suggestionen" zurückgegeben. Sie sollen den Probanden von seiner „Hypnotisierbarkeit" überzeugen und damit seine Motivationslage entsprechend beeinflussen. Wenn so ein „hypnotischer Zustand" erreicht ist, werden je nach dem Ziel der Hypnose entsprechende weitere Suggestionen gegeben. Bei der „Leerhypnose" wird lediglich eine allgemeine Erholung suggeriert.

Die theoretischen Erklärungen über das Auftreten hypnotischer Phänomene lassen sich in zwei Gruppen teilen. Auf der einen Seite finden sich vom behaviouristischen Ansatz ausgehende Autoren wie vor allem *Barber* (1969, 1972), die einen hypnotischen Trancezustand als nicht existent oder wenigstens als überflüssiges Konstrukt betrachten. Sie versuchen, hypnotische Erscheinungen auf sozialpsychologische und lerntheoretische Gesetzmäßigkeiten zurückzuführen. Auf der anderen Seite finden sich Autoren, zu denen z.B. *Gill* und *Brenman* (1959), *Hilgard* und *Tart* (1966), *Erickson* (1967) gehören, deren Ansichten sich vermutlich dahingehend zusammenfassen lassen, daß nach der Herstellung eines ,,hypnotischen Trancezustandes'', d.h. eines ABZ, die vielleicht auch lerntheoretisch oder sozialpsychologisch erklärbaren Phänomene in diesem Zustand häufiger, intensiver und längerdauernd auftreten.

Autohypnotische Entspannungsverfahren

Eine große Zahl von autohypnotischen Entspannungsverfahren hat sich im Westen vorwiegend aus Formen der Heterohypnose entwickelt. Detaillierte Übersichten finden sich bei *Storkvis* und *Wiesenhuetter* (1971), *Wiesenhuetter* (1975), *Vaitl* (1978) und *Langen* (1978).

Als Beispiele sollen hier nur die Verfahren von *Coué* (z.B. 1924), *Jacobson* (1958), *Kretschmer* (1946), das autogene Training von *Schultz* (1970), welches zuerst 1932 veröffentlicht wurde, die Technik von *Desoille* (1938) und speziell das ,,katathyme Bilderleben'' (KB) von *Leuner* (1955, 1970, 1985) erwähnt werden. In diesem Buch befaßt sich *Pahl* (Kapitel 3.6) mit solchen Verfahren, speziell mit dem ,,katathymen Bilderleben''.

Meditationsverfahren

Meditationsverfahren, die in einem religiös-weltanschaulichen Kontext entstanden sind, stellen unter den psychologischen Verfahren zur Auslösung von ABZ diejenigen mit der größten Bedeutung und weitesten Verbreitung dar. Übersichten finden sich z.B. bei *Naranjo* und *Ornstein* (1976), *Scharfetter* (1979) sowie bei *Hehr* (Kapitel 2.5) und *Scharfetter* (Kapitel 3.5) in diesem Buch.

Eine kaum zu überschätzende Rolle spielen Meditationsverfahren im ostasiatischen Raum. Weniger bekannt ist die Bedeutung von Meditationsverfahren in anderen Weltreligionen. Die zusammenfassende Darstellung der Hauptströmung der jüdischen Mystik von *Scholem* (1941) gibt eine Reihe von Meditationsverfahren im Judentum an. Im Christentum sollen nach *Benz* (1973) vor der Reformationszeit Meditationstechniken weit verbreitet gewesen sein wie z.B. das sogenannte ,,Herzensgebet'' (,,Kyrie eleison''). Als bedeutendste nachreformatorische Meditationsanleitung gelten die ,,Exerzitien'' des *Ignatius von Loyola* (1959) aus dem Jahre 1548. Auch in der Mystik des Islam, speziell dem Sufismus, finden sich Meditationstechniken, die z.B. von *Inayat Khan* (1962) beschrieben werden.

Meditationstechniken lassen sich weiterhin bei einer Fülle weniger weit verbreiteter Religionen nachweisen, z.B. bei den !Kung in der Kalahariwüste von Afrika (z.B. *Katz,* 1977) und auch den Eskimos (*Freuchen,* 1962).

Allen konzentrativen Meditationstechniken ist gemeinsam, daß die Aufmerksamkeit über eine gewisse Zeitspanne einem einzigen Gegenstand zugewendet wird. Experimentell wurde der Prozeß der Meditation vor allem von *Deikman* (1963, 1966) untersucht, der außerhalb eines religiösen Kontextes Probanden über eine blaue Vase meditieren ließ. Auch dabei zeigten die Versuchspersonen schnell ABZ.

Erhöhte Rhythmizität oder Variabilität des Wahrnehmungsfeldes

In diesem Abschnitt werden die Möglichkeiten zur Auslösung außergewöhnlicher Bewußtseinszustände durch monoton-rhythmische Stimulation oder durch erhöhte Variabilität des Wahrnehmungsfeldes, d.h. die Punkte (6) und (7) unserer Taxonomie referiert. Im Gegensatz zum ,,Reizentzug" ist die ,,Reizüberflutung" im Sinne dieses Buches experimentell noch schlecht untersucht. Hingegen gibt es eine große Zahl von ethnologischen Arbeiten, die die Verwendung solcher Verfahren zur Auslösung von außergewöhnlichen Bewußtseinszuständen beschreibt, wie z.B. *Sargant* (1957), *Ludwig* (1966) und *Lewis* (1975). Diese Untersuchungen charakterisieren jedoch in der Regel die Stimulationssituation psychologisch nur ungenau. Dies gilt besonders dann, wenn es sich um die Erzeugung von ABZ durch erhöhte Variabilität handelt, die prinzipiell schwer zu beschreiben ist. Aus diesem Grunde fällt es schwer, eindeutig ethnologische Beispiele für die Verwendung von erhöhter Variabilität zur Erzeugung von ABZ zu geben. Leichter hingegen ist es, relativ prägnante Beispiele zu finden, in denen rhythmische Stimulation verwendet wird.

Andeutungen über Reizüberflutung zur Erzeugung von ABZ finden sich bereits im Alten Testament. So verspottet der Prophet *Elia* die Baalspriester wegen ihrer rhythmischen Tanzbewegungen. Im Sufismus findet sich der Orden der tanzenden Derwische, dessen festgefügtes Ritual zur Ekstase führen kann. Auch bei den bereits erwähnten !Kung der Kalahariwüste in Afrika führt das Tanzritual zu ABZ (*Katz,* 1977). Berühmt sind in diesem Zusammenhang der Voodoo- und der Umbanda-Kult, vgl. *Pressel* (Kapitel 2.6) in diesem Buch.

Eine Übersicht über die Geschichte und heutige Verwendung von rhythmischem Trommeln und Tanz zur Erzeugung von ABZ bei nordamerikanischen Indianerkulturen findet sich bei *Jilek* (Kapitel 2.8) in diesem Buch.

Intensive Rhythmizität des Wahrnehmungsfeldes

Experimentelle Untersuchungen zu dem hier interessierenden Forschungsbereich sind selten und konzentrieren sich im wesentlichen auf die rhythmische Fotostimulation. Zu erwähnen sind vor allem die Arbeiten von *Kroger* und *Schneider* (1959), *Kahn* (1954), *Oswald* (1960) sowie diejenigen, die in diesem Buch von *Jilek* (Kapitel 2.7) erwähnt werden.

Interessanterweise findet sich eine rhythmische Stimulation in der westlichen Kultur im Zusammenhang mit dem Leistungssport. So gibt es verschiedene kasuistische Mitteilungen, daß die rhythmischen Bewegungen beim Langstreckenschwimmen oder Langstreckenlaufen (,,Jogging") zu ABZ führen können (*Gohr,* 1977; *Sonntag,* 1981; *Solomon* und *Bumpus,* 1978; *Morgan,* 1978).

Erhöhte Variabilität des Wahrnehmungsfeldes bei normaler oder erhöhter Intensität

Diese Art der Reizüberflutung, d.h. Punkt (7) der obigen Taxonomie, läßt sich vor allem dadurch charakterisieren, daß Verlaufsgestalten des Stimulationsmaterials nicht zum Abschluß kommen, indem sie immer wieder durch neues, unerwartetes

Material unterbrochen werden. Diese Segmentierung entspricht einer erhöhten Variabilität des Wahrnehmungsfeldes. Experimentelle Untersuchungen mit hochstrukturiertem akustischem und optischem Material führten *Haer* (1970, 1971), *Gottschalk, Haer* und *Bates* (1972) sowie *Huerlimann, Malzacher, Merz* und *Simmen* (1975) (vgl. *Dittrich*, 1985a) durch. Danach scheint es ziemlich sicher zu sein, daß erhöhte Variabilität bei hochstrukturiertem, extrem variablem Material zu ABZ führen kann.

Ludwig und *Lyle* (1964) kombinierten die „Bombardierung" ihrer Versuchspersonen mit hochstrukturiertem akustischem Material mit körperlichen Betätigungen wie Kniebeugen, Sich-um-die-eigene-Achse-Drehen, Laufen usw. Mit dieser Technik wurde bei allen Probanden innerhalb von fünf bis 25 Minuten ein „hyperalerter Trancezustand" erzeugt, was beträchtliche Ähnlichkeiten mit dem in diesem Buch beschriebenen Verfahren von *Akstein* (Kapitel 3.7) aufweist.

Die wohl bedeutendsten Experimente über Reizüberflutung mit niedrig strukturiertem Material stammen von *Ludwig* (1971, 1972, 1975). Dabei wurden zur optischen Stimulation farbige Lampen verwendet, deren An- und Abschalten durch einen Zufallsgenerator möglichst variabel gestaltet wurden (Lichtorgel). Akustisch wurden Geräusche verwendet, die gleichartig gesteuert wurden. Analoge Untersuchungen wurden vor allem in Japan (z.B. *Kikuchi, Kikuchi, Kawaguchi, Hatakeyama* und *Yoshiizumi* (1970) sowie durch *Huerlimann* et al. (1975, vgl. *Dittrich*, 1985a) durchgeführt. Insgesamt kann wohl gesagt werden, daß die verwendeten Untersuchungsbedingungen zu zumindest schwächeren ABZ führen.

Weitere Techniken zur Auslösung von ABZ

Neben den dargestellten pharmakologischen und psychologischen Bedingungen zur Auslösung von ABZ gibt es noch eine Reihe weiterer Techniken, die hier nur kurz erwähnt werden sollen. Unterscheiden lassen sich dabei Bedingungen, bei denen nur ein relativ einfacher Stimulus von zentraler Bedeutung ist, von solchen, bei denen eine komplexere Stimuluskonstellation verwendet wird.

Einzelstimuli

Von den verschiedenen Techniken, bei denen nur ein relativ einfacher Stimulus im Mittelpunkt steht, läßt sich eine große Vielzahl aufzählen. So gibt z.B. *Ludwig* (1966) an, daß bei exzessiver Masturbation ABZ vorkommen können. Dies gilt wohl generell für Geschlechtsverkehr mit sehr intensiven Orgasmen („le petit mort") (*Comfort*, 1976).

In vielen Religionen hat das Fasten zur Auslösung von ABZ eine außerordentliche Bedeutung. Eine Zusammenfassung darüber findet sich bei *Buchinger* (1967). In den experimentellen Untersuchungen über menschliches, meist partielles Hungern, so auch in der bisher umfassendsten Untersuchung von *Keys, Brozek, Henschel, Mickelsen* und *Longstreet-Taylor* (1950) werden allerdings solche Aspekte kaum berührt, da andere Fragestellungen im Vordergrund standen.

Von verschiedenen Techniken des Biofeedback scheint besonders die Rückkopplung der Atmung häufig zu ABZ zu führen (*Margolin* und *Kubie*, 1944; *Leuner*, 1977). Dies überrascht nicht, da in verschiedenen Meditationsverfahren die Konzentration auf die Atmung von großer Bedeutung ist.

Auch die völlig absorbierende Beschäftigung z.B. mit dem Lesen von Gedichten (*Snyder*, 1930) oder dem Hören von Musik (*Floru* und *Floru*, 1977) kann zu ABZ führen.

Von den in diesem Abschnitt besprochenen Einzelstimuli ist der Schlafentzug wahrscheinlich experimentell am ausführlichsten untersucht worden (vgl. *Huber-Weidmann*, 1976; *Huber-Weidmann, Dittrich* und *Scharfetter*, 1977).

Der totale oder partielle Schlafentzug spielte nach *Benz* (1969) als „asketisches Wachen" im altkirchlichen und mittelalterlichen Christentum eine bedeutende Rolle als Mittel, die Bereitschaft für „übersinnliche Erfahrung" zu fördern. Auch in indigenen Kulturen spielte und spielt freiwilliger Schlafentzug zur Erzeugung von ABZ eine große Rolle, so bei manchen Initiationsriten der nordamerikanischen Plains- und Prärie-Indianer.

Die experimentelle Schlafentzugsforschung am Menschen begann 1895 im psychologischen Institut der Universität Iowa (*Patrick* und *Gilbert*, 1896). Heute liegen nach *Huber-Weidmann* (1976) mehr als 400 Arbeiten vor. „Psychopathologische" Phänomene im Sinne dieses Buches nehmen mit zunehmender Schlafentzugsdauer zu.

Die subkulturelle Verwendung des freiwilligen, totalen Schlafentzugs von mehr als 36 Stunden ist in den westlichen Kulturen eher selten, da sie eine asketische Haltung voraussetzt, die wohl nur im Rahmen eines traditionellen Glaubenssystems erworben und auch nur ritualisiert aufrecht erhalten werden kann. Von einer solchen, wahrscheinlich nur ausnahmsweise vollkommenen Verwendung des Schlafentzugs spricht *Gelpke* (1966).

Welcher Zusammenhang zwischen dem in experimentellen Untersuchungen beschriebenen Einschließen von „euphorisch-hypomanischen Phasen" während des Schlafentzugssyndroms und den von *Gelpke* (1966) beschriebenen Phänomenen besteht, ist noch ungeklärt. Ebenfalls ist unbekannt, ob eine Beziehung zur therapeutischen Wirkung des Schlafentzugs bei Depressionen besteht (*Pflug* und *Toelle*, 1969).

Mehr Platz wird in diesem Buch der Verwendung von Hyperventilation zur Erzeugung von ABZ eingeräumt, welche bei *Akstein* (Kapitel 3.7) eine große Rolle spielt und bei *Grof* (Kapitel 3.2) als Technik der holotropen Therapie sogar zentral ist. Nach *Weil* (1974) benutzen bereits Kinder die Hyperventilation zur Erzeugung von ABZ. Untersuchungen von Schamanen in Tibet sowie von Sufipraktiken im Islam zeigen, daß Hyperventilation ein weit verbreitetes Verfahren zur Erzeugung von ABZ ist. Dafür sprechen auch manche historische Hinweise aus der westlichen Kultur. Nach *Langen* (1978) soll z.B. *Swedenborg* (1688 bis 1772) seine visionären Trancezustände zumindest anfänglich durch Hyperventilation eingeleitet haben.

Eine Herabsetzung des CO_2-Gehaltes im Blut und entsprechende pH-Verschiebungen scheinen also mit ABZ einherzugehen. Daß auch eine Heraufsetzung des CO_2-Gehaltes eine ähnliche Wirkung hat, zeigen die Arbeiten von *Meduna* (1950). Die dabei auftretenden ABZ sind wie diejenigen bei der Hyperventilation (CO_2-Abatmung) sehr intensiv.

Kombination verschiedener Verfahren

Experimentelle Untersuchungen über Stimuli zur Auslösung von ABZ verführen dazu, diese isoliert zu betrachten. Wie die Darstellung der indigenen Heilverfahren und analoge der westlichen Kultur zeigen, spielen dort aber meistens Kombinationen der bisher besprochenen Einzelverfahren eine Rolle.

Experimentelle Untersuchungen dazu, welche durch *von Arx* (1976) und *Dittrich* (1985a) zusammengefaßt wurden, sind sehr selten. Es erwies sich, daß Schlafentzug die Effekte von Halluzinogenen I. wie II. Ordnung potenziert. Nach den bisherigen experimentellen Ergebnissen scheint zwischen der Wirkung von Halluzinogenen und Reizentzug ein Antagonismus zu existieren. Die Untersuchungen von *Levine* und *Ludwig* (1965) zeigen, daß durch die „hypnodelische" Bedingung, d.h. durch eine Kombination von LSD, Hypnose und bestimmten psychotherapeutischen Maßnahmen, sehr intensive ABZ hervorgerufen werden können.

Über die religionswissenschaftlich bedeutsame Kombination von Fasten, Reizentzug und Meditation liegt u.W. noch keine experimentelle Arbeit vor.

Literatur

Abel, E.L.: Marihuana. The first twelfe thousand years. Plenum Press, New York 1980

Abood, L.G., Ostfeld, A.M., Biel, J.H.: A new group of psychotomimetic agents. Proceedings of the Society for Experimental Biology and Medicine 97, (1958) 483

Barber, T.X.: Hypnosis: A scientific approach. Van Nostrans Reinhold, New York 1969

Barber, T.X.: LSD, marihuana, yoga and hypnosis, 3rd ed. Aldine, Chicago, Illinois 1972

Bente, D., Bradley, P.B. (eds.): Neuro-psychopharmacology. Elsevier, Amsterdam 1965

Benz, E.: Die Vision – Erfahrungsformen und Bilderwelt. Klett-Cotta, Stuttgart 1969

Benz, E.: Meditation in östlichen Religionen und im Christentum. p. 89–117 in: *Boros, L., Lotz, J.B., Staehelin, B., Benz, E., Waser, P.G., Strolz, W.* (1973)

Beringer, K.: Der Meskalinrausch, seine Geschichte und Erscheinungsweise. Monographien aus dem Gesamtgebiet der Neurologie und Psychiatrie 49 (1927) 35–89, 119–315

Bibra, E. von: Die narkotischen Genußmittel und der Mensch. Schmid, Nürnberg 1855

Biderman, A.D., Zimmer, H. (eds.): The manipulation of human behavior. Wiley, New York 1961

Blum, R.H. (ed.): Society and drugs. Drugs I: Social and cultural observations. Jossey-Bass, San Francisco, California 1970

Boros, L., Lotz, J.B., Staehelin, B., Benz, E., Waser, P.G., Strolz, W.: Bewußtseinserweiterung durch Meditation. Herder, Freiburg i.Br. 1973

Bourguignon, E. (ed.): Religion, altered states of consciousness, and social change. Ohio State University Press, Columbus, Ohio 1973

Buchinger, O.: Geistige Vertiefung und religiöse Verwirklichung durch Fasten und meditative Abgeschiedenheit. Turm, Bietigheim/Württemberg 1967

Chen, G., Ensor, C.R., Russell, D., Bohner, B.: The pharmacology of 1- (l-phenylcyclohexyl)piperidine-HCl. Journal of Pharmacology and Experimental Therapeutics, 127 (1959) 241–250

Cohen, S.: Lysergic acid diethylamide: Side effects and complications. Journal of Nervous and Mental Disease 130 (1960) 30–40

Cohen, S.: The beyond within. The LSD story, 2nd ed., Atheneum, New York 1972

Comfort, A.: Joy of sex. Ullstein, Frankfurt a.M. 1976

Condrau, G.: Klinische Erfahrungen an Geisteskranken mit Lysergsäure-Diäthylamid. Acta Psychiatrica et neurologica 24 (1949) 9–32

Corssen, G., Domino, E.F.: Dissociative anesthesia: Further pharmacologic studies and first clinical experience with the phencyclidine derivate CI-581. Anesthesia and Analgesia 45 (1960) 29–40

Coué, E.: Die Selbstbemeisterung durch bewußte Autosuggestion. Schwabe, Basel 1924

Deikman, A.J.: Experimental meditation. Journal of Nervous and Mental Disease 136 (1963) 329–343

Deikman, A.J.: Implications of experimentally induced contemplative meditation. Journal of Nervous and Mental Disease 142 (1966) 101–116

Der Maderosian, A.: Psychotomimetic indoles in the convulvulaceae. American Journal of Pharmacology 139 (1967) 19–26

Desoille, R.: Exploration de l'affectivité subconsciente par la méthode du 'rêve éveillé'. D'Artrey, Paris 1938

Dittrich, A.: Ätiologie-unabhängige Strukturen veränderter Wachbewußtseinszustände. Ergebnisse empirischer Untersuchungen über Halluzinogene I. und II. Ordnung, sensorische Deprivation, hypnagoge Zustände, hypnotische Verfahren sowie Reizüberflutung. Enke, Stuttgart 1985 (a)

Dittrich, A.: Zur Symbolentstehung in hypnagogen und hypnopompen Zuständen. p. 65–85 in: Gesellschaft für Symbolforschung (1985b)

Dittrich, A., von Arx, S., Staub, S.: Zur Frage des erhöhten Halluzinogenkonsums als Nachwirkung von Halluzinogenexperimenten. Eine katamnestische Untersuchung über vier kontrollierte Studien. Schweizerische Zeitschrift für Psychologie und ihre Anwendungen 39 (1980) 221–236

Erickson, M.H.: Advanced techniques of hypnosis and therapy. Grune and Stratton, New York 1967

Ferckel, S.: „Hexensalben" und ihre Wirkung. Kosmos 50 (1954) 414–415

Fleischmann, U.M., Kaiser H.J., Keuchel, I., Oswald, W.D. (Hrsg.): 26. Tagung experimentell arbeitender Psychologen. Zusammenfassungen. FIM-Psychologie, Nürnberg 1984

Floru, L., Floru, L.: Traumhafte Versenkungszustände. Teil 1: Musiktherapie. Zeitschrift für die musiktherapeutische Forschung und Praxis 9 (1977) 49–56

Foulkes, D., Vogel, G.W.: Mental activity at sleep onset. Journal of Abnormal Psychology 70 (1965) 231–243

Freuchen, P.: Book of the eskimos. Barker, London 1962

Gagneux, A.R., Haefliger, F., Eugster, C.H., Good, R.: Synthesis of pantherine (agarin). Tetrahedron Letters 25 (1965) 2077–2079

Gelpke, R.: Drogen und Seelenerweiterung, 3. Aufl. Kindler, München 1966

Gerber, P.: Die Peyote-Religion. Nordamerikanische Indianer auf der Suche nach einer Identität. Völkerkundemuseum Zürich 1980

Gesellschaft für Symbolforschung (Hrsg.): Akten des 2. Symposiums der Gesellschaft für Symbolforschung, Bern 1984. Lang, Bern 1985

Gill, M.M., Brenman, M.: Hypnosis and related states: Psychoanalytic studies in regression. International Universities Press, New York 1959

Glasenapp, H. von: Die fünf Weltreligionen. Brahmanismus, Buddhismus, Chinesischer Universismus, Christentum, Islam. Diederichs, Köln 1963

Gohr, R.: Nicht sehen, nicht hören, nicht fühlen. Stern 42, (1977) 134–138

Gottschalk, L.A., Haer, J.L., Bates, D.E.: Effect of sensory overload on psychological state. Changes in social alienation-personal disorganization and cognitive-intellectual impairment. Archives of general Psychiatry 27 (1972) 451–457

Greeley, A.M.: The sociology of the paranormal: A reconnaissance. Sage Publications, Beverly Hills, California 1975

Haer, J.L.: Alteration in consciousness induced by sensory overload. Journal of Studies of Consciousness 3 (1970) 161–169

Haer, J.L.: Field dependency in relation to altered states of consciousness produced by sensory overload. Perceptual and Motor Skills 33 (1971) 192–194

Hallifax, J.: Die andere Wirklichkeit der Schamanen. Scherz, Bern 1981

Hardy, A.: The spiritual nature of man. A study of contemporary religious experience. Clarendon Press, Oxford 1980

Harner, M.J. (ed.): Hallucinogens and shamanism. Oxford Univerity Press, London 1973

Hartwich, C. von: Die menschlichen Genußmittel, ihre Herkunft, Verbreitung, Geschichte, Anwendung, Bestandteile und Wirkung. Tauchnitz, Leipzig 1911

Heim, E., Heimann, H., Lukacs, G.: Die psychische Wirkung der mexikanischen Droge „Ololiuqui" am Menschen. Psychopharmakologia (Berl.) 13 (1968) 35–48

Heimann, H.: Die Scopolaminwirkung. Vergleichende psychopathologisch-elektroencephalographische Untersuchungen. Bibliotheca psychiatrica et neurologica (Basel). Supplementum 93 (1952)

Henney, J.H.: The shakers of St. Vincent: A stable religion. p. 219–263 in: *Bourguignon, E.* (1973)

Heron, W., Bexton, W.H., Hebb, D.O.: Cognitive effects of a decreased variation in the sensory environment. American Psychologist 8 (1953) 366

Hilgard, E.R., Tart, C.T.: Responsiveness to suggestions following waking and imagination instructions and following induction of hypnosis. Journal of Abnormal Psychology 71 (1966) 196–208

Hofmann, A.: Die Wirkstoffe der mexikanischen Zauberdroge „Ololiuqui". Planta Medica 9 (1961) 354–367

Hofmann, A.: LSD – Mein Sorgenkind. Klett-Cotta, Stuttgart 1979

Hofmann, A., Heim, R., Brack, A., Kobel, H.: Psilocybin, ein psychotroper Wirkstoff aus dem mexikanischen Rauschpilz *Psilocybe mexicana* Heim. Experientia 14 (1958) 107–109

Hollister, L.E., Richards, R.K., Gillespie, H.K.: Comparison of tetrahydrocannabinol and synhexyl in man. Clinical Pharmacology and Therapeutics 9 (1968) 783–791

Huber-Weidmann, H.: Schlaf, Schlafstörungen, Schlafentzug. Kiepenheuer & Witsch, Köln 1976

Huber-Weidmann, H., Dittrich, A., Scharfetter, C.: Schlafentzug – Psychopathologische Wirkungen beim Menschen. Deutsche medizinische Wochenschrift 102 (1977) 699–703

Huerlimann, F., Malzacher, M., Merz, J., Simmen, R.: Experimentelle Induktion abnormer psychischer Bewußtseinszustände durch Reizüberflutung. Unveröffentlichte Lizentiatsarbeit, Universität Zürich 1975

Ignatius von Loyola: Die Exerzitien. Benziger, Einsiedeln 1959

Inayat Khan, V.: Stufen einer Meditation nach Zeugnissen der Sufi. Barth, München 1962

Isbell, H., Gorodetzky, C.W.: Effect of alkaloids of Ololiuqui in man. Psychopharmacologia (Berl.) 8 (1966) 331–339

Isbell, H., Jasinski, D.: A comparison of LSD-25 with (-)-Δ^9-trans-tetrahydrocannabinol (THC). Psychopharmacologia (Berl.) 14 (1969) 115–123

Jacobson, E.: Progressive relaxation. University of Chicago Press, Chicago, Illinois 1958

Jaffé, A.: Geistererscheinungen und Vorzeichen. Rascher, Zürich 1958

James, W.: Subjective effects of nitrous oxide. Mind 7 (1882) 186–208

James, W.: The varieties of religious experience. Modern Library, New York 1902/1929

Kahn, T.C.: Theoretical foundations of the audio-visual-tactile rhythm induction therapy experiments. Science 120 (1954) 103–104

Katz, R.: Heilung durch Ekstase. Psychologie heute 4 (1977) 54–59

Keys, A., Brozek, J., Henschel, A., Mickelsen, O., Longstreet-Taylor, H.: The biology of human starvation. Band I und II. University of Minnesota Press, Minneapolis, Minnesota 1950

Kiesewetter, K.: Die Geheimwissenschaften. Wilhelm Friedrich, Leipzig 1894

Kikuchi, R., Kikuchi, T., Kawaguchi, T., Kawaguchi, M., Hatakeyama, T., Yoshiizumi, M.: Studies on sensory overload: I. Part 3: Results of psychological tests. Tohoku Psychologica Folia 28 (1970) 84–92

Koukkou, M., Dittrich, A., Lehmann, D.: Hypnagogic experiences and EEG: Assessment by post-awakening questionnaire. Sleep Research 4 (1975) 169

Kretschmer, E.: Über gestufte aktive Hypnoseübungen und den Umbau der Hypnotechnik. Deutsche medizinische Wochenschrift 71 (1946) 281–283

Kroger, W.S.: Clinical and experimental hypnosis, 2nd ed. Lippincott, Philadelphia, Pennsylvania 1973

Kroger, W.S., Schneider, S.A.: An electronic aid for hypnotic induction: A preliminary report. International Journal of Clinical and Experimental Hypnosis 7 (1959) 93–98

Kubzansky, P.E.: The effects of reduced environmental stimulation on human behavoir: A review. p. 51–95 in: *Biderman, A.D., Zimmer, H.* (1961)

Kuhlo, W., Lehmann, D.: Das Einschlaferleben und seine neurophysiologischen Korrelate. Archiv für Psychiatrie und Nervenkrankheiten 205 (1964) 687–716

La Barre, W.: The peyote cult. Shoe String Press, Hamden 1970

Langen, D.: Möglichkeiten einer Hypnosetherapie unter gleichzeitiger Berücksichtigung der Selbstversenkungsmethoden. p. 2144–2160 in: *Pongratz, L.J.* (1978)

Leaning, F.E.: An introductory study of hypnagogic phenomena. Proceedings of the Society for Psychical Research 94 (1925) 289–403

Lebovits, B.Z., Visotsky, H.M., Ostfeld, A.M.: LSD and JB 318: A comparison of two hallucinogens. Archives of general Psychiatry 7 (1962) 65–71

Leuner, H.: Experimentelles katathymes Bilderleben als ein klinisches Verfahren der Psychotherapie. Grundlagen und Methode. Zeitschrift für Psychotherapie und medizinische Psychologie 5 (1955) 185

Leuner, H.: Die experimentelle Psychose. Springer, Berlin 1962

Leuner, H.: Katathymes Bilderleben (Unterstufe). Thieme, Stuttgart 1970

Leuner, H.: Selbstkontrolle vegetativer Funktionen durch Biofeedback-Methoden (Rückkoppelungsverstärkung). Therapiewoche 27 (1977) 5512–5524

Leuner, H.: Halluzinogene. Psychische Grenzzustände in Forschung und Therapie. Huber, Bern 1981

Leuner, H.: Lehrbuch des Katathymen Bilderlebens. Grund-, Mittel- und Oberstufe. Huber, Bern 1985

Leuner, H., Baer, G.: Two new short-acting hallucinogens of the psilocybin group. in: *Bente, D., Bradley, P.B.* (1965)

Levine, J., Ludwig, A.M.: Alterations of consciousness produced by combinations of LSD, hypnosis and psychotherapy. Psychopharmacologia (Berl.) 7 (1965) 123–137

Lewin, L.: Phantastica – Die betäubenden und erregenden Genußmittel, 2. Aufl. Stilke, Berlin 1927

Lewis, I.M.: Ecstatic religion. An anthropological study of spirit possession and shamanism, 2nd ed. Penguin Books, Harmondsworth, Middlesex 1975

Lilly, J.C.: Mental effects of reduction of ordinary levels of physical stimuli on intact, healthy persons. Psychiatric Reports No. 5, American Psychiatric Association 1956

Luby, E.D., Cohen, B.D., Rosenbaum, G., Gottlieb, J.S., Kelly, R.: Study of a new psychotomimetic drug – Sernyl. Archives of Neurology and Psychiatry 81 (1959) 363–369

Ludwig, A.M.: Altered states of consciousness. Archives of general Psychiatry 15 (1966) 225–234

Ludwig, A.M.: Self-regulation of the sensory environment. Conceptual model and potential clinical applications. Archives of general Psychiatry 25 (1971) 413–418

Ludwig, A.M.: „Psychedelic" effects produced by sensory overload. American Journal of Psychiatry 128 (1972) 114–117

Ludwig, A.M.: Sensory overload and psychopathology. Diseases of the Nervous System 36 (1975) 357–360

Ludwig, A.M., Lyle, W.H.: Tension induction and the hyperalert trance. Journal of Abnormal and Social Psychology 69 (1964) 70–76

Malleson, N.: Acute adverse reactions to LSD in clinical and experimental use in the United Kingdom. British Journal of Psychiatry 118 (1971) 229–230

Manske, R.H.F.: A synthesis of the methyl-tryptamine and some derivates. Canadian Journal of Research 5 (1931) 592–600

Margolin, S.G., Kubie, L.S.: An apparatur for the use of breath sounds as a hypnagogic stimulus. American Journal of Psychiatry 100 (1944) 610

Maurer, M., Lamparter, D., Dittrich, A.: Harmin – ein Halluzinogen? Ergebnisse von Selbstversuchen. p. 204 in: *Fleischmann, U.M., Kaiser, H.J., Keuchel, I., Oswald, W.D.* (1984)

Maury, A.: De certains faits observés dans les rêves et dans l'état intermédiaire entre le sommeil et la veille. Annales médico-psychologiques 3 (1857) 157–163

Maury, A.: Le sommeil et les rêves. Didier, Paris 1878

Mechoulam, R., Braun, P., Gaoni, Y.: A stereospecific synthesis of $(-)$-Δ^1- and $(-)$-$\Delta^{1\,(6)}$-tetrahydrocannabinols. Journal of American Chemical Society 89 (1967) 4552–4554

Meduna, L.J.: Carbon Dioxyd Therapy. A Neurophysiological Treatment of Nervous Disorders. Charles C. Thomas, Springfield, Illinois 1950

Moreau de Tours, J.J.: Hashish and mental illness. Raven Press, New York 1973 (Erstauflage 1845)

Morgan, W.P.: Die Zweisamkeit des Langstreckenläufers. Psychologie heute 5 (1978) 60–66

Müller, J.: Über die phantastischen Gesichtserscheinungen. Eine physiologische Untersuchung mit einer physiologischen Urkunde des *Aristoteles* über den Traum, den Philosophen und Ärzten gewidmet. Hölscher, Koblenz 1826 (Nachdruck: Fritsch, München 1967)

Myers, F.W.H.: Human Personality and its Survival of Bodily Death. Longmans, London 1904

Narañjo, C., Ornstein, R.E.: Psychologie der Meditation. Fischer, Frankfurt a.M. 1976; englischer Originaltitel: On the psychology of meditation. Hanseatische Druckanstalt, Hamburg 1971

Oswald, I.: Falling asleep open-eyed during intense rhythmic stimulation. British Medical Journal 1 (1960) 1450–1455

Pahnke, W.N.: Drugs and mysticism: An analysis of the relationship between psychedelic drugs and mystical consciousness. Unpublished doctoral dissertation, Harvard University 1963

Patrick, G.T.W., Gilbert, J.A.: On the effects of loss of sleep. Psychological Review 3 (1896) 469–483

Petrzilka, T., Stikemeier, C.: Über Inhaltsstoffe des Haschisch (3. Mitteilung). Helvetica Chimica Acta 50 (1967) 2111–2113

Peuckert, W.-E.: Hexensalben. Medizinischer Monatsspiegel 8 (1960) 169–174

Pflug, B., Toelle, R.: Die Behandlung endogener Depressionen durch Schlafentzug. Zentralblatt der gesamten Neurologie und Psychiatrie 196 (1969) 7

Pletscher, A., Besendorf, H., Baechtold, H.P., Geigy, K.F.: Über die pharmakologische Beeinflussung des Zentralnervensystems durch kurzwirkende Monoaminoxydasehemmer aus der Gruppe der Harmala-Alkaloide. Helvetica physiologica et pharmacologica acta 17 (1959) 202–214

Pongratz, L.J. (Hrsg.): Handbuch der Psychologie. 8. Band: Klinische Psychologie, 2. Halbband. Hogrefe, Göttingen 1978

Porter, D.M.: The taxonomic and economic uses of *Peganum harmala (Zygophyllaceae).* Unpublished manuscript of the Botanical Museum, Harvard University, 1962 (zitiert nach *Schultes, R.E., Hofmann, A.,* 1973)

Probst, C., Stephan, W.: Die bewußtseinsverändernde Wirkung von Lachgas. Eine experimentelle Untersuchung über die Lachgaswirkung und ihre Abhängigkeit von den Persönlichkeitsdimensionen Extraversion und Neurotizismus. Unveröffentlichte Lizentiatsarbeit, Universität Zürich 1975

Reps, P.: Zen flesh, Zen bones. A collection of Zen and pre-Zen writings. And/Or Books New York, o.J.

Rivier, L., Lindgren, J.: „Ayahuasca", the South American Hallucinogenic Drink: An Ethnobotanical and Chemical Investigation. Economic Botany 29 (1972) 101–129

Rumack, B.H., Salzman, E. (eds.): Mushroom poisoning. Diagnosis and treatment. CRC Press, Florida 1978

Sargant, W.: Battle for the mind. Pan Books, London 1957

Schacter, D.L.: The Hypnagogic State: A Clinical Review of the Literature. Psychological Bulletin 83 (1976) 452–481

Scharfetter, C.: Über Meditation. Begriffsfeld, Sichtung der „Befunde", Anwendung in der Psychotherapie. Psychotherapie und Medizinische Psychologie 29 (1979) 78–95

Scholem, G.G.: Major trends in Jewish mysticism. Schicken, Jerusalem 1941

Schraml, W.J., Baumann, U. (Hrsg.): Klinische Psychologie I. Theorie und Praxis, 3. Aufl. Huber, Bern 1975

Schultes, R.E.: Ein halbes Jahrhundert Ethnobotanik amerikanischer Halluzinogene. Planta Medica 13 (1965) 125–157

Schultes, R.E., Hofmann, A.: The botany and chemistry of hallucinogens. Charles C. Thomas, Springfield, Illinois 1973

Schultes, R.E., Hofmann, A.: Pflanzen der Götter. Die magischen Kräfte der Rausch- und Giftgewächse. Hallwag, Bern 1980

Schultz, I.H.: Das autogene Training, 13. Aufl. Thieme, Stuttgart 1970 (Erstauflage 1932)

Shedlin, M, Wallechinsky, D., Salyer, S.: Laughing gas – nitrous oxide. And/Or Press, California 1978

Shuglin, A.T.: Profiles of psychedelic drugs: 1. DMT. Journal of Psychedelic Drugs 8 (1976) 167–168

Silberer, H.: Bericht über eine Methode, gewisse symbolische Halluzinations-Erscheinungen hervorzurufen und zu beobachten. Jahrbuch für psychoanalytische und psychopathologische Forschungen 1 (1909) 513–525

Silberer, H.: Symbolik des Erwachens und Schwellensymbolik überhaupt. Jahrbuch für psychoanalytische und psychopathologische Forschungen 3 (1912) 621–660

Singer, R.: Hallucinogenic mushrooms. p. 201–214 in: Rumack, B.H., Salzman, E. (1978)

Snyder, E.G.: Hypnotic poetry. University of Pennsylvania Press, Philadelphia, Pennsylvania 1930 (zitiert nach *Ludwig, A.M.,* 1966)

Solomon, E.G., Bumpus, A.K.: The running meditation response: An adjunct to psychotherapy. American Journal of Psychotherapy 32 (1978) 583–592

Sonntag, W.: Irgendwann musst Du nach Biel, 2. Aufl. Edition Spiridon, Düsseldorf 1981

Spaeth, E.: Über die Anhalonium-Alkaloide. Monatshefte für Chemie (Wien) 40 (1919) 129–154

Stafford, P.: Psychedelics encyclopedia. And/Or Press, Berkeley, California 1977

Steinberg, H.: „Abnormal behaviours" induced by nitrous oxide. British Journal of Psychology 46 (1975) 183–194

Storkvis, B., Wiesenhuetter, E.: Der Mensch in der Entspannung. Lehrbuch autosuggestiver und übender Verfahren der Psychotherapie und Psychosomatik. Hippokrates, Stuttgart 1971

Stoll, O.: Suggestion und Hypnotismus in der Völkerpsychologie. Von Veit, Leipzig 1904

Stoll, W.A.: Lysergsäure-diäthylamid, ein Phantastikum aus der Mutterkorngruppe. Schweizer Archiv für Neurologie und Psychiatrie 60 (1947) 279–323

Stoll, W.A., Hofmann, A.: Partialsynthese von Alkaloiden vom Typus des Ergobasins. Helvetica Chimica Acta 26 (1943) 944–965

Suedfeld, P.: Restricted environmental stimulation research and clinical applications. Wiley, New York 1980

Szara, S.: Dimethyltryptamine: Its metabolism in man: The relation of its psychotic effect to serotonin metabolism. Experientia 12 (1956) 441–442

Takemoto, T., Nakajima, T., Yokobe, T.: Structure of ibotenic acid. Journal of the Parmaceutical Society of Japan 84 (1964) 1232–1233

Tart, C.T. (ed.): Altered states of consciousness. A book of reading. Wiley, New York 1969

Theobald, W., Buech, O., Kunz, H.A., Krupp, P., Stenger, E.G., Heimann, H.: Pharmakologische und experimental-psychologische Untersuchungen mit 2 Inhaltsstoffen des Fliegenpilzes (*Amanita muscaria*). Arzneimittel-Forschung (Drug Research) 18 (1968) 311–315

Vaitl, D.: Entspannungstechniken. p. 2104–2143 in: *Pongratz, L.J.* (1978)

Von Arx, S.: Kombination von Halluzinogenen mit anderen Techniken zur Erzeugung außergewöhnlicher psychischer Zustände beim Gesunden. Unveröffentlichte Semesterarbeit am Psychologischen Institut der Universität Zürich, Abteilung für Klinische Psychologie 1976

Waddell, H.: The desert fathers. Sheed and Ward, New York 1942

Wasson, R.G.: Soma, divine mushroom of immortality. Harcourt, New York 1967

Weil, A.T.: Das erweiterte Bewusstsein. Therapie in eigener Sache. Deutscher Verlagsanstalt, Stuttgart 1974

Wiesenhuetter, E.: Hypnose und Entspannungsverfahren. p. 611–628 in: *Schraml, W.J., Baumann, U.* (1975)

Zubek, J.B. (ed.): Sensory deprivation: Fifteen years of research. Appleton-Century-Crofts, New York 1969

1.2 Phänomenologie außergewöhnlicher Bewußtseinszustände

A. Dittrich und *C. Scharfetter*

Zusammenfassung

Es gibt viele Hinweise dafür, daß außergewöhnliche Bewußtseinszustände (ABZ) ätiologie-unabhängig einen gemeinsamen Kern haben. Empirische Untersuchungen zeigen, daß die zusammengehörigen Dimensionen „Ozeanische Selbstentgrenzung", „Angstvolle Ichauflösung" und „Visionäre Umstrukturierung" Grundzüge von ABZ sind. Mögliche ätiologie-spezifische Dimensionen sowie kulturelle Modifikationen von ABZ werden diskutiert.

Einleitung

In der Literatur findet sich eine Fülle von Belegen dafür, daß außergewöhnliche Bewußtseinszustände (ABZ) unabhängig von der Art ihrer Auslösung durch die von *Dittrich* in Kapitel 1.1 dargestellten Bedingungen einen invarianten Kern haben. Erste Hinweise zeigen sich bereits im Sutra I des vierten Buches von *Patañjali* (Datierung zwischen dem 2. Jahrhundert vor oder 4. Jahrhundert nach unserer Zeitrechnung). Er schreibt, daß ein vergleichbarer Bewußtseinszustand sowohl durch (medizinische) Pflanzen, Mantra-Meditationen oder asketische Übungen wie Fasten erreichbar ist.

In der westlichen Wissenschaft findet sich das Konzept des ätiologie-unabhängigen Kerns von ABZ zuerst bei *Moreau de Tours* (1845/1973), der die Verwandtschaft von Haschisch-Effekten mit Zuständen betont, wie sie z.B. unter Lachgas, verschiedenen Nachtschattengewächsen sowie beim Einschlafen auftreten können.

In neuerer Zeit wird diese Hypothese von einer Vielzahl von Autoren vertreten wie z.B. von *Huxley* (1961), *Leuner* (1962, 1973), *Leary, Metzner* und *Albert* (1964), *Masters* und *Houston* (1966), *Weil* (1972, 1974) und *Grof* (vgl. Kapitel 3.2 in diesem Buch). Am sorgfältigsten wurde die Hypothese wohl von *Ludwig* (1966) ausgearbeitet, welcher für seine Literaturübersicht nicht nur experimentelle Untersuchungen und kasuistische Mitteilungen aus der westlichen Kultur, sondern auch eine Fülle ethnologischer Berichte heranzog. Die Ergebnisse von *Ludwig* (1966), auf die in diesem Buch auch *Jilek* (Kapitel 2.8) eingeht, werden in der Tabelle 1 zusammengefaßt.

Nach *Ludwig* (1966) haben ausgeprägte ABZ unabhängig von der Art ihrer Auslösung die folgenden phänomenologischen Charakteristika gemeinsam:

A. Es kommt zu Veränderungen des Denkens wie zu subjektiven Störungen der Konzentration und der zielgerichteten Aufmerksamkeit. Primärprozeßhaftes Denken herrscht vor.

B. Die Zeit ist beschleunigt, verlangsamt oder steht subjektiv still, d.h. ein Gefühl der Zeitlosigkeit wird erlebt.

C. Ein Gefühl des Verlustes der Selbstkontrolle tritt auf.

Tabelle 1   Ätiologie-unabhängige Aspekte außergewöhnlicher Bewußtseinszustände nach *Ludwig*
(1966)

A.	Veränderungen des Denkens
B.	Veränderungen des Zeiterlebens
C.	Verlust der Kontrolle
D.	Veränderung der Emotionalität
E.	Veränderung des Körperschemas
F.	Wahrnehmungsveränderungen
G.	Veränderungen des Bedeutungserlebens
H.	Gefühl des Unaussprechlichen
I.	Gefühle von Erneuerung und Wiedergeburt
J.	Hypersuggestibilität

D. Mit dem Gefühl des Verlustes der Selbstkontrolle gehen außerordentlich intensive Emotionen einher, welche von völliger Glückseligkeit und Ekstase bis hin zu Angst und tiefer Depression reichen.

E. Die Veränderungen des Körperschemas sind vielfältig. Die Körpergrenzen lösen sich auf, Körperteile sind verzerrt, in Gewicht und Größe verändert oder losgelöst vom übrigen Körper. Es kommt zu subjektiven Levitationsphänomenen, zu einem Gefühl der Körperlosigkeit, was zu massiven Ängsten führen kann. Besonders im ritualisierten religiösen Rahmen ist dagegen eher die Erfahrung eines „ozeanischen Gefühls" anzutreffen.

F. Häufig sind Veränderungen der Wahrnehmung, vor allem im optischen Bereich, wie Halluzinationen, Pseudohalluzinationen, Illusionen und Synästhesien.

G. Das oft stark veränderte Bedeutungserleben zeigt sich unter anderem darin, daß Gegenstände und Zusammenhänge, die während des normalen Wachbewußtseins kaum oder gar nicht beachtet werden, eine große Bedeutung gewinnen.

H. ABZ haben oft den Charakter des Unbeschreiblichen, des Schwer- oder Nichtaussagbaren.

I. Gefühle der Einswerdung und Wiedergeburt sind von allen aufgeführten Aspekten diejenigen, bei denen es am unsichersten ist, ob sie tatsächlich durchgängig zu ABZ gehören. Auch treten sie oft erst nachträglich auf.

J. Ebenfalls auf einer anderen Betrachtungsebene liegt die „Hypersuggestibilität", welche eher durch spezielle Testverfahren als durch Selbstbeurteilung erfaßbar ist. Sie wird von *Ludwig* unter anderem darauf zurückgeführt, daß es im ABZ infolge des Verlustes von gewohnten Konstanten zu einer Verunsicherung kommt, unter deren Einfluß strukturierende Erlebnisse besonders leicht aufgegriffen werden.

Mit anderen Worten läßt sich das Konzept des entstehungsunabhängigen Kerns von ABZ auch so ausdrücken: Gleichgültig welches Mittel man wählt, um auf die Reise zu den „Antipoden unseres normalen Wachbewußtseins" (*Huxley*, 1956) zu gehen, man landet stets in einer vergleichbaren Region, in die man je nach auslösender Bedingung mehr oder weniger tief eindringen kann.

Kontrollierte Untersuchungen über ätiologie-unabhängige Dimensionen von ABZ

Ausgehend von genannten Arbeiten hat *Dittrich* (1985) unter wissenschaftstheoretischen Auffassungen, die dem „kritischen Rationalismus" nahestehen (*Lakatos*, 1970; *Popper*, 1976), ein empirisch überprüfbares Hypothesengefüge formuliert. Es basiert auf einem multidimensionalen Ansatz, wie er z.B. in diesem Buch von *Suedfeld* (Kapitel 3.3) gefordert wird. Dies impliziert, daß allen ABZ ätiologie-unabhängigen gewisse Grunddimensionen gemeinsam sind – neben anderen eher ätiologie-spezifischen. Dabei wird postuliert, daß ABZ einen fließenden Übergang zum „normalen Wachbewußtseinszustand" haben. Die Unterschiede zwischen verschiedenen ABZ und dem normalen Wachbewußtsein sind nach dieser Konzeption also quantitativer und nicht qualitativer Art.

Das Hypothesengefüge wurde experimentell an insgesamt mehr als 500 gesunden freiwilligen Probanden überprüft. Zur Auslösung der ABZ dienten Halluzinogene I. Ordnung (N,N-Dimethyltryptamin, Psilocybin und Δ^9-THC), ein Halluzinogen II. Ordnung (Stickoxydul), verschiedene Arten herabgesetzter Umweltstimulation (sensorische Deprivation, hypnagoge Zustände, Hypnose und autogenes Training) sowie Reizüberflutung durch erhöhte Stimulusvariabilität. Die Experimente erfolgten überwiegend unter Verwendung von Kontrollgruppen mit Vorher-Nachher-Messung. Zur Erfassung der ABZ diente der zu diesem Zweck speziell konstruierte Fragebogen APZ (*Dittrich*, 1975, 1985), in dem die Probanden retrospektiv ihr Erleben beschreiben.

Die vielschichtige statistische Auswertung mit multivariaten Verfahren ergab, daß die Hypothese des gemeinsamen Kerns von ABZ beibehalten werden kann.

Die externe Validität der experimentellen Ergebnisse wurde im Feld durch die „Internationale Studie über veränderte Wachbewußtseinszustände" außerhalb des psychologischen Labors überprüft (*Dittrich, von Arx* und *Staub*, 1981; *Dittrich, von Arx, Staub, Cochrane, Cordero, Davenport, Davenport, Deters, Dierse, O'Callaghan, Polonio, Pusterla-Longoni, Ratti, Simmen* und *Simoes*, 1985). Die Untersuchung wurde in der deutschsprachigen Schweiz, der Bundesrepublik Deutschland, in Norditalien und im Tessin, in den USA, in Portugal und in Großbritannien durchgeführt. Insgesamt 1133 Probanden beschrieben ihren zuletzt erlebten ABZ mittels des erwähnten Fragebogens APZ (*Dittrich*, 1975). Als auslösende Bedingung nannten die Probanden dieser Studie vor allem Marihuana, Haschisch, LSD und verschiedene Meditationsverfahren.

Die Auswertung zeigte, daß die Resultate der „Internationalen Studie über veränderte Wachbewußtseinszustände" in allen untersuchten Ländern zufriedenstellend mit den Ergebnissen der oben dargestellten Experimente übereinstimmen. Dies bedeutet auch, daß die im folgenden beschriebenen Skalen des Fragebogens APZ in psychometrisch weitgehend äquivalenten Versionen in deutsch, italienisch, englisch (USA), englisch (Großbritannien) und portugiesisch vorliegen. Darüber hinaus existieren bisher methodisch noch unüberprüfte Übersetzungen des Fragebogens APZ in finnisch, französisch, griechisch und holländisch (*Dittrich* et al., 1985), was zur Integration der internationalen Forschung über ABZ beitragen könnte.

Aufgrund der bisher größten empirischen Untersuchungen über ABZ ergibt sich, daß „Ozeanische Selbstentgrenzung" („oceanic boundlessness"), „Angstvolle Ichauflösung" („dread of ego dissolution") und „Visionäre Umstrukturierung" („visionary restructuralization") Grunddimensionen von ABZ sind. Diese drei Dimensionen bilden zusammengehörige Aspekte einer übergeordneten Dimension „Außergewöhnlicher Bewußtseinszustand" („non-ordinary state of consciousness"). Diese erlaubt (wie auch die drei untergeordneten Dimensionen) eine ausreichend reliable Erfassung des gemeinsamen Kerns von ABZ und ist inhaltlich folgendermaßen charkterisiert (Tabelle 2).

Der gemeinsame Kern außergewöhnlicher Bewußtseinszustände, d.h. die übergeordnete Dimension, welche vom normalen Wachbewußtsein über alle Zwischenstufen bis zu demjenigen reicht, was extremen ABZ ätiologie-unabhängig gemeinsam

Tabelle 2   „Außergewöhnlicher Bewußtseinszustand (ABZ)"

Veränderung der Denkabläufe („primärprozeßartig")
Veränderung des Zeiterlebens (Geschwindigkeit, „Zeitlosigkeit")
Angst vor Verlust der Selbstkontrolle
Intensive Emotionen (Glückseligkeit bis Panik)
Körperschema-Veränderungen (bis „Körperlosigkeit")
optisch-halluzinatorische Phänomene, Synästhesien
verändertes Bedeutungserleben

ist, läßt sich folgendermaßen charakterisieren: Es kommt zu einer primärprozeßartigen Veränderung des Denkens mit subjektiven Konzentrationsstörungen oder dem Gefühl, klarer und schneller als sonst zu denken. Widersprüche können konfliktfrei nebeneinander stehen bleiben. Die Zeit kann langsamer oder schneller als sonst vergehen. Es tritt ein Gefühl der Zeitlosigkeit ein, einer punktuellen Gegenwart oder Vergangenheit und Zukunft. Es kommt zu einer Selbstverfremdung, einem Gefühl des Verlustes der Selbstkontrolle, welches mit intensiven positiven und negativen Emotionen einhergeht. Die Stimmung fluktuiert stark und ist durch Ambivalenz gekennzeichnet. Das Körperschema ist verändert, einschließlich subjektiver Levitationsphänomene und Gefühlen der Körperlosigkeit. Es kommt zu einer Auflösung der Subjekt-Objekt-Schranke und damit zu einer Einswerdung des Ichs mit der Umwelt. Weitere Veränderungen der Wahrnehmung im Sinne von halluzinatorischen Phänomenen treten fast ausschließlich im optischen Bereich auf. Schließlich umfasst der Extrempol von ABZ ein verändertes Erleben der Bedeutung von Gegenständen der Umgebung. Sie erscheinen fremdartig, gefühls- und bedeutungsträchtiger als sonst, was mit überwältigenden „Aha"- und Evidenzerlebnissen einhergehen kann.

Der erste Teilaspekt dieser Gesamtskala „Ozeanische Selbstentgrenzung (OSE)" wird durch die in Tabelle 3 angegebenen Aussagen operationalisiert.

Tabelle 3   „Ozeanische Selbstentgrenzung (OSE)"

Nr. im APZ	Item
1	Ich hatte das Gefühl, es sei alles um mich herum irgendwie unwirklich.
7	Ich fühlte mich, als ob ich schweben würde.
13	Die Grenze zwischen mir selbst und meiner Umgebung schien sich zu verwischen.
16	Ich fühlte mich vollkommen frei und losgelöst von allen Verpflichtungen.
31	Ich hatte das Gefühl, in eine andere Welt versetzt zu sein.
34	Es schien mir, als gäbe es in der Welt keinerlei Widerspruch und Gegensätze mehr.
68	Es schien mir, als hätte ich keinen Körper mehr.
84	Ich fühlte mich ohne äußeren Anlaß sehr glücklich und zufrieden.
92	Ich hätte stundenlang sitzenbleiben und etwas betrachten können.
95	Alles war mir vollkommen gleichgültig.
127	Vergangenheit, Gegenwart und Zukunft erlebte ich als eine Einheit.
129	Es kam mir vor, als seien meine Umwelt und ich selbst eins.
147	Es kam mir vor, als ob ich träumte.

Der Teilaspekt von ABZ „Ozeanische Selbstentgrenzung (OSE)" weist bei extremer Ausprägung auf etwas hin, was in einem relativ gut definierten religionswissenschaftlichen Sinne zumindest als Keim von „mystischen Erfahrungen" bezeichnet werden könnte. Die Bezeichnung „Ozeanische Selbstentgrenzung (OSE)" lehnt sich an den Begriff des „ozeanischen Gefühls", der in der Psychoanalyse fast zu einem „terminus technicus" für „unio mystica", „Ekstase" und dem „kosmisch mystischen Erleben" geworden ist (*Freud*, 1952, p. 393 ff.). Hinweise auf ein derartiges Erleben finden sich z.B. in der Aussage 13. Hier sowie in der Aussage 129 deutet sich ein Einswerden mit der Umgebung an. Eine „mystisch" erlebte Einheit der Realität jenseits aller Widersprüche zeigt die Aussage 34. Auf die Transzendenz der Zeit verweist Aussage 127. Eine tiefempfundene positive Stimmung spiegelt sich in Aussage 84 wider.

Aus der Sicht des Alltagsbewußtseins steht im scheinbaren Gegensatz zur „Ozeanischen Selbstentgrenzung" der zweite Aspekt des gemeinsamen Kerns außergewöhnlicher Bewußtseinszustände, welcher als „Angstvolle Ichauflösung (AIA)" bezeichnet wird. Die Aussagen, welche zu dieser Dimension gehören, sind in Tabelle 4 dargestellt.

Tabelle 4   „Angstvolle Ichauflösung (AIA)"

Nr. im APZ	Item
9	Es fiel mir schwer, Wichtiges von Unwichtigem zu unterscheiden.
32	Mein Denken wurde ständig von Nebengedanken unterbrochen.
40	Meine eigenen Gefühle kamen mir fremd, als nicht zu mir selbst gehörend vor.
44	Ich fühlte mich gequält, ohne genau zu wissen warum.
55	Ich fühlte mich wie ein Automat.
56	Meine Umgebung kam mir eigenartig fremd vor.
64	Ich fühlte mich bedroht, ohne daß mir klar wurde, wovon.
66	Ich hatte das Gefühl, ich hätte keinen eigenen Willen mehr.
71	Ich hatte Angst, ohne genau sagen zu können, weshalb.
83	Ich kam mir vor wie eine Marionette.
91	Alles um mich herum ging so schnell, daß ich nicht mehr richtig mitbekam, was eigentlich passierte.
105	Ich verharrte längere Zeit wie erstarrt in einer ganz unnatürlichen Haltung.
107	Ich hatte Mühe, auch nur die kleinste Entscheidung zu treffen.
110	Ich fühlte mich wie gelähmt.
131	Die Dinge um mich herum erschienen mir verzerrt.
133	Die Zeit verging langsamer als sonst.
136	Ich konnte nichts richtig zu Ende denken, meine Gedanken rissen immer wieder ab.
141	Ich fühlte mich isoliert von allem und jedem.
148	Es schien mir, als hätte ich keine Gefühle mehr.
156	Es kam mir vor, als sei zwischen mir und meiner Umwelt eine unsichtbare Wand.
157	Ich beobachtete mich selbst wie einen fremden Menschen.
158	Ich hatte das Gefühl einer völligen Leere im Kopf.

Dieser Aspekt von ABZ beschreibt einen sehr unangenehmen Zustand, welcher von Halluzinogenkonsumenten oft als „bad trip" bezeichnet wird. Im Gegensatz zu einer positiv empfundenen Verschmelzung des Ichs mit der Umwelt oder einem absoluten Urgrund, wie in der Dimension OSE, kommt es jetzt zu einer radikalen Trennung dieser beiden Pole, wie sich in Item 141 und 156 zeigt. Darüber hinaus ist die Einheit der Person zersplittert, indem die Verfügbarkeit über normale Ich-Funktionen nicht mehr gegeben ist. Das Denken ist verändert (Item 9), Gedanken-gänge werden von Nebengedanken unterbrochen und reißen immer wieder ab (Item 32 und 196). Das Gefühl der willentlichen Selbstbestimmung ist verloren gegangen, es fällt schwer auch nur die kleinsten Entscheidungen zu treffen, man fühlt sich wie gelähmt, wie eine Marionette oder wie ein Automat (Item 158, 66, 107, 110, 85 und 55). Statt einer Transzendenz der Zeit erlebt man in diesem Kontext die Zeit als quä-lend langsamer als sonst (Item 133). Die Aussagen 44, 64 und 71 spiegeln besonders die Angst in der provozierten Grenzsituation (*Gnirss*, 1967) wider.

Der dritte Aspekt von ABZ, die „Visionäre Umstrukturierung (VUS)" beschreibt Visionen bzw. visuell-halluzinatorische Erlebnisse. Die diesem Aspekt entspre-chenden Aussagen sind in Tabelle 5 zusammengestellt:

Tabelle 5   „Visionäre Umstrukturierung (VUS)"

Nr. im APZ	Item
14	Es stürmten gleichzeitig so viele Gedanken und Gefühle auf mich ein, daß ich verwirrt war.
29	Ich habe bei völliger Dunkelheit oder mit geschlossenen Augen Helligkeit oder Licht-blitze gesehen.
33	Ich sah in völliger Dunkelheit oder mit geschlossenen Augen ganze Szenen wie einen Film ablaufen.
42	Gegenstände in meiner Umgebung sprachen mich gefühlsmäßig viel stärker an als ge-wöhnlich.
43	Die Dinge um mich herum erschienen mir größer als gewöhnlich.
51	Dinge in meiner Umgebung hatten für mich eine neue, fremdartige Bedeutung.
70	Ich sah in völliger Dunkelheit oder mit geschlossenen Augen Farben vor mir.
80	Ich sah Dinge, von denen ich wußte, daß sie nicht wirklich waren.
100	Ich sah bei völliger Dunkelheit oder mit geschlossenen Augen regelmäßige Muster.
119	Mir fiel etwas ein, von dem ich nicht wußte, ob ich es geträumt oder tatsächlich erlebt hatte.
120	Ich sah eigentümliche Dinge, von denen ich jetzt weiß, daß sie nicht wirklich waren.
128	Dinge des Alltags bekamen für mich eine besondere Bedeutung.
134	Töne schienen das, was ich sah, zu beeinflussen.
138	Die Farben von dem, was ich sah, wurden durch Töne oder Geräusche verändert.

Bei extremer Ausprägung beinhaltet dieser Teilaspekt vier zusammengehörende Phänomenbereiche. Einmal gehören Aussagen, die auf optisch-halluzinatorische Phänomene hinweisen hierher. Die Aussagen 29 und 70 beschreiben solche elemen-taren, amorphen optischen Phänomene. Bereits strukturiertere optisch-halluzina-torische Erscheinungen zeigen sich in Aussage 100.

Aus solchen geometrischen Mustern können sich szenische optisch-halluzinatorische Phänomene entwickeln, wie sie in Aussage 33 angesprochen werden. Hinzu kommen Synästhesien, wie sie Aussage 134 und 138 zeigen. Als dritten Aspekt umfaßt diese Skala ein verändertes Bedeutungserleben (Aussage 42, 51 und 128).

Die Aussagen 14 und 119 weisen schließlich darauf hin, daß optisch-halluzinatorische Phänomene einschließlich Synästhesien und einem veränderten Bedeutungserleben eingebettet sind in eine generelle interne Reizerhöhung (,,increased internal input", ,,Aktivierung der Vorstellungstätigkeit, so daß sie Wahrnehmungscharakter erhält", *Leuner*, 1962, 1973), was informationstheoretischen Hypothesen über die Entstehung von halluzinatorischen Phänomenen entspricht (vgl. *Horowitz*, 1975).

In Anlehnung an *Huxley* (1956) könnte man also formulieren, daß die drei entstehungsunabhängigen Teilaspekte des gemeinsamen Kerns von ABZ dem ,,Himmel", der ,,Hölle" und den ,,Visionen" entsprechen. Dabei sind – wie schon erwähnt – die genannten drei Teilaspekte des gemeinsamen Kerns von ABZ nicht unabhängig voneinander, d.h. selbst die ,,Ozeanische Selbstentgrenzung" und die ,,Angstvolle Ichauflösung" sind positiv miteinander korreliert. Während eines ABZ werden in der Regel sowohl wenigstens Spuren des ,,Himmels" als auch der ,,Hölle" erlebt. Ein solcher Zusammenhang ist in den Religionswissenschaften seit langem bekannt. So schreibt *Otto* (1936), daß das Numinose, zu dem ausgeprägte ABZ sicherlich gehören, gleichzeitig ,,tremendum et fascinans" ist.

Die dargestellten Untersuchungen von *Dittrich* (1985) und *Dittrich* et al. (1985) stimmen in bemerkenswerter Weise mit den anfangs zitierten kasuistischen Mitteilungen, Literaturübersichten und klinischen Beobachtungen sowohl in westlichen wie auch in indigenen Kulturen überein. In Tabelle 6 wird versucht, eine Integration verschiedener methodischer Ansätze über das Invariante von ABZ zu liefern.

Tabelle 6   Integration verschiedener Ansätze über das Invariante von ABZ

empirisch ermittelte Dimensionen *Dittrich, A.* (1985)	Kategorienbildungen nach Literaturübersicht *Ludwig, A.M.* (1966)	Klinische Beobachtung bei psychedelischen und holotropen Sitzungen *Grof, S.* (1978)	Ethnologische Forschungen über schamanische Seancen z.B. *Eliade, M.* (1975)
Ozeanische Selbstentgrenzung (OSE)	B. Veränderung des Zeiterlebens D. Veränderung der Emotionalität E. Veränderungen des Körperschemas	Antenatale Erfahrung (,,amniotic universe") Paradies, Himmel	Kommunikation mit dem Transintelligiblen, Überwelt, Kraft, Possession, Ekstase, Metamorphose, Transsubstantiation
Angstvolle Ichauflösung (AIA)	A. Veränderungen des Denkens B. Veränderung des Zeiterlebens C. Verlust der Kontrolle D. Veränderung der Emotionalität	Perinatale Erfahrung (,,birth trauma") Tod, Hölle, Enge (Angst)	Zerstückelung Unterwelt, Hölle (Rückkehr und Neugeburt)
Visionäre Umstrukturierung (VUS)	F. Wahrnehmungsveränderungen G. Veränderungen des Bedeutungserlebens	Visionäre Welt, ununterschieden in innen / außen ,,ordinary / non-ordinary reality"	Wahrnehmung der ,,non-ordinary reality" (dissoziiertes Bewußtsein: Auch offen für ,,ordinary reality")

Die von *Ludwig* (1966) theoretisch postulierten Kategorien wurden von Experten den Dimensionen „OSE", „AIA" und „VUS" zugeordnet. Es zeigten sich beträchtliche Übereinstimmungen (vgl. *Dittrich*, 1985). Es existieren auch kaum Diskrepanzen zwischen den aufgeführten kontrollierten Untersuchungen und den Ergebnissen klinischer Beobachtungen bei psychedelischen und holotropen Sitzungen nach *Grof* 1978 (*Grof*, Kapitel 3.2 in diesem Buch). Beschreibungen ethnologischer Forschungen über schamanistische Praktiken (z.B. *Eliade*, 1975) lassen sich ebenfalls in das obige Schema einordnen, wobei allerdings spezielle Aspekte von ABZ vernachlässigt sind, die im folgenden Abschnitt angedeutet werden.

Ätiologie und kulturspezifische Aspekte von ABZ

In den dargestellten Untersuchungen wurde der ätiologie-unabhängige gemeinsame Kern von ABZ hervorgehoben. Nun haben aber die im Kapitel 1.1 dargestellten Bedingungen zur Auslösung von ABZ zweifellos auch spezifische Effekte, die sich nicht nur in physiologischen und biochemischen Bereichen zeigen. So gehen die Halluzinogene II. Ordnung definitionsgemäß mit einer Bewußtseinstrübung einher und sind damit im Vergleich zu den Halluzinogenen I. Ordnung durch eine spezifische Dimension zu charakterisieren. Hypnagoge Phänomene und verwandte Erscheinungen, die mit einer Herabsetzung der Vigilanz einhergehen, wären ebenfalls auf dieser postulierten, relativ ätiologie-spezifischen Dimension „Verminderte Vigilanz" bzw. „Bewußtseinstrübung" zu lokalisieren. Als weiterer spezifischer Aspekt könnte für Bedingungen, die durch Reizentzug i.w.S. gekennzeichnet sind, eine Dimension „Strukturierte akustisch-halluzinatorische Phänomene" postuliert werden.

Die hier dargestellten ätiologie-unabhängigen Aspekte von ABZ verbleiben auf einem ziemlich formalen Niveau. So wird über strukturierte Inhalte der Dimension „Visionäre Umstrukturierung" nichts ausgesagt. Diese sind aber sicherlich durch individual-psychologische, soziologische und ethnologische Bedingungen geprägt. So schreibt z.B. *Benz* (1969, p. 11) über die Visionen christlicher Mystiker:

„Die Visionen spiegeln in einer auffälligen Weise den Stil des Zeitgeistes, der Denkungs- und Empfindungsart, ja die Leitbilder einer Epoche wider – bis hinein in die Technik: In den Visionsbereichen des 17. Jahrhunderts verwendeten die Engel der himmlischen Heerscharen nicht mehr Schwerter und Lanzen, sondern Schießgewehre."

Dies soll an dieser Stelle als Beispiel für die kulturelle Modifikation der Dimension „Visionäre Umstrukturierung (VUS)" genügen.

Literatur

Benz, E.: Die Vision – Erfahrungsformen und Bilderwelt. Klett-Cotta, Stuttgart 1969

Dittrich, A.: Zusammenstellung eines Fragebogens (APZ) zur Erfassung abnormer psychischer Zustände. Zeitschrift für klinische Psychologie und Psychotherapie 23 (1975) 12–20

Dittrich, A.: Ätiologie-unabhängige Strukturen veränderter Wachbewußtseinszustände. Ergebnisse empirischer Untersuchungen über Halluzinogene I. und II. Ordnung, sensorische Deprivation, hypnagoge Zustände, hypnotische Verfahren sowie Reizüberflutung. Enke, Stuttgart 1985

Dittrich, A., von Arx, S., Staub, S.: International study on altered states of consciousness (ISASC). Part 1: Theoretical considerations and research procedures. Schweizerische Zeitschrift für Psychologie und ihre Anwendungen 40 (1981) 189–200

Dittrich, A., von Arx, S., Staub, S.: In collaboration with: *Cochrane, R., Cordero, M., Davenport, D., Davenport, R.H., Deters, H., Dierse, B., O'Callaghan, M.A.J., Polonio, P., Pusterla-Longoni, D., Ratti, A., Simmen, R., Simoes, M.:* International study on altered states of consciousness (ISASC). Summary of the results. German Journal of Psychology 9 (1985) 319–339

Eliade, M.: Schamanismus und archaische Ekstasetechnik. Suhrkamp, Frankfurt a.M. 1975

Freud, S.: Das Unbehagen in der Kultur. GW Bd XIV, 1925–1931. Imago, London 1952

Gnirss, F.: Angst in der provozierten Grenzsituation. p. 157–167 in: *Kielholz, P.* (1967)

Grof, S.: Topographie des Unbewussten: LSD im Dienst der tiefenpsychologischen Forschung. Klett-Cotta, Stuttgart 1978

Horowitz, M.J.: Hallucinations: An information-processing approach. p. 163–195. in: *Siegel, R.K., West, L.J.* (1975)

Huxley, A.: Heaven and hell. Chatto & Windus, London 1956

Huxley, A.: The doors of perception and heaven and hell. Penguin Books, Harmondsworth 1961

Kielholz, P. (Hrsg.): Angst – Psychische und somatische Aspekte. Huber, Bern 1967

Lakatos, I.: Falsification and the methodology of scientific research programmes. p. 89–189 in: *Lakatos, I., Musgrave, A.* (1970)

Lakatos, I., Musgrave, A. (eds.): Criticism and the growth of knowledge. Harvard University Press, Cambridge, Massachusetts 1970

Leary, T., Metzner, R., Albert, R.: The psychedelic experience. A manual based on the Tibetian book of dead. University Books, New York 1964

Leuner, H.: Die experimentelle Psychose. Springer, Berlin 1962

Leuner, H.: Halluzinogene. p. 232–239 in: *Müller, C.* (1973)

Ludwig, A.M.: Altered states of consciousness. Archives of general Psychiatry 15 (1966) 225–234

Masters, R.E.L., Houston, J.: The varieties of psychedelic experience. Holt, New York 1966

Moreau de Tours, J.J.: Hashish and mental illness. Raven Press, New York 1973 (Erstauflage 1845)

Müller, C. (Hrsg.): Lexikon der Psychiatrie. Springer, Berlin 1973

Otto, R.: Das Heilige. Über das Irrationale in der Idee des Göttlichen und sein Verhältnis zum Rationalen, 23. bis 25. Aufl. Beck, München 1936

Popper, K.R.: Logik der Forschung. Mohr, Tübingen 1976

Siegel, R.K., West, L.J. (eds.): Hallucinations. Behavior, experience, and theory. Wiley, New York 1975

Weil, A.T.: Altered states of consciousness. New Scientist (1972) 696–697

Weil, A.T.: Das erweiterte Bewußtsein. Therapie in eigener Sache. Deutsche Verlagsanstalt, Stuttgart 1974

2 Außergewöhnliche Bewußtseinszustände in indigenen Heilritualen

2.1 Die heiligen Pilze in der Heilbehandlung der *Maria Sabina*

A. Hofmann

Zusammenfassung

Einleitend wird ein Überblick über die wissenschaftliche Erforschung der heiligen Pilze gegeben. Es handelt sich um Blätterpilze, die größtenteils der Gattung *Psilocybe* angehören. Ihre entheogene (halluzinogene) Wirkung beruht auf dem Gehalt der zwei Alkaloide Psilocybin und Psilocin. Im Lebenslauf der *Maria Sabina* wird geschildert, wie sie schon als Kind von den heiligen Pilzen aß. Es waren Visionen in der Pilztrance, die ihr später ihre Erwähltheit als Schamanin offenbarten.

Die Heilbehandlung der *Maria Sabina* folgt einem alten Ritual. Kranke und Ratsuchende werden, manchmal mit den Angehörigen, zu einer nächtlichen Konsultation (velada) eingeladen, in der die heiligen Pilze befragt werden. Die Einverleibung der heiligen Pilze verschafft der Schamanin mystisches Einssein mit göttlichen Kräften und Gestalten, als deren Sprachrohr sie sich betrachtet. Es ist die Macht dieser heiligen Sprache, mit der sie heilt.

Die wissenschaftliche Erforschung der „Heiligen Pilze"

Die ersten schriftlichen Angaben über die Verwendung von gewissen Pilzen im Rahmen von religiösen Zeremonien und magisch bestimmten Heilpraktiken bei den Indianern Mittelamerikas finden sich in den Chroniken der spanischen Mönche und Naturalisten aus dem 16. Jahrhundert, die bald nach der Eroberung von Mexiko durch *Cortez* ins Land kamen. Merkwürdigerweise fanden diese Berichte bis in unsere Tage kein Interesse in der wissenschaftlichen Welt, wahrscheinlich weil man sie für Phantasieprodukte jener abergläubischen Zeit hielt. Erst in den Dreißigerjahren entdeckten amerikanische Ethnologen das Weiterbestehen eines Pilzkultes in den abgelegenen Bergen der mexikanischen Provinz Oaxaca. Die umfassenden Untersuchungen über den heutigen Gebrauch des „Teonanacatl", wie die aztekische Bezeichnung für die heiligen Pilze lautete, und über die Geschichte des Pilzkultes, verdankt man dem Forscherehepaar *Valentina Pawlovna* und *R. Gordon Wasson* (1957). Die *Wasson*s erhielten auf ihren Expeditionen in den Jahren 1953 bis 1956 ihre Informationen vor allem von der Schamanin *Maria Sabina* (Abb. 1) in Huautla de Jimenez (Oaxaca) und *Gordon Wasson* konnte bei ihr, wahrscheinlich als erster Weißer, an einer Pilz-Zeremonie aktiv teilnehmen.

Die botanische Bestimmung der heiligen Pilze erfolgte durch den Mykologen Prof. *Roger Heim*, Direktor des Muséum National d'Histoire Naturelle in Paris. *Heim* begleitete die *Wasson*s auf Expeditionen im mexikanischen Bergland. Er fand, daß es sich bei den heiligen Pilzen um größtenteils noch nicht beschriebene Arten von Blätterpilzen der Gattung *Psilocybe* handelte (*Heim* und *Wasson*, 1958).

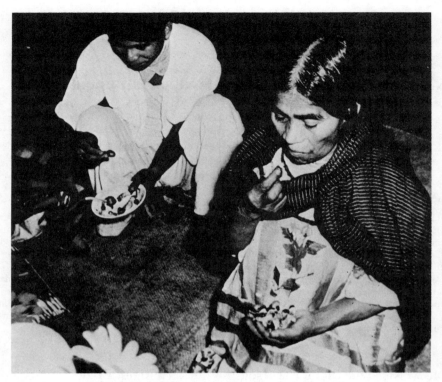

Abb. 1   Maria Sabina bei der Einnahme der heiligen Pilze

Die chemische Untersuchung der Zauberpilze wurde in den chemisch-pharmazeutischen Forschungslaboratorien der *Sandoz* in Basel durchgeführt, in denen zwanzig Jahre vorher das Psychopharmakon LSD hergestellt worden war, das die gleichen psychischen Wirkungen entfaltet wie die heiligen Pilze. Es gelang aus dem Pilz *Psilocybe mexicana (Heim)* die aktiven Prinzipien in Form von zwei neuen Alkaloiden zu isolieren, die Psilocybin und Psilocin benannt wurden (*Hofmann, Heim, Brack, Kobel, Frey, Ott, Petrzilka* und *Troxler*, 1959).

Psilocybin   Psilocin

Einen Überblick über die pharmakologischen, biochemischen und klinischen Untersuchungen mit den Wirkstoffen der heiligen Pilze findet man bei *Hofmann* (1968).

Der Lebenslauf der *Maria Sabina*

Wie schon im vorangegangenen Abschnitt erwähnt, war die Schamanin *Maria Sabina* die Schlüsselfigur, die dem Forscherehepaar *Wasson* Zugang zu dem bis dahin geheimen Pilzkult gewährte. Die Heilbehandlung der *Maria Sabina* mit Hilfe der heiligen Pilze wird besser verständlich, wenn man die kulturelle Verwurzelung dieser außerordentlichen Frau und ihren Lebenslauf kennt. Die nachfolgenden Angaben stammen zur Hauptsache aus dem kleinen Buch von *Estrada* „*Maria Sabina* – Botin der heiligen Pilze" (1980).

„Ich weiß nicht, wann ich geboren wurde", gestand *Maria Sabina* ihrem Landsmann *Estrada*, der sie über ihr Leben ausfragte. Es muß aber um die Jahrhundertwende gewesen sein, als sie in Rio Santiago, einem kleinen Ort in der Nähe von Huautla in der Sierra Mazateca, das Licht der Welt erblickte. Ihre Eltern waren arm. Ihr Vater starb sehr jung. Dessen Vater konnte ihn nicht von seiner Krankheit heilen, obwohl er ein „Weiser" (sabio), ein Schamane war, denn der heilige Pilz hatte ihm offenbart, daß sein Sohn sterben müsse, weil er sich gegen den „Herrn der Donner" vergangen hatte. Schon als Kind mußte *Maria Sabina* hart arbeiten, ihrer Mutter und den Großeltern bei der Feldarbeit helfen. Sie ging nie zur Schule, lernte daher auch nicht spanisch, sondern sprach nur mazatekisch.

Anläßlich einer Heilbehandlung ihres kranken Onkels sah das Kind zum erstenmal wie ein Sabio die heiligen Pilze verwendete. Als die kleine *Maria Sabina* beim Hühnerhüten im Wald die gleichen Pilze entdeckte, aß sie davon, obschon sie schlecht schmeckten. Nachdem Übelkeit und Schwindel vergangen waren, fühlte das Kind ein neues Lebensgefühl in sich aufsteigen. Es aß immer wieder von den Pilzen, hatte religiöse Visionen und konnte auch mit ihrem verstorbenen Vater sprechen. Mit 14 Jahren wurde *Maria Sabina* von ihrer Mutter einem jungen Mann als Frau übergeben. Die Ehe dauerte sechs Jahre. Der Mann starb. Er war lange im Krieg gewesen, hatte ihr oft andere Frauen ins Haus gebracht und hinterließ sie mit drei Kindern.

Während der Zeit ihrer Verheiratung hatte *Maria Sabina* nie mehr die heiligen Pilze gegessen, denn es galt der Glaube, daß, wer die Pilze konsultieren will, vier Tage vor und vier Tage nach der velada (der Pilzzeremonie) keinen sexuellen Verkehr haben darf. Erst einige Jahre nachdem sie Witwe geworden war und ihre Schwester *Ana* schwer erkrankte, nahm *Maria Sabina* wieder Zuflucht zu den Pilzen. In einer Nacht nahm sie am Bett ihrer Schwester eine große Menge Pilze zu sich, gab auch der Schwester einige davon und hatte darauf schicksalshafte Visionen. Sie erhielt die Kraft, ihre Schwester zu heilen. Danach erschienen ihr Gestalten und Symbole, die ihr die ganze Tiefe und Macht der heiligen Pilze offenbarten und ihr den Glauben an ihre Erwähltheit als „sabia" (weise Frau) vermittelten. Sie schaute die „Grundexistenzen", sechs bis acht überirdische Wesen, die ihr das „Buch der Weisheit" unterbreiteten. Später erschien auch noch der „Oberste Herr der Berge", den sie auf seinem weißen Roß durch die Wände ihrer Hütte sehen konnte. Sie hatte ihn mit der „Sprache der Weisheit", die sie aus dem „Buch" gelernt hatte, zu sich rufen können.

Die Wunderheilung ihrer Schwester sprach sich herum, und so kamen bald viele Hilfesuchende aus den benachbarten Siedlungen zu *Maria Sabina*. Vielen konnte sie helfen. Es waren aber auch solche, für die es keine Mittel gab und die starben.

Nach zwölf Jahren der Witwenschaft und der Tätigkeit als Schamanin heiratete *Maria Sabina* ein zweitesmal, wonach sie es aus den schon angeführten Gründen nicht mehr wagte, die „ninos santos" (heiligen Kinder) wie sie die Pilze nannte, um Rat zu fragen. Aus dieser Ehe entsprossen sechs Kinder. Mit Ausnahme der Tochter *Aurora* starben alle. Ihr zweiter Mann, *Marcial*, war Wunderarzt, der Truthahneier und Papageienfedern verwendete, um seine Zaubereien durchzuführen. *Maria Sabina* hielt nichts von seinen Praktiken und betrachtete sie als Schwindel. Auch war der Mann ein Trinker und brachte ihr immer wieder fremde Frauen ins Haus. Er wurde schließlich von den Kindern einer Frau, mit der er intime Beziehungen unterhielt, mit der Machete erschlagen. Sie hatte 13 Jahre mit diesem Mann zusammengelebt und sie war es gewesen, die mit Feldarbeit und anderer Tätigkeit die Familie durchgebracht hatte.

Wieder allein mit ihren Kindern, nahm sie ihre Tätigkeit als Sabia mit der Befragung der heiligen Pilze wieder auf. Daneben betrieb sie einen kleinen Laden und lebte zurückgezogen mit ihren Kindern. An besonderen Zwischenfällen fehlte es aber nicht. Als ihr Sohn *Catarino* vor ihrem Laden mit einem Betrunkenen in Streit geriet und von diesem mit der Pistole bedroht wurde, warf sie sich zwischen die beiden, worauf der betrunkene *Crescencio* zwei Schüsse abfeuerte, die sie ins Gesäß und in die Hüfte trafen. Sie wurde zu einem Arzt in Huautla gebracht, der sie operierte und heilte. *Maria Sabina* war tief beeindruckt von der Kunst des jungen Mediziners, Dr. *Salvador Guerra*, wie er ihr, ohne daß sie es schmerzte, die Kugeln entfernt hatte. Als später einmal der Arzt eine Klientin zu einer „velada" (Pilzzeremonie) zu *Maria Sabina* brachte, nötigte sie ihm als Dank ein Paar der heiligen Pilze auf. Er hatte Visionen, die so eng mit seinem Privatleben verknüpft waren, daß er auch später mit dem Biographen der *Maria Sabina* nicht näher darüber sprechen wollte.

Tragischer als der Zwischenfall, in dem sie ihren Sohn *Catarino* beschützte, endete ein Streit, in den ihr Sohn *Aurelio* verwickelt wurde. Eine fröhliche Schnapstrinkerei von jungen Männern und dem 19jährigen *Aurelio* in der Hütte von *Maria Sabina* artete in eine Auseinandersetzung aus, bei der einer der Burschen plötzlich einen Dolch zückte und *Aurelio* am Hals tödlich verletzte. Viele Monate lang beweinte *Maria Sabina* den Tod ihres Sohnes, der vor ihren Augen ermordet worden war.

Von besonderer Bedeutung im Leben der *Maria Sabina* wurde ihre Beziehung zu *Cayetano Garcia*, der von 1953 bis 1955 Syndikus von Huautla war, und der sie um Beratung bei den Schwierigkeiten in seinem Amt gebeten hatte. Die Ratschläge der ninos santos aus dem Munde der *Maria Sabina* halfen ihm bei seiner erfolgreichen Amtsführung.

Es war die Zeit, als sich das Ehepaar *Wasson* in Huautla aufhielt mit dem Ziel, den geheimen Pilzkult näher zu erforschen, von dem amerikanische Ethnologen (*Weitlaner, Johnson, Reko*) erstmals berichtet hatten.

Gordon Wasson gelang es schließlich, das Vertrauen des Syndikus zu gewinnen und ihn zu überreden, die Bekanntschaft mit einem Schamanen oder einer Schamanin zu vermitteln. *Maria Sabina* ihrerseits dem Syndikus *Garcia*, ihrem Freund vertrauend, erklärte sich bereit, für die fremden Weissen eine velada zu zelebrieren, nachdem diese als Grund für ihre Konsultation angegeben hatten, sie kämen um Gott zu finden. Die *Wasson*s konnten so in mehreren nächtlichen Zeremonien die heutige Form des uralten Pilzkultes studieren und sie waren wahrscheinlich die ersten Weißen, die den heiligen Pilz teonanacatl der Azteken, die ninos santos der *Maria Sabina*, im Sommer 1955, zu essen bekamen (*Wasson* und *Wasson*, 1957). Es wird der *Maria Sabina* oft vorgeworfen, sie habe den Pilzkult, der als heilig und geheim galt, an die Fremden verraten. Dazu ist zu sagen, daß ihr Handeln von keinem Eigennutz bestimmt war und im Vertrauen auf die Autorität des Syndikus erfolgte. Später, nach den Publikationen von *Wasson* kamen viele Ausländer zu *Maria Sabina* für eine Konsultation mit den Pilzen. Sie kamen aber nicht weil sie krank waren, sondern ,,um Gott zu finden''.

Die Anschuldigung des Verrates der heiligen Riten an Fremde mag auch der Grund gewesen sein, warum *Maria Sabina*s Haus, als sie mit ihren Kindern in einem benachbarten Dorf am Fest des *San Miguel* Brot und Kerzen verkaufte, von unbekannten Tätern niedergebrannt wurde. Im Bewußtsein, mit der Zulassung der Fremden zu ihren veladas nichts Unrechtes getan zu haben, verlor *Maria Sabina* ihren Lebensmut nicht, sondern baute sich mit ihren Kindern anstelle der alten mit Stroh bedeckten Lehmhütte ein Haus aus Ziegelsteinen mit einem Blechdach. Die Publizität, die der Pilzkult, der über die Jahrhunderte ein vor den Fremden behütetes Geheimnis gewesen war, durch die Publikationen vor allem von *Wasson* erfuhr, veränderte nicht nur von Grund auf das Leben der alten Schamanin, sondern brachte auch Unruhe in den Ort Huautla.

Immer mehr Fremde aus aller Welt, vor allem aus den Vereinigten Staaten, kamen nach Huautla um *Maria Sabina* zu sehen und um einer velada beizuwohnen. Ihr Bild erschien in Zeitungen und Magazinen, ihre Stimme ertönte selbst im ethnographischen Museum in Mexico City, wo ihre Gesänge von Schallplatten abgespielt wurden. Sie wurde von Ethnologen und Journalisten interviewt, photographiert, in die Hauptstädte gezerrt, gefeiert, dann aber auch verklagt und vor Gericht gebracht. Teils genoß sie diese Berühmtheit, teils verwünschte sie alle diese Störungen. Vor allem machte es sie traurig, daß seit der Invasion der Fremden die heiligen Pilze ihre Kraft verloren hatten.

Im altehrwürdigen Huautla entwickelte sich ein Tourismus mit all seinen üblen Begleiterscheinungen. Hotels wurden gebaut, aber es kamen auch viele Fremde, die kein Geld brachten, sondern der einheimischen Bevölkerung mit Bettelei, Diebstahl und Drogenhandel zur Last fielen. Es ist zu hoffen, daß diese negativen Erscheinungen durch die positiven Auswirkungen der heiligen Pilze übertroffen werden, den diese auf die Erforschung veränderter Wachbewußtseinszustände haben könnten.

Das Pilzritual der *Maria Sabina*

Das Amt der *Maria Sabina* ist in erster Linie das einer Heilerin, einer Ärztin, und erst in zweiter Linie das einer Beraterin in nicht durch Krankheiten verursachten Schwierigkeiten. Hilfesuchende werden von der Schamanin allein oder mit Angehörigen auf einen bestimmten Termin zur Konsultation und Heilbehandlung eingeladen. Dies findet stets in der Nacht statt, daher die Bezeichnung ,,velada'' für die Pilzzeremonie, was ,,Nachtwache'' heißt. Das könnte daher kommen, weil die Spanier nach der Eroberung des Landes im Rahmen der Missionierung den Pilzkult als Teufelswerk verbannten und unter strenge Bestrafung stellten. Die weitere Ausübung der altindianischen religiösen Bräuche war daher nur noch im Verborgenen, in der Nacht, möglich. Ein weiterer Grund für die nächtliche Durchführung ist wohl auch die Ungestörtheit und Stille, die der Kult verlangt.

Oft bietet die „curandera" (spanische Bezeichnung für Heilerin, Schamanin) ihren Kunden zum Empfang eine kleine Verpflegung an, ein Schokoladegetränk oder einen Schnaps. Dann zieht man sich in die Hütte zurück, die verriegelt wird bis auf einen Notausgang in den Hintergarten für die unvermeidlichen Bedürfnisse. Die Teilnehmer lagern sich am Boden auf Bastmatten. Im dunkeln, nur von einer Kerze beleuchteten Raum führt die Schamanin einleitende Zeremonien durch. Sie entfacht Feuer in einem Kohlebecken, in das sie von Zeit zu Zeit ein Stück Kopal (ein weihrauchartiges Harz) wirft. Vor einer Art Altar kniend, einem alten Tisch, auf dem sich ein Kruzifix befindet und über dem Bilder von Heiligen und der Muttergottes hängen, murmelt sie Gebete, unterbrochen von monotonem Gesang, wechselt manchmal, offenbar dem Inhalt der Anrufungen entsprechend, den Platz der Kerze. Schließlich werden die bereitgestellten Pilze, zu Paaren geordnet, verteilt, nachdem sie die curandera besprochen und über dem Kopalbecken geräuchert hat. Wer von den Anwesenden Pilze zugeteilt erhält und wieviel, liegt im Ermessen der Schamanin. Sie selbst nimmt stets ein Mehrfaches der verteilten Dosen. Nachdem die Pilze gekaut sind und die Kerze auf dem „Altar" gelöscht wurde, wartet man im Dunkeln die Wirkung ab. Wenn diese sich bemerkbar macht, was nach etwa einer halben Stunde der Fall ist, wird die Kerze wieder angezündet. Die curandera fragt den Patienten oder sonstwie Hilfesuchenden oder seine Angehörigen nach dem Anliegen, wenn das nicht schon bei der Anmeldung zur Konsultation geschehen ist. Dann geht die Zeremonie weiter. Je mehr die Wirkung der Pilze, die nach zwei bis drei Stunden ihren Höhepunkt erreicht, sich steigert, desto dramatischer wird das Singen und Beten, das durch Händeklatschen und Schenkelklopfen unterstützt wird. Im Höhepunkt der Trance gibt die Schamanin die Diagnose bekannt, sagt dem Kranken, ob er nun gesund werde oder ob er verloren sei. Wenn es um die Aufklärung von Verbrechen geht oder bei sonstigen Anliegen, gibt sie die entsprechenden Hinweise. Je nach der diagnostizierten Krankheit bringt *Maria Sabina* den Patienten zum Erbrechen durch Magenmassage, um die brechenerregende Wirkung der Pilze zu unterstützen, oder durch zusätzliche Verabreichung eines Tabakextraktes. Manchmal wird Tabaksaft, genannt „San Pedro", zur Heilung oder Stärkung auch eingerieben. Nachdem die Wirkung der Pilze abgeklungen ist, was meist erst gegen den Morgen zu der Fall ist, trennen sich die Teilnehmer der velada. Die Schamanin nimmt ein bescheidenes Honorar, auch Naturalien, Eier, ein Huhn, für ihre Dienste entgegen.

Die Rolle der heiligen Pilze im Heilritual der *Maria Sabina*

Die heiligen Pilze haben nicht nur eine Funktion, sie spielen nicht nur eine Rolle in der Heilbehandlung der *Maria Sabina*, sondern sie bilden den eigentlichen Kern derselben. Es ist anzunehmen, daß bei der Entstehung des Pilzkultes, vor mehr als tausend Jahren, die Entdeckung dieser Pilze, bzw. ihrer Wirkungen, den Ausgangspunkt bildete, aus dem und um den herum sich dann der Kult mit seinen besonderen Heilverfahren entwickelte.

Die zentrale Stellung, die den Pilzen zukommt, zeigt sich darin, daß die Schamanin sich nur als Sprachrohr derselben, als Sprachrohr Gottes, der in den Pilzen wohnt, betrachtet. Das geht aus den Erklärungen hervor, die sie ihrem Biographen *Alvaro Estrada* gab in bezug auf ihr Amt als Heilpriesterin, aber vor allem auch aus den Texten ihrer Gebete und Gesänge während der velada.

Gott erscheint ihr in christlicher Gestalt als *Jesus Christus* oder in altindianischer Vorstellung als „Grundexistenz". Auch die Heiligen erscheinen ihr in der Pilztrance, der Heilige *Joseph, Maria* die Muttergottes, Herr *Santiago*. „Ich nenne sie in der Reihenfolge, wie sie mir dann erscheinen", sagte sie zu *Estrada*. „Ich weiß, daß Gott sich aus allen Heiligen zusammensetzt, so wir wir alle zusammen die Menschheit bilden."

Wenn *Maria Sabina* auch gelegentlich physische Mittel, Erbrechen, Pflanzenextrakte, zu Hilfe nimmt, so betont sie immer wieder, daß sie durch die *Sprache* heile, die *Sprache*, die ihr die „ninos santos", die heiligen Pilze, eingeben oder die im *Buch* steht, das ihr Gott oder die „Grundexistenzen" aufschlagen, in dem sie dann sofort zu lesen beginnt, obwohl sie im Alltag weder lesen noch schreiben kann. Für die Kranken gibt es eine besondere Form der *Sprache*, für die, die Gott suchen, eine andere. Für die Kranken erscheint die *Sprache*, wenn sie nahe bei ihnen ist.

Nachfolgend einige Beispiele ihrer *Sprache*:

Denn hier ist dein *Buch* – sagt er
Dein Buch der Weisheit – sagt er
Deine geheiligte *Sprache* – sagt er
Du, Jesus Christus
Du, Maria
Du, Heiligster Vater
Ich bin Frau Licht des Tages – sagt er
Ich bin Frau Mond – sagt er
Ich bin Frau Morgenstern – sagt er
Ich bin die Frau Anwalt
Denn ich bin die reine Frau
Ich bin die Frau des Guten
Denn ich kann das Reich des Todes betreten und verlassen
Denn ich bin die Frau, die aus dem Boden sprießt
Ich bin die Frau, die man herausreißen kann – sagt er
Das Herz Christi bringe ich
Das Herz unserer Jungfrau bringe ich
Ich bin die Frau, die nach Innen schaut – sagt er

„Er" ist der heilige Pilz, die Gottheit, die aus ihm spricht. *Wasson* und seine Frau haben während einer velada 1957 schamanische Gesänge der *Maria Sabina* auf Tonband aufgenommen. Sie sind auf Langspielplatten herausgekommen (*Wasson* und *Wasson*, 1957).

Die Kraft, die heilende Wirkung der *Sprache* der *Maria Sabina* wurde sicherlich noch verstärkt dank der gesteigerten Suggestibilität, in der die Kranken und ihre Angehörigen sich befanden als Folge der Wirkung der Pilze, die sie in kleiner Menge meistens auch mitgenießen durften.

Was hier bei *Maria Sabina* als Wirkung der Pilze in Erscheinung tritt, sind die charakteristischen Effekte jener Gruppe von Psychopharmaka, die unter vielerlei Bezeichnungen bekannt sind, als Phantastica, Halluzinogene, Psychotomimetica, Psychedelica, um nur die wichtigsten zu nennen. Weil aber keine dieser Benennungen den ganzen Komplex der psychischen Wirkungen dieser Agentien zu decken vermag, ist neuerdings noch ein weiterer Terminus vorgeschlagen worden, nämlich „Entheogene", was bedeutet „Gott in sich hervorrufend" (*Ruck, Bigwood, Staples, Ott* und *Wasson*, 1979). Die wichtigsten entheogenen Substanzen sind Naturstoffe. Es sind die wirksamen Prinzipien von Pflanzen, die seit altersher im Rahmen von religiösen Riten, in Mysterienkulten und in magischen Heilpraktiken in allen Kulturkreisen bezeugt sind. Zu den Entheogenen gehören das Meskalin des Peyotl-Kaktus, das Psilocybin der Teonanacatl-Pilze, die Lysergsäure-amide der Zauberwinde Ololiuqui und das Lysergsäure-diäthylamid (LSD), das eine Modifikation der Ololiuqui-Wirkstoffe darstellt (*Hofmann*, 1968). Die entheogene Eigenschaft dieser Stoffgruppe beruht auf folgenden für sie charakteristischen psychopharmakologischen Wirkungen: Stimulierung der Sinnesempfindungen, Herabsetzung bis zur Aufhebung der bewußtseinsmäßigen Ich-Du-, Subjekt-Objekt-Spaltung, was zu einer gewaltigen Steigerung des emotionalen Erlebens unter Zurückdrängung der rationalen Funktionen führt. Das Resultat ist ein psychischer Zustand des mystischen Einsseins mit der Schöpfung, cosmic consciousness, unio mystica. Es sind die heiligen Pilze, ihre entheogenen Eigenschaften, die *Maria Sabina* in den mystischen Bewußtseinszustand des Einsseins mit Gott und der Schöpfung bringen, in dem ihr das *Buch* erscheint und ihr die *Sprache* zuwächst, mit der sie heilen und wahrsagen kann.

Literatur

Burger, A. (ed.): Medicinal research series, Vol. 2: Drugs Affecting the Central Nervous System. Dekker, New York 1968

Estrada, A.: Maria Sabina – Botin der heiligen Pilze. Trikont, München 1980

Heim, R., Wasson, R.G.: Les Champignons Hallucinogènes du Mexique. Editions du Muséum National d'Histoire Naturelle, Paris 1958

Hofmann, A.: Psychotomimetic Agents. p. 169–235 in: *Burger, A.* (1968)

Hofmann, A., Heim, R., Brack, A., Kobel, H., Frey, A., Ott, H., Petrzilka, Th., Troxler, F.: Psilocybin und Psilocin, zwei psychotrope Wirkstoffe aus mexikanischen Rauschpilzen. Helvetica Chimica Acta 42 (1959) 1557–1572

Ruck, C.A.P., Bigwood, J., Staples, D., Ott, J., Wasson, R.G.: Entheogens. Journal of Psychedelic Drugs 11 (1979) 145–146

Wasson, V.P., Wasson R.G.: Mushrooms, Russia and History. Pantheon Books, New York 1957

Wasson, V.P., Wasson, R.G.: Mushroom Ceremony of Mazatec Indians of Mexico. Folkways Records and Service Corporation, NYC. Fr. 8975 (1957)

2.2 *Tabernanthe iboga*, die vielseitige Droge Äquatorial-Westafrikas: Divination, Initiation und Besessenheit bei den Mitsogho in Gabun

M. Prins

Zusammenfassung

Die Mitsogho in Gabun sind ein Stamm mit einer Vielzahl bedeutender Initiationsgesellschaften und einer reichen Tradition faszinierender Riten. Der vorliegende Beitrag gibt einen Überblick über die Gesellschaftsstrukturen sowie einige Aspekte des Welt- und Menschenverständnisses dieser Ethnie, die Krankheit in den meisten Fällen als Hinweis auf eine Verletzung der Stammesethik interpretiert und eine Behandlung erst einleitet, wenn die Ursache der Störung gefunden ist. Für Divination und Initiation machen sich die Mitsogho die bewußtseinsverändernden Eigenschaften des zu den Hundsgiftgewächsen (*Apocynaceae*) gehörenden Iboga-Strauches zunutze. Dabei wissen sie die Dosierung genau der erwünschten Wirkung entsprechend zu wählen. In kleineren Mengen genossen wirkt die Droge als Stimulans; erst größere Quantitäten führen im Verband mit mannigfaltigen gezielt eingesetzten äußeren Reizen zu Visionen. Solche Erfahrungen sind nur in geringem Maß individueller Art; in den großen Linien folgen sie differenzierten gesellschaftlichen Erwartungen und nehmen einen voraussehbaren Verlauf. Dies gilt ebenso für die Phänomene der Besessenheit, die ausschließlich im Rahmen des Ombudi-Frauenbundes auftreten und im Beitrag ausführlicher behandelt werden.

Einleitung

Die Ethnie der Mitsogho ist im südlichen Zentral-Gabun beheimatet und umfaßt etwa 13 000 Menschen, die sich vor allem von den Produkten des einfachen Ackerbaus ernähren (Mais, Taro, Erdnüsse, Ignamen, Bananen und Maniok). Jagd und Fischfang, früher eine wichtige Subsistenzgrundlage, sind heute nur noch von ritueller Bedeutung; dasselbe gilt für die Schmiedekunst. Rituelle Verwendung finden auch die Ziegen, Schweine, Hühner und Enten, die in kleiner Zahl in den Dörfern gehalten werden.

Die Mitsogho verteilen sich über ein Gebiet von rund fünftausend Quadratkilometern, in dem sich von dichtem Urwald bedeckte Hügel- und Bergketten aneinanderreihen. Die ganze Gegend ist von zahlreichen, aufgrund ihrer reißenden Wasser, Stromschnellen und Wasserfälle meist nicht beschiffbaren Flüssen und Bächen durchzogen und nur schwer zugänglich. Zur zerklüfteten Topographie gesellen sich extreme klimatische Verhältnisse: Regenzeit von September/Oktober bis Mai, mit heftigen Gewittern und Regenstürmen bei mittleren Temperaturen von 25 bis 45 °; in der Trockenzeit (Mai bis September) führt die außerordentlich hohe Luftfeuchtigkeit zu so starker Nebelbildung, daß der Himmel tagsüber meist bedeckt ist. Die Nächte wiederum sind zu dieser Jahreszeit empfindlich kühl, so daß die Eingeborenen allabendlich große Feuer entzünden.

Der Stamm der Mitsogho setzt sich zusammen aus sechs dualen Clans, die sich auf zwölf territoriale Gruppen verteilen. Ehen werden in dieser exo- und polygamen, matrilinearen, doch virilokalen Gesellschaft vor allem zwischen Kreuzkusinen geschlossen. Die Virilokalität weicht heute allerdings allmählich der Neolokalität, d.h. es zieht nicht mehr unbedingt die Frau zum Mann, sondern die beiden lassen sich allenfalls gemeinsam an einem von der Lignage unabhängigen Ort nieder. Einen Stammeschef kennen die Mitsogho so wenig wie einen Clanchef. Die einzelnen Lignages (*mbumu*) bilden entweder Dörfer für sich oder Einheiten innerhalb größerer Dörfer. Zu einer Lignage gehören zahlreiche Familien, gebildet durch die Männer einer Linie mit ihren Frauen und Kindern. Diese Wirtschaftsgemeinschaften werden vom Vater geleitet, während die erzieherische Autorität, ein Merkmal der matrilinearen Gesellschaft, beim Onkel mütterlicherseits liegt, d.h. beim ältesten Bruder der Mutter (*katsi*). Der Onkel zeichnet nicht nur für die Erziehung insbesondere seiner Neffen verantwortlich, sondern auch für Ahnenkult, Heiratsvermittlung und Schlichtung von Ehezwistigkeiten – er verfügt also über großen Einfluß. Andererseits ist er auch der erste, auf den der Verdacht fällt, wenn nach dem Urheber unheilvoller okkulter Praktiken gesucht wird.

Bis zum Alter von etwa acht Jahren helfen die Kinder beiden Geschlechts den Frauen bei ihren täglichen Arbeiten: Unterhaltung der Pflanzungen, Sammeln pflanzlicher und tierischer Nahrung, Holzsammeln, Kochen, Herstellung von Korbwaren. Knaben über acht helfen nicht mehr den Frauen, sondern dem Vater; Aufgabe der Männer sind Schwerarbeiten wie Roden und Häuserbau. Zur männlichen Domäne gehört auch das Handwerk mit Ausnahme des Korbflechtens. Im Gegensatz zu vielen westafrikanischen Gesellschaften ist es nicht die Beschneidung, welche die endgültige Loslösung des Knaben aus dem Kreise der Frauen besiegelt, sondern die Aufnahme in eine der männlichen Initiationsgesellschaften. Die Zirkumzision, nur für Zwillinge obligatorisch, stellt dafür keine Bedingung dar und spielt, obwohl sie durchgeführt wird, nur eine untergeordnete Rolle. Eine Exzision der Mädchen kennen die Mitsogho nicht (*Gollnhofer* 1967).

Das wichtigste Strukturelement dieser Stammesgemeinchaft sind die Initiationsgesellschaften. Jede dieser Gruppierungen ist für einen speziellen sozialen Bereich zuständig (Religion, Recht, Gesundheit etc.) und autonom in ihrer Organisation, doch bilden gleichzeitig alle gemeinsam ein so enges Netz, daß Riten der einen Gesellschaft in den Anlaß einer anderen integriert sein können. Unter den mehr als zehn bestehenden Initiationsgesellschaften sind es sieben, denen grundlegende Bedeutung zukommt, nämlich fünf Männer- und zwei Frauenbünde (s. Tabelle 1). Unter den Männern gehört kaum jemand nur einem Bunde an; der Dorfvorsteher, immer ein Richter (*ghevovi*, pl. *evovi*), gewinnt seine Autorität dadurch, daß er nicht nur in mehreren Gesellschaften initiiert ist, sondern dort auch eine wichtige Funktion ausübt, also z.B. als *nganga* (Heiler) ebenso angesehen ist wie als *povi* (religiöser Führer im Bwiti-Kult). Ein Oberhaupt haben die verschiedenen Initiationsgesellschaften nur auf Dorfebene, nicht aber für den ganzen Stamm. So kommt es, daß sich die Riten in ihrer Ausgestaltung lokal unterscheiden können, wenngleich sie in ihrem Kern überall denselben Regeln und derselben initiatorischen Lehre folgen.

Mensch, Seele und Traum

Im Bewußtsein der Mitsogho ist der Mensch eingebettet in ein vielfältiges Bezugssystem. Mensch und Welt – Mikrokosmos und Makrokosmos – stehen in einem dialektischen Verhältnis, nehmen gegenseitig Einfluß aufeinander, spiegeln sich aber

Tabelle 1   Die wichtigsten Initiationsgesellschaften der Mitsogho (aus *Gollnhofer*, 1967)

Name	Zuständigkeitsbereich	Hierarchie u. Funktionen	Aufnahmeverfahren
für Männer			
Ya Mwei	Aufsicht über Einhaltung sozialer und ethischer Regeln. Rituale zur Entdeckung der Verursacher von Krankheiten und zu deren Reintegration in die Gemeinschaft	mbuna = Neophyten ngonze = bewährte Adepten Mondonga = Interpret von Ya Mwei Mikenga = Zeremonienmeister	„rites de passage" in zwei Teilen. Kein Iboga
Kono	Exekutive von Ya Mwei („Hunde von Ya Mwei"). Rituelle Autopsie	Gleiche hierarchische Struktur wie Ya Mwei	Keine Angaben
Bwiti oder *Bwete*	Religiöse Gemeinschaft. Ziel: Gott kennenlernen, Mensch in Kosmos einordnen. Reiche intiatische Lehre	banzi = Neophyt zwischen 1. + 2. Teil der „rites de passage" nima = Neophyt nima nakombwe = Adept mit Erfahrung povi = rel. Führer	„rites de passage" in zwei Teilen. Im 1. Teil Konsumation massiver Dosis von Iboga. Visionen, interpretiert als Schau des Jenseits und der Ahnen
Evovi	Richterbund. Kenner der Stammesgeschichte (Bokudu) und der Genealogie	Keine Angaben	Lehrzeit und Einsetzungsriten. Meist erblich
Nganga	„Gewöhnliche" nganga: Traditionelle Medizin, Phytotherapie. Nganga-a-myobe und Nganga-a-misoko: Experten für psychosomatische Erkrankungen, Divination. „Psychotherapeuten"	Keine Angaben	Lehrzeit und Aufnahmeriten mit Iboga
für Frauen			
Bôo	Aufsicht über Einhaltung sozialer und ethischer Regeln	basende = Neophytinnen ngondje = bewährte Adeptinnen momba = Vorsitzende ghebegha = Interpretin	„rites de passage" in zwei Teilen
Ombudi	Divination und Besessenheit	banzi = Neophytinnen mbamba = bewährte Adeptinnen nganga eponi od. nganga-a-Ombudi = lokale Vorsitzende	Probe-Ritual kanagha, Übergangsritual pogheda mit erhöhter Iboga-Dosis, Besessenheitsritual

auch ineinander. Von Geburt an wird das Kind Schritt um Schritt dazu hingeführt, die Welt zu verstehen als ein komplexes System mannigfaltiger Wechselwirkungen, die der Mensch mit einer reichen Symbolik erfaßt, ausdrückt und auch beeinflußt. Die Bedeutung des einzelnen liegt nicht in seiner individuellen Eigenart, sondern in seiner immer vollkommeneren Integration in eine Gemeinschaft, die Lebende und Ahnen gleichermaßen umfaßt und die sich dem Menschen in ihrer ganzen Tiefe vor allem im Netz der Initiationsgesellschaften erschließt. Deren Riten und Lehren sind allgegenwärtig und prägen das tägliche Leben in entscheidender Weise.

Nach Auffassung der Mitsogho ist der Mensch bzw. seine Seele eingespannt in einen immerwährenden Reinkarnationszyklus. Zwischen zwei Inkarnationen lebt die Seele in einer nicht irdischen Welt (*enga*). Soll sie sich reinkarnieren, so muß sie vom Jenseits heruntersteigen und sich dem Wasserinsekt *tsanga-sanga*, einer Schwimm-Wanze, auf den Rücken setzen und sich von ihr zu der Stelle des Flusses tragen lassen, wo die Frau, die schwanger werden soll, Wasser holt für ihren Mann. Mit dem Wasser trinkt der Mann die Seele, welche sich zunächst zwischen seinen Augenbrauen festsetzt. Später wandert sie über die Fontanelle die Wirbelsäule hinunter und ins Sperma; im Geschlechtsakt schließlich wechselt die Seele zur Frau hinüber und es beginnt die Schwangerschaft. Beim Tod andererseits entweicht sie über die Fontanelle und legt denselben Weg, den sie bei ihrer Ankunft aus dem Jenseits genommen hat, wiederum auf dem Rücken der *tsanga-sanga* zurück (*Gollnhofer* und *Sillans*, 1973).

Es kann nun allerdings schon zu Lebzeiten des Menschen vorkommen, daß die Seele den Körper verläßt – sich exkorporiert –, wenn auch nur auf Zeit: im Traum nämlich und in der drogeninduzierten initiatischen Vision. Während einer solchen Exkorporation ist der Mensch in seiner Vitalkraft gefährdet, denn solange seine Seele außerhalb des Körpers weilt, kann sie Opfer okkulter Angriffe werden, die zur Schwächung der Vitalkraft und damit zu Krankheit führen. Der Urheber des Angriffes kann auf zwei verschiedene Weisen vorgehen: Direkt, mit Hilfe seiner eigenen, willentlich aus dem Körper entsandten Seele, oder indirekt, durch Einbezug eines Trägermediums und der durch magische Formeln beschworenen Seele eines Toten. Von der Attacke auf seine exkorporierte Seele erfährt der Angegriffene im Traum, dessen Bilder nicht individuell gedeutet werden, sondern aufgrund einer allgemein bekannten und kollektiv als gültig erachteten Symbolik. Träume sind für die Mitsogho so real, daß jemand Anklage erheben kann gegen einen anderen lediglich anhand eines Traumes, der auf den Beschuldigten als Urheber schädigender okkulter Praktiken hinweist. Es gibt drei große Traumkategorien: den Kindertraum, den Alltagstraum und den Traum mit Weissagungs-Charakter. Den Träumen von Kindern bis zu neun Jahren wird keine Bedeutung beigemessen, ,,denn da ihre Schlüsselbeine noch nicht stark sind, können sie von irgend etwas träumen''* (*Gollnhofer* und *Sillans*, 1975). Hingegen faßt man das nächtliche Weinen kleiner Kinder stets als Anzeichen für das unmittelbare Bevorstehen irgendwelcher unheilvoller spiritueller Aktionen auf. Die Träume der zweiten Kategorie, deren Bilder dem Alltag entnommen sind, gelten ebenfalls als bedeutungslos. Umso mehr Beachtung schenken die Mitsogho den Träumen der dritten Kategorie, denn aus ihnen kann man

---

* Übersetzung von *M. Prins,* ebenso bei allen weiteren wörtlichen Zitaten.

Wichtiges über die Zukunft erfahren. Für den Träumenden können sie harmlos oder gefährlich sein.

Im ersten Fall sind die Träume dieser dritten Kategorie unschädlich für die Seele und erfreulich für den Träumer, und ihr Inhalt besteht beispielsweise darin, daß ihm die Ahnen direkt oder in verschlüsselter Form zu verstehen geben, wie er einen Unfall vermeiden oder den glücklichen Ausgang eines bevorstehenden Unternehmens herbeiführen kann. Über nächtliche Botschaften dieser Art wird der Träumer weise schweigen, denn es könnte sonst die Eifersucht eines Dritten geweckt werden, der versucht wäre, das Eintreten der günstigen Voraussetzungen durch okkulte Praktiken zu vereiteln. Unschädliche Träume können unverschlüsselt sein; schädliche Träume dagegen sind immer verschlüsselt, d.h. es kommen in ihnen bestimmte symbolische Elemente vor, die vom Träumer dem kollektiven Code gemäß interpretiert werden. So deuten beispielsweise Bilder von Kleinkindern, Weißen, Panthern, Affen oder Hunden auf einen indirekten Angriff hin, bei dem sich der Widersacher einer Totenseele bedient. Greift er hingegen die exkorporierte Seele des Träumers direkt mit seiner eigenen an, so wird das Traumbild ihn selbst zeigen oder die Gestalt eines anderen, unschuldigen Stammesmitgliedes (*Gollnhofer* und *Sillans*, 1975).

Unter welchen Bedingungen verläßt aber die Seele überhaupt den Körper? Dafür gibt es verschiedene Gründe: Angst vor der Mißgunst eines Dritten aufgrund provozierenden persönlichen Erfolges (z.B. mehrere Frauen, viele Kinder, Reichtum); Beunruhigung durch traumatische oder emotional stark aufwühlende Erlebnisse (Schock, öffentliche Schande, Verlust eines geliebten Menschen, Anblick ekelerregender, peinlicher oder unangenehmer Dinge, Sorgen); innere Unruhe und Spannung wegen verübter unredlicher Handlungen (Tabubruch, Diebstahl oder Verbrechen anderer Art, Ausüben okkulter Praktiken u.ä.). In solchen Fällen entfernt sich die Seele im Traum ohne Willen und Wissen ihres Trägers. Diese unfreiwillige Form des Seelenaustrittes heißt *ngonda* (*Gollnhofer* und *Sillans*, 1974). Ihr steht der bereits erwähnte bewußte, vermöge der eigenen Seele durchgeführte Angriff auf die Seele eines anderen gegenüber, *bovemba* genannt, bei dem nicht nur das Opfer, sondern auch der Angreifende Schaden an seiner Vitalkraft nehmen kann. Für die Diagnose der Krankheit, die sich in der Folge einstellt, ist der Grund der Exkorporation nicht wesentlich. Bei der Wahl der Behandlung jedoch ist er von entscheidender Bedeutung, denn für das Opfer eines Angriffes hat diese eine andere Form als für deren Urheber. Letzterer muß ein Geständnis ablegen, damit man ihn von seiner Schuld freisprechen und ihn neu in die Gemeinschaft integrieren kann. Dies geschieht im Rahmen besonderer Rituale der *Ya Mwei* genannten Initiationsgesellschaft (s. Tabelle 1 und *Gollnhofer* und *Sillans*, 1978a).

Krankheitsverständnis und Divination

Krankheit ist nach Auffassung der Mitsogho ein Zeichen dafür, daß eine Person in ihrer Vitalkraft angegriffen ist. Dies hat zur Folge, daß sie auf der Ebene ihrer Persönlichkeitsanteile in ein Ungleichgewicht gerät und typische Beschwerden entwickelt: Rasches Abmagern, Zittern, Fieber, Frieren, Verweigerung von Nahrung und Flüssigkeit (*Gollnhofer* und *Sillans*, 1974). Bei den Frauen können außerdem dazukommen: Herzklopfen oder Herzjagen, passagere Amnesien, Dysmenorrhöe,

Migräne mit Nasenbluten und eine nervöse Überreiztheit, in der die Patientin „alles zerbricht" (*Gollnhofer*, 1967). Bei der Diagnose einer Störung steht allerdings nicht das Krankheitsbild im Vordergrund, sondern vielmehr die Ursache, wobei die Mitsogho zwischen „natürlichen" und „nicht natürlichen" Ursachen unterscheiden (*Gollnhofer* und *Sillans*, 1975). Bei den „natürlichen" Krankheiten wird die Vitalkraft direkt angegriffen. Es handelt sich dabei vor allem um klar somatische Beschwerden, unheilbare Geisteskrankheiten („folies de Dieu") und unfallbedingte Todesfälle; sie alle werden zusammengefaßt unter dem Begriff „maladies de Dieu". Die Verantwortung für diese Fälle, die freilich gegenüber den „nicht natürlichen" Beschwerden deutlich in der Minderheit sind, wird bei Gott gesucht. Für die „nicht natürlichen" Erkrankungen dagegen zeichnet der Mensch selbst verantwortlich, denn er verursacht sie durch sein Verhalten, durch die Verletzung einer sozialen Regel oder eines ethischen Gebotes. Die meisten Störungen, auch psychischer Natur, gelten als „nicht natürlich" und reversibel, sofern die Ursache innerhalb einer bestimmten Frist richtig erkannt und angegangen wird – durch das Geständnis des Kranken, wenn er erkrankt ist beim Versuch einem anderen zu schaden; durch Entdeckung des Schuldigen, wenn die Krankheit durch die Praktiken eines anderen verursacht scheint. Wie der Fall auch liege, es geht immer um die Behebung eines Ungleichgewichtes, von dem die Gemeinschaft genauso betroffen ist wie der Kranke und auf das die Krankheit eben aufmerksam machen soll.

Abgesehen von den erwähnten „maladies de Dieu" gibt es keine feste Zuteilung einer Krankheit zu der einen oder anderen Kategorie; je nach vermuteter Ursache wird dasselbe Krankheitsbild einmal als „natürlich", das andere Mal als „nicht natürlich" interpretiert. Krankheit ist in diesem Denken nicht etwas, das vor allem den einzelnen betrifft, vielmehr wird sie verstanden als ein Phänomen, das auf die Störung der sozialen Balance hinweist. Entsprechend ist die Behandlung nicht ein privates Geschäft zwischen dem Heiler und seinem Klienten, sondern eine Angelegenheit öffentlichen Interesses, gibt es doch immer eine Schuld zu entdecken, ein Geständnis zu bewirken. Hier tritt der Spezialist in Aktion, um mit Techniken der Divination den Schuldigen zu ermitteln. Die Mitsogho kennen weibliche und männliche Spezialisten; manche arbeiten allein, andere zu zweit oder in Gruppen, meist im Rahmen einer bestimmten Initiationsgesellschaft. Ihnen allen ist gemeinsam, daß sie darin geübt sind, sich in einen veränderten Bewußtseinszustand zu versetzen, der sie dazu befähigt, ihre Aufgabe zu erfüllen und die richtige Diagnose zu stellen. Die Diagnoseverfahren der Mitsogho, zu denen neben den verschiedensten divinatorischen Techniken auch Ordalien gehören, sind sehr zahlreich und komplex, und es würde bei weitem den Rahmen dieser Arbeit sprengen, sie alle vorzustellen und einzugehen auf das verzweigte System von Diagnose, Überprüfungsritualen, Gegenanklage usw. (für Einzelheiten dazu s. insbesondere *Gollnhofer* und *Sillans*, 1975). Wir wollen uns hier auf Verfahren beschränken, die mit einem veränderten Bewußtseinszustand verbunden sind, und uns dabei vor allem dem Ombudi-Besessenheitskult der Frauen näher zuwenden. Dieser Bund arbeitet sowohl mit drogenunabhängigen Trancezuständen, bei denen der Musik, dem Trommeln und dem Tanzen große Bedeutung zukommt, als auch mit drogenbeeinflußten Visionen. Die zur Anwendung gelangende Pflanze ist die *Tabernanthe iboga* und wird auch von den männlichen Heilern benutzt.

Tabernanthe iboga

Die Tatsache, daß es verschiedene Arten des zu den Hundsgiftgewächsen (*Apocynaceae*) gehörenden Iboga-Strauches gibt, hat in der Literatur zu einiger Verwirrung geführt. Auf die einzelnen pharmakologischen und botanischen Arbeiten kann hier nicht näher eingegangen werden, ein kurzer Überblick soll genügen (für Einzelheiten s. *Pope*, 1969; *Gollnhofer* und *Sillans*, 1983). Unter den verschiedenen Formen des Iboga-Strauches sind es offenbar zwei, die bei den Mitsogho – und auch bei einigen anderen Ethnien Gabuns, z.B. den Fang – genutzt werden: *Tabernanthe iboga H. Baillon* („Iboga vrai" oder „Iboga typique"), von den Mitsogho *mabasoka* genannt, und *Tabernanthe subsessilis Stapf*, von den Mitsogho *ñoké* genannt (Überbegriff für beide Arten: *eboghe*). *Mabasoka* ist ein im Urwald anzutreffender Strauch von ein bis zwei Meter Höhe, mit einfachen, kurzgestielten Blättern, unauffälligen, blassen Blüten, die in der Farbe variieren können von gelb bis weiß mit rosa, und meist länglichen, glatten Beeren. *Ñoké* hingegen wächst bis zu vier Meter hoch und wird von den Eingeborenen im Dorf angepflanzt. Diese Art hat Blätter ohne oder mit fast keinem Stiel, Blüten ähnlich *mabasoka*, und eher rundliche Beeren mit rauher Haut. Beide Arten enthalten viel Latex und verströmen einen starken Geruch. Sie blühen von März bis Juni/Juli und tragen Früchte gegen Beginn der Trockenzeit. Übrigens ist es nicht ausgeschlossen, daß auch die Urwaldform *mabasoka* für rituelle Zwecke kultiviert wird, entfernen sich doch die Eingeborenen für das Sammeln der Pflanze nie sehr weit vom Dorf.

Die halluzinogenen Wirkstoffe der Pflanze sind Alkaloide, darunter in erster Linie das Ibogain, und sitzen vor allem in der Rinde und den Wurzeln des Iboga-Strauches. Diese Pflanzenteile werden bei den Mitsogho entweder in kleinen Schnipseln direkt gegessen – des bitteren Geschmackes wegen keine angenehme Sache –, oder in Wasser eingeweicht, wobei man dann den Aufguß trinkt (*Gollnhofer*, 1974; *Gollnhofer* und *Sillans*, 1983). Die Fang kennen offenbar als dritte Zubereitungsart eine pulverisierte Form (*Fernandez*, 1972). Manchmal werden auch die Blätter benutzt, doch scheinen sie eine andere oder zumindest eine bedeutend schwächere Wirkung zu haben als Wurzeln und Rinde (*Gollnhofer* und *Sillans*, 1983). Die Mitsogho kennen sich mit den Iboga-Sträuchern sehr genau aus und wissen Art und Stärke der Dosierung ihren spezifischen Bedürfnissen entsprechend anzusetzen und sorgfältig zu regulieren. Ihre Kenntnisse sollen sie von den Pygmäen übernommen haben, die als erste dank Iboga „tagelang die Trommel schlagen konnten, ohne schlafen zu müssen, und dabei abwechslungsweise Gefühle der Lust und seltsame, schreckliche oder wunderbare Visionen erlebten" (*Walker* und *Sillans*, 1962). In dieser Weise, d.h. als Stimulans, wirkt die Pflanze, wenn man sie in kleinen Mengen genießt, was die Mitsogho regelmäßig tun; das Bewußtsein bleibt bei solch niedriger Dosierung völlig hell und klar. Größere Quantitäten zu sich zu nehmen bleibt den Heilern und Heilerinnen in Ausübung ihrer Tätigkeit vorbehalten, und eine stark erhöhte bis massive Dosis wird ausschließlich im Zusammenhang mit Initiation verabreicht. Für die Mitsogho ist das „bittere Holz", wie sie die Pflanze auch nennen, ein „wunderbares Holz", das es möglich macht, „die verborgenen Dinge des Lebens wahrzunehmen" (*Gollnhofer* und *Sillans*, 1983). Vergleicht man die Aussagen der Eingeborenen über ihre Visionen (*Fernandez*, 1972; *Gollnhofer*, 1974; *Swiderski*, 1981) und die Berichte der Westler, die Ibogain zu Versuchszwecken oder im Laufe einer Psychotherapie geschluckt haben (*Schneider* und *Sigg*, 1957; *Naranjo*, 1979; *Prins*, in Vorbereitung), so wird deutlich, daß es *die* Wirkung der Droge nicht gibt, sondern daß sie immer abhängig ist vom Einfluß bestehender Erwartungen, gesellschaftlicher Rahmenbedingungen, gebotener Reize und der persönlichen Disposition und Motivation.

Iboga und Divination

Von der Familie des Kranken, der herauszufinden wünscht, worauf sein gestörtes Wohlbefinden zurückzuführen sei, erhält der *nganga* (Heiler) einen Obolus, der ihn zur Durchführung der Diagnose autorisiert. Vor Beginn des nächtlichen Rituals, in dessen Verlauf er versuchen wird, die richtige Diagnose zu stellen, nimmt der *nganga* Iboga und bemißt dabei die Quantität so, daß er „mit dem Herzen denken und Visionen haben kann, die ihm die Ursache der Krankheit zeigen", wie die Mitsogho sagen (*Gollnhofer* und *Sillans*, 1957). Der Heiler soll Visionen haben, „ohne daß er hinaustritt", d.h. ohne daß seine Seele den Körper verläßt. Die Wirkung der Pflanze wird unterstützt durch die Rhythmen der Trommeln und die Musik zweier weiterer typischer Instrumente der Mitsogho, Klangbogen und Klangstab. Der *nganga* tanzt die ganze Nacht hindurch und versucht, die Ursache der Erkrankung immer näher einzukreisen, indem er seine Hypothesen laufend durch Befragung des Patienten überprüft, z.B.: „Du hast dich exkorporiert, weil du deinen Bruder verloren hast", oder: „Jemand, der auf dich eifersüchtig ist, hat dich berührt" usw. Er wendet sich aber auch an diejenigen, die als Schuldige in Frage zu kommen scheinen, und sehr oft gibt sich der Gesuchte unter dem Druck der steigenden Spannung schließlich freiwillig zu erkennen. Für die eigentliche Behandlung überweist der *nganga* nach gestellter Diagnose den Kranken einem ihm besonders geeignet erscheinenden Spezialisten, denn im allgemeinen beschränkt sich seine eigene Kunst auf die Divination. Waren okkulte Praktiken mit im Spiel, so verbrennt der *nganga* das vom Urheber eingesetzte und magisch aufgeladene Trägerobjekt.

Die weiblichen Wahrsagerinnen, Mitglieder der Initiationsgesellschaft *Bôo* (s. Tabelle 1), pflegen offenbar ähnliche Methoden der Divination. Leider finden sich in der Literatur nur spärliche Angaben über die Einzelheiten, doch scheint das Verfahren dem der *nganga* verwandt. Allerdings finden hier die Rituale nicht öffentlich, sondern im Haus einer Eingeweihten statt. Männer sind nicht zugelassen. Während einer langen nächtlichen Wache nimmt diejenige Frau, die als Divinatorin wirken soll, Iboga zu sich. Die Dosis ist vermutlich so angesetzt, daß sie eine ähnliche Wirkung erzeugt wie beim *nganga*. Hinter geschlossenen Türen trommeln und tanzen die Frauen dann die ganze Nacht hindurch, bis die Ursache der Krankheit ermittelt ist. Das Ergebnis der Diagnose wird anderntags auf dem Dorfplatz öffentlich verkündet, ebenso genaue Anweisungen für die Behandlung, die nun einzusetzen hat, aber nicht im Rahmen des *Bôo* erfolgt, sondern wiederum bei einem Spezialisten (*Gollnhofer* und *Sillans*, 1975).

Krankheit und Heilung im Ombudi-Besessenheitsbund

Besonders interessant ist der Prozeß von Krankheit und Heilung, wie er sich im Zusammenhang mit dem *Ombudi*-Bund vollzieht. Eine Initiationsgesellschaft dieses Typs ist bei den meisten Ethnien Gabuns unter ähnlichem Namen (*Ombwiri, Mbundi* etc.) anzutreffen; ihren Ursprung scheint sie bei den Galoa im Küstengebiet zu haben. Die Vorgänge der Besessenheit, die sich anläßlich der *Ombudi*-Rituale abspielen, sind von jener Art, wie sie früher von westlichen Beobachtern oft kurzerhand in den Bereich der Pathologie verwiesen und mit einer entsprechenden Terminologie abgehandelt wurden. Inzwischen hat sich die Erkenntnis durchgesetzt, daß solchen Phänomenen nur gerecht werden kann, wer sie nicht aus der Optik des Abendlandes und der abendländischen Ratio sieht und interpretiert, sondern sich die Betrachtungsweise der Betroffenen zu eigen macht. Nur wer sich darum bemüht, vertraut zu werden mit dem Wesen, dem Weltbild und der Denkweise der Menschen, deren Verhalten er untersucht, wird Verständnis gewinnen können für Dinge, die ihm zunächst wirr und „primitiv" erscheinen. Den tieferen Sinn und die gesellschaftliche Relevanz vordergründig unverständlicher und in ihrer starken Emotionalität oft auch erschreckender Geschehnisse erfährt nur, wem es gelingt, sich zumindest ein Stück weit aus seiner kulturellen Befangenheit zu lösen und sich einzufühlen in die Kategorien und Vorstellungen der Betroffenen – wahrlich keine leichte Aufgabe! Wir müssen uns deshalb bewußt sein, daß die Aussagen eines Außenstehenden über die Tiefenstruktur der beobachteten Ereignisse immer nur begrenzten Wert haben können.

Die Aufnahme in den *Ombudi*-Bund, dem nur Frauen angehören, erfolgt nicht, wie bei anderen Initiationsgesellschaften, aufgrund der Initiative und des Begehrens der künftigen Mitglieder. Vielmehr ist sie die Folge eines Prozesses, in dessen Verlauf die Krankheit einer Frau als Zeichen ihrer Auserwählung erkannt wird; Heilung und Initiation sind in diesem Fall untrennbar miteinander verbunden. Drei verschiedene Stadien durchläuft dieser Prozeß: das Probe-Ritual *kanagha*, mit dem abgeklärt wird, ob es sich bei der Störung der Patientin um eine Form der Strafe oder der Auserwählung handelt; das Übergangsritual *pogheda*, bei dem die Einzuweihende Iboga einnimmt und Visionen hat, und schließlich das eigentliche Besessenheits-Ritual. Hinter der Idee der Krankheit als Auserwählung steht die Vorstellung einer Welt von Geistern („génies"), die auf der irdischen Ebene in Aktion treten und die Menschen für die Verletzung sozialer oder ethischer Gebote bestrafen können. Psychosomatische Beschwerden der weiter oben beschriebenen Art sind die Folge solchen Mißverhaltens. In besonderen Fällen können diese aber auch darin begründet sein, daß die Geister die Frau als künftige Eingeweihte des *Ombudi*-Bundes und damit der Kunst der Divination erwählt haben. Mit der Fähigkeit zu Besessenheit und Divination gewinnt die Frau Sozialprestige, denn durch ihre Tätigkeit kann sie einen Beitrag leisten zur Erhaltung oder Wiederherstellung des gesellschaftlichen Gleichgewichtes.

Erste Phase: Das Probe-Ritual kanagha

Jedes Geschehen mystischer oder okkulter Natur, sei es eine Intervention von seiten der Geister oder der böse Zauber eines Stammesmitglieds, bewirkt eine Reaktion auf der Ebene der psychophysischen Symptomatik. Allein aufgrund des Krankheitsbildes läßt sich deshalb die zugrunde liegende Ursache nicht feststellen, vielmehr bedarf es, wie wir schon gesehen haben, dazu eines divinatorischen Rituals. Ist es eine Frau, die krank ist, und können weder der zuerst aufgesuchte *nganga* noch die Spezialistinnen des *Bôo* die Quelle der Störung ermitteln, so besteht Anlass zum Verdacht auf eine ,,maladie des génies'', die einzig von den Frauen des *Ombudi*-Bundes mittels des *kanagha*-Rituals abgeklärt werden kann. Meist ist es die Mutter, die ihre kranke Tochter zu den *Ombudi*-Frauen bringt und um eine Diagnose bittet; in jedem Fall muß das Einverständnis der Familie der Patientin vorliegen. Ist diese nicht gegeben, so sind Sühneriten notwendig, welche die Eltern der Kranken dazu veranlassen, der Tochter ihren Segen zu geben. Das Probe-Ritual ist öffentlich und findet nachts im Kulthaus *tede* statt. Zu anhaltender Trommelmusik tanzen die Eingeweihten um die Kranke herum, die man in der Mitte der *tede* auf einen speziellen Hocker (*mbata*) gesetzt hat. Fällt sie dabei in eine ganz bestimmte Form von Trance, bei der sie die Arme rhythmisch von einer Seite zur anderen schwingt, und anschließend in eine typische Muskelstarre, so gilt es als erwiesen, daß die Geister sie für die Praxis der Besessenheit ausgewählt haben. Die Frau wird jetzt in der linken Hälfte des Kulthauses auf eine Bank gesetzt und beruhigt, indem man ihre Fontanelle mit einer rituellen Rassel leicht beklopft und ihr Wasser einflößt. Daraufhin erteilen ihr die Frauen des *Ombudi*-Bundes, ihre Familienmitglieder und die Zuschauer den Segen, und das Test-Ritual ist abgeschlossen. Der nächste Schritt wird zwangsläufig die Initiation der Auserwählten sein. Zum Zeichen ihres Statuswechsels von der einfachen Ratsuchenden zur Anwärterin auf die Einweihung erhält sie ein Stück schwarzen Stoffes, das sie bis zum Übergangsritual am linken Arm trägt.

Zweite Phase: Das Übergangsritual pogheda

An einem Vormittag kommen die *Ombudi*-Frauen und die Einweihungskandidatin (*banzi*) in der zweiten rituellen Örtlichkeit des Bundes, der *mbunda*, zusammen. Die *mbunda* ist eine gerodete Fläche von etwa 5,5 Meter Länge und 1,8 Meter Breite in der Nähe des Dorfes, umstanden von Iboga-Sträuchern und bestimmten anderen Pflanzen. Hier schminken und kostümieren sich die Frauen vor jedem Ritual, hier nehmen sie die rituelle Waschung vor und essen etwas Iboga, ,,um den Körper leicht zu machen'' (*Gollnhofer* und *Sillans*, 1979). Vor dem Übergangsritual aber geht es darum, der Kandidatin Iboga zu verabreichen, damit sie in einer Vision erkennen kann, welcher Geist es ist, der Verbindung zu ihr aufgenommen hat. Während ihrer ganzen Initiation wird die *banzi* von einer ,,Mutter'' (einer älteren Adeptin) und einem ,,Vater'' (deren Mann) sorgsam betreut. Von ihnen bekommt sie im Laufe des Morgens in grillierte Bananen eingefüllt insgesamt drei Körbe zerkleinerter Iboga-Rinde zu essen. Gegen Mittag hat sie einen charakteristischen Zustand der Euphorie erreicht und muß sich von der ,,Mutter'' noch den Saft einer Zingiberacee (Ingwergewächs) ins Auge träufeln lassen, welche die Bindehaut reizt und die Vision fördern soll. Dann wird sie zu einem Flüßchen in der Nähe des Dorfes geführt und muß mehrmals untertauchen, bevor sie eine rituelle Waschung vornimmt mit dem Wasser aus einem Kübel, den die „Mutter" in die Mitte des Gewässers gestellt hat und in dem verschiedene gehackte Kräuter eingeweicht sind. Die übrigen Ombudi-Frauen singen dazu ganz bestimmte Lieder.

Nach diesem rituellen Bad (*mososo*) bekommt die Kandidatin mit weißem Lehm (*pemba*) auf der Körpervorder- und -rückseite je einen breiten weißen Streifen aufgemalt, der vom einen Handgelenk über den ganzen Arm und die Brust bzw. den Rücken zum andern Arm und Handgelenk hinüberführt. Zusätzlich wird der Lehm in einer dicken Schicht vom Nacken bis zum Scheitel aufgetragen. Nun wird die *banzi* ins Kulthaus geleitet, wo man das folgende rituelle Zubehör auf der Mittelachse plaziert hat: den kleinen Handamboß *motendo*, der auch bei anderen Initiationsgesellschaften Element kultischer Handlungen ist und hier in den Boden eingegraben wird; in bestimmtem Abstand dazu der bereits erwähnte, mit einem weißen Tuch bedeckte Hocker *mbata*; zwischen dem Hocker und dem Mittelpfosten der *tede*, an den ein Spiegel angelehnt wird, ein auf dem Boden ausgebreitetes Zibetkatzen-Fell. Die unter der Wirkung der eingenommenen Iboga-Rinde stehende Initiandin wird, Gesicht gegen den Mittelpfosten, auf den Hocker gesetzt und aufgefordert, so lange unverwandt in den Spiegel zu blicken, bis sie ihre Vision hat, was Stunden dauern kann. Sobald sie der Geister gewahr wird, fällt sie in die gleiche Art von Muskelstarre, wie wir sie schon im Zusammenhang mit dem *kanagha*-Ritual kennengelernt haben, und kippt nach hinten von der *mbata*, wobei sie mit dem Nacken genau an der Stelle aufschlägt, wo der Handamboß *motendo* im Boden eingegraben liegt. Sofort eilen die anderen *Ombudi*-Frauen herbei, allen voran die „Mutter" der Initiandin, helfen ihr auf die Beine und führen sie wieder zur *mbunda*, wo sie am Vormittag die Iboga-Rinde zu sich genommen hat. Wie beim *kanagha*-Ritual holt man sie aus ihrem veränderten Bewußtseinszustand zurück, indem man ihr mit der rituellen Rassel leichte Schläge auf die Fontanelle gibt, ihr Wasser einflößt und sie außerdem mit zerkautem *kuna*-Pilz bespuckt; letzteres ist ein Verfahren, das als Teil der verschiedensten religiösen Rituale vorkommt.

Nun soll die Neueingeweihte berichten, was sie in ihrer Vision gesehen hat. Deren Inhalt ist nicht etwa beliebig und individuell, sondern folgt einem kollektiv vorgegebenen Muster: jede Frau hat zuerst die Erscheinung von Kaulquappen und allerlei großen Fischen (*Gollnhofer* und *Sillans*, 1974). Sodann begegnet ihr ein bestimmter Frosch mit stark zurückgebildeten Gliedern, von dem die Mitsogho glauben, daß er das Wasser macht. Von ihm sagen sie: „Ohne den Frosch *ghetsee* gäbe es kein Wasser" (*Gollnhofer* und *Sillans*, 1979). Erst wenn diese Wassertiere wieder verschwunden sind, bekommt die Initiandin den Geist zu Gesicht, der ihr Leiden verursacht hat und von dem sie in Zukunft bei jedem *Ombudi*-Ritual besessen sein wird. Sobald sie seinen Namen, den sie künftig trägt, mitgeteilt hat, erhält sie von den anderen Eingeweihten ihr rituelles Kostüm und in die rechte Hand eine brennende Fackel, mit der sie sich in Begleitung der andern auf den Weg zum Kulthaus macht. Dort wird die Fackel gelöscht und die Neophytin stimmt ein Lied an, in dem sie ihren Geist besingt. Sehen wird sie ihn nie mehr, denn fortan steht sie nicht über Visionen mit ihm in Verbindung, sondern über den Zustand der Besessenheit.

Dritte Phase: Das Besessenheitsritual

Besessenheit kommt, um es nochmals deutlich zu machen, nur im Rahmen der ordentlichen *Ombudi*-Sessionen vor, niemals aber anläßlich des *kanagha-* oder *pogheda-*Rituals. Entgegen der Vorstellung von Besessenheit als einem jeder bewußten Kontrolle entzogenen Zustand wilder Ekstase folgt die Entstehung dieses veränderten Bewußtseinszustandes in den Ritualen des *Ombudi*-Bundes einem subtil inszenierten und sorgfältig regulierten Ablauf, der sich in drei Abschnitte gliedern läßt: Einstimmung, Besessenheit und Übergang zurück zum normalen Tageswachbewußtsein.

Der Einstimmung dient eine lange nächtliche Wache, der sich zuerst sinnlich-langsames, dann aber immer schneller und erregter werdendes Trommeln und Tanzen anschließt. In dieser Phase, die manche Stunde dauern kann, sind keinerlei Trancezustände zu beobachten, doch wirkt sie ohne Zweifel konditionierend und stimulierend auf die Teilnehmerinnen. Um der Anstrengung gewachsen zu sein und um nicht schläfrig zu werden, behelfen sie sich mit einer kleinen Dosis Iboga, die – abgesehen von der erwünschten – keine weitere Wirkung zu erzeugen scheint. Die Einleitung der nächsten Phase hängt vom Entscheid der Präsidentin ab, denn nur auf ihre Aufforderung hin dürfen sich die Adeptinnen, eine nach der anderen, auf den Hocker *mbata* setzen; dies ist der Übergang zur Besessenheit, die sich zunächst durch eine einfache Trance ankündigt. Die Frau gerät in Erregung, stößt gutturale Laute aus und ergeht sich in immer wilderen Verrenkungen, bis ihr der Schaum vor dem Mund steht. Nun wird die noch immer auf dem Hocker Sitzende, die ein Zibetkatzen-Fell sowie ein Büschel Blätter eines Pfeilwurzgewächses in Händen hält, unversehens still, zuckt nur noch kaum wahrnehmlich mit dem Kopf und den Schultern und verharrt schließlich gänzlich regungslos in einem charakteristischen Zustand gelöster Heiterkeit und Ruhe. Sie atmet nur noch schwach und hat einen leeren, starren Blick – dies ist der Moment der „union mystique", der nur einige Augenblicke dauert. Während dieser Zeit ist die Frau von ihrem Geist besessen; sie ist von ihm so erfüllt, daß die oft nur schwer verständlichen Worte, die sie verlauten läßt, als Äußerungen des Geistes aufgefaßt werden, der durch ihren Mund spricht.

Schließlich verläßt der Geist die Frau wieder, was daran zu erkennen ist, daß sie wieder in die einfache Trance zurückfällt und sich während etwa einer Stunde, weiterhin auf dem Hocker sitzend, mit wachsender Heftigkeit bewegt. Darauf läßt sie sich plötzlich mit dem Oberkörper nach vorn kippen, hämmert mit den Fäusten auf dem Boden herum und richtet sich dann, ihr Blätterbüschel umklammernd, unvermittelt wieder auf. Sodann erhebt sie sich mit einer abrupten Bewegung, macht ungestüme Gesten und Laute und scheint mehr und mehr die Kontrolle über sich zu verlieren; sie beginnt zu tanzen und den Oberkörper nach allen Seiten zu verrenken. Der Trommelschlag verdoppelt seine Intensität, die *Ombudi*-Frauen tanzen hingegeben im Kreis herum, und die Zuschauer bringen sich den Wänden entlang vor den wirbelnden Armen und Beinen in Sicherheit. Tanzend verlassen die Frauen das Kulthaus, um kurz darauf wieder zurückzukehren; es ist ein Kulminationspunkt der Aggressionsentladung erreicht, und es kann vorkommen, daß die übererregten Teilnehmerinnen in ihrem entfesselten Zustand tätlich werden gegen Anwesende.

Nach einiger Zeit beginnt man, die Bänder aus Raphiabast, welche die Frauen um Arme und Beine geschnürt tragen, abwechslungsweise zu lockern und dichter anzuziehen; die Wogen der Emotionen legen sich ein wenig. Bis zum Morgengrauen tanzen die Frauen jedoch weiter, das Kulthaus immer wieder verlassend und umrundend. Schließlich nimmt das Ritual ein Ende und man entfernt die Abschnürungen, was zu einem neuen Aggressionsschub führt. Manchmal fällt dieser so heftig aus, daß man die Frauen geradezu fesseln muß, um sie zu ihren Behausungen führen zu können. Dort reicht man ihnen etwas Wasser und gibt ihnen abermals mit der Rassel leichte Schläge auf die Fontanelle, bis sie sich beruhigen und die Aggression neutralisiert ist (*Gollnhofer* und *Sillans*, 1974).

Wie läßt sich diese heftige Aggressionsentladung erklären? Und wie die Tatsache, daß derartiges nur unter den Frauen vorkommt, bei den Männern hingegen nicht? Man muß dies wohl in Zusammenhang bringen mit der Stellung der Frau bei den Mitsogho und der latenten Spannung zwischen den Geschlechtern. Einerseits hat die Frau eine gesicherte soziale Position, denn als Gebärerin verkörpert sie Reichtum und Wohlergehen. Je größer die Zahl der Kinder, ob ehelich oder außerehelich, desto höher steigt nicht nur ihr eigenes Prestige, sondern auch das ihres Mannes und ihrer Verwandten. Die Sterilität einer Frau ist in dieser Gesellschaft, wo Fruchtbarkeit zu den höchsten Gütern gehört, ein Scheidungsgrund und führt für die Frau zu einem entscheidenden Statusverlust, den sie unbewußt durch die Besessenheit, die ja aufgrund der damit verbundenen Divination eine wichtige gesellschaftliche Aufgabe erfüllt, kompensieren kann. Es ist zumindest anzunehmen, daß solche Mechanismen mit im Spiel sind, denn die Mehrheit der *Ombudi*-Frauen sind unfruchtbar. Andererseits ist das Verhältnis der Geschlechter von einer deutlichen Ambivalenz geprägt, die sich darin zeigt, daß der Stamm matrilinear organisiert ist und in den Mythen wie den Arbeiten des Alltags die Frauen eine führende Rolle innehaben, während sie sich in allen religiösen und juristischen Belangen den Männern unterordnen müssen. So sollen es die Frauen gewesen sein, die den mächtigen Erd- und Wassergeist *Ya Mwei* entdeckten, doch ist es eine männliche Initiationsgesellschaft, die sich nach diesem mythischen Wesen nennt und in dessen Namen die Männer ihre Autorität in Fragen des Rechts und des sozialen Aspekts von Krankheit ausüben. Mit Hilfe der Besessenheit gelingt es den Frauen, ein Stück des Einflusses, um den sie sich geprellt fühlen, zurückzugewinnen (*Gollnhofer* und *Sillans*, 1974). Allerdings steht ja einer Frau in diesem gesellschaftlichen Grundkonflikt nicht nur der Weg in die Besessenheit offen – sie kann sich auch aktiv okkulten Praktiken zuwenden oder (passiv) Opfer solcher Angriffe werden. In beiden Fällen kommt es zu der weiter oben behandelten Exkorporation der Seele, zu entsprechenden Träumen und psychophysischen Symptomen. Das Probe-Ritual *kanagha* wird für eine Krankheit, die auf diese Weise entstanden ist, die Diagnose ergeben, daß es sich nicht um eine Auserwählung durch die Geister handle – infolgedessen wird die Frau wieder in das reguläre Diagnose- und Behandlungssystem eingegliedert. Abbildung 1 vermittelt einen Überblick über die verschiedenen Schritte im Diagnoseverfahren der Mitsogho.

Iboga und Vision im Bwiti-Kult

Eine besonders eindrückliche Form der Iboga-Verwendung kennen die Mitsogho im Zusammenhang mit den „rites de passage" des *Bwiti*- oder *Bwete*-Kultes. Obgleich wir uns damit vom Thema der Heilbehandlungen etwas entfernen, darf dieser Bereich nicht unerwähnt bleiben.

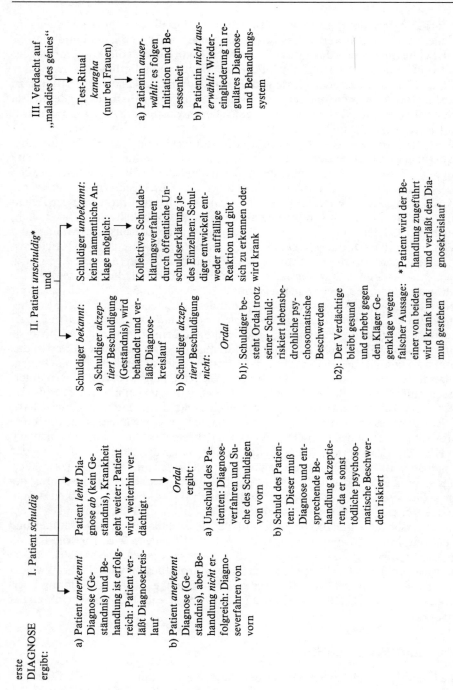

Abbildung 1   Das Diagnosesystem der Mitsogho im Überblick

Die Aufnahme in den *Bwiti*-Kult kann ab etwa neun Jahren erfolgen. Eine feste obere Altersgrenze gibt es nicht, doch sind die Kandidaten kaum je älter als dreißig, da man ab diesem Alter vermehrte Bedenken hegt bezüglich des körperlichen Risikos.

Die sehr hohe Iboga-Dosis, die hier eingesetzt wird, verursacht nämlich starke physiologische Reaktionen, wie heftiges und schmerzhaftes Erbrechen, Benommenheit mit schwerem Atem, Schmerzunempfindlichkeit am ganzen Körper, Berauschtheit und Erregung, Störungen der Motorik, Abfallen des Blutdrucks, Schwitzen und Frieren, Appetitlosigkeit u.a. (*Gollnhofer*, 1974; *Gollnhofer* und *Sillans*, 1976). Andererseits weiß man aus Erfahrung, daß es dem Einzuweihenden, je älter er ist, desto schwerer fällt, seiner Vision zu trauen, d.h. sie nicht durch rationale Überlegungen zu gefährden oder gar zu verunmöglichen. Im allgemeinen sind die Anwärter zur Zeit ihrer Aufnahme in den Kult elf bis vierzehn Jahre alt, befinden sich also in der Pubertät. Der Kandidat, in der Regel bereits Initiierter von *Ya Mwei*, manchmal auch schon von *Kono*, muß psychisch und physisch stabil sein, damit er die körperliche Beanspruchung erträgt und in der vorübergehenden Exkorporation seiner Seele – während der Vision – nicht durch allerlei Sorgen und Bedenken gefährdet wird. Ist er entschlossen, sich der Wirkung des „bitteren Holzes" auszusetzen, so darf er sein ganzes Sinnen nur noch darauf richten, „*Bwete* zu sehen", muß alle Ängste abstreifen und sich ganz auf diese überwältigende Erfahrung einlassen, die den Auftakt bildet zu einer im Grunde das ganze Leben dauernden Initiation in die mystische Lehre des *Bwete* (*Gollnhofer* und *Sillans*, 1965).

Vor dem gesundheitlichen Risiko, das die Konsumation so großer Mengen von Iboga-Rinde darstellt, wie sie zum ersten Teil der „rites de passage" im *Bwiti*-Kult gehört, haben die Mitsogho gehörigen Respekt: „Wer einmal mit dem Iboga-Essen beginnt, hat den Tod im Rücken", so sagen sie (*Gollnhofer* und *Sillans*, 1974). Todesfälle scheinen zwar äußerst selten zu sein – die Zeremonienmeister sind ja auch sehr geübt im Umgang mit der Droge –, können aber vorkommen. Ein Knabe, der initiiert werden möchte, verschweigt deshalb diesen Entschluß seinen Eltern. Diese erfahren davon erst, wenn die Zeremonie bereits begonnen hat und ihnen kaum eine andere Wahl bleibt, als ihr Einverständnis und ihren Segen zu geben.

An den ersten mit der Iboga-Konsumation verbundenen Ritualen nehmen nur Eingeweihte teil; wie bei den *Ombudi*-Frauen finden diese nicht im Kulthaus – der *ébanza* – statt, sondern in einem rituellen Bereich etwas außerhalb des Dorfes, einer im Busch verborgen gelegenen, gerodeten Fläche, der *nzimbe*. Auch hier hat jeder Kandidat eine „Mutter", d.h. einen (männlichen) persönlichen Betreuer, der sich um ihn kümmert und ihn zum Weitermachen ermuntert und anhält, wenn er verzagen will ob der großen Quantitäten zerkleinerter Iboga-Rinde, die er zu sich nehmen soll. Schon bald beginnen sich die Jungen heftig zu erbrechen, „bis auf die Muttermilch", worauf sie einschlafen (*Gollnhofer* und *Sillans*, 1972). Die „Mütter" gönnen ihnen jedoch nur eine kurze Ruhepause, danach müssen sie wieder Iboga essen, während man laufend ihren körperlichen Zustand überprüft. Nach drei bis vier Stunden, wenn sie bestimmte physische und psychische Reaktionen zeigen, führt man sie in die *ébanza*, wo sie während Tagen immer wieder von einem Aufguß aus Rinde und Blättern des Iboga-Strauches trinken müssen. Zu essen gibt es erst wieder nach der Vision – und das kann bis zu einer Woche·dauern! Bis dahin werden die Kandidaten nicht nur unter der Wirkung der Droge gehalten, sondern auch in verschiedenster Weise stimuliert und auf ihre Vision hin konditioniert. So finden, meist nachts und unter Teilnahme der ganzen Bevölkerung, viele Rituale statt, die einerseits Inszenierung der Stammesmythen und der mystischen Lehre sind, und andererseits dazu dienen, die Vision der Einzuweihenden anzuregen und sie in ihrem Inhalt den kollektiven Erwartungen und Vorstellungen gemäß zu formen (*Gollnhofer* und *Sillans*, 1978b). Die Kandidaten werden auch immer wieder herausgeholt aus ihrem benommen-apathischen Zustand, indem man sie auf die Beine stellt, schüttelt, mit ihnen im Laufschritt durchs Dorf rennt, sie an allen Gliedern zerrt, hochhebt, in die Luft wirft, usw. Anschließend befragt man sie nach ihrer Vision und insistiert dabei immer stärker, je mehr Zeit bereits verstrichen ist und je bedrohlicher sich die Möglichkeit abzuzeichnen beginnt, der Anwärter könnte ohne die erwartete Vision der Ahnen und des Jenseits bleiben. Ein solches Fiasko sucht man unter allen Umständen zu verhindern, denn das Aufnahmeritual kann nicht wiederholt werden. Wer scheitert, wird endgültig von der Gemeinschaft der Adepten ausgeschlossen; er hat sich den Weg in die spirituelle Erfahrung für immer verbaut. Entsprechend groß sind Jubel und Erleichterung der Familie und der übrigen Zuschauer, wenn alles ohne Zwischenfälle verläuft und der Neophyt berichtet, *Bwete* begegnet zu sein und von ihm einen neuen Namen erhalten zu haben. Der zweite Teil der ,,rites de passage'', den er einige Zeit später bestehen muß, dient als definitive Bestätigung seiner Aufnahme in den Kult, dem er fortan als vollwertiges Mitglied zugehört.

Schlußbemerkungen

Wie wir gesehen haben, variieren die Dosierungen, die bei der Einnahme von Iboga gewählt werden, je nach dem vorgesehenen Zweck beträchtlich. Entsprechend verschieden ist jeweils auch die Wirkung. Allerdings scheint diese nicht allein von der Dosis abzuhängen, sondern wesentlich mitbestimmt zu sein von den Erwartungen und Vorstellungen der Akteure wie des Publikums. Der stark strukturierende rituelle Kontext und die gezielt eingesetzten, raffiniert koordinierten Sinnesreize sorgen dafür, daß sich die persönliche Erfahrung der gesellschaftlich vorgegebenen Norm weitestgehend annähert und individuelle Abweichungen in den Hintergrund treten. Zwar wurzelt die Bildersprache der halluzinatorischen Vision und des Traumerlebens in der Psyche des Subjektes, doch wird sie in diesem Kulturraum nicht als Ausdruck individueller Triebe und Wünsche interpretiert. Vielmehr glaubt man darin eine Botschaft zu erkennen, die, über das Individuum hinausweisend, den Bezug herstellt zu einem ,,Anderen'', einer Wirklichkeit hinter der Wirklichkeit, einer Welt der Geister und Ahnen, der ein höherer Realitätswert zuzusprechen ist als den vordergründigen Erscheinungen des Alltags, über die das stumpfe Tageswachbewußtsein nicht hinauszudringen vermag (*Sow*, 1977). Träume, Besessenheit und durch Drogen oder auf andere Weise ermöglichte Visionen sind deshalb wertvolle, mit Respekt und Sorgfalt zu behandelnde Schlüssel zu jener anderen Welt, die tiefere Wahrheit birgt und von größter Relevanz ist für den einzelnen wie für die in ihrem inneren Gleichgewicht immer wieder neu bedrohte Gemeinschaft, wenn man bloß die Kunst beherrscht, ihre Botschaften zu hören und zu lesen.

Literatur

Fernandez, J.W.: Tabernanthe iboga: Narcotic ecstasis and the work of the ancestors. p. 237–260 in: *Furst, P.* (1972)

Furst, P. (ed.): Flesh of the Gods. Allen & Unwin, London 1972

Gollnhofer, O.: Bokudu. Ethno-histoire ghetsogho. Essai sur l'histoire générale de la tribu d'après la tradition orale. Thèse présentée à l'Ecole Pratique des Hautes Etudes, Paris 1967

Gollnhofer, O.: Les rites de passage de la société initiatique de Bwete chez les Mitsogho. La manducation de l'iboga. Thèse doctorat 3e cycle, Université René Descartes, Paris 1974

Gollnhofer, O., Sillans, R.: Recherche sur le mysticisme de Mitsogho, peuple de montagnards du Gabon central (Afrique équatoriale). Travaux du Centre d'Etudes Supérieures Specialisées d'Histoire des Religions de Strasbourg. – Réincarnation et vie mystique en Afrique noire. Presses Universitaires de France, Paris 1965, 143–173

Gollnhofer, O., Sillans, R.: L'usage religieux des stupéfiants. Médecine de l'Homme 49 (1972) 26–31

Gollnhofer, O., Sillans, R.: Aspects du phénomène du consensus dans la psychothérapie ghetsogho. p. 545–563 in: Colloques Internationaux du Centre National de la Recherche Scientifique, No. 544: La notion de personne en Afrique Noire. Editions du Centre National de la Recherche Scientifique, Paris 1973

Gollnhofer, O., Sillans, R.: Phénoménologie de la possession chez les Mitsogho; aspects psycho-sociaux. Psychopathologie Africaine 10 (1974) 187–209

Gollnhofer, O., Sillans, R.: Cadres, éléments et techniques de la médecine traditionelle Tsogho, aspects psycho-thérapeutiques. Psychopathologie Africaine 11 (1975) 285–321

Gollnhofer, O., Sillans, R.: Aspects phénoménologiques et initiatiques de l'état de déstructuration temporaire de la conscience habituelle chez les Mitsogho du Gabon. Psychopathologie Africaine 12 (1976) 45–75

Gollnhofer, O., Sillans, R.: Tsâmbo, texte rituel de guérison chez les Mitsogho. L'Ethnographie 1 (1978a) 45–53

Gollnhofer, O., Sillans, R.: Le symbolisme chez les Mitsogho. Aspects de l'anthropomorphisme dans la société initiatique du Bwete. p. 223–241 in: Système de signes. Textes réunis en hommage à Germaine Dieterlen. Hermann, Paris 1978b

Gollnhofer, O., Sillans, R.: Phénoménologie de la possession chez les Mitsogho (Gabon). Rites et techniques. Anthropos 74 (1979) 737–752

Gollnhofer, O., Sillans, R.: L'iboga, psychotrope africaine. Psychotropes 1 (1983) 11–27

Naranjo, C.: Die Reise zum Ich. Psychotherapie mit heilenden Drogen. Behandlungsprotokolle. S. Fischer, Frankfurt a.M. 1979

Naranjo, C.: Ibogain – Wachtraum und Wirklichkeit. p. 179–230 in: *Naranjo, C.* (1979)

Pennes, H.H. (ed.): Psychopharmacology. Hoeber, New York 1957

Pope, H.G.Jr.: Tabernanthe iboga: An African narcotic plant of social importance. Economic Botany 23 (1969) 174–184

Prins, M.: Drogeninduzierte VWB als Mittel der Psychotherapie: Erfahrungen mit Ibogain. In Vorbereitung

Schneider, J.A., Sigg, E.B.: Pharmacologic analysis of tranquilizing and central stimulating effects. p. 75–98 in: *Pennes, H.H.* (1957)

Sow, I.: Psychiatrie dynamique africaine. Payot, Paris 1977

Swiderski, S.: Les visions d'iboga. Anthropos 76 (1981) 393–429

Walker, A.R., Sillans, R.: Rites et croyances des peuples du Gabon. Présence Africaine, Paris 1962

2.3 Peruanische ayahuasca-Sitzungen – Schamanen und Heilbehandlungen

G. Baer

Zusammenfassung

Am Beispiel des ostperuanischen Indianervolkes der Matsigenka wird der kosmologisch-anthropologische Hintergrund der schamanischen Heilbehandlung in einem durch das Halluzinogen ayahuasca induzierten besonderen Bewußtseinszustand erläutert. Die unsichtbare Welt der (guten und bösen) Geister ist die eigentlich wesentliche, wirkliche und wirksame (energetische) Welt. Ayahuasca erlaubt dem Menschen die Kommunikation mit den Geistwesen. Ethische Verfehlung schwächt den Menschen so, daß er dem Angriff lebender oder toter Menschen und dämonischer Mächte ausgesetzt ist: Dann können die Geistwesen seine „Freiseele" aus dem Leib entführen. Der Schamane stellt in der Seance unter dem Einfluß des Halluzinogens ayahuasca die Beziehung zu den unsichtbaren Geistwesen her, insbesondere zu den Schutz- und Hilfsgeistern. Die therapeutischen Gesänge lassen die Schutzgeister erscheinen. Speiblasen, Aussaugen, Handauflagen, Massage gehören zu den häufig verwendeten therapeutischen Praktiken. Die Heilwirkung muß letztlich als eine Einwirkung auf die energetische Ökologie interpretiert werden, welche sichtbare und unsichtbare Welt verbindet. – Zum Schluß wird die Selbsterfahrung einer ayahuasca-Sitzung berichtet.

Einleitung

Der vorliegende Aufsatz setzt sich zum Ziel, aus dem schon außerordentlich reichhaltigen Material zum Thema peruanischer ayahuasca-Sitzungen und -Heilbehandlungen einige Beispiele auszuwählen und zu versuchen, die den beobachteten oder berichteten Praktiken zugrundeliegenden Sichtweisen („Theorien") und gedanklichen Modelle zu verstehen.

In erster Linie werden dabei Materialien benützt werden, die unter ostperuanischen Indianern des oberen Amazonas im Lauf der letzten Jahre gesammelt wurden; dann aber auch Publikationen über Indianergruppen der peruanischen Selva/Montaña überhaupt und schließlich Arbeiten, die über den Gebrauch von ayahuasca und Heilbehandlungen an der peruanischen Küste bzw. im Bereich peruanischer Städte berichten.

Beginnen wir mit den Matsigenka, einem aruaksprachigen Stamm, dessen Wohngebiet der Regenwald zwischen dem Río Urubamba und dem Río Manú bzw. Madre de Dios in den Höhenlagen 300 bis 1200 m ü. M. bildet.

Die Matsigenka und ihre Kosmologie

Der Stammesname Matsigenka kann mit den Begriffen „Leute", „Menschen" übersetzt werden. Die Matsigenka nennen sich selbst so und drücken damit aus, daß sie sich als die eigentlichen und wahren Menschen verstehen. Sie betrachten ihre Ethnie letztlich als eine ausgedehnte „Verwandtschaftsgruppe", d.h. als eine Gemeinschaft, die durch Abstammung und Heiraten strukturiert ist und in der ein Matsigenka an jedem Ort Menschen finden kann, die ihm durch verwandtschaftliche Zurechnung, durch Heiratsverbindungen oder durch das Setzen fiktiver Verwandtschaftsbande auf Gegenseitigkeit nahestehen.

Die Gemeinschaften der „guten" und der „bösen" Geister sind in der Vorstellung der Matsigenka ähnlich strukturiert wie ihre eigene. Das bedeutet, daß man mit den Vertretern der Geisterwelt soziale Beziehungen aufnehmen und pflegen kann. Auch die Geister sind „Leute" (dies gilt insbesondere für die „guten" Geister), aber sie leben im Unterschied zu den Matsigenka an Orten, die von den Menschen nicht bewohnt werden: in Hügel- und Berggebieten, im Busch, außerirdischen Schichten des Kosmos, wie z.b. in verschiedenen Himmelsschichten, in der Wolkenregion, in der Unterwelt bzw. in der Wassertiefe.

Die „guten" Geister, die als „reine" und „Unsichtbare" bezeichnet werden (*saanka'rite*), sind mit dem fortdauernden Leben assoziiert, die „bösen" Geister dagegen, die *kama'garini* (Totengeister, Dämonen; eigentlich „die töten"), mit dem Tod. Die Religion der Matsigenka muß wohl als ein Versuch gewertet werden, die Macht der Totengeister einzudämmen und den Bereich des Lebens zu erhalten, dem Tod als Individuum zu entgehen und selbst ein „Reiner", „Unsichtbarer" zu werden.

Der Name der „guten" Geister deutet bereits darauf hin, daß das Unsichtbare als das eigentlich Wesentliche begriffen wird. Es gibt demnach die Welt der Erscheinungen, des Sichtbaren, und dahinter – oder auch parallel dazu – die Welt dessen, was man in der alltäglichen Wirklichkeit nicht sieht. Das dem gewöhnlichen Auge Verborgene ist das Wirkliche.

Eines der wichtigsten Mittel zum Erfassen des Verborgenen ist das Halluzinogen ayahuasca (quechua: „Totenliane"), *Banisteriopsis sp.,* das die Matsigenka *kama'ranpi* nennen. Die Einnahme dieses Halluzinogens wird nicht als Einwirken einer besonderen, nämlich chemischen, Wirksubstanz verstanden, sondern als der Kontakt mit den Geistwesen (Eignern, „Müttern", Speziesgeistern), die über die entsprechende Pflanze gebieten und deren „Essenz" verkörpern.

Dem „Sehenden" ist der Körper eines Menschen lediglich die Hülle, eine Art Sack oder Kleid, das die Wesensteile des Menschen umhüllt. Zu den Wesensteilen gehört die „Freiseele" (*i'sure*), die von verschiedenen Autoren „Traumego", „spirituelles Doppel" oder auch „Bewußtseinsprinzip" genannt wird. Diese Seele kann sich vom Körper im Schlaf, in der Trance, bei Krankheit und Tod lösen. Traum und Trance werden als verwandte, bei einigen Stammesgemeinschaften als identische Erscheinungen verstanden: Die Freiseele (das „Traumego") hat Erlebnisse, die als reale Begegnungen mit den im Traum oder in der Trance gesehenen Gestalten aufgefaßt werden. Eine weitere „Seele" wird von den Matsigenka in den Augenpupillen lokalisiert. Diese Seele (auch „Augenspiegel" genannt) findet sich nur bei Menschen, die sich von der göttlichen, den Menschen von „Vater Mond" geschenkten Maniokknolle nähren.

Wichtig ist in der Vorstellung der Matsigenka auch die Mitte bzw. das Herz der Lebewesen, es wird z.T. mit der Freiseele (dem „Traumego") identifiziert.

Weitere wichtige Wesenselemente eines Menschen sind die Knochen. Nach dem Tod eines Menschen, der nicht rituell rein gelebt hat, vereinigen sich die Knochen der Toten nachts zu einem umgehenden Totengeist, dem „Auferstandenen", der die

Lebenden verfolgt und zu töten trachtet. Ein im religiösen Sinn reiner Mensch hinterläßt keine derartige „Knochenseele", er entschwindet nach seinem körperlichen Ableben in den Busch und wird zum *'saankari*, zum „Unsichtbaren", „Reinen".

Tiere haben nach Auffassung der Matsigenka ebenfalls Freiseelen (*i'sure*). Ihre Knochen sollen nach dem Tod eines Tieres aber vermodern, d. h. sie bilden keine umgehende und somit bedrohliche Knochenseele.

Pflanzen, insbesondere bestimmte Bäume, wie etwa die mächtige Lupuna (*Chorisia speciosa*), haben Freiseelen (*o'sure*, weibliche Form), die gefürchtet werden, weil sie der Zauberei dienen können.

Krankheit und Tod

Krankheit und Tod werden als Angriffe lebender oder toter Menschen und dämonischer Mächte begriffen. Ein Mensch, der z.B. das Fleisch eines Tieres verzehrt hat, das er hätte meiden sollen, ist durch diese Verfehlung verunreinigt, „befleckt" und durch diese „Befleckung" geschwächt. Dies bewirkt, daß sich sein Körper öffnet. Auf diese Weise können die von menschlichen Zauberern oder von dämonischen Geistern (die oft Tier- und Pflanzenaffinitäten zeigen) abgeschossenen „Pfeile" in den geöffneten Körper des Fehlbaren eindringen, oder die Geister können dessen Freiseele aus dem geöffneten Körper entführen. Die Folge sind dann Krankheit und unter Umständen der Tod.

Wenn ein kleines Kind auf den Boden fällt, kann es nach Ansicht der Matsigenka durchaus vorkommen, daß seine Seele in den Boden eindringt und dann von den Geistern dämonischer Insekten gefangengehalten wird. Dann ist es Pflicht eines Schamanen, die Krankheitsursache anläßlich einer ayahuasca-Sitzung zu „sehen", die gefangene Seele des Kindes zu suchen und wieder zurückzubringen. Die Stelle, an der die Freiseele den Körper betritt und verläßt, ist der Scheitel bzw. die Stelle des Haarwirbels.

Psychotrope Substanzen zeigen die eigentliche Wirklichkeit

Das schon wiederholt genannte ayahuasca, das u. a. die Alkaloide Harmin, Harmalin und Tetrahydroharmin enthält und dem meist weitere Halluzinogene, wie z.B. *Psychotria sp.*, beigemischt werden, ist bei weitem nicht das einzige „Rauschmittel", das die Matsigenka und zahlreiche andere ostperuanische Indianergruppen zu sich nehmen. Sehr beliebt als „Rauschmittel" sind auch *Datura* (oder *Brugmansia*), und zwar als in der Nähe des Hauses gezogene oder als wildwachsende Pflanzen (dies gilt auch für das ayahuasca), Schnupfdrogen und außerdem natürlich Tabak (getrunken, geraucht oder geschnupft) und Kokablätter (mit Kalk).

Die Matsigenka bezeichnen ayahuasca und *Datura* als *ke'pigari* („Gift", „Rauschmittel", „Medizin"). Sie sind Mittel, die den Rausch des Menschen induzieren, ihn im Rausch die außeralltägliche Realität, die als die eigentliche Realität aufgefaßt wird, erkennen lassen; sie gelten als Gift für die Dämonen und folglich als Medizin für den kranken Menschen. Der „Rausch" wird somit – anders als bei uns – in der Gesellschaft und der Kultur der Matsigenka (und auch der Nachbargruppen) positiv bewertet. Der „Rausch" führt zur Trance. Traum und Trance zeigen das Verborgene, z.b. die verborgenen Krankheitsursachen, und bilden mithin die Voraussetzung zum Heilverfahren und Heilerfolg.

Die genannten „Rauschmittel", namentlich die Halluzinogene ayahuasca und *Datura/Brugmansia*, werden in Ost-Peru vorzugsweise oder ausschließlich von Männern eingenommen. Es gibt ayahuasca-Sitzungen, bei denen die anwesenden Männer ohne Führung eines Schamanen in Trance gehen. In anderen Fällen trinkt der Schamane, der u.a. als Krankenheiler amtiert, allein oder er führt eine ayahuasca-Zeremonie durch, an der weitere Männer, die ebenfalls ayahuasca trinken, und Frauen, die (wie bei den Matsigenka) rituell singen, teilnehmen.

Der Schamane, der in den Augen seiner Landsleute ein „Seher" ist, verwendet das Halluzinogen zur Induktion der Trance. (Es gibt verschiedene südamerikanische Indianergruppen und Völker, die ohne die Verwendung von Halluzinogenen Trancezustände herbeiführen können, doch ist die Einnahme von Halluzinogenen für die weitaus meisten indianischen Gemeinschaften des Amazonas- und des Orinokogebiets belegt.) Der Schamane nimmt während seiner Ausbildung periodenweise täglich ayahuasca zu sich, ebenso Tabak.

Da Halluzinogene nur dann richtig wirken, wenn man zuvor wenig oder nichts gegessen hat, sind die Schamanen-Novizen vielfach recht abgemagert und schwach. Das Fasten wird mit einer Reinigung des Körpers gleichgesetzt, wobei die Reinigung vor allem als eine Befreiung von unerwünschten tierischen und pflanzlichen Essenzen verstanden wird. Häufig erfolgt eine derartige Reinigung auch in Form des Erbrechens. Dies etwa anläßlich von Totenfeiern, bei welchen Maniokbier in Mengen getrunken wird, die zum Erbrechen führen. Solches Erbrechen reinigt den Trinkenden dann vom Kontakt mit dem Verstorbenen bzw. dessen Totengeist und verhindert so eine mögliche „Befleckung", die zu Krankheit und Tod des „Angesteckten" führen könnte.

Ein Schamanenlehrling wie auch ein ausgebildeter Schamane, der eine ayahuasca-Sitzung vorbereitet, müssen den Umgang mit Frauen meiden. Hat ein Novize geschlechtlichen Verkehr während seiner Lehrzeit, verdirbt dies die bereits erworbenen „Kräfte" und verhindert, daß er einst ein wirklich mächtiger Schamane wird.

Der Schamane: Mittler zwischen menschlichen und außermenschlichen Wesen

Da schon verschiedentlich vom Schamanen der Matsigenka die Rede war, seien seine Tätigkeiten und Aufgaben kurz gekennzeichnet, bevor der Ablauf einer Schamanensitzung geschildert wird.

Der Schamane (*seripi'gari*, „der vom Tabak Berauschte") wirkt als ein Mittler zwichen den außermenschlichen Personen (Geistern, Gottheiten) und seiner engeren Gruppe (Familie, Dorfschaft u.a.). Er beschützt seine Gruppe, weil er durch die Verbindung mit den „Unsichtbaren" die außeralltägliche Realität erfassen und „sehen" kann. Er schützt die Gruppe vor Totengeistern und anderen todbringenden Dämonen. Er diagnostiziert und heilt mit der Hilfe seiner Schutzgeister (*ine'tsaane*, „Gesellschafter", „Besucher") Krankheiten, die durch das Einwirken feindlicher Mächte, nämlich von Zauberern, Hexen und den mit ihnen verbündeten Dämonen, verursacht sind. Der Schamane erkennt als Seher auch, wer die Krankheiten, Todesfälle oder sonstigen Störungen des sozialen Gleichgewichts bewirkt hat.

In Hungerszeiten kann der Schamane die „Unsichtbaren", die die Hüter des Wildes sind, um Nahrung für seine Gruppe bitten. Er sieht im Traum oder in der Trance kommendes Unheil voraus, warnt seine Gruppe und ergreift nach Möglichkeiten Gegenmaßnahmen zu ihrem Schutz. Bei manchen südamerikanischen Stämmen herrscht auch die Vorstellung, daß der Schamane die Seelen Verstorbener ins Jenseits begleitet und so an ihren Bestimmungsort bringt (Psychopomp).

Der Schamane mag eine ayahuasca-Sitzung veranstalten, um einen Kranken zu heilen, doch kann eine solche Sitzung auch aus anderen Gründen stattfinden. Erstes Ziel der Séance ist es stets, die Verbindung mit den „Unsichtbaren", insbesondere den Schutzgeistern und den Hilfsgeistern des Schamanen, herzustellen und diese im Haus, in dem die Sitzung stattfindet, erscheinen zu lassen.

Solche Séancen finden nur nachts im völlig verdunkelten Hausinnern statt. Der Schamane wird dort von seiner Frau (oder seinen Frauen) assistiert, die während des Rituals mit dem Schamanen zusammen oder im Wechselgesang mit ihm singen. Als Geräte dienen hierbei die Schamanenleiter, die zum Dach des Hauses führt, der Blattfächer, der rasselähnliche Geräusche erzeugt, die Sitzmatte und der Topf, der das ayahuasca enthält.

Während der Sitzung erklimmt der Schamane mehrmals die Leiter, summt oben und rasselt mit dem Blattfächer, der aus Bambus-, Maniok- oder Maishüllenblättern bestehen kann. Anschließend kommt er wieder herunter.

Für das Verständnis das Schamanismus unter den Matsigenka ist entscheidend, daß das mehrmalige Besteigen der Leiter und das Herunterkommen einen doppelten Aspekt haben. Der Mann, der die Leiter erklimmt oder herabkommt, der singt und summt, ist im religiösen Verständnis der Matsigenka bald der Schamane, bald einer seiner „Besucher" bzw. Schutzgeister. Die diesem Doppelaspekt zugrundeliegende Vorstellung geht dahin, daß die Freiseele (das „Traumego") des Schamanen nach Einnahme des ayahuasca oder eines anderen Halluzinogens eine ekstatische Reise zu den „Unsichtbaren" unternimmt, sie besucht, von ihnen bewirtet wird, die erwünschten Auskünfte erhält und danach wieder in den Körper des Schamanen zurückkehrt.

Während nun die Freiseele des Schamanen abwesend und der Körper folglich „unbeseelt" ist, kommen der bzw. die Schutzgeister des Schamanen herab, treten in seinen leeren Körper ein und erscheinen den Anwesenden in dessen Gestalt, sprechen und singen mit dessen Stimme, aber so, daß die Matsigenka sagen, der Schamane sei jetzt „verklärt".

Einer alternativen Interpretation der Matsigenka zufolge entschwindet der Schamane in der durch das Halluzinogen bewirkten Trance mit Körper und Seele, d.h. ganzheitlich, zu den „Unsichtbaren". In diesem Augenblick vertritt ihn jeweils einer seiner Schutzgeister, der ihm in Gestalt und Stimme gleicht. Er wird von der Frau (oder den Frauen) des Schamanen gastlich empfangen und bewirtet. Der Schutzgeist singt dann im Haus und wird von den anwesenden Frauen im Gesang begleitet.

In der Regel assistiert ein Gehilfe oder ein Lehrling dem Schamanenmeister während der Sitzung.

Der Schamane und sein Gehilfe sind indessen nicht die einzigen Personen, die ayahuasca zu sich nehmen. Die im Dunkel des Hausinnerns versammelten männlichen

Familienmitglieder und Gäste trinken ebenfalls davon. Die Schamanensitzung hat demnach den Aspekt eines von den Anwesenden gemeinsam durchgeführten Rituals, letztlich sogar den Aspekt einer Kommunion.

Bedeutsam erscheint auch die Tatsache, daß die eingenommenen Halluzinogene nach Auffassung der Matsigenka ein überaus helles, sonnenartiges, aber gewissermaßen „nächtliches" Licht erzeugen und daß auch Federn, die im Kopfputz getragen werden, in der Nacht Helligkeit und Licht verbreiten sollen. Die erscheinenden Schutzgeister werden als leuchtend beschrieben; wenn sie singen, soll es im Hausinnern taghell werden. Dieses intensive Licht, das von verschiedenen „Lichtquellen" herrührt, ist offensichtlich Ausdruck einer kraftgeladenen, potenzierten Kommunikation oder, anders gesagt, kommunizierenden Kraft/Macht.

Gesänge und Muster

Dem Gesang kommt große Bedeutung zu. Er stammt letztlich von den „Unsichtbaren", den Geistern, selbst. Der Schamane hat die Gesänge von ihnen übernommen und gelernt. Jedem Schutzgeist eignet ein besonderer Gesang. Das heißt auch, daß ein Schamane so viele Schutzgeister erscheinen lassen kann, als er Gesänge beherrscht.

Beim ostperuanischen Stamm der Shipibo-Conibo geht von den Gesängen eine direkte Schutz- und Heilwirkung aus. Die richtig gesungenen Schamanengesänge formen unsichtbare schöne Muster, die sich auf den Körper des Patienten legen, ihn gleichsam mit Mustern überziehen. *Gebhart-Sayer* berichtet in ihrer Magisterarbeit (1983) darüber u.a. wie folgt:

„In klaren Nächten legt der *muráya* (= Schamane der Shipibo-Conibo) seinen *tári* an (das traditionelle, mit Mustern bemalte Männergewand) und setzt sich mit seiner ayahuasca-Flasche in den Patio des Gehöfts. Zu dieser Zeit ziehen sich die Dorfbewohner in ihre Moskito-Zelte zurück. Der *muráya* wartet, bis alle Herdfeuer und Kerosin-Lampen erloschen sind, denn Licht verursacht während der ayahuasca-Vision Schmerzen in den Augen. Er gießt von der aromatischen Flüssigkeit in eine kleine, sorgfältig bemalte Keramik-Schale, bläst eine reinigende Melodie darüber, leert ... (die Schale) und lehnt sich zurück, um seine Vision zu empfangen. ...

Etwa zwei Stunden später wird ihm der Patient gebracht. Der *muráya* bettet ihn auf den Fußboden des Hauses und läßt ihn – evtl. zusammen mit den Verwandten des Patienten, die ihn beim Singen unterstützen wollen – neben ihm nieder. Er beginnt zu rauchen, ... (die heilende Wirkmasse) heraufzuwürgen, um damit die erkrankten Körperteile abzusaugen. Schließlich hebt er zu singen an.

Wolken duftenden Tabak-Rauches ziehen über dem Patienten ihre Bahnen. Mit dem Kräuterbündel schlägt der *muráya* den Takt seiner Lieder. ... In weiten Teilen des Dorfes können die Leute nun den Gesang ihres Schamanen hören. Sie wissen, daß, sein duftendes Lied zusammen mit dem Tabak-Rauch seinen mäandernden Weg durch die Luft nimmt, um alles, vornehmlich den Patienten, mit köstlichen, heilsamen Mustern zu schmücken.'

Die Therapie schließt sichtbare und unsichtbare Muster ein. Voraussetzung für ihre Wirksamkeit ist ihre ästhetische Angemessenheit, d.h. sie müssen „*kikín*" sein. ...

Zunächst bezeichnet „*kikín*" ein visuelles oder akustisches Sinnen-Erlebnis, hervorgerufen durch Harmonie, Symmetrie und minutiös-akurate Ausführung. ... Aber auch ideelle Werte wie Subtilität, Relevanz und kulturelle Korrektheit drücken sich in diesem Begriff aus.

Ein harmonisch geformtes und gut bemaltes Gefäß ist *kikín*, ebenso ein Dorf, das von Pflanzenbewuchs freigehalten wird. Echte Verwandte sind ebenso *kikín* wie Frauen von guter Erziehung und Erscheinung. *Kikín* ist aber auch die Behandlung eines Kranken durch den Schamanen, wenn sie in angemessener, traditioneller, kultivierter Shipibo-Conibo-Weise, d.h. mit Mustern, durchgeführt wird. ...

Jede Heilsitzung erfordert die Anwesenheit und Hilfe einer sich je nach Krankheitsbild verschieden zusammensetzenden Gruppe von Pflanzen- und Tiergeistern. Immer aber ist *níshi-íbo* anwesend, der ayahuasca-Herr, ‚denn es ist seine Kraft, die getrunken wurde'. Er projiziert vor seinem persönlichen Eintreffen kurzzeitig leuchtende geometrische Figuren vor die Augen des *muráya*, Visionen glänzender Ornamentik, die die ganze, in Sichtweite befindliche nächtliche Szene bedecken – ‚sie gehen dem *níshi-íbo* voran wie eine Fahne'. Unter den Anwesenden ist aber der *muráya* der einzige, der sie sehen kann. Er beginnt nun, singenderweise und mit Unterstützung seiner Hilfsgeister, von dieser Vision *kikín-quënë* (= Muster) abzulesen. Sobald das leuchtende Netzwerk seinen Mund und seine Krone berührt, bringen seine Lippen Lieder hervor, die jenen Ornamenten und Mustern entsprechen. Das Lied ist ‚Resultat der Muster-Vision', eine direkte Transformation vom Visuellen ins Akustische.

Von *níshi-íbo* und den übrigen anwesenden Geistern wird das Lied ebenfalls zugleich gesehen, gehört und gesungen, so dass für den *muráya* das Lied als ein Chor erscheint, in den er einstimmt, während für die anwesenden Dorfbewohner aber nur die einsame Stimme des *muráya* zu hören ist. Sie versuchen nun ihrerseits, dem Gesang des *muráya* zu folgen, wobei ihre Stimmen notwendigerweise einer kleinen Verzögerung unterliegen. Somit entsteht ein zweiseitiger Chor, an dessen akustisch-visuellem Angelpunkt der *muráya* sitzt.

Die zwingende Kraft des Musterliedes richtet sich gegen die für die Krankheit verantwortlichen Geistwesen, welche auf diese Weise herbeigenötigt und bekämpft werden.

Während das Lied des Schamanen ‚Bahnen und Schnörkel ziehend durch die Luft schwebt', findet eine zweite Transformation statt. Das Lied nimmt nun – für niemanden außer für den *muráya* sichtbar – die Form eines *kikín-quënë* (Musters) an und legt sich heilsam auf den Körper des Patienten, durchdringt diesen und setzt sich für immer fest. Mehrere drei- bis vierstündige Sitzungen sind zur Vervollkommnung des Heilmusters erforderlich.

Die für die Krankheit verantwortlichen Geistwesen ... versuchen während der Behandlung unablässig, das allmählich entstehende Heilmuster zu beflecken, zu verwischen, mit ihrem *níwë* (= schädlicher Nebelhauch, übles, kreisendes Pneuma) zu umnebeln. ...

Diesen Anfechtungen begegnet der *muráya* mit seinen gesungenen Heilmustern, aber auch mit anderen Heilmitteln und therapeutischen Maßnahmen. ...

Ist es dem Patienten bestimmt zu sterben, so penetriert das Muster seinen Körper nicht, und der *muráya* kann schon während eines frühen Stadiums seiner Heilbehandlung erkennen, ob seine Therapie erfolglos sein wird. ... Wenn die Geistwesen Krankheiten verursachen, so können sie dies durch das ‚Schreiben übler Muster auf den Körper eines Menschen' erwirken. In diesem Fall diagnostiziert der *muráya* die Krankheit nach diesem Muster. Mit Hilfe des *níshi-íbo* und seiner Vision ‚erkennt und liest er es wie mit einem Röntgengerät.' "

Die Auskünfte vieler Matsigenka weisen darauf hin, daß nach ihrer Vorstellung ein Kranker nicht unmittelbar vom Schamanen, sondern von dessen Schutzgeistern, zudem aber auch von seinen Hilfsgeistern, die durch Quarzkristalle oder auch durch menschengestaltige Holzfiguren verkörpert werden, geheilt wird. Medizinalpflanzen spielen eine wichtige Rolle, darunter verschiedene *Cyperus*-Gewächse (knötchenartige Knollen), die einen starken wohlriechenden Duft verbreiten.

Bei der Behandlung des Kranken wendet der Schamane die Techniken des Speiblasens mit Tabakrauch und des Heraussaugens in den Körper eingedrungener pathogener Fremdkörper an. Vor dem Aussaugen nimmt er Tabak in eingedickter Form zu sich. Das Blut, das er an der kranken Stelle aussaugt, ist schwarz.

Bei Krankheit durch Seelenverlust bläst der Schamane auf den Scheitel, der als „Seelenpforte" gilt. Er legt eine Heilknolle auf, damit die Seele durch diese Seelenpforte wieder in den Körper des Kranken zurückkehre. Oftmals werden in Südamerika auch Massagepraktiken vom Schamanen angewendet, dabei wird der krankheitserregende Fremdkörper durch Massieren aus dem Leib des Kranken entfernt.

Letztlich liegen den hier berichteten Praktiken der Matsigenka wohl Vorstellungen von einem umfassenden Energie-Haushalt und Energie-Gleichgewicht zugrunde. Das sei an einem Beispiel des Verhältnisses Mensch-Tier kurz erläutert.

Die Mythen im gesamten südamerikanischen Raum berichten, daß die Tiere einst, in der Erstzeit, Menschen waren. Durch Verfehlungen, Irrtümer und Einwirkung der „Unsichtbaren" wurden viele Menschen schließlich in Tiere verwandelt und behielten seither ihre Tiergestalt bei. Die Tiere sind also „mindere Brüder" des Menschen. Die eigentliche Gestalt des Tieres ist indessen menschlich, und sie ist z.b. dem, der ayahusca trinkt, sichtbar. Die Eignergeister der Tiere haben ebenfalls menschliche Gestalt. Der Mensch andererseits kann sich nach Einnahme gewisser Halluzinogene in Jaguare oder andere Feliden verwandeln. Dies gilt nach Auffassung der Matsigenka insbesondere vom Schamanen.

Die Seelen toter Matsigenka können unter Umständen in einen Spießhirsch oder in einen Feliden (Schamane) eingehen, so daß diese Tiere zu Trägern von Totenseelen werden. Man erkennt so, daß die Grenzen zwischen dem menschlichen und dem tierischen Bereich teilweise fließend sind. Wer ein Tier tötet und das Fleisch verschwendet, macht sich eines schweren Vergehens schuldig. Er kann von den Eignergeistern, vielleicht auch von der beleidigten Tierseele, mit Krankheit und Tod bestraft werden.

Wirtschaft und Religion drücken dasselbe aus: Mit dem, was dem Menschen geschenkt und zur Verfügung gestellt wurde und wird, muß gehaushaltet werden.

Ökologisches Denken der traditionellen Gesellschaften

Wie weit Vorstellungen vom kosmischen Energie-Haushalt gehen können, belegt die Magister-Arbeit von *Illius* (1983), der die Religion der Shipibo-Conibo untersucht hat (Herr *Illius* und Frau *Gebhart-Sayer* sind beide Schüler von Prof. *Th. S. Barthel*, Tübingen, und waren in Ost-Peru zusammen im Feld).

Pflanzen und Tiere sind nach Auffassung der Shipibo-Conibo die „Körper" der Geistwesen bzw. „Unsichtbaren" (*yoshibo*). Wenn die Shipibo Tiere und Pflanzen essen, entziehen sie den Geistwesen Energie. Die Geistwesen „versuchen, diesen Energie-Verlust auszugleichen, in dem sie Menschen töten".

Die Energie der Getöteten geht dann in die Welt der Geistwesen ein. Die Geistwesen (*yoshibo*) „töten die Menschen dadurch, daß sie ihre Individualessenzen ... auf die Menschen legen".

Diese Essenzen, die man *Illius* zufolge mit einer elektrischen Ladung oder einer magnetischen Polarisation vergleichen kann, verändern die „Aura" des Menschen und neutralisieren seine Lebenskraft. Dadurch wird die Einheit Körper-Geist gestört. Ein menschlicher Körper kann ohne „Lebenskraft" sein Traumego nicht bei sich behalten; das Traumego kann so von den Geistwesen entführt werden. Wenn die Lebenskraft nicht mehr beigebracht wird, stirbt der Mensch.

Der Schamane schickt sein eigenes Traumego mit Hilfe des ayahuasca in die verschiedenen „Welten" der Geistwesen. Er holt sich dort Lebenskraft und „Wissen" (nach *Illius* handelt es sich dabei um Kenntnis der Krankheitsursachen und der von den Geistwesen stammenden Gesänge). „Damit kann der Schamane den Kranken von den ... (Individualessenzen der Geistwesen) befreien und dessen ... (Lebenskraft) vermehren. Er macht auf diese Weise den Körper des Patienten wieder bewohnbar."

Reichel-Dolmatoff (1971, 1978) berichtet ähnliche Vorstellungen vom kosmischen Energie-Haushalt der Desana, Kolumbien.

Das Konzept des Energie-Haushalts hat Folgen: Wenn es einem Schamanen gelingt, die Krankheit eines Patienten zu heilen, bedeutet dies u.a. auch, daß die Geistwesen, die das Energie-Defizit durch den Tod eines Menschen ausgleichen wollen, ihre Individualessenzen auf einen anderen Menschen legen werden, so daß dieser erkrankt und möglicherweise stirbt. Krankheit kann dieser Konzeption zufolge nur individuell abgewehrt und „umverteilt" werden.

Chaumeil (1983) setzt in seiner wichtigen Arbeit zum Thema des Yagua-Schamanen (Indianergruppe des nördlichen Teils Ost-Perus und des südöstlichen Kolumbiens) die pflanzlichen „Essenzen" mit den Eignern bzw. „Müttern" der halluzinogenen und der Medizinalpflanzen gleich. Durch Einnahme des ayahuasca und anderer Halluzinogene kommt der Schamane oder Schamanennovize in direkten Kontakt mit diesen „Müttern", die ihn in ihre Geheimnisse einweihen und ihn schließlich zum „Sehenden" machen. Eine Stelle aus einem von *Chaumeil* wiedergegebenen Schamanengesang lautet:

„Die Mutter der Pflanzenessenz kommt herbei; wir trinken zusammen die mit Tabak vermischte Essenz, um zu heilen; aber auch, damit sie (die Mutter der Pflanzenessenz) (in meinem Körper) bleibt. Auch die Mutter der Tabakpflanze wird kommen. ..."

Der Natur der Halluzinogen-Mischung entsprechend setzen schwächere oder stärkere, angenehme oder auch teilweise erschreckende Visionen ein: Visionen hell lodernder Flammen, gehörnter oder auch kopfloser Tiere, riesenhafter Würmer oder Schlangen; die Vision der eigenen Skelettierung, usw.

Selbsterfahrung mit ayahuasca

1968 trank ich im Beisein und überwacht von Piro-Indianern (des Unterlaufs des Río Urubamba) eine Tasse ayahuasca. Meine beiden Piro-Begleiter tranken zunächst zwei Tassen, später noch eine dritte (*Baer*, 1984):

„Wir streckten uns auf den geflochtenen Sitz- und Schlafmatten aus und warteten. Nach kurzer Zeit, etwa einer Viertelstunde, spürte ich die erste Wirkung, fühlte mich beengt und setzte mich auf. Mir war, als führe ich in einer starken Strömung auf einen Wasserfall zu; es gab kein Entrinnen. Angst ergriff mich. Schon bevor die Tranceschwelle erreicht war, machte das Atmen Mühe. Die Brust schien zusammengepreßt zu werden. ... Tonhalluzinationen traten auf, die Ohren dröhnten. In dieser Lage wollte ich *Jonas* (den einen Piro) um Beistand bitten, konnte mich aber nicht rühren und sagte nur: ‚Jetzt, jetzt'. Dann kam die Tranceschwelle. Ein unglaublich grelles Licht, ein eigentlicher Lichtblitz, durchfuhr mich. Er erleuchtete ein nächtliches Wolkenmeer, eine stürmische See. Die Angst, mein Innerstes werde sich von mir lösen, schloß einen Augenblick lang jede andere Empfindung aus.

Ich selbst sah mich (oder dieses Innerste) als eine winzige Kugel, die in der vom Blitz erleuchteten nächtlichen Landschaft ausgesetzt war. Dann traten Farb- und Raumhalluzinationen auf. Aus aneinandergereihten farbigen Punkten bestehende Spinnweben wogten durcheinander, traten vor und zurück; Konturen lösten sich fortwährend auf. Es war mir trotz größter Anstrengung nicht möglich, einen Punkt des Hausinnern anzuvisieren und mit dem Blick festzuhalten. Diese Halluzinationen kehrten in Wellen wieder, klangen nach etwa einer Stunde ab, doch blieben noch lange das Gefühl der Beklemmung (Atemnot), Kopfweh, ein Zittern, das den ganzen Körper durchlief, heftige Gähnkrämpfe und eine starke Empfindlichkeit der Augen: Das geringste Licht schmerzte."

Die Piro, die selbst ayahuasca eingenommen hatten, summten und sangen in jener Nacht (Dezember 1968). Sie erklärten später, sie hätten in der Trance „Leute" getroffen, nämlich die „Mütter des ayahuasca", *hiynumluru*, männliche und weibliche Geister, die als Eigner der halluzinogenen Pflanzen sowie verschiedener anderer Medizinal- und Zauberpflanzen (*kamalexite*) gelten.

Obwohl Vorstellungen dieser Art kulturgebunden und somit zunächst Bestandteil des Glaubensgutes ethnischer Gemeinschaften sind, finden sie sich auch heute im Bereich der Städte unter den dort lebenden Indianern und Mestizos. *Dobkin de Rios* (1972), *Sharon* (1972) sowie *Luna* und andere haben Heilbehandlungen mit ayahuasca oder anderen Halluzinogenen in Pucallpa, Iquitos, an der Nordküste Perus, usw. beobachtet. *Luna* hat die ayahuasca-Sitzungen in Iquitos sogar gefilmt („Don Emilio und seine kleinen Ärzte"). Mit den „Ärzten" sind die Eignergeister des ayahuasca gemeint, die an den in den Außenbezirken der Stadt abgehaltenen Sitzungen erscheinen und die Patienten von ihren Krankheiten befreien sollen. An der Nordküste Perus findet sich das Regenwaldgewächs ayahuasca nicht. Es wird dort durch den Kaktus San Pedro (*Trichocereus pachanoï*) ersetzt, dessen Gebrauch schon für frühe Zeiten (1. Jahrtausend v. Chr.?) anzunehmen ist. Auch dieser Kaktus erzeugt wirksame Halluzinationen, derer sich der curandero bzw. Schamane der Nordküste bedient, um seine Patienten zu heilen.

Hier wie dort haben wir es mit demselben Muster zu tun: Die halluzinogenen Pflanzen bzw. deren Eignergeister öffnen dem, der sie einnimmt, die Augen; sie lassen ihn die außeralltägliche Wirklichkeit, die als die Realität schlechthin gilt, erkennen, und sie sind es letztlich, nicht der Schamane, die die Kranken von ihrem Übel befreien.

Literatur

Zitierte Literatur

Baer, G.: Die Religion der Matsigenka, Ost-Peru. Monographie zu Kultur und Religion eines Indianervolkes des Oberen Amazonas. Wepf & Co., Basel 1984

Chaumeil, J.P.: Voir, Savoir, Pouvoir. Le chamanisme chez les Yagua du Nord-Est péruvien. Recherches d'histoire et de sciences sociales, 8. Editions de l'Ecole des Hautes Etudes en Sciences Sociales, Paris 1983

Dobkin de Rios, M.: Visionary Vine: Psychedelic Healing in the Peruvian Amazon. Chandler, San Francisco, California 1972

Gebhart-Sayer, A.: Aspekte der Töpferei bei den Shipibo-Conibo (Ost-Peru). Hausarbeit zur Erlangung des Grades Magister Artium an der Kulturwissenschaftlichen Fakultät der Eberhard-Karls-Universität Tübingen, [1983]

Illius, B.: Aspekte des Schamanismus der Shipibo-Conibo. Hausarbeit zur Erlangung des Grades Magister Artium an der Kulturwissenschaftlichen Fakultät der Eberhard-Karls-Universität Tübingen, 1983

Reichel-Dolmatoff, G.: Amazonian Cosmos. The Sexual and Religious Symbolism of the Tukano Indians. University of Chicago Press, Chicago, Illinois 1971

Reichel-Dolmatoff, G.: Desana Animal Categories, Food Restrictions, and the Concept of Color Energies. Journal of Latin American Lore 4 (1978) 243–291

Sharon, D.G.: Eduardo the Healer. Natural History 81 (1972) 32–47

Weiterführende Literatur

Corry, S.: Cycles in Dispossession: Amazon Indians and Government in Peru. p. 45–70 in: Genocide in Bangladesh, Indians and Government in Peru, Indians and the World Bank and other articles. Survival International Review, 1984, No. 43

Friedberg, C.: Des Banisteriopsis utilisés comme drogue en Amérique du Sud. Essai d'Etude Critique. Journal d'Agriculture tropicale et de Botanique appliquée 12 (1965) 403–423

Giese, C.: Die Curanderos der peruanischen Nordküste. Freie wissenschaftliche Arbeit zur Erlangung des Grades Magister Artium im Fachbereich der Philosophie und Sozialwissenschaften an der Freien Universität Berlin, Institut der Ethnologie, 1982

Harner, M.J. (ed.): Hallucinogens and Shamanism. Oxford University Press, New York 1973

Rivier, L., Lindgren, J.E.: „Ayahuasca", the South American Hallucinogenic Drink: An Ethnobotanical and Chemical Investigation. Economic Botany 26 (1972) 101–129

Sharon, D.G.: Botanik, Chemie und ritueller Gebrauch des San Pedro Kaktus in den mittleren Anden. p. 444–467 in: *Voelger, G.* (1981)

Voelger, G. (Hrsg.): Rausch und Realität. Drogen im Kulturvergleich. Materialienband zu einer Ausstellung des Rautenstrauch-Joest-Museums für Völkerkunde der Stadt Köln, 7. August bis 11. Oktober 1981, Köln 1981

2.4 Hypnose als Heilverfahren in außereuropäischen Gesellschaften: Das Beispiel Brasilien

M. Richeport

Zusammenfassung

Im Mittelpunkt des vorliegenden Beitrags steht die Beziehung zwischen der Trance des Mediums in den afro-brasilianischen Kulten und der hypnotischen Trance in der klinischen Praxis. Er analysiert die Rolle, die dem Hypnotherapeuten zufällt, wenn Patienten mystische Vorstellungen mitbringen und die rituelle Trance in eine klinische Praxis übersetzt werden muß. Die hier vertretene Auffassung von Hypnose orientiert sich am Werk von *Milton H. Erickson*, M.D.

Einleitung

Fachleute auf dem Gebiet der Nervenkrankheiten anerkennen die Bedeutung informeller oder traditioneller Heilmethoden als wichtigen Bestandteil der Gemeindepsychiatrie. Die psychiatrischen Dienste werden heute immer mehr Menschen zugänglich gemacht und Untersuchungen zeigen, daß viele Klienten sich weiterhin mit nicht-medizinischen Methoden behandeln lassen, auch nachdem sie den Psychiater aufgesucht haben (*Rubim de Pinho*, 1975; *Manzanero*, 1976). Unterschiede in der Ätiologie, Nosologie, Diagnose und in den Behandlungsverfahren führen zu Schwierigkeiten bei der Benutzung des informellen Systems innerhalb des offiziellen psychiatrischen Systems (*Richeport*, 1977). Um die bestehenden Bedürfnisse in optimaler Weise abzudecken ist es nötig, Strategien zu entwickeln, die es ermöglichen, eine Verbindung zwischen dem formellen und dem informellen Gesundheitssystem herzustellen. In Lateinamerika und der Karibik fällt die Funktion des Psychiaters spiritistischen Medien zu. Die in Brasilien anzutreffenden Kulte reichen von der europäischen Art des *Kardec*ianischen Spiritismus (*Kardec*, 1942, 1967), der das Hauptgewicht auf intellektuelles Lernen und philosophische Diskussionen mit den Geistern angesehener Verstorbener legt, bis zum außerordentlich afrikanisch geprägten Candomblé (*Bastide*, 1958; *Carneiro*, 1970). Die synkretistische Form des Umbanda hat die Ausmaße einer nationalen Religion angenommen (*Pressel*, 1973; *Velho*, 1975). Der Glaube an übernatürliche Kräfte und die Praktiken der verschiedenen Kulte sind für den überwältigenden Teil der Bevölkerung von größter Bedeutung für Ausdruck, Interpretation und Behandlung emotionaler Störungen. In Anbetracht der großen Zahl von Menschen, die täglich in diesem religiösen Kontext in Trance fallen, können Trancezustände als gemeinsamer Bezugspunkt dienen, der das informelle und das formelle psychiatrische Behandlungssystem miteinander verbindet. Im Mittelpunkt dieser Arbeit steht die Beziehung zwischen der medialen Trance in den brasilianischen Kulten und der hypnotischen Trance in der klinischen Praxis. Genauer gesagt will ich versuchen, die Rolle zu analysieren, die dem Hypnotherapeuten zukommt, wenn die Patienten mystische Vorstellungen mitbringen und es notwendig wird, die rituelle Trance in eine klinische Praxis zu übersetzen.

Meine theoretische Auffassung der Trance orientiert sich am Werk des nordamerikanischen Psychiaters *Milton H. Erickson* (*Haley*, 1963, 1967, 1973; *Erickson, Rossi* und *Rossi*, 1976; *Bandler* und *Grinder*, 1977; *Bandler, Grinder* und *de Lozier*, 1977) und meine persönliche Arbeit mit ihm. Psychotherapie ist der Prozeß, in dessen Verlauf der Patient lernt, schlecht angepaßtes Verhalten durch besser angepaßtes Verhalten zu ersetzen, indem er neue Arten der Anpassung kennenlernt. Die Aufgabe des Therapeuten in diesem Prozeß kann nur darin bestehen, dem Patienten im Sinne eines Angebotes ungenutzte Möglichkeiten aufzuzeigen, die er ergreifen könnte um sein eigenes Potential besser auszuschöpfen. *Erickson* erzielte hier die besten Resultate, wenn er seine Vorgehensweise am Bezugssystem und Weltverständnis des Patienten orientierte, anstatt diesem seine Vorstellungen und Lebensansichten aufzuzwingen. Indem man alle Ressourcen des Patienten mobilisiert und sich die Elemente seines Verhaltens zunutze macht, können sogar pathologische Symptome zu einer Grundlage werden, auf der sich angepaßtere Verhaltensweisen entwickeln lassen. Es ist nicht nötig, Einsicht zu entwickeln, indem man zum sogenannten Kern des Problems vorstößt, welches wir doch nie in seinem ganzen Umfang erfassen können. Psychotherapie setzt, unterstützt durch Trance, auf einer unbewußten Ebene der Wahrnehmung an und bricht so gewohnte Bewußtseinsmuster auf. Die Erschließung der verschiedenen Ebenen führt zu einer inneren Umstrukturierung der Persönlichkeit des Patienten, welche dieser in Einklang mit seinen Bedürfnissen und Erfahrungen selbst vollzieht. *Ericksons* Verdienst ist darin zu sehen, daß er das Automatenkonzept der Hypnose überwand und Hypnose stattdessen als einen autonomen aktiven inneren Zustand des Lernens definiert, der dem Menschen ein unendlich reiches Feld der Kreativität, Heilung und des Lernens erschließt.

Dieser Ansatz des Lernens auf einer unbewußten Wahrnehmungsebene stützt sich auf Theorien der experimentellen Psychologie. *Tolmans* (1951) Theorie des latenten Lernens bezieht sich auf jedes Lernen, dessen Effekt sich nicht zum Zeitpunkt des Erlernens selbst zeigt, sondern erst dann, wenn ein Anreiz gegeben ist, das erlernte Verhalten einzusetzen. Das bedeutet, daß kognitive Strukturen gelernt werden müssen, nicht nur Gewohnheiten, die durch Verstärkung eingeübt werden können. Untersuchungen über zustandsabhängiges Lernen haben gezeigt, daß eine Bedeutung offenbar nur auf der Ebene als sinnvoll interpretiert wird, auf der sie erlebt wurde und daß sie nicht auf andere Bewußtseinzustände übertragen wird, obwohl sie Einfluß nimmt auf das Leben des Individuums. Untersuchungen über Alkohol (*Fischer*, 1971) und Glossolalie (*Goodman*, 1974) zeigen, daß das Gedächtnis zustandsabhängig ist. *Batesons* (1972) Theorie des Deutero-Lernens, zeigt, daß viele Leute lernen können, auf neue Weise zu lernen. Indem ein Individuum ein neues Verhalten lernt, setzt u.U. ein Domino- oder kumulativer Effekt ein, so daß er oder sie auch in anderen Situationen neues Verhalten entwickelt.

Dieser Ansatz des Lernens in hypnotischer Trance kann auch auf die mediale Trance angewandt werden, in der Individuen als Vermittler zwischen Mensch und übernatürlichen Wesen auftreten. Durch Imagination, die zum größten Teil in Hypnose reproduziert werden kann, entwickeln Individuen unter Trance Einstellungen, die sie später auf reale Lebenssituationen übertragen können.

An anderer Stelle habe ich den Prozeß der Entwicklung zum Medium als eine Resynthese des Wegs durch ein Labyrinth (mazeway resynthesis) analysiert (*Riche-*

port, 1975a). Das Medium schlüpft dabei auf wechselnden Bewußtseinsebenen in verschiedene Rollen und findet so für seine Probleme Lösungen, die oft zu neuer sozialer und persönlicher Identität führen.

Patienten, die mit ritueller Trance vertraut sind, verwechseln oft Hypnose mit übernatürlicher Kontrolle. Automatisches Zeichnen und Schreiben werden als Botschaften von Geistwesen interpretiert. Ideomotorische und ideosensorische Antworten werden als echte übernatürliche Besessenheit verstanden. Eine Amnesie wird als Beweis dafür gewertet, daß sich ein fremdes Wesen des Körpers bemächtigt hat. Orientierungsverlust und langsames readaptives Verhalten während der Phase der Erholung von der Trance bestätigen, daß die Medien von einer Seelenreise zur Erde zurückkehren. Posthypnotische Suggestionen sind ein Zeichen für den Einfluß der Wesen während der Besessenheit usw. Aufgrund dieser häufig in spiritistischer Literatur veröffentlichten populären Irrmeinung sind Hypnotherapeuten in Brasilien darum bemüht, Hypnose vom Mystizismus zu trennen. Die Induktionstechniken sind direkt, oft autoritär; die Behandlungsmethoden werden dem Patienten im voraus sorgfältig erklärt und nehmen nur selten Zuflucht zu Überraschungstechniken. Imaginationen werden vom Hypnotherapeuten angeleitet, damit keine Konfusionen mit übernatürlichen Phänomenen entstehen. Es werden weit häufiger physiologische Erklärungen für Hypnose gegeben, die sich auf *Pavlov*sche Psychologie stützen und leichter gemessen werden können als Erklärungen, die von Kommunikations- oder Interaktionstheorien ausgehen. Dennoch berichten viele Ärzte noch immer von spontanen Besessenheitsphänomenen bei ihren Patienten nach der Induktion hypnotischer Trance. Von solchen Erfahrungen hat mir der puertoricanische Psychiater *Hilton L. Lopez* berichtet (*Richeport*, 1975b), ebenso wie viele brasilianische Psychiater, u.a. *Jacques Mongruel* (1944, 1947), *Luiz Machado Lomba* (o.J.) und *Antonio Rezende de Castro Monteiro* (1973a, 1973b). Diese Arbeit beschränkt sich auf die Erfahrung in der Privatpraxis von *David Akstein* (1972, 1973, 1974, 1977) um aufzuzeigen, wie Hypnose mit spiritistischen Patienten benutzt werden kann. (*Akstein* ermöglichte es mir großzügigerweise im Jahr 1976 in seiner Privatpraxis siebzig Fälle zu beobachten. Von diesen siebzig hatten zwanzig eine starke religiöse Komponente und fünf sind Medien.) Ich will hier drei Fälle vorstellen.

Drei Fallstudien

Fall 1: Marly

Marly ist eine 44jährige attraktive, verheiratete Frau der Mittelklasse, die mit ihrem Mann und ihrer Teenager-Tochter in Rio in einem eleganten Quartier lebt. Sie kam im Januar 1975 zur Behandlung und beklagte sich über Depressionen und Angst, verursacht durch Schwierigkeiten mit ihrem Mann, der ein schwerer Alkoholiker war und ihrer Tochter. Sowohl sie als auch ihr Mann hatten Liebhaber, doch wollte weder er noch sie die Scheidung. *Marly* begann ihre Entwicklung zu einem Umbanda-Medium als sie 32 Jahre alt war. Ihr erstes Erlebnis hatte sie am 1. Januar nach dem Fest der Göttin *Iemaja*, als sie wie tausende andere Brasilianer am rituellen Bad am Strand teilnahm, wo viele in Trance fallen. Als *Marly* heimkehrte, erzählte ihr die Familie, daß sie Gänsehaut bekommen hätte und daß sie hin und her gehüpft sei und die Namen von *Orixas* gerufen hätte. *Marly* konnte sich an nichts erinnern. Ihre Familie holte einen Psychiater, der für zwei Wochen eine Schlaftherapie mit ihr durchführte. Da die Familie das Verhalten von *Marly* als ein Zeichen für die Entwicklung zum Medium interpretierte, brachte sie sie zu einem

Nachbarn, einem umbandistischen Medium, den sie danach regelmäßig aufsuchte. *Marly* begann auch *Kardec*ianische und orientalische Philosophien zu studieren, die ihr befriedigende Erklärungen für ihr Verhalten liefern konnten. Während der folgenden zehn Jahre fühlte sie sich wohl. Kurz bevor sie *Akstein* aufsuchte, fing sie an, inner- und außerhalb von Kultanlässen mystische Visionen zu haben. Ihre Familie brachte sie zu einem *Kardec*istischen Zentrum, wo sie eine so erschreckende Vision hatte, daß sie sich entschloß, nie dorthin zurückzukehren. *Akstein* behandelte sie mit Antidepressiva, progressiver Entspannung und anderen hypnotischen Techniken. Sie war kein gutes hypnotisches Subjekt und *Akstein* fand das ungewöhnlich, weil Medien in den meisten Fällen leicht zu hypnotisieren sind. Aus diesem Grund vermutete *Akstein* eine durch sozioreligiöse Praktiken maskierte Schizophrenie. *Marly* geriet in eine Krise und ihr Liebhaber begleitete sie zur Therapie, beängstigt durch ihre Visionen und die wiederholten Depersonalisationen auf der Straße und zu Hause. *Marly* gab allmählich allen Ereignissen eine mystische Interpretation. Sie hatte Gedächtnisprobleme, sie verdächtigte alle Leute, daß sie ihr etwas antun wollten und sie war nicht fähig, während der Therapie auf *Akstein*s Fragen zu antworten. Zu diesem Zeitpunkt verschrieb *Akstein* antipsychotische Medikamente, worauf sich *Marly*s Zustand wesentlich verbesserte. Sie ist aufgeweckt, aktiv und nimmt ihren Beruf als Ernährungsspezialistin wieder auf. *Akstein* sieht sie weiterhin einmal monatlich und *Marly* spricht immer noch über ihre unbefriedigende Ehe mit ihm. Weder sie noch *Akstein* sehen jedoch eine gangbare Alternative für sie. *Marly* hatte aus eigener Initiative aufgehört spiritistische Zentren aufzusuchen, doch nun, da sie symptomfrei war, schlug ihr *Akstein* vor, in ein spiritistisches Zentrum zu gehen um zu sehen, ob sie irgendwelche medialen Symptome erlebt. Er glaubt jedoch, daß ihre früheren Visionen pathologische Halluzinationen in sozialreligiöser Maskierung waren und lediglich von ihrer Familie und ihren Freunden als mediale Phänomene interpretiert wurden.

Fall 2: Ricardo

Ricardo, 22 Jahre alt, zeigte stark zwanghaftes Verhalten, bekreuzigte sich beispielsweise unaufhörlich im Bus und auf der Straße, was seine Familie, die ihn zu Dr. *Akstein* begleitete, sehr peinlich berührte. Seine Mutter berichtete, daß er unfähig war, seine Urination zu kontrollieren. Er verweigerte jeden sozialen Kontakt und jegliche sportliche Betätigung, die ihm früher Spaß gemacht hatte, und pflegte sich in sein Zimmer zurückzuziehen, die Tür abzuschließen und sich auf den Boden zu legen. Ausgelöst wurde diese Krise durch die Tatsache, daß er nicht in das College seiner Wahl aufgenommen wurde. Trotz allem brachte er es fertig, weiterhin einen Maschinenschreibkurs zu besuchen, der ihm einige Abwechslung brachte. Auf Empfehlung eines Nachbarn, der sein Verhalten als durch Geistwesen verursacht interpretierte, begann er zur gleichen Zeit, als er die psychiatrische Behandlung aufnahm, zweimal wöchentlich ein *Kardec*istisch-umbandistisches Zentrum zu besuchen. *Ricardo* sah keinen Widerspruch darin, diese beiden Systeme nebeneinander zu benutzen. Er glaubte, daß seine Krankheit durch ein Geistwesen verursacht sei, welches seinen Kopf beschädigt habe und daß er deshalb einen Psychiater brauche, der seinen Kopf heile. Durch Medikamente und Psychotherapie erholte sich *Ricardo*. Weil er Hypnose mit übernatürlicher Kontrolle assoziierte, fiel er nie in Trance. Er hat sein soziales Leben wieder aufgenommen und ein neues Interesse an Sport und Studien gefunden. Weiterhin besucht er das spiritistische Zentrum einmal pro Woche für spiritistische Sitzungen. *Akstein* hatte intensive kultische Betätigung nicht befürwortet, da er glaubte, daß der Patient einfach sein zwanghaftes Verhalten durch die spiritistischen Rituale substituieren würde. *Ricardo* und seine Familie schreiben die Besserung seines psychischen Zustandes jedoch weit eher seiner Teilnahme an den spiritistischen Sitzungen und Ritualen zu als der psychiatrischen Behandlung.

Fall 3: Gladis

Gladis ist eine attraktive, 39jährige, verheiratete Frau, die als Symptome Schwindel, Übelkeit und Angst zeigt, ihre Wohnung allein zu verlassen. Sie wurde deshalb immer von ihrem Mann *Fernando* oder von ihrer 12jährigen Tochter *Sonia* begleitet. Nach Konsultationen vieler Spezialisten erklärte sie sich einverstanden, einen Psychiater aufzusuchen. Mit Widerwillen jedoch, denn sie glaubte nicht daran, daß ihre Symptome psychische Ursachen hätten. *Gladis* war ein umbandistisches Medium. Sie trug 21 Silberreifen am Arm und sprach über die Rituale, die sie täglich zum Schutze ihrer eigenen Person und ihrer Familie durchführte. Bei Beginn der Therapie erklärte sie jedoch, ihr indianischer Führer hätte ihr geraten, ihre Vollzeitbeschäftigung als Medium, der sie in ihrem eigenen Hause nachgegangen war, aufzugeben. Sie pflegte ganze Nächte hindurch eine große Klientschaft zu bedienen, was sehr ermüdend war. Abgesehen von ihrer Benommenheit äußerte sie als einziges anderes Problem ihre Feindschaft gegenüber ihrer Mutter, die auf der anderen Straßenseite wohnte und von ihrem Fenster aus *Gladis* Leben überwachte. *Gladis* zeigte ein sehr scheues, zaghaftes Verhalten und schien sich ganz ihrem Mann unterzuordnen, der sie immer zur Therapie begleitete. Ihrer Tochter gegenüber zeigte sie wenig Disziplin, *Sonia* war ein verwöhntes, hyperaktives Kind, das dauernd die Therapiesitzungen unterbrach. *Akstein* behandelte *Gladis* mit Medikamenten, Psychotherapie, Entspannung und Desensitisations-Techniken. Sie erholte sich, aber ihre Benommenheit und die Straßenphobie verschwanden nicht. Er begann sie zu ermutigen, zu ihrer Arbeit als Medium zurückzukehren. Während einer Sitzung, als er sie im Scherz im Kreise herumdrehte, eine typische Tranceinduktionstechnik wie sie in umbandistischen Zentren verwendet wird, fiel *Gladis* in eine mediale Trance, was sie nie vorher während anderen hypnotischen Induktionen getan hatte. Während der folgenden 13 Sitzungen, die auf Band aufgenommen wurden, war *Gladis* von elf der 27 Geistwesen, zu denen sie in Kontakt steht, besessen. *Akstein* unterhielt sich mit ihren starken, aggressiven, indianischen Caboclo-Führern und bat sie, ihm beizustehen und ihrem Pferd (cavalo) zu helfen, da sie eine sehr sensible Frau sei. Er beschwor die Geistwesen, sie zu beschützen wenn sie auf die Straße gehe und schlug ihnen vor, daß sie eine Kette bilden und zusammenarbeiten sollten, um *Gladis* Benommenheit zum Verschwinden zu bringen. *Akstein* akzeptierte respektvoll die rituellen Vorschriften der Führer und hatte eine Zigarre bereit für den Caboclo, um sich selbst, *Fernando* und *Sonia* zu reinigen. Der Caboclo erklärte *Fernando*, der als Hilfskraft fungierte, wie er sich gegenüber *Gladis* zu benehmen habe und schlug ihn sogar auf die Stirn, wobei er ihm dafür Vorwürfe machte, daß er sie zu wenig aufmerksam behandle. Der Caboclo sagte auch *Sonia*, daß sie in der Schule arbeiten solle und folgsam sein müsse. Auch sie zeigte Respekt für diesen Führer und akzeptierte die Disziplinierung von ihm. *Gladis* schien sich von der Trance zu erholen, wurde dann aber von einem ihrer Exu-Führer besessen. Sie fluchte, trank Rum, versuchte den Arzt zu verführen und brachte ihr sexuelles Verlangen zum Ausdruck. Außerdem wurde sie auch von einem Kindwesen besessen, welches sie dazu brachte, zu hüpfen, Süßigkeiten zu essen, Kindersprache zu sprechen und sich wie ein Kind behandeln zu lassen. *Akstein* bat diese Geistwesen um ihre Unterstützung in *Gladis* Fall.

Diskussion

Wenn Psychiater spirituelle Sprache und Besessenheitstrance benutzen, betrachten die nicht spiritistischen ärztlichen Fachleute dies oft als unethisch. Das ist bedauerlich, denn solche Vorurteile verhindern, daß man eine der wichtigsten Ressourcen des Patienten nutzt, nämlich seine Fähigkeit, in Trance zu fallen. *Akstein*, ein ausgebildeter Hypnotherapeut, der sich seit mehr als 25 Jahren mit der rituellen Trance beschäftigt, hat mit diesen Fällen gezeigt, daß Hypnose eine zusätzliche Möglichkeit bietet,

1. eine adäquatere Diagnose zu stellen,
2. Kriterien für eine Verweisung auf das informelle System zu entwickeln und
3. angemessenere Behandlungstechniken zu entwickeln.

1. Hypnose als Hilfe zur Unterscheidung zwischen pathogenetischen und pathoplastischen Störungen

Mystische Halluzinationen sind Schlüsselsymptome der Schizophrenie. Im lateinamerikanisch-katholischen Bezugssystem jedoch sind Halluzinationen etwas Wertvolles und werden dadurch belohnt, daß dem halluzinierenden Individuum innerhalb einer Kultgruppe die sehr ehrenvolle Rolle eines Mediums zugewiesen wird. Angesichts dieser Tatsache stellt sich den Psychiatern das Problem, pathologische

Halluzinationen von kulturell akzeptiertem Verhalten zu unterscheiden. Sowohl *Marly* als auch *Gladis* berichteten, daß sie Medien wären. Um festzustellen, ob sie tatsächlich Medien waren oder ob nicht doch ein Fall von Schizophrenie vorlag, überprüfte *Akstein*, ob die Patientinnen in Trance gerieten oder nicht. Folgende Hinweise ließen ihn vermuten, daß sich bei *Marly* hinter dem sozio-religiösen Erscheinungsbild eine Psychose verbarg. Entgegen *Aksteins* Erfahrungen mit anderen Fällen beklagte sich *Marly* darüber, daß sie sich nach Trancezuständen in den spiritistischen Zentren schlecht fühle. *Gladis* hingegen fiel leicht in hypnotische wie auch mediale Trance und fühlte sich danach wohl. *Marly* fiel während *Aksteins* Therapie nie in eine mediale Trance. Die Hypnose überwindet die Barriere des Bewußtseins und läßt das wahre Selbst zutage treten. Wenn ein Patient also ein Medium ist und trotz wiederholter, mit der rituellen Erfahrung verknüpften Stimuli nicht in Trance fällt, kann dies als Hinweis dafür betrachtet werden, daß es sich um pathologisches und nicht um kulturell konditioniertes Verhalten handelt.

Ich möchte betonen, daß hypnotische Techniken wie progressive Entspannung und Desensitisierung einer Phobie nicht mit übernatürlichen Phänomenen verwechselt wurden, auch nicht von Medien. Patienten, die an Spiritismus glauben, können allerdings wie *Ricardo* einen Widerstand gegen die Hypnose entwickeln, weil sie sie mit einer übernatürlichen Kontrolle in Verbindung bringen.

2. Die Entwicklung von Kriterien bezüglich der Verweisung an das informelle System

Die Meinungen gehen darüber auseinander, ob psychotische Patienten von Spiritismus und Hypnose profitieren können oder nicht. *Brody* (1973) z.B. berichtet, daß die nicht-medizinische Behandlung lediglich zu einer Verzögerung der psychiatrischen Behandlung führe und damit zu einer chronischen Erkrankung. Untersuchungen über den günstigen Einfluss, den die Beteiligung an Riten auf die verschiedenen Stadien einer Krankheit haben könnte, liegen nicht vor. Hingegen gibt es eine reiche Literatur zur Verwendung der Hypnose bei psychotischen Patienten (*Erickson*, 1967, 1970).

Wie wir weiter oben gesehen haben, ermunterte *Akstein* im Fall von *Gladis* zu einer Teilnahme an spiritistischen Sitzungen, empfahl ihr aber eine zeitliche Beschränkung, um ein Wiederauftreten der Müdigkeit zu vermeiden, unter der sie gelitten hatte, bevor sie ihre Arbeit als Medium aufgab. Es scheint, daß eine Teilnahme an spiritistischen Sitzungen nur auf Medien einen günstigen Einfluß hat. Im Fall von *Ricardo*, einer zwangsneurotischen Persönlichkeit, riet *Akstein* von einer Teilnahme an Kultveranstaltungen ab, da er glaubte, daß *Ricardo* sein gegebenes Verhalten gegen spirituelle Rituale austauschen würde. Da aber *Ricardo* und seine Familie an Spiritismus glauben, konnte *Akstein* ihm die Teilnahme nicht einfach verbieten und kam zur Überzeugung, daß der Patient in Krisenzeiten dort im Rahmen einer Sprache, die er verstand, einige Unterstützung finden konnte. In *Marlys* Fall glaubt *Akstein*, daß von einer Teilnahme nicht abgeraten werden muß, wenn die Krankheit nicht in einem kritischen Stadium ist und innerhalb des Kultes aufgefangen werden kann. In bezug auf *Marly* offeriert *Akstein* zwei mögliche Hypothesen. Entweder ging es ihr, nachdem sie nicht mehr an den Kultsitzungen teilnahm, deshalb schlechter, weil sie ihre Symptome nicht länger in einem sozio-kulturell akzeptablen Milieu kanalisieren konnte oder aber sie geriet in ein schwereres Stadium ihrer Krankheit. Die beschriebenen Fälle sind allerdings, dies muß hier betont werden, nicht repräsentativ, da die meisten Leute, die spiritistische Zentren aufsuchen, niemals einen Psychiater konsultieren. Diese Fälle klinischer Hypnotherapie bieten eine ausgezeichnete Möglichkeit, Kriterien für die Indikation einer nichtmedizinischen Behandlung zu entwickeln.

3. Hypnose erlaubt die Verwendung adäquaterer Behandlungsmethoden bei spiritistischen Patienten

Lessa und *Rubim de Pinho* (1971) schreiben:

„Our experience has shown us that conventional medical treatments do not lead to positive results when the patient has magical religious manifestations of desease like trances, ecstasies, incarnations, and other ‚spirit manifestations'."

Im Fall von *Gladis* bediente sich *Akstein* der medialen Trance, um verstärkende Suggestionen geben, mehr über seine Patienten erfahren und alle Facetten ihrer Persönlichkeit mobilisieren zu können.

Diesen Prozeß habe ich an anderer Stelle (*Richeport*, 1975a) als „mazeway resynthesis" analysiert. In der Trance bewegt sich das Individuum auf verschiedenen Bewußtseinsebenen, umgeht dabei bewußte und gewohnheitsmäßige Assoziationsmuster und erreicht auf diese Weise eine neue Form des Lernens. Die Übernahme alternierender Rollen wird als Möglichkeit erlebt, das Problemlösen auf einer symbolischen Ebene zu üben. Der kreative Prozeß, in dem das Unbewußte seine eigenen Lösungen schafft, übernimmt dabei die Rolle des Materials zwischen Medium und Führer. Diese Lösungen werden oft in Form symbolischer Handlungen gefunden, die danach auf die Wirklichkeit übertragen werden. Unsere Analyse der Bandaufnahmen stützt diese Interpretation.

Wir fanden, daß viele der Verhaltensweisen, die *Gladis* zuerst unter Trance zeigte – Stärke, Aggressivität, weibliche Emanzipation, Freiheit im Ausdruck –, später auch in Sitzungen ohne Trance auftraten und dann in ihr Alltagsleben übertragen wurden. Sie war fähig, sich stark genug zu fühlen, um alleine aus dem Haus zu gehen, um ihre Unzufriedenheit mit ihrem Ehemann auszudrücken, um ihre Tochter zu disziplinieren und um zu erkennen, daß ihr Schwindel und ihre Benommenheit mit ihrer Phobie in Zusammenhang standen. Indem er der medialen Trance im klinischen Rahmen Raum ließ, gelang es *Akstein*, eine wichtige Erfahrung im Leben der Patientin zu nutzen und den Dialog mit ihren alternierenden Persönlichkeitsanteilen aufzunehmen und so eine Verhaltensänderung einzuleiten.

In ähnlicher Weise benutzen Hypnotherapeuten aktive Imagination, geführte Phantasien, Hypnosynthese, bewußtes Träumen, Proben und andere Techniken um eine Persönlichkeitsveränderung und Psychosynthese zu kultivieren (*Desoille*, 1938; *Jung*, 1956; *Progoff*, 1963; *Assaglioli*, 1965; *Conn*, 1966; *Levitsky*, 1966; *Erickson*, 1967, 1970; *Haley*, 1967, 1973; *Leuner*, 1969; *Alexander*, 1971; *Rossi*, 1972; *Berwick* und *Douglas*, 1977). Hypnotisch induzierte Halluzinationen stehen in Analogie zur medialen Trance, obwohl mit letzterer auch eine Reihe ritueller

Handlungen verbunden sind, welche die persönliche Entwicklung fördern und die Möglichkeit bieten, in der Gesellschaft eine angesehene Rolle einzunehmen. Für spiritistische Patienten kann die Hypnose deshalb als Bindeglied zwischen den spiritistischen Erfahrungen und der Kommunikation in der Therapie wirken. Ein geschickter Hypnotherapeut wie *Akstein* arrangiert die Situation so, daß der Patient möglichst leicht Zugang findet zu seinen eigenen inneren Assoziationen und geistigen Fähigkeiten, die oft in der rituellen Trance zum Ausdruck kommen.

Mein aufrichtiger Dank gilt *David Akstein*, der diese Studie ermöglichte und mir mit seiner Geduld und seinem Wissen hilfreich zur Seite stand.

Literatur

Alexander, L.: Hypnotically induced hallucinations. Diseases of the Nervous System 32 (1971) 89–94

Akstein, D.: Alguns interessantes aspectos eticos, medicolegais e religiosos da Hipnose. I e II. Revista Brasileira de Medicina 29 (1972) 638–642

Akstein, D.: Hipnologia, Bd 1. Hypnos, Rio de Janeiro 1973

Akstein, D.: Psychosocial perspectives of the application of terpsichoretrancetherapy. Psychopathologie Africaine 10 (1974) 121–129

Akstein, D.: Socio-cultural basis of terpsichoretrancetherapy. Journal of the American Society of Clinical Hypnosis 19 (1977) 221–225

Assaglioli, R.: Psychosynthesis. Viking Press, New York 1965

Bandler, R., Grinder, J.: Patterns of hypnotic techniques of *Milton H. Erickson*, M. D., Vol. 1. Meta Publications, Cupertino, California 1977

Bandler, R., Grinder, J. de Lozier, J.: Patterns of hypnotic techniques of *Milton H. Erickson*, M. D., Vol. 2. Meta Publications, Cupertino, California 1977

Bastide, R.: Le Candomblé de Bahia (rite Nagô). Mouton, Paris 1958

Bateson, G.: Steps to an ecology of the mind. Ballantine Books, New York 1972

Berwick, P., Douglas, R.: Hypnosis, exorcism and healing: A case report. American Journal of Clinical Hypnosis 20 (1977) 146–148

Bourguignon, E. (ed.): Religion, altered states of consciousness and social change. Ohio State University Press, Columbus, Ohio 1973

Brody, E. with the collaboration of *Lopes, J.L., Cunha, J.A., Penna, M.W., Correa, R.A., Bisker, J., Ampares de Dante, M., de Marques, L.:* The lost ones. Social forces and mental illness in Rio de Janeiro. International University Press, New York 1973

Carneiro, E.: Candombles da Bahia. Editora Civilizacao Brasilia, Rio de Janeiro 1970

Conn, J.: Hypnosynthesis. American Journal of Clinical Hypnosis 13 (1966) 208–221

Desoille, R.: Exploration de l'affectivité subsconsciente par la méthode du rêve éveillé. D'Artrey, Paris 1938

Erickson, M.H.: The use of symptoms as an integral part of hypnotherapy. p. 500–509 in: *Haley, J.* (1967)

Erickson, M.H.: Hypnosis: Its renascence as a treatment modality. American Journal of Clinical Hypnosis 13 (1970) 71–89

Erickson, M.H., Rossi, E., Rossi, S.: Hypnotic realities: The induction of clinical hypnosis and forms of indirect suggestion. Irvington, New York 1976

Fischer, R.: A cartography of ecstatic and meditative states. Science 174 (1971) 897–904

Goodman, F.: The effect of trance on memory content. Paper presented at the Annual Meeting of the American Anthropological Society, Mexico City 1974

Haley, J.: Strategies of psychotherapy. Grune and Stratton, New York 1963

Haley, J.: Advanced techniques of hypnosis and therapy: Selected papers of *Milton H. Erickson*, M.D. Grune and Stratton, New York 1967

Haley, J.: Uncommon therapy: The psychiatric techniques of *Milton H. Erickson*, M.D. Norton, New York 1973

Jung, C.G.: Active imagination. Two essays in analytical psychology. The World Publishing Co., New York 1956

Kardec, A.: El libro de los mediums: Guia de los mediums y los evocadores. Editorial Constancia, Buenos Aires 1942

Kardec, A.: The spirits book. Amapse-Society, Mexico 1967

Lessa, L., Rubim de Pinho, A.: Afro-Brazilian mystique and mental disease. Paper presented at the World Congress of Psychiatry, Mexico City 1971

Leuner H.: Guided affective imagery (GAI): A method of intensive psychotherapy. American Journal of Psychotherapy 23 (1969) 4–21

Levitsky, A.: The constructive realistic fantasy. American Journal of Clinical Hypnosis 9 (1966) 52–55

Machado Lomba, L.: Persönliche Mitteilung, o.J.

Manzanero, H.: Articulación de los sistemas formal y informal de salud y la participación de la comunidad en la primera area IV Region de Salud, Caruaru, Pernambuco. Consultor OPS, OMS, 29 de junio – 6 de agosto 1976

Mongruel, J.: O hipnotismo medico e tambem uma forma de reflexoterapia combinada a sugestão. Hora Médica. Rio de Janeiro, October 1944

Mongruel, J.: O ,transe' de personaficação verbal e a hipotese da ,psicautonomia'. Anais do Primer Congresso Interamericano de Medicina 1 (1947) 215–219

Monteiro, A.R.C.: Transes Estáticos: Mecanismo neurofisiológico e correlação com o aparelho vestibular (I). Revista Brasileira de Medicina 30 (1973a) 18–27

Monteiro, A.R.C.: Transes Cinéticos: Mecanismo neurofisiológico e correlação com o aparelho vestibular (II). Revista Brasileira de Medicina 30 (1973b) 133–142

Pressel, E.: Umbanda in São Paulo: Religious innovation in a developing society. p. 264–318 in: *Bourguignon, E.* (1973)

Progoff, I.: The symbolic and the real. Julian Press, New York 1963

Richeport, M.: Becoming a medium: The role of trance in Puerto Rican spiritism as an avenue to mazeway resynthesis. University Microfilms, Ann Arbor, Michigan 1975a

Richeport, M.: The psychiatrist as a culture broker: The psychiatric techniques of *Hilton L. Lopez*, M.D. Escuela de Salud Pública, San Juan, Puerto Rico 1975b

Richeport, M.: Report on the strategies for integrating formal and informal mental health resources in Brazil. Consultant Paho-WHO, Brasilia, 12 Sept.–12. Dec. 1977

Rossi, E.: Dreams and the growth of the personality. Pergamon Press, New York 1972

Rubim de Pinho, A.: Tratamentos religiosas das doencas mentais (algumas caracteristicas no meio baino). Hospital das Clinicas da Faculdade de Medicina da Universidade de São Paulo 4 (1975) 4

Tolman, E.C.: Collected papers in psychology. University of California Press, Berkeley, California 1951

Velho, Y.: Guerra de Orixas: Um estudo de ritual e conflito. Zahar Editores, Rio de Janeiro 1975

2.5 Heilen mittels Meditation und Yoga in Asien – Die Bedeutung einer alten Kunst für die moderne Zeit

G.S. Hehr

Zusammenfassung

Yoga oder Meditationstherapie ist in Asien seit alter Zeit bekannt, aber das therapeutische Potential wurde durch die subjektive Natur der yogischen Erfahrung oft nicht beachtet. Auch hielt man es für unzugänglich für objektive Erforschung. Der Fortschritt der Wissenschaft ermöglichte aber ein objektivierendes und analytisches Studium einiger Aspekte von Yoga. Yoga scheint bedeutungsvoll für Heilen und Gesundheit, ist einfach anzuwenden, hat einen weiten Anwendungsbereich und die Ergebnisse seiner Anwendung scheinen günstig zu sein. Eine Interpretation der Yoga-Effekte im Sinne der modernen Neurowissenschaften erscheint plausibel.

Einleitung

Yoga-Therapie ist seit Jahrtausenden in Asien bekannt und praktiziert, auch wenn es als Therapie im Grunde genommen von wenigen angewandt wurde. Das Bekanntwerden und die Praxis von Yoga im Westen ist vergleichsweise sehr jung. *M'Gregor* (1846) berichtete, daß ein Yogi vierzig Tage lang ohne Nahrung und Wasser blieb. Aus verschiedenen Gründen blieben aber solche Berichte ohne besondere Beachtung:

1. *M'Gregor*, Militärarzt, bemerkte selbst: „Es war unmöglich, solche Erscheinungen aufgrund physiologischer Prinzipien zu erklären", was nicht zur weiteren Beforschung beitrug.

2. Die europäischen Siegermächte in Asien achteten das Wissen der von ihnen Besiegten für gering. So waren z.B. für *M'Gregor* solche Darstellungen (wie Yoga) „vergebliche Versuche der Eingeborenen, ihre Überlegenheit über Europäer zu zeigen". *Macaulay* demonstriert diese Einstellung mit dem Spruch: „Ein einziges Büchergestell einer guten europäischen Bibliothek wiegt den ganzen Wert der einheimischen Literatur von Indien auf" (zitiert nach *Chhabra*, 1977).

3. Ein weiterer Punkt, der die Erforschung von Yoga erschwert, ist der: Alle yogische Erfahrung ist subjektiv. Yoga verwendet die Sprache ganz anders als die Wissenschaft. Bilder, Parabeln, Allegorien und Metaphern sind frei verwendet; die meiste Yoga-Literatur ist in einer dem Europäer kaum zugänglichen klassischen Sprache verfaßt. Das macht Yoga für westliche Menschen schwer durchschaubar und unzugänglich.

4. *Baynes* (1931) formulierte: „Die eingeborene Unwissenheit der westlichen Menschen und ihr Mißtrauen gegenüber der Welt der inneren Erfahrung bildet das hauptsächliche Vorurteil gegenüber der Anerkennung östlicher Weisheit."

5. Ein weiteres Hindernis, sich wissenschaftlich mit Yoga zu befassen, liegt in dem Vorurteil vieler Wissenschaftler gegen alles, was dem Bereich der Religion angehört.

6. So wundert es nicht, daß wir Äußerungen hören wie die folgende: „Therapie ist nicht das Gebiet von Yoga" (*Kuvalayanand* und *Vinekar*, 1971). „Erlösung ist das primäre Ziel von Yoga" (*U Ba Khin*, zitiert nach *Goenka*, 1982–1984). „Die Zugänglichkeit des wissenschaftlichen Ansatzes für Yoga ist fraglich" (*Chhina* und *Singh*, 1976). „Die Methoden und Ziele von Meditation und Wissenschaft gehen weit auseinander" (*Mahathera*, 1982). Auch die Meinung, daß man Yoga nur von einem Guru lernen könne (*Sharma*, 1977), machte den Yoga für manche schwer zugänglich. Guru ist ein spiritueller Lehrer und Führer. Viele glauben, Yoga sei für weltabgeschiedene, gar verschrobene oder leichtgläubige Menschen.

Allerdings ist in den letzten Jahren ein bedeutender Aufschwung des Interesses an Yoga-Therapie zu verzeichnen. Faktoren, die dazu beigetragen haben, sind die folgenden:

a) Weit verbreitet sind die Werke von *Vivekananda* (1914), *Rele* (1927), *Behanan* (1937) und *Aurobindo* (1971). Die Fortschritte der Physiologie und Psychologie machten es möglich, objektive Korrelate der Effekte von Yoga zu studieren. Viele Intellektuelle und Wissenschaftler wandten ihr Interesse dem Yoga zu, als Forschungsergebnisse zu Beginn des Jahrhunderts, besonders in Lonavala, präsentiert wurden. Eine Zeitschrift namens „Yoga-Mimansa" wird dort seit 1924 publiziert. Die Arbeiten aus dieser Zeitschrift werden als gesammelte Werke von *Digambar* (1975) herausgegeben.

b) Psychosomatische Effekte wurden schon lange vermutet (*Black*, 1969). Die *Pavlov*sche Schule (*Bykov*, 1959) hat auf die Regulation aller Körperprozesse durch die Aktivitäten des zentralen Nervensystems und damit auch mentaler Funktionen hingewiesen. Die Homöostase des Körpers hängt von einem optimalen Funktionieren des zentralen Nervensystems ab (*Anand*, 1976). Pionierarbeiten von *Hans Selye* zeigten die Rolle des Streß für Gesundheit und Krankheit. Nachdem frühere Berichte gezeigt haben, daß Yoga die Funktionen des zentralen Nervensystems positiv beeinflusse (*Chhina* und *Singh*, 1976), wuchs die Hoffnung, daß Yoga helfen könnte, mit Streß zurechtzukommen und so die Gesundheit zu verbessern.

Grundlagen

Yoga meint wörtlich Einung, Anjochung. In den alten Schriften sind zwei Aspekte der menschlichen Existenz, zwei Instanzen hervorgehoben: Eine Instanz tätigt die Erfahrung, die andere ist gewissermaßen die registrierende und beobachtende Instanz (*Satvalekar*, 1939, 1940). Die Instanz von unserer Existenz, welche diese Erfahrungen registriert, beobachtet, kontrolliert, ist der oberste Regulator (*Acharya*, 1948). Diese objektivierende wissende Instanz des Selbst wurde in *Patañjalis* Yoga Sutra Yoga genannt (*Goyandka*, 1975). Entsprechend der Gita ist ein Yogi der, in welchem das Bewußtsein fest im Selbst verankert ist (*Goyandka*, 1976).

Konfuzius nannte es „Wahrnehmen und Beobachten", *Buddha* die „Schau des Herzens", *Lao-Tse* „innere Vision" (*Wilhelm*, 1979). Wenn man Yoga in diesem Sinne gebraucht, ist das Wort synonym mit Meditation, ein Terminus, welcher manche anderen Bedeutungen hat und daher in diesem Aufsatz nur wenig verwendet wird.

Das Wort Yoga gibt gewöhnlich sowohl das Ziel als auch die Mittel zur Zielerreichung an (*Kuvalayananda* und *Vinekar*, 1971). Hier wird es in der zweiten Bedeutung verwendet. Und das heißt hier: Registrieren der körpereigenen Sensationen, Wahrnehmungen, Regungen, wie durch einen Beobachter, registrierend auch die Sequenz der Ereignisse, gegenwärtig haltend die Bewußtheit dieser Beobachtung. Dies aber, ohne das Selbst zu identifizieren mit der Aktivität oder mit den Sensationen. Solche Identifikationen bringt nämlich konditionierte Antworten in der Form von Tagträumen hervor. Der Aspekt unserer Existenz, welcher zum Objekt der Beobachtung gemacht wird, heißt in der Gita „die Form von einem Selbst" (*Goyandka*, 1976) und bei *Buddha* „Vedana" (*Goenka*, 1982–1984). Es scheint, daß dies, die Übung einer Bewußtheit und Beobachtung unterhaltenden Instanz, das Wesentliche aller esoterischen Praktiken ist (*Hehr*, o.J.a.).

In allen alten Traditionen findet man Beziehungen auf das „Erkenne Dich selbst" (*Hehr*, 1983). Die beiden deutschen Ärzte *Hufeland* (zit. nach *Wilson*, 1853) und, unabhängig von ihm, *Hahnemann* (1819) haben solch eine Technik empfohlen. In neuerer Zeit haben Wissenschaftler diese Fähigkeit, sich selbst zu objektivieren (*Eccles*, 1970), erkannt und dazu bemerkt: „Obwohl ‚zu wissen, daß man weiß‘, anfänglich ein subjektives oder introspektives Kriterium ist, kann es doch durch sprachliche Kommunikation authentisch werden, indem andere Menschen diese Erfahrung der Selbsterkenntnis teilen" (*Eccles*, 1980).

Die Beziehung von Yoga zu Gesundheit: Obwohl die Anhänger von Yoga in diesem nicht primär die Bedeutung für die Gesundheit anstreben, kann doch der therapeutische Gesichtspunkt nicht von Yoga getrennt werden. Das Sanskritwort für gesund ist „Swastha", welches meint, „in sich selbst errichtet". „Swa" ist Selbst und „Stha" ist errichtet. (*Bhardwaj*, 1976; *Vishwanath*, 1984). Darum heißt es: „Swasmin tishthati iti Swastha", d.h. „eine Person, welche in ihrem Selbst verankert ist, ist gesund" (*Sharma*, 1984). Die bekannten Abhandlungen über Yoga Gheranda Samhita (*Chandra*, 1929) und Yoga Vashishata beziehen sich vielfach auf das. Ein altes chinesisches Axiom für eine esoterische Praxis ist: „Mittel gegen die Krankheit entwickeln" (*Wilhelm*, 1979).

Arten von Yoga

Die traditionelle Klassifikation von Yoga ist für den Kliniker bedeutungslos, weil sie auf philosophischen Annahmen beruht. Yogische Praktiken erhöhen entweder die Schärfe der Selbstbeobachtung oder sie machen somatische Sensationen deutlicher und so besser wahrnehmbar. Das Objekt der Beobachtung sind entweder spontan auftauchende Sensationen oder die Wahrnehmungen, welche mit bestimmten Willkürbewegungen verbunden sind. Mit diesen Überlegungen stellen wir folgende praktische Klassifikationen von Yoga vor:

Typ A: Praktiken, welche die Wachheit auf spontane Sensationen fördern, z.B. Vipassana/Vipashyana.

Typ B: Übungen, in welchen die wache Beobachtung auf Sensationen gerichtet wird, welche mit bestimmten Willkürbewegungen verbunden sind, z.B. Anapana, Bandha, Mudra, Prana-Apana-Yajna, Pranayama und Japa.

Japa nennt man die mentale Wiederholung eines Mantras, welches ein Ton oder ein Wort oder ein Satz ist. „Kyrie eleison, Christe eleison" oder „Erbarme Dich meiner" sind gute Beispiele von Japa im christlichen Kulturkreis (*Scharfetter*, 1982). Die transzendentale Meditation von *Maharishi Mahesh Yogi* ist ein anderes bekanntes Beispiel von Mantrameditation. Obwohl diese Technik ausgezeichnete Resultate erbringt, wird sie hier nicht besprochen, weil sie einen speziell ausgebildeten Führer und Lehrer erfordert, weil sie bestimmte religiöse Riten einschließt und auf ziemlich unhaltbarer Philosophie beruht. Einige Techniken dieses Typs B werden später noch behandelt.

Typ C: Aufmerksamkeit auf einige imaginierte oder suggerierte Erfahrungen wurde von verschiedenen Schulen empfohlen (*Chandra*, 1929). Diese Techniken, welche wir im Bereich der Hypnose sehen, werden hier nicht besprochen.

Typ D: Physische Übungen wie die Asana oder Yogapositionen werden hier deshalb nicht behandelt, weil sie ohne Lehrer oder audiovisuelle Hilfsmittel schlecht zu erlernen sind.

Yoga-Techniken

Techniken allgemein

Der Übende sitze ruhig in einer komfortablen Position, vermeide alle Körperbewegungen (*Goyandka*, 1975), halte die Augen geschlossen, sorge dafür, dass er allein an einem ungestörten Platz sei (*Goyandka*, 1976). Die Beobachtung ist systematisch, ohne Vorwegnahme oder fixierende Erwartung auf bestimmte Resultate, ohne Bewertung und Modifikation der Erfahrung und ohne Identifikation mit ihr. Das Ziel ist, in wachsamer Achtsamkeit und im Bewußtsein dieser Wachsamkeit zu verharren. Wenn traumartige Bilder ins Bewußtsein kommen, kehrt man zur Beobachtung dieser Sensationen zurück, ohne Anspannung und Anstrengung. Diese Übung wird zweimal täglich ausgeführt, mit leerer Blase und Magen. Jede Sitzung dauert vierzig bis sechzig Minuten. Dies so lange, bis man die Übung beherrscht.

Besondere Techniken

1. *Vipassana* ist eine spezielle Form der Beobachtung. Der ganze Körper wird sorgfältig Schritt für Schritt in Achtsamkeit registriert, wobei auch das Registrieren selbst im Bewußtsein gehalten werden soll. Während der Körperaktivität richtet sich die Achtsamkeit auf die Sensationen, die von den in Bewegung befindlichen Körperteilen kommen (*Conze*, 1975; *Nyanaponika*, 1975; *Soma*, 1975; *Goyandka*, 1976; *Sayadaw*, 1976; *Goenka*, 1982–1984). Die Fähigkeit, innere Sensationen zu beobachten, wird in dieser Praxis benützt und gleichzeitig im förderlichen Sinn entwickelt.

2. *Anapana:* Das meint Achtsamkeit auf das Atmen, entweder durch die Sensationen im Bereich der Nasenschleimhaut oder auf die Bewegungs- und Haltungssensationen, die mit der Atembewegung verbunden sind (*Conze*, 1975; *Nyanaponika*, 1975; *Soma*, 1975; *Sayadaw*, 1976; *Goenka*, 1982–1984). Wenn die Sensationen während des spontanen Atmens nicht genügend deutlich bemerkbar sind, können

sie intensiviert werden durch ein paar vertiefte Atemzüge. Wer einmal gelernt hat, die Atmung zu beachten und zu überwachen, der kann leicht herankommende emotionale Stürme wahrnehmen, weil alle emotionalen Bewegungen von einem Wechsel der respiratorischen Aktivität begleitet sind. Atemachtsamkeit hat einen beruhigenden Effekt. Allerdings richtet sich diese Übung nur auf einen beschränkten Bereich des Körpers.

3. *Bandha* und *Mudra:* Das Stadium eines voll kontrahierten Muskels wurde im gleichnishaften Bild des Knotens gefaßt, welches im Sanskrit Bandha heißt. Und die Einstellung eines Körperteils in einer bestimmten Weise nennt man Mudra. In Mul-Bandha werden die Muskeln, die den Darmausgang schließen und anheben, zusammengezogen. In Uddiyan-Bandha werden die Muskeln der vorderen Bauchwand angezogen und in Jalandhra-Bandha wird die vordere Gruppe der Muskeln des Nackens angespannt. Uddiyan-Bandha verursacht eine Höhlung im Bereich des Abdomens und in Jalandhra-Bandha wird das Kinn zum Brustbein gesenkt. In Khechari-Mudra wird die Spitze der Zunge erhoben und dann nach hinten gebogen, bis sie nahezu das Zäpfchen am Rachen berührt (*Chandra*, 1929). Diese Position wird so lange wie möglich durchgehalten. Die Aktivität in diesen Übungen und die damit ausgelösten kinästhetischen Sensationen sind der einzige Führer für ihre Ausführung. Die Beobachtung bringt diese Sensationen zum Bewußtsein. Die Effekte und Begrenzungen sind ähnlich wie die von Anapana.

4. *Prana-Apana-Yajna:* Dabei geht es um spezielle zeitliche Regulationen von Prana und Apana. Prana meint Einatmung und Apana ist die Übung von Mul-Bandha, wobei es bei beiden Übungen darauf ankommt, auf die somatischen Sensationen, die mit der Aktivität verbunden sind, achtsam zu sein. Man kann entweder beide Aktivitäten synchron ausüben oder nach der Übung der ersten bis zu ihrer maximalen Ausdehnung die andere mehrfach wiederholen (*Goyandka*, 1976). Diese Übung gibt eine sehr bedeutende Relaxation.

5. *Pranayama* ist Atmungskontrolle. Dabei wird die Aktivität entweder auf die Einatmung oder Ausatmung gelegt, ohne daß die jeweils gegenteilige Aktivität intervenieren kann. Die Übung wird so oft wiederholt, bis sie gelingt und dann wird die Atmung so lange als möglich angehalten, bis schließlich die Atmung wieder normal wird (*Chandra*, 1929; *Goyandka*, 1975). Diese Übung bewirkt in beiden Ausführungsformen intensive Körpersensationen, welche die Aufmerksamkeit auf sich ziehen. Wenn die Sensationen dann zu schwinden beginnen, folgt eine tiefe Relaxation und Euphorie.

Anwendungsbereich von Yoga als Therapie

Die Anwendung von Yoga als Therapie hängt nicht so sehr von diagnostischen Kriterien ab als von folgenden Faktoren:

a) Fähigkeit zu verstehen, zu lernen und die Übungen auszuführen. Das erfordert eine gewisse Intelligenz, Ausdauer und Bereitschaft zur anhaltenden Anstrengung. Das ist Voraussetzung für alle Techniken der Selbsthilfe.

b) Fähigkeit zur Kooperation: Ein aufgeregter, ohnmächtiger oder stuporöser Patient kann natürlich nicht Yoga üben.

c) Motivation: Eine Person ohne Einsicht in ihre Krankheit oder ohne Interesse, ihren Zustand zu ändern, wird für sich selbst nichts zu tun bereit sein.

d) Qualität und Quantität der Sensationen: Zu intensive Sensationen, wie in schweren organischen Krankheiten, machen es ebenso wie sehr schmerzhafte und ungewöhnliche Sensationen schwierig, bei den Achtsamkeitsübungen zu bleiben.

Eingedenk dieser Begrenzungen können wir Yoga-Therapie bei folgenden Problemen versuchen:

1. Streßreaktionen
2. Schreck, Angst, Zorn, Enttäuschung
3. Gram und Kummer, Liebesnot, Ärger, Heimweh, Kränkung, Eifersucht
4. Schlaflosigkeit
5. Niedergeschlagenheit
6. Neurotische Störungen
7. Psychosomatische Störungen
8. Nervosität, Spannungszustände
9. Kooperative Psychotiker
10. Suchtkranke
11. Zusatztherapie bei physischen Krankheiten

Yoga und einige neuzeitliche Therapien

In *Behaviour-Therapie und Pavlovschem Konditionieren* geht es um eine Manipulation von Umweltfaktoren, während es im Yoga um die Person selbst und direkt geht, nicht um externe Agentien. Yoga wird auch von der Person selbst geübt.

Psychoanalyse befaßt sich zwar auch direkt mit der Person, aber auf dem Wege über einen verbalen Ausdruck von allem, was der Person in den Sinn kommt (freie Assoziation). Diese freie Assoziation führt zur Analyse, Interpretation und zum Verstehen des Unbewußten. Dieser Prozeß soll diagnostisch und therapeutisch sein. Im Yoga sind somatische Sensationen das Objekt der Aufmerksamkeit.

Autogenes Training befaßt sich zwar auch mit der Person, aber hier werden bestimmte Erfahrungen suggeriert, welche einige tiefe Komplexe in symbolischer Form ans Licht bringen, mit denen man sich dann befaßt. In einigen Formen von Yoga werden solche Erfahrungen suggeriert als die Imagination einer Gottheit in einer bestimmten Form, aber das ist nicht Yoga in seiner wirklichen Essenz. Es ist unsicher, ob solche Techniken einen therapeutischen Effekt haben oder nicht und auch wie weit hier Suggestion eine Rolle spielt.

Im *Bio-Feedback* geht es um eine Manipulation von Information, geweckt durch einige Instrumente, nach dem es mit einigen somatischen Schlüsselerlebnissen assoziiert ist; dabei wird die unwillkürliche Aktivität manipuliert. Im Yoga werden die somatischen Sensationen nur beobachtet und dann sich selbst überlassen.

Auch in der *kognitiven Therapie* geht es um die Wahrnehmung somatischer Sensationen, aber dabei versucht man auf der Basis dieser Schlüsselerfahrungen zu einer Selbstmanipulation zu kommen, zum Zwecke, das gewünschte Verhalten zu generieren. Dabei versucht man eine Selbstprogrammierung auf der Basis einiger approvierter Normen, während die erzielte Antwort im Yoga genetisch programmiert ist.

Daher kann man sagen, daß in allen neuzeitlichen westlichen Techniken die Interpretation und die Manipulation eine zentrale Rolle spielen. Hingegen ist im Yoga die objektive Beobachtung der somatischen Sensationen der Kern der Praxis. Auch ist in der ersten Gruppe von Techniken die Vorwegnahme des Zieles kennzeichnend, während im Yoga die Beobachtung des Gegenwärtigen das Hauptthema ist. Daraus könnte man ableiten; Westliche Wissenschaftler sind in ihren Operationen teleologisch, während sie kausale Verbindungen explorieren und Teleologie vermeiden möchten. Die westlichen Wissenschaftler sind kausal in der Theorie, aber teleologisch in der Praxis, während die östlichen Asketen teleologisch sind in ihrer Theorie und kausal in der Praxis.

Applikation und Resultate

Zwei Weisen der Anwendung sind möglich: Die erste besteht in zweimal täglichen regulären Übungen mit dem Ziel einer allgemeinen Besserung und positiver Wirkung auf die seelische Gesundheit, zweitens ausgerichtet auf spezifische Situationen.

Die Berichte über die Effekte von Yoga orientieren sich einerseits an subjektiven Erfahrungen, während andere sich auf Experimente stützen und wieder andere auf die Beobachtungen von Veränderungen im Körper fokussieren.

Psychologische Effekte der Yogameditation, die wiederholt berichtet wurden, sind: Entspannung, Gelassenheit, Ruhe, Friede, weniger Notwendigkeit defensiver Attitüden, größere Toleranz. Die Gefühle sind harmonisiert und oft gewinnt der Übende eine heitere Ruhe. Die Fähigkeit, mit den Belastungen des Lebens umzugehen, wird verbessert (*Scharfetter*, 1978). Reduktion der Angst (*Funderburk*, 1977). Emotionale Stabilität, Reduktion von Angst, Neurotizismus, Hostilität und seelischer Erschöpfung, verbesserte Gedächtnisleistungen wurden berichtet (*Digambar*, 1975), ebenso Zunahme der intellektuellen Leistung, Verbesserung des Lernens, besseres akademisches Funktionieren (*Orme-Johnson* und *Farrow*, 1977). Nach *Verma* (1976) verbessert Yoga die Qualität des Lebens, bringt Friede und Harmonie. Es entspannt den Geist (*Chhina* und *Singh*, 1976).

Yogische Übungen, welche meditative Komponenten einschließen, beeinflussen die Homöostase und Balance der Funktionen des autonomen Nervensystems (*Anand*, 1976). *Funderburk* (1977) berichtete von einer Synchronisation der EEG-Muster und beachtlichen Veränderungen im galvanischen Hautreflex, im zirkulatorischen, respiratorischen und endokrinen System. *Orme-Johnson* und *Farrow* (1977) stellen in ihrem Sammelreferat die positiven Effekte in allen meßbaren Parametern biochemischer, physiologischer, elektrischer, psychologischer und soziometrischer Art dar. Patienten von psychiatrischen Hospitälern, unter medizinischer Therapie, welche in Meditationstechniken eingeführt werden können, können eher vom Spital entlassen werden und haben weniger Quoten von Rehospitalisation. Es ist auch zu vermuten, daß Meditation die notwendige Dosis psychotroper Medikation reduziert. Die zusätzliche Nützlichkeit von Meditation scheint unabhängig von der diagnostischen Kategorie zu sein (*Kaplan, Freedman* und *Sadock*, 1980). Es gibt viele Berichte über eine Verminderung von Drogenmißbrauch durch Meditation

(*Orme-Johnson* und *Farrow*, 1977). Auch Gewohnheitstrinker können mit der Aufnahme von meditativen Übungen eine Aversion gegen Alkohol entwickeln (*Hehr*, o.J.b).

Die Beobachtung unangenehmer somatischer Sensationen kann oft deren Störwirkung reduzieren. Störende Gedanken und Emotionen verschwinden, wenn die Körpersensationen, die zu dieser Zeit anwesend sind, zum Objekt der Achtsamkeit gemacht werden. Auch Alltagskörperfunktionen bringen mehr Befriedigung, wenn die sie begleitenden Körpersensationen Gegenstand der Achtsamkeit werden; z.B. wird das Essen lustvoller, wenn minuziös alle Sensationen bei diesem Vorgang Gegenstand der Aufmerksamkeit und Beachtung werden. Die Achtsamkeit auf begleitende Körpersensationen kann auch die Müdigkeit nach physischer Aktivität, auch Belastung durch streßvolle Lebenssituationen reduzieren. Wenn die Aufmerksamkeit der Achtsamkeit auf Schmerzen durch äußere Einwirkungen, Verletzungen oder Verbrennungen gerichtet wird, so kann der Schmerz rasch nachlassen und die Heilung rasch voranschreiten. Der wohltuende Effekt kommt schon innerhalb von zwei oder drei Minuten und wenn der Schmerz wiederkehrt, kann er in noch kürzerer Zeit gemildert werden. (*Hehr*, o.J.b).

Theoretische Überlegungen

In der Vergangenheit wurde die Yoga-Therapie nicht beachtet, weil ihre Geheimnisse mit philosophischen und mythologischen Argumenten erklärt wurden. Unabhängig davon können wir mit dem heutigen Wissen Yoga auch im wissenschaftlichen Sinne interpretieren auf der Basis einiger akzeptabler und testbarer Hypothesen.

Alle yogischen Übungen sind neurophysiologische Übungen und nichts anderes, erstens weil alle psychologischen Prozesse einschließlich der Erfahrung von Friede und Ekstase gleichzeitig neurophysiologische Prozesse sind (*Lorenz*, 1942); zweitens jede Funktion, die durch wiederholte Übung verbessert wird, muß eine physiologische sein; schließlich: Wenn irgendeine Aktivität biochemische, physiologische, elektrophysiologische Korrelate hat, wie das beim Yoga der Fall ist, kann es nichts anderes als ein physiologischer Vorgang sein.

Bewußtsein ist einerseits die offenkundigste (*Bohr*, 1971) und andererseits die geheimnisvollste unserer Hirnfunktionen. Diese einmalige Fähigkeit des menschlichen Gehirns ist wissenschaftlich schwer zugänglich (*Sperry*, 1976/77). Nach der Lehre von der biologischen Evolution konnte Bewußtsein sich nur entwickeln, wenn es der Hervorbringung biologisch wünschbarer Veränderungen im Nervensystem und folgend im Verhalten dienlich ist (*Eccles*, 1980).

Wir können uns das zentrale Nervensystem als einen Computer vorstellen, welcher genetisch programmiert ist, adaptive Antworten in einigen Subsystemen oder subordinierten Computern hervorzurufen. Bewußtsein ist eine Funktion des Gehirngewebes – der retikulären Formation des Hirnstammes und der Gehirnrinde und auch einiger anderer Teile. Bewußtsein kann auch gelenkt werden durch verbale Impulse, Gedanken und Sensationen. Bewußtsein wirkt wie ein vielen Aufgaben gerecht werdendes Koordinationssystem, welches einigen (im biologischen Sinn) bedeutungsvollen Reizen Priorität gibt, indem sie sie isoliert.

Dieser Isolationsprozeß intensiviert den Reiz, welcher dann zum übergeordneten Computer vermittelt wird. Dieser gibt nach der Verarbeitung ein geeignetes Kommando an den subordinierten Computer ab. Dabei wird ein Hintergrundprozeß angestoßen, welcher ohne weitere aktive Intervention des übergeordneten Computers und unter Regulation von Feedbacksystemen abläuft.

Der übergeordnete Computer ist im zerebralen Cortex und Cerebellum zu denken, der untergeordnete in vielen subkortikalen Abschnitten einschließlich des limbischen Systems. Diese Bemerkungen sind notwendigerweise vage, mögen aber für die folgende Überlegung helfen.

Wir müssen eine permanente physiologische Interaktion zwischen dem Gehirn und dem inneren Milieu des Körpers annehmen (*Rubin,* 1983). Die afferenten Signale werden im Cortex verarbeitet, von wo dann Einflüsse durch das limbische System und den Hirnstamm zum Hypothalamus gehen. Dieser seinerseits reguliert das autonome Nervensystem, das Immun- und das neuroendokrine System und führt so zu einer veränderten Resistenz des Körpers gegenüber Pathogenem (*Reiser,* 1983). Daß die höhere zentralnervöse Aktivität der zerebralen Hemisphären alle Körperfunktionen beeinflußt, wurde von *Rogers, Dubey* und *Reich* (1979), *Zilber* (1958), *Bykov* (1959), *Saunder* (1964), *Engel* (1977) und *Cohen, Ader, Green* und *Bovbjerg* (1979) berichtet.

Elektrische Stimulation der Substantia gelatinosa im periaqueduktialen Grau des Hirnstammes produziert eine tiefe (Naloxon-reversible) Analgesie, begleitet von einem Anstieg der endogenen Opioide im Liquor cerebrospinalis (*Schachter,* 1981). Endogene Opioide haben pharmakologische Eigenschaften, welche im allgemeinen denen der pflanzlichen Opioide parallel gehen, einschließlich Analgesie und Wohlbefinden (*Mackay,* 1979), Euphorie (*Barchas* und *Berger,* 1980) und Ruhe (*Jacquet,* 1976). Zusammenhänge zwischen endogenen Opioiden und Entzündungsreaktionen wurden von *Ferri, Arrigo-Reina, Scoto, Spadaro* und *Spadaro* (1980) untersucht.

Meditanden, welche einige Vorerfahrung mit Opium oder seinen Derivaten haben, berichten, daß der psychische Zustand, welcher durch Meditation hervorgerufen wird, sehr ähnlich dem ist, welcher durch Opium bewirkt wird. Da die subjektiven Erfahrungen unter den zwei Bedingungen sehr ähnlich sind, wird die Annahme eines gemeinsamen Mechanismus nahegelegt. Dieser Mechanismus könnte die Bindung von Opiumrezeptoren durch einen ähnlichen Liganden sein. Das wäre nur möglich, wenn endogene Opioide während der Meditation produziert würden.

Es wurde aber bisher nicht festgestellt, ob die Produktion endogener Opioide durch Meditation angeregt wird oder nicht. Grundsätzlich wäre das aber untersuchbar, indem man die Opioide im Liquor und Plasma von Meditanden mißt, indem man den Effekt von Naloxon und anderen Opiumantagonisten auf den Effekt von Meditation bestimmt und schließlich indem man beobachtet, ob D-phenyl-Alanin die meditativen Effekte akzentuiert oder nicht. Solche Experimente wurden z.B. durchgeführt, um zu studieren, ob die durch Akupunktur hervorgerufene Analgesie durch endogene Opioide bewirkt wird oder nicht (*Cheng* und *Pomeranz,* 1979; *Yang* und *Kok,* 1979; *Chung* und *Dickenson,* 1980).

Daß das Bewußtmachen somatischer Sensationen die körperliche Aktivität auf dem Wege über den Hypothalamus beeinflußt, ist durch eine Studie nahegelegt. In dieser Studie wurde beobachtet, daß Pulserhöhung und Blutdruckanstieg, wie sie durch strenge physische Übungen hervorgerufen werden, signifikant schneller normalisiert werden, wenn die beobachtende Aufmerksamkeit auf die begleitenden somatischen Sensationen gerichtet wird (*Singh*, 1984).

Dieses sind nun die Grundlagen für eine spekulative „Computer-Hypothese". Der gemeinsame Nenner der höheren zentralnervösen Aktivitäten des Bewußtseins somatischer Sensationen scheint Informationsverarbeitung zu sein – und die scheint durch Bewußtmachung beeinflußt zu werden.

Es kann vermutet werden, daß die Aufmerksamkeitsfokussierung auf ein Objekt Träumereien abkürzt und auf diese Weise ihre unerwünschten Effekte. Aber das kann die Abschwächung von körperlichen Leiden durch Meditation nicht erklären. Ein anderes Argument, nämlich daß Pranayama Veränderungen in der Gasspannung des Blutes und folgenden psychologischen Veränderungen bewirkt, ist auch nicht haltbar, weil es die Effekte anderer Praktiken nicht erklärt.

Ob nun diese Annahmen akzeptabel sind oder nicht, ob eine prüfbare Hypothese beim gegenwärtigen Stand unseres Wissens möglich ist oder nicht – einige Fakten können nicht übersehen werden: Yogische Übungen sind nichts als neurophysiologische Übungen. Bewußtsein hat eine kausale Rolle im menschlichen Leben im strikt biologischen Sinne, und Mißbrauch von Bewußtseinsfunktionen würde Dysfunktionen hervorrufen, wenn das Bewußtsein nicht geübt würde – auf diese Weise ist Meditation oder Yoga ebenso bedeutend als physische Übung.

In diesem Brückenschlag zwischen alter asiatischer Kunst und modernem westlichen wissenschaftlichen Denken sind wir vielleicht einen Schritt weiter, näher der Realisation des Wunsches von *Goethe*: Orient und Okzident sind nicht mehr zu trennen.

Literatur

Acharya, N.R.: A compilation of 120 well-known upanisads. Nirnayasagar, Bombay 1948

Anand, B.K.: Yoga and Medical Sciences. p. 5–12 in: *Kothari, D.S., Brahmachari, S.D., Joshi, K., Chhina, G.S.* (1976)

Aurobindo, S.: The Synthesis of Yoga. Aurobindo Ashram, Pondicherry 1971

Barchas, J.D., Berger, P.A.: Endogenous Opioids. Psychopharmacology Bulletin 16 (1980) 51–52

Baynes, C.F.: Translator's preface of 1931. In: *Wilhelm, R.* (1979)

Behanan, T.H.: Yoga A Scientific Evaluation. MacMillan, New York 1937

Bhardwaj, T.P.: Persönliche Mitteilung, 1976

Black, S.: Mind and Body. William Kimber, London 1969

Bohr, N.: Zitiert nach *Heisenberg, W.:* Physics ans Beyond. Allen & Unwin, London 1971

Bykov, K.: The Cerebral Cortex and the Internal Organs. Foreign Language, Moscow 1959

Chandra, R.: Gheranda Samhita. Lakshami Venkateshwar, Bombay 1929

Cheng, R.S.S., Pomeranz, B.: Electroacupuncture Analgesia. Life Sciences 25 (1979) 1957–1962

Chhabra, G.S.: Advanced Study in the History of Modern India, Vol. II. Sterling, New Delhi 1977

Chhina, G.S., Singh, B.: Whither Scientific Research on Yoga. p. 290–302 in: *Kothari, D.S., Brahmachari, S.D., Joshi, K., Chhina, G.S.* (1976)

Chung, S., Dickenson, A.: Pain enkephalin and acupuncture. Nature 283 (1980) 243–244

Cohen, N., Ader, R., Green, N., Bovbjerg, D.: Conditioned Suppression of a Thymus-Independent Antibody Response. Psychosomatic Medicine 41 (1979) 487–491

Conze, E.: Buddhist Meditation. Harper, London 1975

Costa, E., Trabucchi, M.: Neural Peptides and Neuronal Communication. Raven Press, New York 1980

Digambar, S.: Collected Papers on Yoga. Kaivalyadham, Lonavala 1975

Eccles, J.C.: Facing Reality. English University Press, London 1970

Eccles, J.C.: The Human Psyche. Springer, Berlin 1980

Engel, G.L.: The Need for a New Medical Model: A Challenge for Biomedicine. Science 196 (1977) 129–136

Ferri, S., Arrigo-Reina, R., Scoto, G., Spadaro, C., Spadaro, S.: The Role of the Opioid Peptidergic System in Body Reactivity. p. 347–351 in: *Costa, E., Trabucchi, M.* (1980)

Funderburk, J.: Science Studies Yoga. Himalayan, Glenview 1977

Goenka, S.N.: Persönliche Mitteilung, 1982–1984

Goyandka, H.K.D.: Maharishi Patañjali's Yoga Darshana. Gita Press, Gorakhpur 1975

Goyandka, J.D.: Shri Mada Bhagwata Gita. Gita Press, Gorakhpur 1976

Hahnemann, S.: Organon der Heilkunst. Arnold, Dresden 1819

Hehr, G.S.: Essence of Esoteric Practices. Unveröffentlichtes Manuskript (o.J.a)

Hehr, G.S.: Esoteric Practice in Health and Disease. Unveröffentlichtes Manuskript (o.J.b)

Hehr, G.S.: Self-awareness and homoeopathy. The British Homoeopathic Journal 72 (1983) 90–95

Jacquet, Y.F.: The C-fragment of Beta-Lipotropin. Science 195 (1976) 632–635

Kaplan, H.I., Freedman, A.M., Sadock, B.J. (eds.): Comprehensive Text Book of Psychiatry, 3. Aufl. Williams & Wilkins, Baltimore, Maryland 1980

Kothari, D.S., Brahmachardi, S.D., Joshi, K., Chhina, G.S. (eds.): Seminar on Yoga, Science and Man. Ccrimh, New Delhi 1976

Kuvalayananda, S., Vinekar, S.L.: Yogic Therapy. Ministry of Health, New Delhi 1971

Lorenz, K.: Induktive und teleologische Psychologie. Die Naturwissenschaften 30 (1942) 133–143

Mackay, A.K.: Psychiatric Implications of Endorphin Research. British Journal of Psychiatry 135 (1979) 470–473

Mahathera, N.: Persönliche Mitteilung, 1982

M'Gregor, W.L.: The History of the Sikhs. James Madden, London 1846

Nyanaponika, Mahathera: The Heart of Buddhist Meditation. Rider, London 1975

Orme-Johnson, D.W., Farrow, J.T.: Scientific Research on the Transcendental Meditation Program. Meru, Seelisberg 1977

Reiser, M.F.: The Psychophysiology of Stress and Coping. Smith, Klein & French, Bangalore 1983

Rele, V.G.: The Mysterious Kundalini. Taraporewala, Bombay 1927

Rogers, M.P., Dubey, D., Reich, P.: The Influence of the Psyche and the Brain on Immunity and Disease Susceptibility: A Critical Review. Psychosomatic Medicine 41 (1979) 147–164

Rubin, R.T.: Stress and coping: A psychoendocrine perspective. Smith, Klein & French, Bangalore 1983

Satvalekar, D.: Atharvaveda. Swadhyayamandala, Satara 1939

Saunders, J.C., Muchmore, E.: Phenothiazine Effect on Human Antibody Synthesis. British Journal of Psychiatry 110 (1964) 84–89

Sayadaw, N.: Practical Insight Meditation. Buddhist Publication Society, Kandy, Sri Lanka 1976

Schachter, M.: Enkephalins and Endorphins. British Journal of Hospital Medicine 25 (1981) 128–136

Scharfetter, C.: Meditation in Psychotherapy. Proceeding of the Seminar held at Nimhans, Bangalore. Nimhans, Bangalore 1978

Scharfetter, C.: Persönliche Mitteilung, 1982

Sharma, B.N.: Persönliche Mitteilung, 1984

Sharma, K.G.: In Search of a Guru. National, New Delhi 1977

Singh, S.S.: Persönliche Mitteilung, 1984

Soma, Thera: The Way of Mindfulness. Buddhist Publication Society, Kandy, Sri Lanka 1975

Sperry, R.W.: Changing Concepts of Consciousness and Free Will. Perspectives in Biology and Medicine 20 (1976/77) 9–19

Verma, R.M.: Yoga and Mental Health. p. 126–137 in: *Kothari, D.S., Brahmachari. S.D., Joshi, K., Chhina, G.S.* (1976)

Vishwanath: Persönliche Mitteilung, 1984

Vivekananda, S.: Raja Yoga. Udbodhan, Calcutta 1914

Wilhelm, R.: The Secret of the Golden Flower. A Chinese Book of Life. Routledge and Keagan, London 1979

Wilson, E.: Hufeland's Art of Prolonging Life. Churchill, London 1853

Yang, M.M.P., Kok, S.: Further study of the Neurohormonal Factor, Endorphin, in the Mechanism of Acupuncture Analgesia. American Journal of Chinese Medicine 7 (1979) 143–148

Zilber, L.A.: Fundamentals of Immunology. Medgiz, Moskau 1958

2.6 Heilungszeremonien in den Kulten von Umbanda (Brasilien) und Voodoo (Haiti)

E. Pressel

Zusammenfassung

Die Geistbesessenheitsregligionen Umbanda (Brasilien) und Voodoo (Haiti) enthalten beide auch Heilpraktiken. Die rituellen Aktivitäten und Geisterkonsultationen der Umbanda-Anhänger für die Behandlung persönlicher Probleme und Krankheiten enthalten bewußtseinsmanipulative und psychophysische Techniken. Die Umbanda-Ätiologie von Störungen zentriert sich auf übernatürliche Flüssigkeiten, welche infolge religiös-ethischer Verfehlung, magischer (einschließlich bösem Blick), spiritueller, karmischer Einwirkung oder unentwickelter Medialität schädlich werden. Die Umbanda-Therapie entfernt durch Geistermanipulation die schlechten Flüssigkeiten. Manche Klienten durchlaufen eine Entwicklung zum spiritistischen Medium, was ihnen zusätzliche persönliche und soziale Vorteile bringt und so wiederum heilsam ist. Trance und Besessenheit werden von Kindheit an zu induzieren und kontrollieren gelernt. – Die Voodoo-Techniken von Haiti sind teilweise denen der Umbanda-Religion vergleichbar. Beide Techniken enthalten psycho-physische Wirkelemente und fördern die biologische und psychosoziale Reintegration.

Einleitung

Umbanda (Brasilien) und Voodoo (Haiti) sind Geisterbesessenheitsreligionen, die sich z. T. auch mit Heilpraktiken befassen. Sie repräsentieren ein medizinisches System mit Denk- und Verhaltensweisen, die im westlichen Denken, das zu einer starken Betonung der Trennung von Leib und Seele neigt, auf Widerstand stoßen. In diesem Beitrag konzentriere ich mich in erster Linie auf die Umbanda-Religion, die ich während eines Jahres studiert habe. Zuerst beschreibe ich die Rituale und Geisteranrufungen, wie sie an den Umbanda-Kultstätten stattfinden. Dann skizziere ich das ätiologische System der Umbanda und zeige, wie es die Heilungen zu erklären hilft, die während der Geisteranrufungen vorkommen. Weiter gehe ich darauf ein, wie Umbandisten oft ihren Entscheid, ein spiritistisches Medium zu werden, als zusätzliche Therapie verstehen, und welche weiteren sekundären Gewinne aus dem Einverständnis, ein Medium zu werden, gezogen werden können. Zum Vierten untersuche ich kurz den Lernprozeß eines Mediums, zu dem auch die Fähigkeit gehört, in Trance zu fallen und von Geistern besessen zu werden. Da zwischen Umbanda und dem Voodoo aus Haiti einige historische und geistige Bezüge bestehen, diskutiere ich zum Schluß die Übereinstimmungen und Verschiedenheiten der Heilpraktiken.

Rituelle Aktivitäten und Geisteranrufungen in Umbanda-Zentren

In São Paulo, wo ich den größten Teil meiner Untersuchung durchgeführt habe, gibt es etwa 4 000 öffentliche Umbanda-Zentren (*Levy*, 1968). An zwei Abenden pro Woche führen die Umbandisten spiritistische Sitzungen für Heilungen und Hilfe bei persönlichen Problemen durch. Diese Sitzungen sind öffentlich, und den Standort eines Umbanda-Zentrums wird man im unverbindlichen Gespräch von sozusagen jedermann in São Paulo erfahren können. Die wöchentlichen Publikationen verschiedener Umbanda-Gesellschaften sind bei vielen Zeitschriftenverkäufern erhältlich und nennen Zeit und Ort der Umbanda-Treffen.

Beim Betreten eines Umbanda-Zentrums stellt man fest, daß der Raum in zwei Teile getrennt ist. Die Gemeinde sitzt in der hinteren Hälfte, die Männer auf der einen Seite, die Frauen auf der anderen. Die vordere Hälfte ist für die rituellen Aktivitäten der spiritistischen Medien reserviert. Auf dem Altar, den ein weißes Tuch bedeckt, stehen die Bilder von katholischen Heiligen wie auch von verschiedenen Umbanda-Geistern, toter Indianer und Afro-Brasilianer. Auf dem Altar befinden sich außerdem ein Glas Wasser als Schutz gegen schlechte Einflüsse, schöne Blumen und Kerzen. Neben dem Altar entdeckt man verschiedene afrikanische Trommeln. Um etwa halb acht Uhr abends beginnen die Leute einzutreffen und im hinteren Teil des Gebäudes miteinander zu plaudern. Je nach Größe des Zentrums sind es zwischen 30 bis 300 Personen, die hier Hilfe für verschiedene persönliche Probleme und Krankheiten suchen. In der Zwischenzeit tauschen die Medien in speziellen Umkleideräumen ihre Straßenkleidung gegen rituelle Gewänder, welche bei beiden Geschlechtern weiß und mit den Insignien des Zentrums bestickt sind. Zum Kostüm gehören außerdem mehrere Ketten aus Glasperlen verschiedener Farben und Formen, welche die Geister, von denen die Medien besessen werden, repräsentieren.

Um etwa halb neun haben sich so viele Medien vor dem Altar versammelt, daß mit der Sitzung begonnen werden kann. Je nach Zentrum sind 60 bis 75 % der Medien Frauen, wobei die Zahl der Medien üblicherweise zwischen zehn und vierzig liegt. Der Leiter des Zentrums, *mãe-de-santo* oder *pai-de-santo* genannt (Heiligenmutter oder Heiligenvater), gibt den männlichen Trommlern ein Zeichen, daß sie mit der polyrhythmischen Musik beginnen sollen. Gemeinsam singen die Gemeinde und die Medien die melodischen Lieder, wozu die Medien oft im Gegenuhrzeigersinn im heiligen vorderen Teil des Zentrums tanzen. Während etwa einer halben bis zu einer ganzen Stunde finden verschiedene Rituale statt. Es wird gesungen, getanzt und geklatscht. Dann beginnen die Medien, ihre Geister zu „rufen", indem sie sich auf deren Ankunft konzentrieren. Auch die Trommeln und die Lieder fordern die Geister auf zu kommen.

Manche Medien drehen sich unmittelbar vor dem Eintritt der Besessenheit mit größter Geschwindigkeit um ihre eigene Achse. Manchmal halten sie kurz an, während sie Kopf und Brust in einer heftigen gegenläufigen Bewegung hin und her werfen. Für die Anwesenden ist dies das Zeichen, daß das Medium von einem Geist besessen ist. In einigen wenigen Umbanda-Zentren werden VWB und Besessenheit nicht durch Trommeln oder Händeklatschen induziert, sondern durch die ruhige Konzentration auf den Zustand der Besessenheit. In jedem Fall aber verwandelt sich das Gesicht des vordem lächelnden Mediums in das Antlitz eines Geistes, welcher über die Körperbewegungen und Stimmbänder des Mediums verfügt. Ist es die Nacht der „Prêtos Velhos" (alte Schwarze), verwandelt sich das Medium in Gesichtsausdruck und Verhalten in einen alten Menschen, genauer gesagt in den Geist eines toten afrobrasilianischen Sklaven, dessen Körper durch Jahre harter Arbeit gebeugt ist. Der alte Schwarze spricht mit einer leisen und zittrigen Stimme und der Ruhe des Alters.

Es gibt zwei öffentliche Sessionen pro Woche und an der zweiten sind es die

„*Caboclos*" (Indianer), von welchen die Medien besessen werden. Bei ihrer Ankunft stoßen die *Caboclos* Schreie in einer Sprache aus, die ihre Muttersprache sein soll, und schießen einen imaginären Pfeil in die Luft.

Nach ihrer Ankunft halten die Geister für die verbleibenden zwei bis vier Stunden der Session „*consultas*" (Konsultationen) ab. Fast jedes Mitglied der Gemeinde kommt für eine individuelle Konsultation mit einem der Geister nach vorn. Thema der Konsultation kann jede denkbare Krankheit oder irgendein persönliches Problem sein. Es gibt die üblichen Schmerzen und Gebresten, Kopfweh, nervöse Spannungen, Erschöpfung wie auch „Herz"- und „Leber"-Beschwerden. Aber auch Familienstreit, Liebeskummer, Schulsorgen und Probleme mit dem Behalten oder Erhalten einer Stelle sind alle Gegenstand umbandistischer Konsultationen. Die Umbandisten behaupten, daß der Geist „*qualquer coisa*" (alles) behandeln könne.

Jedes persönliche Problem und jede Krankheit verlangt nach der individuellen Aufmerksamkeit eines Geistes und erhält sie auch. Der Geist erteilt auf die spezifische Schwierigkeit bezogene Ratschläge und rät der betroffenen Person vielleicht auch, spezielle Kräuterbäder zu nehmen oder zuhause Kerzen anzuzünden und zu einem der umbandistischen Geister um Hilfe zu beten. Bevor sich die hilfesuchende Person vom Geist verabschiedet, führt dieser ein spezielles „*passes*" genanntes Ritual durch. Dabei streicht das vom Geist besessene Medium mit der Hand über den Körper der betroffenen Person, um die schädlichen spirituellen Flüssigkeiten herauszuziehen, die für die Quelle des Übels gehalten werden. Da fast alle der Geister bzw. der Medien den Körper des Patienten berühren, stellen die „*passes*" auch eine leichte Massage dar. Nach jedem der von oben nach unten geführten Striche schüttelt der Geist seine Hände aus und schnippt mit den Fingern, um die unsichtbaren Flüssigkeiten loszuwerden. Manchmal bläst der Geist als rituelle Handlung Rauch über seinen Klienten, um ihn zusätzlich gegen die bösartigen Flüssigkeiten zu schützen, bevor er ihn wegschickt. Nach einer letzten Umarmung vom Geist kehrt die betreffende Person zu ihrem Sitzplatz zurück.

Umbanda-Ätiologie und das Konzept der geistigen Flüssigkeiten

Die oben in aller Kürze beschriebenen therapeutischen Prozeduren können z. T. auf dem Hintergrund des kulturellen Glaubenssystems der Umbanda begriffen werden, das mit den übernatürlichen Flüssigkeiten (*fluidos*) im Zusammenhang steht. Als geistige Flüssigkeiten werden spirituelle Emanationen bezeichnet, die den Körper umgeben und das Wohlbefinden beeinträchtigen. Für die geistigen Flüssigkeiten soll es drei Quellen geben:

1. Die eigene Seele.
2. Die frei umherschwebenden toten Seelen und
3. Die Seelen nahebei lebender Menschen.

Schädliche Flüssigkeiten werden oft mit einem bestimmten Typ von Geistern assoziiert, den „*Exus*". Ein von üblen Flüssigkeiten umgebendes Individuum ist kränklich und von Schwierigkeiten geplagt. Von einem gesunden, angstfreien Individuum sagt man, daß es gute Flüssigkeiten habe. Die Umbandisten kennen eine ätiologische Klassifikation der Krankheiten. *Camargo* (1961, p. 100–102) hat die folgende Liste von fünf allgemein anerkannten Krankheitsursachen aufgestellt, der ich eine sechste Kategorie, den „bösen Blick", beigefügt habe. Alle diese Ursachen spiritueller Störungen können die Flüssigkeiten einer Person in der einen oder anderen Weise beeinträchtigen.

1. Krankheit als Konsequenz religiöser Nachlässigkeit oder Ignoranz
Wenn ein Medium es verfehlt, gewissen Verpflichtungen nachzukommen, die es den verschiedenen Geistern, von denen es besessen wird, schuldet, so können Krankheiten oder andere persönliche Probleme auftreten.

2. Magische Krankheitsursachen
Gegen einen Konkurrenten in Geschäfts- oder Liebesangelegenheiten kann außerhalb des Umbanda-Kontextes schwarze Magie verübt werden. Oft führt dies zum Mißerfolg, an dem auch magische Krankheit beteiligt ist.

3. Durch Geister verursachte Störungen
Der unglückliche Geist eines Verstorbenen kann die Flüssigkeiten eines Individuums in Unruhe versetzen und dem Betreffenden Krankheit oder verschiedene Arten persönlicher Probleme bringen. In manchen Fällen will das Geistwesen am betroffenen Individuum für in einer früheren Inkarnation verübte Taten Rache nehmen. In anderen Fällen ist das Geistwesen einfach pervers und/oder ignorant und bringt das Leben eines unschuldigen Opfers durcheinander.

4. Karmische Krankheiten
Ein Geist kann in einer früheren Inkarnation ein schlechtes Leben geführt haben. Tod und Reinkarnation in einem anderen Individuum können dieser Person Prüfungen in der Form von Krankheiten und anderen Störungen auferlegen. Es wird angenommen, daß diese Schwierigkeiten eine Form der Sühne für Sünden aus dem früheren Leben darstellen.

5. Unentwickelte Medialität als Krankheitsursache
Diese Kategorie ist eine sehr allgemeine und überschneidet sich im Prinzip mit all den anderen aufgeführten Ursachen. Wenn keine andere Ursache gefunden werden kann, wird immer die unentwickelte Medialität zur Begründung herangezogen.

6. Krankheiten durch den „bösen Blick"
Wie in anderen Teilen der Welt, wo man diesen Volksglauben kennt, sind vor allem die Kinder schutzlos gegen den bösen Blick. Die Umbandisten glauben außerdem, daß auch Erwachsene mit starken angeborenen medialen Eigenschaften sehr empfänglich sind für den Einfluß des bösen Blickes.

Obwohl diese Liste das Augenmerk vor allem auf Krankheiten richtet, habe ich festgestellt, daß die Umbandisten persönliche Schwierigkeiten und Krankheiten gemeinsam unter den Begriff der „spirituellen Störungen" fassen. Ich glaube, daß sie bei der Behandlung ihrer Klienten erfolgreich sind, weil das System der Ursachen und deren Verbindung zu den Flüssigkeiten der Beziehung zwischen soziopsychologischen Problemen und physischen Krankheiten Rechnung tragen. Für die Umbandisten jedoch ist die gemeinsame zugrunde liegende Ursache eine spirituelle und nicht eine psychologische oder biologische. Zwar unterscheiden die Umbandisten auch psychische und physische Krankheiten, doch unternehmen sie normalerweise keine Anstrengung, um sie zu heilen. Hinter den psychologischen und biologischen Schwierigkeiten können immer spirituelle Probleme und Krankheiten stehen, so daß immer die Frage auftaucht, zu welchem ätiologischen System sie gehören. Wer an Kopfweh leidet und durch die Behandlung bei einem Mediziner keine Erleichterung erfährt, wird sich für übernatürliche Hilfe an einen Umbanda-Geist wenden. Umbandisten zitieren gerne Beispiele von Personen, die von Psychiatern als unheilbar entlassen wurden und später auf spirituelle Art geheilt wurden.

Bei der spirituellen Umbanda-Konsultation erfährt der Klient eine stark personalisierte Aufmerksamkeit. Der Geist hört sich die Schwierigkeiten des Patienten an, gibt praktische Ratschläge und eine Massage, die *passes,* die physisch wie psychisch beruhigt. Der symbolische und kognitive Teil der Therapie ermöglicht dem Patienten die Vorstellung, daß der Geist zumindest für den Moment die schlechten Flüssig-keiten entfernt hat. Grundsätzlich ist die Umbanda-Therapie eine Form der Ent-spannung des Patienten. Durch die Reduktion der nervösen Anspannung gewinnt der Betreffende Zeit und wird dazu motiviert, nach einer Lösung für die zwischen-menschlichen Probleme, die er mit dem Geist besprochen hat, zu suchen. Im günsti-gen Falle kann der Patient den besonderen Rat, den ihm das Geistwesen gegeben hat, in Handlung umsetzen und entsprechend mit seinen Familienmitgliedern oder seinem Arbeitgeber umgehen und seine persönlichen Schwierigkeiten bewältigen.

Zusätzliche Therapie: Die Entwicklung zum spiritistischen Medium

Die meisten Individuen, die an spirituellen Umbanda-Sitzungen teilnehmen, haben einige Mühe damit, in ihrer sozialen Umgebung zurechtzukommen. Hin und wieder haben sie akute Probleme, die anläßlich einer oder mehrerer spiritistischer Konsulta-tionen behandelt werden. Solche Patienten werden im allgemeinen nicht von Geistern besessen. Hie und da kommt es jedoch vor, daß ein wildes und ungezügeltes Geistwe-sen bei einer Umbanda-Session ganz unerwartet in einen Menschen fährt. Der Um-banda-Führer sagt dem betreffenden Geistwesen, daß es besseres Benehmen lernen muß und daß sein Medium eine Periode des *„desinvolvimento"* (der Entwicklung) braucht. Ist der Geist wieder gegangen, so wird auch dem Medium gesagt, daß er oder sie für eine weitere spirituelle Entwicklung wieder herkommen muß.

Lewis (1971) ist der Auffassung, daß sich die Besessenheit des Mediums durch den Geist in zwei Hauptphasen teilt. In der ersten Phase ist das Verhalten des Mediums charakteristischerweise unwillkürlich und unkontrolliert. Einige der Besessenheits-religionen betrachten den Geist als pathogen, und Exorzismus ist nötig. Andere Re-ligionen wie Umbanda sind bereit, das Geistwesen aufzunehmen, unterwerfen es aber zuerst einer Zähmung. In beiden Fällen wird die Besessenheit oft als eine thera-piebedürftige Krankheit betrachtet. Im Umbanda-Kult wird der Kultführer oder ein anderes erfahrenes Medium versuchen, für die spirituelle Störung eine Diagnose im Rahmen der oben zitierten sechs Kategorien zu stellen. Mit der Zeit lernt der Novize, mit verschieden Geistern, von denen er besessen wird, mehr oder weniger bewußt umzugehen. Dies entspricht *Lewis* zweiter Phase, während welcher die Besessenheit allmählich willkürlich und kontrolliert wird (*Lewis,* 1971, p. 55, 92–93, 122, 126). Die von *Lewis* verwendeten Begriffe, namentlich die „primäre" und „sekundäre" Phase der Entwicklung zum spirituellen Medium, haben Ähnlichkeit mit den von *Bourguignon* (1968) verwendeten Ausdrücken, die zwischen „negativen" und „po-sitiven" Typen der Besessenheit unterscheidet. Aufgrund meiner Beobachtungen des Verhaltens erfahrener brasilianischer Medien scheint mir jedoch, daß *Lewis* zu-viel Gewicht auf eine idealisierte Form der Entwicklung zum Medium durch zwei Phasen legt. Er übersieht die Tatsache, daß auch bei erfahrenen Medien in Streßsi-tuationen negative, unkontrollierte und unfreiwillige Besessenheit auftritt. Ich habe an anderer Stelle verschiedene Fälle dieser Art spontaner negativer Besessen-heit bei Medien diskutiert (*Pressel,* 1977). Individuen, die sich dafür entscheiden, ihre Medialität an den zweimal wöchentlich abgehaltenen öffentlichen Sitzungen weiterzuentwickeln und zu üben, tun dies aufgrund der persönlichen Vorteile, die sie damit erhalten. Die Meisterung persönlicher Schwierigkeiten ist eine Art der

Selbstbelohnung. Diese wird z.T. dadurch erreicht, daß das Medium lernt, gewisse Geistrollen, die ich im nächsten Abschnitt vorstelle, zu spielen. Außerdem wird dem Medium, das seine spirituellen Fähigkeiten auf selbstlose Weise einsetzt, um anderen zu helfen, großer Respekt entgegengebracht. Ein weiterer Anreiz ist für viele Medien wohl das soziale Leben, das die Umbanda-Zentren zu bieten haben. Für gewisse hoch geachtete Geistwesen, die „Orixás", werden spezielle Feiern abgehalten, bei denen gegessen und getrunken wird. Es gibt Ausflüge an den Strand zu Feier der Göttin *Iemanjá* und in die Wälder zur Ehrbezeugung an die *Caboclo*-Geister. Weitere besondere Anlässe sind Besuche, welche die Mitglieder des einen Umbanda-Zentrums bei anderen Zentren abstatten.

Für mehrere Frauen, mit denen ich bekannt war, bedeutete die Entwicklung zum Medium, daß sie mit dem Einverständnis ihrer Ehegatten viel Zeit außerhalb des Hauses und in der Gegenwart anderer Männer verbringen konnten. Es gibt immer die Möglichkeit, unter den Medien neue Freunde zu gewinnen, wenn man einem Umbanda-Zentrum beitritt. Zu denken ist aber auch an die eher theatralischen und ästhetischen Aspekte des Umbanda wie die speziellen rituellen Gewänder, das öffentliche Tanzen und Singen und die Aufmerksamkeit, die man genießt, während man besessen ist. Bei gelegentlichen privaten Sitzungen können die Geistwesen außerdem außerordentlich unterhaltsam sein, sowohl für ihr intimes Publikum wie für sich selbst. Mir scheint, daß alle diese Aktivitäten ein starkes Gefühl von Selbstwert und Selbstrespekt vermitteln, in einer Umgebung, die sozial und kulturell strukturiert ist und die Möglichkeit der Interaktion mit anderen Menschen bietet.

Kulturelle Konditionierung von Trance und Besessenheit

Das Besessenheitsverhalten ist, wie jede andere Form kulturellen Verhaltens, gelernt. Ich habe kleine Kinder beobachtet, die im Spiel das Hin-und-her-Werfen des Kopfes und des Oberkörpers imitierten, das die Besessenheit einleitet und beendet. Sie hatten verschiedentlich Umbanda-Zentren besucht und imitierten jetzt das Verhalten der Erwachsenen zu ihrem eigenen Vergnügen. Niemand hinderte sie in ihrem Spiel, über das sich die Erwachsenen im Gegenteil belustigt zeigten. Weder Erwachsene noch Kinder hielten dieses Verhalten für die wirkliche Besessenheit durch einen Geist, denn es fehlten die üblichen spirituellen Störungen, die oft die Besessenheit begleiten. Vor allem aber gab es keine Trance und keine Absicht des Besessenseins zum Zweck der Hilfe anderer bei der Lösung ihrer persönlichen Probleme. Von ihrer Familie hatten die Kinder nicht nur die stereotypisierten motorischen Muster gelernt, sondern auch das kulturelle Konzept der Besessenheit durch Geister.

An den Aktivitäten in den Umbanda-Zentren sind Kinder für gewöhnlich nicht beteiligt. In einem der von mir untersuchten Zentren tanzten und sangen zwei Buben mit den anderen Medien, doch wirkten sie nicht als Medien. Die Leiterin jenes Zentrums sagte mir, daß sie die Kinder zu dieser beschränkten Art der Teilnahme eingeladen hätte, weil ihr Vater die Familie verlassen habe und ihre Mutter mit der Disziplinierung ihrer Söhne nicht ganz zurechtkomme. Führten sich die Buben schlecht auf, so telefonierte ihre Mutter der Umbanda-Leiterin und erzählte ihr davon. Bei der nächsten öffentlichen Sitzung hielt der Geist, von dem die Leiterin besessen war, den Buben ihre Unfolgsamkeit vor. In einem anderen Zentrum, das ich besuchte, wurde ein zwölf Jahre altes Mädchen von Geistern besessen, die Konsultationen mit Klienten abhielten. Soweit ich beobachten konnte, hatten es ihre Geistwesen aber nie mit speziell schwierigen Problemen zu tun. Im allgemeinen gewinnt das Konzept der Besessenheit im Leben eines Individuums erst dann Bedeutung, wenn mit dem Beginn des Erwachsenenalters Familienprobleme und Arbeitsschwierigkeiten zu entstehen beginnen. Tatsächlich liegt das Alter der Mehrheit der Umbandisten in São Paulo zwischen zwanzig und vierzig Jahren.

In einigen Umbanda-Zentren gibt es in bestimmten Nächten spezielle Veranstaltungen für die Unterrichtung der Medien. Neben der einen oder anderen speziellen Umbanda-Doktrin werden den Novizen auch praktischere Dinge gelehrt wie das willentliche Rufen und Entlassen der Geister. In anderen Zentren baut der Umbanda-Führer kurze Unterrichtsphasen in die allwöchentlichen regulären öffentlichen Sitzungen ein. In jedem Fall ist es ein erfahrenes Medium, oft der Leiter, der sich darum kümmert, daß der Novize eine leichte Trance entwickelt, die offenbar einem hypnotischen Zustand ähnlich ist. Es gibt dafür verschiedene Techniken, wie z. B. den Betreffenden längere Zeit um die eigene Achse zu drehen und ihm dann schnell mit der Hand vor dem Gesicht durchzufahren und gleichzeitig mit den Fingern zu schnippen oder in die Hände zu klatschen. Polyrhythmisches Trommeln und kontinuierliches Händeklatschen kann auch dabei helfen, den veränderten Bewußtseinszustand zu induzieren. Manchmal wird auch eine ruhigere Technik der Konzentration angewandt. Der Novize fokussiert dann eine brennende Kerze.

Ist der Novize erst in einen veränderten Bewußtseinszustand eingetreten, so sagt oder zeigt der Umbanda-Führer dem „Geist" oft, wie er sich zu verhalten hat. Werden für die betreffende Sitzung „Prêto Velho"-Geister erwartet, so gibt der Umbanda-Führer dem Novizen von hinten einen Stoß, so daß sein Körper vornübergebeugt ist und der Kopf nach unten hängt. Für einen „Caboclo"-Geist ist der gegenteilige Effekt erwünscht. Dieser Geist erweckt durch sein hoch aufgerichtetes und männliches Auftreten den Eindruck von Kraft. An einem Abend konnte ich beobachten, wie gewisse Schwierigkeiten entstanden, als ein ziemlich fester Mann in mittleren Jahren in der Weise eines „Prêto Velho" vornübergebeugt war. Da „Caboclos" hätten anwesend sein sollen, beauftragte die Umbanda-Führerin zwei männliche Assistenten, den Körper des Mannes aufzurichten. Doch jedesmal, wenn sie ihre Hände wegnahmen, fiel er in die zusammengefallene Haltung zurück. Schließlich gab die Umbanda-Führerin den Versuch auf, diesen Geist zu unterrichten. Später kam der Mann eher als Klient an die Sitzungen denn als Geistmedium.

Die meisten Umbanda-Novizen lernen ohne größere Schwierigkeiten, in kontrollierter Weise besessen zu werden. Jeder Novize sollte lernen, von verschiedenen Geisttypen besessen zu werden. Alle sind Totengeister beiderlei Geschlechts. Jeder dieser Geisttypen hat seine eigenen erkennbaren Verhaltensweisen. Die „Caboclo" (brasilianische Indianer) zeigen eine etwas strenge und unnahbare Persönlichkeit. Wer sich mit einem solchen Geist auf einen Disput einläßt, wird vom „Caboclo" schnell mit Tadel bedacht. Die „Prêtos Velhos" (alte Schwarze) hingegen sind sehr sanft und umgänglich. Sie sind von einer unendlichen Geduld und Ruhe. Die „Crianças" (Kinder) sind verspielt und unschuldig. Sie hüpfen, purzeln und springen durch das Umbanda-Zentrum und bitten die Mitglieder der Gemeinde um Süßigkeiten und Getränke. Die „Exus" (oft Euro- oder Japan-Brasilianer) sind asoziale Charaktere, die es zu genießen scheinen, ihr rohes Wesen durch Flüche, unanständige Geschichten und Lieder und allgemein schlechte Manieren zu demonstrieren. Zu einer Einheit zusammengenommen scheinen mir (*Pressel,* 1974, p. 315) diese vier Geisttypen eine wohlbalancierte Persönlichkeit zu repräsentieren. Die Persönlichkeitszüge des „*Caboclo*" und des „*Prêto Velho*" sind vielleicht die nützlichsten für eine gesunde erwachsene Persönlichkeit, und es ist interessant, daß diese beiden Geister in den Umbanda-Zentren wöchentlich auftreten. Jeder von uns braucht außerdem ein bißchen von der Unschuld und der Verspieltheit eines Kindes wie auch einen ganz kleinen Anteil des Charakters eines „*Exus*". Entsprechend dem Verhältnis, den diese Anteile in einer gesunden Persönlichkeit ausmachen, sind die Medien von den beiden letzten Geisttypen seltener besessen, nur etwa einmal monatlich. Dadurch, daß einer der vier Persönlichkeitsaspekte wöchentlich im Umanda-Novizen entwickelt wird, lernt dieses das entsprechende Verhalten innerhalb des religiösen Kontextes. Das gelernte Verhalten wird dann auf das weitere soziale Leben des Mediums übertragen. So berichtete mir ein junges und ungeduldiges Medium, daß sie von ihrem „*Prêto Velho*"-Geist gelernt habe, geduldiger und ruhiger zu sein. Das Erlernen der verschiedenen Geisterrollen sowie deren Einfluß auf das tägliche Verhalten bietet eine Erklärung für die oben erwähnte Meisterung der persönlichen Schwierigkeiten.

Vergleich zwischen Heilungspraktiken in Umbanda und Voodoo

Umbanda ist eine nationale Volksreligion und entstand in den 20er Jahren, als sich in Brasilien eine stärkere nationale politisch-ökonomische und soziale Struktur entwickelte (*Pressel,* 1973). Umbanda ist offensichtlich aus den stärker afrobrasilianischen Religionen von Macumba und Candomblé hervorgegangen. Im Umbanda-Kult ist die Besessenheit durch die nigerischen Yoruba-Gottheiten, die als „*Orixás*" bekannt sind, nur von geringer Bedeutung. Im Umbanda-Kult sind zwei wichtige Konzepte integriert, die aus der spiritistischen Besessenheitsreligion stammen, die unter dem Namen „Kardecismo" bekannt ist, welche Brasilianer der Mittel- und Oberklasse vom Franzosen *Allen Kardec* übernommen haben. Diese Konzepte betreffen die spirituellen Flüssigkeiten und die Bedeutung der toten Geister. Euro-Brasilianer machen heute etwa 50 % der Umbandisten in São Paulo aus. Die Mehrheit der Umbandisten in São Paulo gehören der unteren und oberen Mittelschicht an. Umbanda hat sich im Norden bis Belém (*Leacock* und *Leacock,* 1972) und im Süden bis Pôrto Allegre (*Lerch,* 1980) ausgebreitet, als sich diese Gegenden modernisierten und stärker auf nationale denn auf regionale Kulturen ausrichteten.

Die Verbindung des Voodoo von Haiti mit seinem afrikanischen Erbe ist vielleicht stärker als bei Umbanda. *Metraux* (1972 [1959]) berichtet, daß die meisten Voodoo-Götter in „*Rada*" und „*Petro*" aufgeteilt werden. „*Rada*"-Gottheiten haben ihren Namen von der westafrikanischen Stadt Arada in Dahomey. Die Götter werden in Dahomey „*voudoun*" oder Voodoo genannt. In Haiti umfaßt der Begriff Voodoo nicht nur diese Gottheiten der Besessenheit, sondern auch die Gesamtheit der nicht aus Dahomey stammenden Rituale und Gottheiten, die „*Petro*" heißen. Sowohl in „*Rada*" als auch in „*Petro*" werden die Besessenheitsgeister „*loa*" genannt. Zu den „*Petro*"-Ritualen gehören Gottheiten von anderen Teilen Afrikas sowie einige Lokalgeister aus Haiti.

Der Voodoo-Kult ist offenbar nicht so deutlich auf Heilungsrituale ausgerichtet wie der Umbanda-Kult, wo zweimal wöchentlich öffentliche Sitzungen für individuelle Konsultationen abgehalten werden. Es scheint mir, daß die öffentlichen rituellen Aktivitäten im Voodoo näher mit dem verwandt sind, was man beim brasilianischen „Candomblé" oder „Batuque" findet (*Bastide,* 1958, 1960).

Im Voodoo stehen eher das Anbeten der Besessenheitsgötter sowie die theatralischen Aspekte im Vordergrund. Das ist nicht weiter erstaunlich, da die *„Rada"*-Gottheiten in Dahomey viele Ähnlichkeiten aufweisen mit den benachbarten nigerianischen *Orixas* der Yoruba, von denen die brasilianischen Medien in Candomblé weiterhin besessen sind.

Die Voodoo-Leiter, bekannt als *„houngan"* (Mann) und *„mambo"* (Frau) beten nicht nur ihren *„loa"* an, sondern beschäftigen sich auch mit Heilung und der Hilfestellung bei persönlichen Problemen. Ihre Funktion als Helfer nehmen sie aber offenbar eher bei individuellen privaten Sitzungen wahr, für welche die Patienten zahlen. Umbandistische Medien hingegen verlangen keine Bezahlung. Ist der Patient mit der Heilung zufrieden, so kann er dem Geist später ein kleines Blumengeschenk oder kleineres rituelles Zubehör überreichen. Manche Voodoo-Führer wenden wie die Umbandisten Kräuter an oder empfehlen dem Patienten bestimmte Arzneien oder den Besuch bei einem ausgebildeten Mediziner, wenn die Krankheit eher „natürlich" als „unnatürlich" erscheint (*Deren,* 1970).

Metraux (1972 [1959]) beschreibt ziemlich ausführlich die Heilung eines Mannes, eines kräftigen Hafenarbeiters von den Port-au-Prince-Docks. *Antoine* war plötzlich krank geworden und während mehrerer Wochen verschlechterte sich sein Zustand in alarmierender Weise. Schließlich wurde sein ausgezehrter und regloser Körper zunächst zu einem *„houngan"* gebracht, der *„envoi morts"* diagnostizierte, d. h. den Einfluß auf magische Weise gegen *Antoine* eingesetzter böser Totengeister. Trotz seines hohen Honorars blieb die Behandlung des *„houngans"* ohne Erfolg. Als *Antoine* nicht mehr schlucken konnte, brachten ihn seine Eltern zu der *„mambo"* *Lorgina.* Sie erkannte, daß drei böse Geister ausgetrieben werden müssen, und machte sich daran, dies mit Hilfe mehrerer ihrer *„loa"* zu vollbringen. *Lorgina* ließ den Körper *Antoines* in Tücher wickeln, als ob er tot wäre. Sie sprach Gebete und hielt eine Henne und einen Hahn über den Patienten, indem sie die Worte sprach: „Alles, was schlecht ist, soll herauskommen, alles, was gut ist, soll hineingehen" (*Metraux,* 1972 [1959], p. 277).

Die *„mauvais-air"* (schädliche Emanation) *Antoines* übertrug sich auf den Hahn und dieser wurde freigelassen. Danach wurde *Antoine* von der *„mambo"* u. a. heftig und wiederholt mit aggressivem „Bade"-Wasser besprizt, das halb zersetztes Grünzeug enthielt. Dieses Vorgehen sollte die bösen Geister austreiben. Als *Antoine* versuchte, sich zu bewegen, sagte ihm *Lorgina,* daß sich die Toten nun in Bewegung setzten und ihn damit plagten. Die Totentücher begannen von *Antoine* abzufallen. Als er schwach auf seinen Namen antwortete, begann ein Assistent ihn heftig zu massieren.

Der zweite Teil der Kur begann damit, daß *Antoine* in einem Graben lag und eine junge entwurzelte Bananenpalme in Händen hielt. Die vorher benützte Henne wurde wieder über seinen Körper gehalten. *Lorgina* betete zum *„loa"* um *Antoines* Leben. Die Henne, die *Antoines* Leben „zurückkaufen" sollte, wurde lebendig neben den Wurzeln der Bananenpalme am Ende der Grube eingegraben. War der

„loa" mit dem Handel einverstanden, so würde die Bananenpalme sterben, *Antoine* aber würde leben. Schließlich wurde *Antoines* Körper mit brennendem Rum eingerieben, und zwischen seinen Beinen wurden drei kleine Ladungen von Schießpulver entzündet. *Lorgina* sagte ihm, daß er so viel wie möglich ausspucken sollte. Er trank etwas Tee und sagte, er fühle sich besser. Gemäß *Metraux* (1972 [1959]) grenzte *Antoines* Heilung an ein Wunder. Er aß viel und nahm bald darauf wieder seine anstrengende Tätigkeit als Hafenarbeiter auf.

Antoines Krankheit und Heilung ist bedeutend spektakulärer als die meisten Fälle, die ich in Umbanda miterlebte. Dennoch gibt es eine Anzahl von Ähnlichkeiten. Die brasilianische Technik des Herausziehens der „schlechten Flüssigkeiten" während der *„passes"* sowie das Glas Wasser, das aus ähnlichen Gründen auf dem Altar steht, entsprechen dem Huhn, mit dessen Hilfe *Antoine* von der *„mauvais-air"* befreit werden soll. *Metraux* gab keine Erklärung für die Entzündung des Schießpulvers. Vielleicht entspricht es der gelegentlichen Verwendung von Schießpulver bei Umbanda, um schlechte Flüssigkeiten aufzulösen und wegzutreiben. Daß *Antoine* zum Schluß des Heilungsvorganges ausspucken sollte, erinnert an ein Urinierritual, dessen Zeuge ich an einer privaten Umbanda-Sitzung wurde und das dazu dienen sollte, noch mehr schlechte Flüssigkeiten „loszuwerden". Alle diese symbolischen Akte helfen den Patienten, sich nicht länger um ihre Krankheiten zu sorgen, wodurch wiederum die nervöse Spannung herabgesetzt wird. Vermutlich gewinnt dadurch der Patient eine Chance, seiner Genesung gegenüber eine positivere Einstellung zu entwickeln. Schließlich ähneln sich der Einsatz der physischen Berührungen während der *„passes"* im Umbanda- und die Massage im Voodoo-Ritual.

Abschließende Bemerkungen

Als Anthropologin mit Interesse für das transkulturale Studium von Krankheiten und Heilpraktiken versuche ich die medizinischen Verfahren als kulturelle Systeme zu verstehen. Kultur im allgemeinen Sinn hat etwas zu tun mit den Symbolen, die eingesetzt werden, um die verschiedenen biologischen Bedürfnisse des Menschen zu befriedigen. Die Brasilianer und die Haitianer haben im Verlaufe von Generationen ein Glaubenssystem entwickelt, zu dem Symbole gehören, wie Besessenheitsgeister, übernatürliche Flüssigkeiten und *„mauvais-air"*. Die spiritistischen Medien und ihre Patienten inszenieren diesen Glauben täglich in den Umbanda- und Voodoo-Heilritualen.

Für die Wirkung der Umbanda- und Voodoo-Heilpraktiken gibt es verschiedene Gründe: Zunächst ermöglicht das Konzept der übernatürlichen Flüssigkeiten dem Geistheiler einen Zugang zu den neurologischen und biochemischen Verbindungen einerseits sowie zwischen den äußeren sozialen Beziehungen des Patienten mit anderen Menschen und der internen biologischen Aktivität andererseits.

Zum zweiten funktioniert dieses symbolische System religiöser Vorstellungen deshalb, weil viele Brasilianer und Haitianer es als Kind gelernt haben. Als Erwachsene teilen und inszenieren sie die Heilrituale dann gemeinsam mit anderen. Die Menschen in diesen Gesellschaften erleben deshalb nicht die extreme kognitive Dissonanz zwischen der medizinischen Psychiatrie und dem katholischen Volksglauben, den *Anneliese Michel,* eine junge deutsche Frau, erlebt haben muß. Bis zu ihrem Tod im Jahr 1976 glaubte sie sich von Teufeln besessen (*Goodman,* 1980). Hätten die Ärzte von *Michel* mehr gewußt von und mehr Einfühlung gehabt für ihren kulturellen Glauben in Dämonen, hätten sie vielleicht einen religiösen Ratgeber geholt, um dieser jungen Frau zu helfen. Ein therapeutischer Zugang, welcher die kulturelle Kluft zwischen Psychiatrie und Volksreligion überbrückt, wird von *Schendel* und *Kourany* (1980) und in einigen Artikeln in *Pattison* (1969) vorgeschlagen.

Schließlich untersteht das Besessenheits-Verhalten der sozialen Kontrolle. Umbanda-Medien mögen manchmal ihre Geister benutzen, um Dinge zu sagen und zu tun, die sie selbst unter normalen Umständen nicht tun würden. Unziemliches Benehmen ist jedoch im allgemeinen für einen Geist nicht akzeptabel, und es ist nicht zulässig, daß er ausschließlich den Bedürfnissen des Mediums folgt und dabei das Wohl der Gesellschaft aus den Augen verliert. Obwohl das Medium vorübergehend die Aufmerksamkeit genießt, die der Geist fordert, muß es auf lange Sicht lernen, die unakzeptablen Wünsche und Verhaltensweisen des Geistes zu kontrollieren. So gesehen bilden die Konzepte der Besessenheit und der übernatürlichen Flüssigkeiten einen Bestandteil der organisierten Versuche der Gesellschaft, das Bedürfnis ihrer Mitglieder nach Sinn sowie ihr biologisches Bedürfnis nach Heilung zu befriedigen.

Literatur

Bastide, R.: Le Candomblé de Bahia (rite Nagô). Mouton, Paris 1958

Bastide, R.: Les Religions Africaines au Brasil. Presses Universitaires de France, Paris 1960

Bourguignon, E.: World Distribution and Patterns of Possession States. p. 3–34 in: *Prince, R.* (1968)

Bourguignon, E. (ed.): Religion, Altered States of Consciousness, and Social Change. Ohio State University Press, Columbus, Ohio 1973

Bourguignon, E. (ed.): A World of Women. Praeger, New York 1980

Camargo, C.: Kardecismo e Umbanda: Uma Interpretação Sociológica. Livraria Pioneira Editôra, São Paulo 1961

Crapanzano, V., Garrison, V. (eds.): Case Studies in Spirit Possession. Wiley, New York 1977

Deren, M.: Divine Horsemen: Voodoo Gods of Haiti. Chelsea House, New York 1970

Goodman, F.: Anneliese Michel und ihre Dämonen: Der Fall *Klingenberg* in wissenschaftlicher Sicht. Christiana, Stein am Rhein 1980

Goodman, F., Henney, J. H., Pressel, E.: Trance, Healing, and Hallucination. Wiley, New York 1974

Leacock, S., Leacock, R.: Spirit of the Deep: A Study of an Afro-Brazilian Cult. Doubleday Natural History Press, Garden City, New York 1972

Lerch, P.: Spirit Mediums in Umbanda Evangelizada of Pôrto Alegre, Brazil: Dimensions of Power and Authority. p. 129–159 in: *Bourguignon, E.* (1980)

Levy, M. S.: The Umbanda is for All of Us. Unveröffentlichtes Manuskript, University of Wisconsin 1968

Lewis, I. M.: Ecstatic Religion. Penguin Books, Harmondsworth, Middlesex 1971

Metraux, A.: Voodoo in Haiti. Schocken Books, New York 1972 (Erstauflage 1959)

Pattison, E. M. (ed.): Clinical Psychiatry and Religion. Little, Brown & Co., Boston, Massachusetts 1969

Pressel, E.: Umbanda in São Paulo: Religious Innovation in a Developing Society. p. 264–318 in: *Bourguignon, E.* (1973)

Pressel, E.: Umbanda Trance and Possession in São Paulo, Brazil. p. 113–225 in: *Goodman, F., Henney, J. H., Pressel, E.* (1974)

Pressel, E.: Negative Spirit Possession in Experienced Brazilian Umbanda Spirit Mediums. p. 333–364 in: *Crapanzano, v., Garrison, V.* (1977)

Schendel, E., Kourany, R. C.: Cacodemonomania and Exorcism in Children. Journal of Clinical Psychiatry 41 (1980) 119–123

2.7 Schamanismus und andere rituelle Heilungen bei indianischen Völkern Südamerikas

M. Califano, A. Idoyaga Molina und *A. A. Perez Diez*

Zusammenfassung

Der Ethnologe muß für sein Studium therapeutischer Handlungen die Person des Heilers und die Weltanschauung seiner Gruppe in Betracht ziehen, weil nur so die verbindenden Sinnstrukturen von Klient und Heiler sichtbar werden. Die Mythologie spiegelt die Anthropologie und Kosmologie als kulturell gegebene Bewußtseinsinhalte. Darin sind die Bilder vom Menschen, seinen spirituellen und materiellen Bestandteilen, von Krankheit und Tod, die Vorstellung von Krankheitsverursachung und -heilung enthalten. An drei Beispielen von Indio-Völkern Südamerikas (Mashco aus dem südwestlichen Amazonien, Ayoreo des nördlichen Chaco, Chimane aus Ostbolivien) werden in Anwendung der ethnographischen Methode der tautegorischen Hermeneutik (*Bormida*, 1976) die kulturellen Bewußtseinsinhalte in Zusammenhang mit Menschen-, Welt-, Krankheits- und Heilkunde dargestellt. Die tautegorische Hermeneutik geht von den Bewußtseinsinhalten der betreffenden Kultur aus, vermeidet die eurozentrische Verzerrung. Die kulturellen Bewußtseinsinhalte selbst bilden eine Ganzheit der Weltanschauung, welche nachgezeichnet, in ihren Elementen aufgezeigt und in ihren Auswirkungen auf das Verständnis von Gesundheit, Krankheit und den Heilungsprozeß vorgeführt werden. Der Schamane entsteht aus dem berufenen Initianden durch das ihn verwandelnde Eindringen der Macht, welche ihn zur Kommunikation mit den Theophanien, zur Krankheiterkennung und -heilung befähigt. Traum, kosmische Reise und die Kenntnis der therapeutischen Gesänge sowie der Umgang mit Halluzinogenen gehören zur Ausbildung der Schamanen, welche selbst hinsichtlich Auswahl, Entwicklung, Ritual wie auch hinsichtlich Krankheitsdeutung und -heilung in den verschiedenen Gruppen lokale Besonderheiten aufweisen.

Einleitung

Der Ethnograph muß für sein Studium indigener Heilbehandlungen den Heiler (Schamane oder ein anderer Heilkünstler, das ist curandero) als Person in seinem Werdegang und die den therapeutischen Prozeß ermöglichende, ihm Sinnstruktur gebende Anthropologie und Kosmologie seiner Gruppe betrachten. Der indianische Therapeut hebt sich durch seinen sozialen Status als mit Macht (potencia) Begabter von seiner Gruppe ab. Der Schamane hat bis zur erfolgreichen Übertragung dieser Kraft in der Einweihung verschiedene Entwicklungsstufen zu durchschreiten. Dem Heilkünstler werden seine therapeutischen Kenntnisse durch transintelligible Mächte (Theophanie) geoffenbart; oder er erhält Lehre und Einweihung durch einen anderen Heiler übermittelt. Es geht dabei immer um die Macht (potencia), sei es als Befähigung des einzelnen Heilers oder als Kraft des vom Heiler angewandten Mittels. Daher muß der Ethnologe den welt- und menschenkundlichen Grund dieser Kräfte aus den Mythen erfahren. Es geht um die Vorstellungen von der Zusammensetzung des gesunden und kranken Menschen, darüber, was als krank angesehen wird, von den verschiedenen Arten von Krankheiten, ihren Ursachen und ihren Behandlungsmöglichkeiten, schließlich auch um die Vorstellung vom Tod.

Die ethnographische Methodologie, welche auf einer tautegorischen Hermeneutik (*Bormida,* 1976; d. h. von der Selbstinterpretation der betreffenden Kulturen ausgehende Auslegung) fußt und theoretische a priori-Hypothesen ausschaltet, ermöglicht uns durch die Erforschung der kulturellen Bewußtseinsinhalte das Verständnis einer bestimmten Weltanschauung in ihrer ethnischen Besonderheit. Die dieser Weltanschauung zugrunde liegenden Strukturen bestehen aus bestimmten Bewußtseinsinhalten, welche eine bedeutungsvolle Verbindung persönlicher Erlebnisse erlauben. Das Wesentliche jeglicher Sinnstruktur einer kulturellen Erscheinung ist unabhängig von der historischen Existenz wie auch vom Zufälligen. Man kann verschiedene Stufen von Allgemeinheit unterscheiden (*Bormida,* 1976). Wir halten die Struktur für einen „eigenen bedeutungsvollen Zusammenhang" der psychischen Komplexe wie auch der kulturellen Gegebenheiten. Auf der Seite des Subjektes erscheinen die strukturellen Ganzheiten – die vom Ethnograph und nicht so sehr erklärt als beschrieben und verstanden werden sollten – als Erlebnisse (*Califano,* 1977). Der Archaismus ist der auffallendste Zug dieser Gesellschaften, und nur eingedenk dessen könnten wir die Bedeutung der therapeutischen Handlung und die Rolle der Heiler erfassen.

Wir wollen uns hier auf drei südamerikanische Indianergruppen beschränken, deren Weltanschauung wir studiert haben. Die ausgewählten Gruppen sind folgende: die Mashco aus dem südwestlichen Amazonien, die Ayoreo des nördlichen Chaco und die Chimane Ostboliviens (Abb. 1).

2.7.1   Die Mashco aus dem südwestlichen Amazonien

M. Califano

Bezüglich des Schamanismus und anderer ritueller Heilungen sowie damit verbundener Themen beziehen wir uns auf drei Mythen, welche für die Mashco-Kultur grundlegend sind. Der Mythos des kosmischen Baumes *Wanámei* (*Califano,* 1983) bezeugt durch die unter ihm geschehenden Ankündigungen des Vorhandensein der *wa-topakéri* (Schamanen) bei den Huachipaire und Zapiteri Gruppen. Der Mythos berichtet auch vom Ursprung des Todes unter den Amaracaire, welcher durch eine Übertretung verursacht wurde. (Die Untersuchungen der Dialekte, die der linguistischen Familie *Narákmbet* angehören, konnten bis jetzt weder die Funktion des Präfixes *wa-* definieren noch die Regeln, die sein Vorhandensein oder Fehlen bestimmen, *Van der Eynde,* 1972). Während der kosmischen Nacht, kurz vor Morgengrauen, sollten alle Wesen eine vollständige Stille einhalten. Auf diese Weise könnten sie eine Veränderung ihres Körpers und die Todeserfahrung vermeiden. Aber einer der Vögel schrie, bevor es dämmerte, und auf diese Weise wurde der Tod unter den lebendigen Wesen eingeführt. Bei den Huachipaire und Zapiteri erzählt der Mythos von *Atúnto* (*Califano,* 1978b) von der Einführung des Todes. Dabei tritt die dualistische Auffassung der Mashco von der Person zutage: Sie besteht aus einer Geistsubstanz (*wa-nokíren*) und dem Körper (*wáso*). Schließlich erscheinen in dem Mythos des *Aipixóe* die therapeutischen Gesänge, *esúva* genannt. Bevor wir uns damit befassen, die Eigenheiten des Schamanismus der Mashco zu untersuchen, müssen wir uns auf die Begriffe von *xarangbütn* (menschlich), wie sich diese amazoni-

Abb. 1   Habitat der Gruppen der Ayorea, Chimane und Mashco

schen Indianer selbst nennen, und *tóto* (teuflisches Wesen) beziehen. Beide Strukturen kennzeichnen auf eine ontologische Weise die Theophanien und die Wesen, die die umgebende Wirklichkeit ausmachen, und bestimmen das In-der-Welt-Sein des Individuums (*Califano, 1982*). Was die Zweite anbetrifft, ist es möglich, den *tóto* als solchen zu finden sowie die Wesen im *tóto*-Zustand, wie z.B. die wilden Tiere, und schließlich die Wesen, die ihm angehören, so z.B. die wilden Früchte, die an seiner Macht (potencia) teilhaben.

Der junge Huachipaire und Zapiteri wurde von einem bestimmten Tier, einem Tapir, Tiger oder irgend einem anderen Tier ausgewählt, das sich in seinen *e-topáka* (Lehrer) verwandelte und mit ihm verschiedene Schritte bis zur Einweihung durchlief, um ihn in *wa-topakéri* (wörtlich: „der gelehrt worden ist") zu verwandeln. (Diese Verbalform erkennt man an dem Präfix *e-* oder statt seiner *ia-*; *van der*

Eynde, 1972). Dazu entfernte sich der Mann im Alter von 16 oder 18 Jahren von den anderen Mitgliedern der Gemeinschaftshütte. Er durfte den Geschlechtsverkehr nicht kennengelernt haben, da dieser seine Einweihung verderben würde. Der unmittelbare Schritt vor der Erwählung war der *e-ndéxa,* d.h. der ,,Anschluß'', währenddessen der *wa-nokíren* der wichtigsten Tiere und der des *e-topáka* in den *wáso* des Prüflings eindringen, während der eigene sich in den Wald begibt, um in die Körper jener Tiere einzudringen. Nach der Spaltung erleidet der Körper des künftigen *wa-topakéri* alle Krankheiten. Seine Leiden dürfen nicht erleichtert werden, da der Prozeß unterbrochen würde, wenn man versuchte, dieses durch das Benutzen der *xayápa (Brugmansia insignis) (Califano* und *Fernandez Distel,* 1982) zu tun. Mit dem Traum oder *e-mbayóro* (wörtlich: ,,träumen''), den Reisen in die verschiedenen Gebiete des Kosmos, dem Erlangen von tierischen Ehefrauen, der Namensänderung und schließlich der Kenntnis der therapeutischen *esúva* erreicht die schamanische Einweihung ihren Höhepunkt. Die Trunkenheit (*e-simbóre*) durch *síne* – das berauschende, aus mandioca zubereitete Getränk (*Manihot aipi*), – in der Zeremonie des *e-mba-táre (Califano,* 1973) wird durch die Einatmung von Tapakpulver (*séri, Nicotiana tabacum, Califano* und *Fernandez Distel,* 1978) gesteigert. In dem Zustand sollen die Heilungen vollzogen werden. Mit der Einweihung ist des Prüflings Geistsubstanz verändert, da er sich von *xarangbütn* in *tóto* verwandelt hat, die wesentliche Quelle seiner Macht (potencia).

Unter den Amaracaire gibt es einfach *e-mba-yorokéri,* d.h. ,,Träumer'', und *esüveri,* die Kenner der heilenden Gesänge. Diese Fähigkeiten spiegeln in den anderen Untergruppen Stufen der Einweihung.

Der Mythos von *Aipixóe* erzählt, wie dieser Vorfahre der Mashco durch eine List die *esúva* von den Raub- und Aasvögeln, die vom ,,Todeshimmel'' (*e-mbéi küredn*) herunterkommen, erlangt und sie nachher seinen Nachkommen, den heutigen Mashco, hinterläßt. Das Singen heißt man *e-mba-činóxa;* das Anstimmen einer *esúva* bringt eine wesentliche Verwandlung des Wortes mit sich, da dieser Ausdrucksweise Macht innewohnt. Tatsächlich besitzt die *esúva* eine ontologische Dimension, die Macht, auf der ihre therapeutische Potenz beruht. Aber die Idee von *esúva* ist nicht auf Therapie beschränkt. Der gesungene Mythos des *Atúnto* ist auch eine *esúva.* Er soll die spezifische Liebesmacht (*yüka*) vermitteln (*Califano,* 1978a).

Um die therapeutischen Eigenschaften des *wa-topakéri* und die des *esüvéri* zu veranschaulichen, haben wir eine *esúva* der Mashco gewählt, welche eine Krankheit psychischer, emotionaler Natur (*e-mepüke*) heilen soll. *E-mepüke* heißt ,,sich fürchten''. Der an *e-mepüke* Erkrankte ist ängstlich erregt. Der *wa-nokíren* (Geistanteil) besteht aus dem *e-manópe* (wörtlich: ,,denken'') und dem Gefühl, das seinen Sitz im Herzen (*wa-nóre*) hat. Deswegen nennt man eine empfindliche Person *wa-nóre téi* (wörtlich: ,,nicht hartes Herz''). Der Gemütszustand, der im Herzen als Sitz des Gefühls seinen Mittelpunkt hat, drückt sich ununterbrochen im Gesang des *Atúnto* aus (*Califano,* 1978a).

Der *wa-nokíren* hat die Morphologie der Person. Er ist zwar im ganzen Körper, steigert sich aber im *wa-nópu* desselben, nämlich unter dem Brustbein, wo sich der *wa-nóre* befindet, der Mittelpunkt der Affekte schlechthin. Öfters gebraucht man die Wörter *wa-nóre* und *wa-nópu* in gleicher Bedeutung, um sich auf jenes gefühlsmäßige Element zu beziehen.

Abb. 2   Mit *e-mepüke* behaftetes
Huachipaire-Mädchen

Der *e-mepüke* kann von jemandem mit starkem Wort oder Blick (*téi-he*) ausgelöst werden, von dem oder den *tóto,* oder durch einen Unfall. Kinder sind ihm am meisten ausgesetzt (Abb. 2). Bei einem unserer ersten Besuche bei den Amaracaire, als wir den Coloradofluß (Karéne) mit drei erwachsenen Huachipaire und einer ungefähr achtjährigen Tochter eines von ihnen hinunterruderten, stieß das Floß gegen einen Felsen. Das unsichere Fahrzeug kippte um, wir fielen alle ins Wasser und die Strömung riß uns mit sich. Die kleine *Sípix,* die wir wegen der Gewalt des Stromes nicht in unseren Armen halten konnten, war in Gefahr zu ertrinken. Sie wurde aber gerettet, da sie sich über Wasser halten konnte und von einem der jüngsten und stärksten Huachipaire festgehalten wurde. Als sie das Ufer erreicht hatte, begann sie zu weinen, während sie voller Schrecken die stürmischen Gewässer des Coloradoflusses betrachtete. Einige Tage darauf ließ sie ihr Vater von einem Zapiteri *esüvéri* heilen, damit sie nicht die Erschütterung des *e-mepüke* davontrüge. Wir müssen klarlegen, daß es sich nicht um ein vollständiges Entleeren des Körpers handelte, aber doch um eine Schwächung des Seelenlebens.

Der Heilungs-Gesang lautet:

1   Es ist hier, hier, hier
2   Ich glaube, sein *wa-mehére* hat *e-mepüke* erlitten
3   Und darum suche, suche, suche ich
4   Darum suche ich sein *wa-mehére* zusammen
5   Sicher in diese Strömung des Flusses
6   Sicher hat er sich hierher verirrt
7   Sicher hat er sich in dieses Stauwasser verirrt
8   Sicher wird sein *wa-mehére* in diesen Wellen sein.
9   Ich rufe ihn und pfeife ihm, damit er zurückkommt.
10 Sicher in dieser Windung des Flusses
11 In jene Wälder hat sich wohl sein *wa-mehére* verirrt
12 Aber ich bin dabei, das alles wieder zusammenzufügen, sage ich
13 In jener Pfütze dort hat sich sicher sein *wa-mehére* versteckt
14 An jenem steinigen Ort dort hat sich sicher sein *wa-mehére* versteckt
15 In jenem Felsen dort hat sich sicher sein *wa-mehére* versteckt
16 Aber dem *símboyéye ombukérek* suche ich sein *wa-mehére* zusammen
17 Sicher läßt er vor Müdigkeit seine Zunge heraushängen
18 Dort wo *yopóro* und jene *pínis* sind
19 Dort läßt er wohl vor Müdigkeit seine Zunge heraushängen
20 Sicher ist bei diesen Zusammenstößen sein *wa-mehére* zurückgeblieben
21 Aber ich versuche ihn zu suchen und zu finden.
22 Hier in diesen Pfützen hatte er *e-mepüke* erlitten
23 Und dorthin hatte sich dein *wa-mehére* verirrt
24 Hier in dieser Strömung hattest du *e-mepüke* erlitten
25 Und dorthin hatte sich dein *wa-mehére* verirrt
26 Hier in diesen Wellen hattest du *e-mepüke* erlitten
27 Und dorthin hatte sich dein *wa-mehére* verirrt
28 Hier in diesem Schaum hattest du *e-mepüke* erlitten
29 Und dorthin hatte sich dein *wa-mehére* verirrt
30 Hier in diesen Wäldern, die das Wasser durchläuft
31 Hattest du *e-mepüke* erlitten und dorthin hatte sich dein *wa-mehére* verirrt
32 Ich sage dir das, während ich dir diese Pfützen zeige
33 Du wirst nicht mehr hinschauen, ich habe dich von dort herausgezogen
34 Ich sage dir das, während ich dir diesen Strom zeige
35 Du wirst nicht mehr hinschauen, ich habe dich von dort herausgezogen
36 Ich sage dir das, während ich dir diese Wellen zeige
37 Du wirst nicht mehr hinschauen, ich habe dich von dort herausgezogen
38 Ich sage dir das, während ich dir diesen Schaum zeige.
39 Du wirst nicht mehr hinschauen, ich habe dich von dort herausgezogen.
40 Ich sage dir das, während ich dir diese Wälder zeige, die das Wasser durchläuft.
41 Du wirst nicht mehr hinschauen, ich habe dich von dort herausgezogen.
42 Auf diesem kleinen Weg, der hinaufführt, sind wir früher hinaufgestiegen.
43 Darum sage ich dir, wir wollen hinaufsteigen; komm jetzt, wir wollen hinaufsteigen.
44 Auf diesen kleinen Abhang, auf den wir früher stiegen, wollen wir jetzt steigen; ich sage dir,
    wir wollen hinaufsteigen.
45 Es sieht so aus, als ob deine Mutter oder Großmutter deinem *wa-mehére e-mepüke* angetan
    hätte.
46 Aber in Wirklichkeit hast du dir selber *e-mepüke* angetan.
47 Wir kommen schon an den Gipfel, den wir oft erreichten.
48 Halten wir ein wenig an und gehen wir dann weiter.
49 Das ist die kleine Brücke, die wir oft überkreuzten.
50 Wir kommen gleich an das Haus.
51 Wenn irgend jemand oder dein Vater Tiere hat und sie Geräusche machen.
52 Sollst du nicht *e-mepüke* erleiden, das sind Tiere deines Vaters.
53 Darum mache ich dich darauf aufmerksam, damit du nicht *e-mepüke* erleidest.

54   Wir kommen jetzt auf diesen kleinen krummen Weg, der bis ans Haus führt.
55   Aber von diesem krummen Weglein solltest du nicht abkommen, denn ich habe dich hier weggeholt.
56   Jetzt sind wir daran, das Haus zu betreten; wir betreten es durch die kleine Tür.
57   Das wird dich nicht befremden, da wir hier schon gewesen sind.
58   Setz dich auf diese Bank, denn früher hast du dich dahingesetzt.
59   Und ich setzte mich auch dahin, wir sind schon angekommen.
60   Auf diesem Tritt schliefen wir beide oft, ruh ein bißchen aus.
61   Achte darauf, daß du nicht *e-mepüke* erleidest, denn ich habe deinen ganzen *wa-mehére* zusammengesucht.
62   Denn deine Eltern weinen sehr um dich.
63   *e-čipo:* Man bläst ins Ohr, indem man die Hand als Tüte gebraucht und gleichzeitig sagt: *e-mbéine i-amámbo,* wörtlich: *e-mbéine* „du bist tot"; *i-amámbo* „wach auf"; „vom Totsein wach auf".

Der Patient darf einen Tag lang weder den Himmel noch den Fluß ansehen.

Man kann sehen, wie das gesungene Wort (Wort = *wáxa*) des *esüva* mit einer beharrlichen Suche in jedem Vorkommnis des Flusses, in jedem Stauwasser, in den Wellen, in den Pfützen, in den Steinen, in den Felsen, im Schaum, im Strom, im Walde, den das Wasser durchläuft, beginnt. Diese wirklichen empirischen Bilder des Wasserbereiches wiederholen bis ins kleinste die Szenerie, in der die Person, die vom *e-mepüke* getroffen ist, die Erschütterung erlitten hat, die ihn aus dem normalen Zustand gebracht hat. Es ist eine Reise des Geistes und des Gefühls mit der Absicht, den kritischen Augenblick zu überwinden, in dem das Denken (*e-manópe*) und das Gefühl (*wa-nóre*) in der Person stillgelegt wurden. Die Heilungen der Seele (*wa-mehére*) und der verirrten Seele (*simboyéye ombukérek, simboyéye* = Mann) sind dem rituellen Wort zuzuschreiben, welches im Gesang mächtiger wird.

Der *wa-nokíren* wird gerufen, zusammengefügt, aufrechterhalten, man entdeckt seine Erschöpfung wegen der erlittenen Schicksalsschläge und man flößt ihm Vertrauen ein, man zeigt ihm die Orte, an denen er mitgerissen und ergriffen wurde. Das Wort des *esüvéri* versichert ihm, daß er ihn schon gerettet hat und daß, indem er sich vom Fluß und seinen Gefahren entfernt, er ihn langsam den Weg entlang leitet, der ihn zur Geborgenheit des Hauses führt. Dazu durchläuft er verschiedene Strecken, den Abhang der bewaldeten Berge, die Brücke aus Holzstämmen, die einen Bach überquert; er läßt ihn einige Augenblicke ausruhen. Um unangenehme Überraschungen zu vermeiden, die ihn erschrecken könnten, versichert er ihm, daß das Geräusch, das er in der Nähe des Hauses vernehmen wird, von Haustieren stammt, wie z.B. Papageien oder kleinen Affen.

Als sie ans Haus gelangen, versucht das Wort der *esüva* ihm die bekannte und freundliche Umgebung zu zeigen, die er vergessen hatte; dazu schildert er die verschiedenen Schritte, wie z. B. durch die Tür das Haus betreten und sich auf die Bank setzen; er hilft ihm die Dinge wiederzuerkennen, wie den Tritt und den Sitz. Schließlich will er seine Gefühle den Eltern gegenüber erwecken, indem er ihn darauf aufmerksam macht, daß diese seinetwegen leiden und nicht an seiner *e-mepüke* schuld sind. Die psychologische Wirkung ist offensichtlich, Vertrauen einzuflößen, indem man sagt, er selber wäre der Urheber der Furcht, damit er sich von ihr entferne und seinen normalen Zustand wiedergewinne.

Der *e-čipo* bildet den Höhepunkt der *esüva* und verkörpert alle ausgedrückten Inhalte, vor allem die Zurückerstattung des *wa-nokíren,* und zu diesem Zweck führt er ihn durch Blasen ein und fordert ihn auf, ins Leben zurückzukehren, denn die

Ohnmacht oder die Angst sind Zustände, die näher dem Tode sind, dem *e-mbüye* (sterben) (*Califano, 1981*). Er vermeidet den Himmel zu betrachten, weil dort die Theophanien weilen, die *esüva* gelehrt haben, die wegen ihrer *tóto*-Natur, darum teuflisch doppelsinnig, ihn ergreifen können, sowie auch den Fluß, weil er in Versuchung kommen könnte, dorthin zurückzukehren.

Der *wa-topakéri* kann auch die *esüva,* die wir analysiert haben, gebrauchen; aber um den *wa-nokíren* zu erretten, geht er von der geistigen Substanz der Person aus, er wendet sich an den Wasserbereich. Es ist möglich, daß er es während des *e-mbatáre* tut, wenn er den Zustand von *e-simbóre* durch das Tabakpulver gesteigert hat, indem sein *wa-nokíren* die körperliche Hülle verläßt, um in den Fluß einzudringen. Sobald es ihm gelungen ist, den *wa-nokíren,* der *e-mepüke* ist, zu lokalisieren und zu ergreifen, wird er ihn sanft in die Gemeinschaftshütte führen, um ihn mit einem Bambusrohr durch das Ohr an seinen natürlichen Besitzer zurückzuerstatten. Wie wir schon hervorgehoben haben, vermag er dies durch seinen *tóto*-Charakter zu tun.

Der *esüvéri,* der kein Schamane ist, gebraucht nur das gesungene Wort, er verliert seine Eigenschaft als *xarangbütn* nicht; die Offenbarungen der Gesänge können während des *embayóro* (des Träumens) oder durch einen direkten Kontakt mit einer der Theophanien des *e-mbéi küredn,* des „Todeshimmels", stattfinden, wie es geschah, als die *Amíko (Califano, 1977)* unbekannte Krankheiten einschleppten. Bei dieser Gelegenheit sind viele Indianer gestorben, weil ihnen die nötigen *esüva* fehlten, um diesen neuen Übeln entgegenzuwirken; dann setzte sich ein Vogel auf den Zugbalken (*cumbrera*) der Gemeinschaftshütte und lehrte sie die Gesänge. Der Schamanismus ist aus zwei Gründen, die wir als die wichtigsten betrachten, verschwunden: weil man die *esüva* auch ohne Vermittlung der grausamen und erschütternden existentiellen Erfahrungen, die das Werden des *wa-topakéri* erfordert, kennen kann und dann wegen der Einführung des Christentums, das auf verschiedene Art die Weltanschauung der Mashco beeinflußt hat.

Die Krankheit wird dem Wirken einer Macht (potencia) zugeschrieben, die, obwohl sie im Körper ihren Anfang haben kann, auf den *wa-nokíren* gerichtet ist, um den Zustand des Menschseins (*xarangbütn*) zu verderben und ihn mit dem Tod in *tóto* zu verwandeln.

2.7.2   Die Ayoreo des nördlichen Chaco

A. Idoyaga Molina

Die Ayoreo gehören der linguistischen Gruppe Zamuco an; sie wohnen im nördlichen Chaco, sowohl im Staatsgebiet der bolivianischen Republik wie auch in Paraguay. Unser Material wurde bei verschiedenen ethnographischen Feldarbeiten gewonnen, die *Marcelo Bormida* unternommen hat, manchmal unter Mitwirkung von *Mario Califano (Bormida, 1976),* immer bei Gruppen des bolivianischen Chaco. Die Ergebnisse, zu denen die Kenntnis dieser ethnischen Gruppe führt, werden uns in den Werken „Ergon y Mito" und „Cómo una cultura arcaica conoce su propio mundo" von *Bormida* (1984) und Bormida und *Califano* (1978) sichtbar. Das Material wurde immer nach den Voraussetzungen, die *Bormida* (1976) in seiner „Etnología y Fenome-

Abb. 3 Ayoreo-Indianer, der verrückt wurde, weil er die *puyák*-Mythen der Vorfahren enthüllte

nología" vorgeschlagen hat, gesammelt und analysiert, nämlich indem man versucht, die betreffende Kultur von ihrer eigenen Einstellung aus zu verstehen.

Es handelt sich um eine ethnische Gruppe, mit der man erst seit kurzem Kontakt genommen hat; deshalb und wegen der organischen Zusammengehörigkeit, die in ihrem kulturellen Erbgut sichtbar wird, sind sie ethnographisch besonders interessant.

Den Ayoreo gemäß ist die Krankheit das Ergebnis einer negativen Absicht oder der Übertretung eines *puyák* (Tabu) (Abb. 3). Im ersten Fall kann es sowohl das Werk des *daihnái* (Schamanen) sein, der die Krankheit in der Form einer Substanz in den Körper des Opfers einbringt, wie auch irgend eines anderen Individuums. Die Letzteren gebrauchen die Macht des Wortes der mythischen Erzählungen. Das Verfahren ist sehr einfach: Es besteht darin, Teile des Mythos zu erzählen oder zu singen, dort wo die Person, der man schaden will, für gewöhnlich ausruht oder umhergeht. Das einzige, worauf man achten muß, ist, daß die gewählte Erzählung sich auf eine Person bezieht, die demselben Stamm (clan) wie die geschädigte Person angehört. Die negative Macht der uranfänglichen Geschehnisse wird sofort ausgelöst und verursacht die Krankheit und sogar den Tod.

Mit dem Ausdruck *kucháde kíkie uháide* beziehen sich die Ayoreo auf die mythischen Erzählungen. Jene Berichte haben einen erzählten Teil, der *eró* (Stamm) genannt wird, und einen oder etliche gesungene, die *sáude*. Die Erzählungen handeln von einer Anzahl tragischer und gewaltsamer Geschehnisse, die im allgemeinen dazu führen, daß ein Vorfahre sich entschließt, sich in ein gegenwärtiges Wesen zu verwandeln. Bei dieser Gelegenheit bestimmt er eine Reihe *puyák,* die auf diese Wesen bezogen sind und die befolgt werden müssen. Gleichzeitig gibt er die Übel an, die die Übertretung verursachen würde. Schließlich deutet er an, daß die *sáude,* die er gewährt, obwohl sie *puyák* sind, gewisse Krankheiten heilen können, dank dem Vorfahren und durch besondere Angabe. In der Gegenwart, wenn der *puyák* des Wesens oder der Erzählung, die sich auf dieses bezieht, übertreten wird, bricht die Macht (potencia) der uranfänglichen Zeit in all ihrer negativen Kraft und Wirksamkeit aus. Über das Thema des beabsichtigten Schadens durch die Anwendung der mächtigen Wörter der mythischen Erzählungen berichtet *Idoyaga Molina* (1979/80).

Die Krankheit als Folge einer *puyák*-Übertretung ist sehr häufig, da die *puyák* äußerst zahlreich sind. Man beachte, daß praktisch alle Wesen, die den Kosmos bewohnen, ihren Ursprung in der Metamorphose eines Vorfahren haben, der, vor seiner Verwandlung, die *puyák* bestimmte, die später, wenn er seine neue Gestalt annehmen würde, beachtet werden sollten. Das bedeutet, daß nicht nur die ursprünglichen Mythen mit einer negativen Macht geladen sind, sondern daß auch die Wesen, die in den Uranfängen ihren Ursprung haben, die aber in der Gegenwart weiterleben, dieselbe unheilvolle Macht aufweisen, die im *puyák* kundgegeben wurde. Wenn ein Verbot übertreten wird, kann der Schaden, den der mythische Vorfahre vorausgesehen hat, sich auf zwei Weisen auswirken: Die Besessenheit und die Einführung. Erstere geschieht, wenn das Wesen, dessen *puyák* übertreten worden ist, in Träumen erscheint und durch wirksame Worte den Verstand (*ayipiyé*) des Opfers in seinen eigenen verwandelt, z.B. den menschlichen in einen tierischen. In diesem Fall beginnt der Mensch auf dieselbe Weise zu handeln, wie es der Gattung eigen ist, deren Verstand er erhalten hat. Wir sprechen von Einführung, wenn das Individuum ein *puyák*-Wesen anfaßt oder seinen Mythos berichtet und folglich die „Verunreinigung", die diesem Wesen eigen ist, in seinen Körper eindringt und die Krankheit verursacht. Das heißt nicht, daß für die Ayoreo die Krankheit einen vollkommen unpersönlichen Charakter hat, wenn auch viele Krankheiten von ihnen als regelrechte Theophanien empfunden werden, die dem Individuum schaden, indem sie fremdartige Elemente in seinen Körper einführen oder selber in ihn eindringen.

Die Verletzungen, die durch Waffen, Geräte, Dornen, Stürze usw. verursacht werden, sind für den Ayoreo nicht rein zufällig, sondern er sieht in ihnen die Folge der Übertretung eines *puyák*. Schließlich wird auch der Fremde als Krankheitsträger angesehen, als Ansteckungsagent; eine Tatsache, die seine Tötung zur Folge hatte. Unter den Motivierungen des Mordes muß man nicht nur die „verunreinigende" Macht der Fremden berücksichtigen, sondern auch die positive Einschätzung des Tötens. Unter den Ayoreo erlangt ein Individuum den Status von *asuté* (Befehlshaber), wahrscheinlich des angesehensten und am meisten gefürchteten, wenn er fähig ist, einen Menschen umzubringen. Die wichtigsten *asuté* sind jene, die die größte Anzahl Morde begangen haben.

Die therapeutischen Verfahren können sowohl vom Schamanen als auch von einem gewöhnlichen Mann ausgeführt werden; und man wendet in jedem Fall eine bestimmte Technik an. Der Schamane erreicht seine Verfassung mittels einer Einweihung. Im allgemeinen, wenn ein Individuum sich in *daihnái* verwandeln will, trinkt es nahezu einen Liter grünen zerriebenen Tabak; die vergiftenden Folgen des Gebräus erscheinen alsbald und der Aspirant fällt in eine Art von Koma. Wenn der Prüfling den Tabaksaft erbricht oder wenn er stirbt, sieht man den Prozeß als mißlungen an; wenn er überlebt, ist er schon *daihnái*, da, während er bewußtlos lag, die Hilfsgeister ihn besuchten, die *kučaráde* nämlich, eine Ansammlung von Tieren, die der Schamane in menschlichen Gestalten erblickt, die ihm ihre Mitwirkung anbieten. Ein zweites Verfahren besteht darin, daß der Prüfling sehr häufig träumt, bis in einem gegebenen Augenblick die *kučaráde* vor ihm erscheinen und ihm ihre Dienste anbieten. Schließlich geht eine dritte Art, den Schamanenzustand zu erlangen, vom Verrückten aus, wenn der Mensch den Verstand wiedererlangt, der ihm von den Tieren weggenommen worden war.

Hat der Schamane die Einweihung hinter sich, verwandelt er sich in ein Wesen, das von den anderen Menschen grundverschieden ist, da er *uhopié* erlangt hat, d.h. die Macht, die dem Schamanen eigen ist, was ihm nicht nur erlaubt, die Menschen zu heilen oder ihnen Schaden zuzufügen, sondern auch verborgene Orte aufzusuchen (wie die Sonne oder das Land der Toten) und außerdem verschiedene Wesen wahrzunehmen, nicht mehr in ihrer empirischen Erscheinung, sondern unter anderem Aussehen. Dieses ist z.B. der Fall beim Anblick der Vorfahren oder der meteorologischen Naturerscheinungen in menschlicher Gestalt.

Es gibt unter den Ayoreo keinen Begriff von Macht (potencia), die dem *mana* gleichgesetzt werden kann, sondern nur spezifische Fähigkeiten. Unter ihnen erscheint die *uhopié* als die eigentliche Macht (potencia) des Schamanen; sie ist es, die es ihm ermöglicht, das Wirken, das jenem Status eigen ist, auszuüben. Es besitzen auch *uhopié,* wenn auch in geringerem Maße, der *urutái* (Träumer) und der *urosói* (Verrückte), ein Tatbestand, der deutlich zutage tritt durch bestimmte Fähigkeiten dieser Individuen, die denen des Schamanen ähnlich sind. Es gibt eine andere Art Macht, der *dikiyodié,* ein Ausdruck, den man mit dem Wort „Macht" übersetzen kann; er rührt von der „Verunreinigung" des Blutes der Opfer her. Es handelt sich hier um die Macht, die den *asuté* eigen ist und die sich in der Fähigkeit zu töten offenbart.

Um eine Therapie durchzuführen, läßt der *daihnái* eine große Menge Rauch in seine Lungen eindringen und behält ihn fünf oder zehn Minuten lang bei sich, nachher atmet er langsam aus. Nachdem sich dieser Prozeß verschiedene Male wiederholt hat, beginnt der *daihnái,* sich unter krampfhaftem Zittern zu schütteln. Bei dieser Gelegenheit werden die seelischen Kräfte aus dem Körper herausgestoßen und er bleibt danach regungslos. Nach einer verschieden langen Zeitspanne wird die Ekstase überwunden und der erschöpfte *daihnái* muß ausruhen. Der Trancezustand erlaubt ihm, Kontakt mit den Hilfsgeistern herzustellen und mit ihrer Hilfe die Krankheit im Inneren des Kranken zu betrachten. Später zieht er durch Saugen die Krankheit in Gestalt einer Substanz heraus. Ist die Heilung beendet, bekommt er als Anerkennung seiner Dienste eine Bezahlung von den Verwandten des Kranken.

Die Ausrüstung des *daihnái* ist äußerst einfach; sie besteht hauptsächlich aus der Pfeife, von der gleichen Art, wie sie die gewöhnlichen Männer benutzen. Er gebraucht für gewöhnlich auch schwarze und rote Malfarbe in Form von Kreisen oder C.

Wie wir schon erwähnt haben, ist die Ausübung der Therapie nicht die einzige Funktion des Schamanen; es steht ihm auch zu, den Kriegern Anweisungen zu geben, bevor sie zu einer Schlacht ziehen, sowie auch die Zaubereien auszuführen, um den Regen fernzuhalten, Reisen zu unternehmen, indem er die seelischen Wesenheiten von seinem Körper trennt, um Neuigkeiten zu erfahren, sowie auch Auskunft über die besten Gegenden für die Jagd und das Sammeln zu erhalten. Er kann außerdem andere auffallendere Handlungen vollbringen, wie z.B. Bäume herunterbiegen, damit die Menschen an die Bienenkörbe gelangen können, oder Wasser aus einem trockenen See gewinnen. Um diese Zwecke zu erreichen, gebraucht der Schamane die Ekstase, obwohl es auch möglich ist, daß er sich des Traumes bedient.

Die nichtschamanische Therapie kann von irgendeinem Individuum ausgeführt werden mit der Bedingung, daß es die Gesamtheit der Erzählungen kennt. Das beruht auf der Tatsache, daß die negative Macht der mythischen Erzählungen ihr Zeichen beim Vorhandensein der Krankheit umkehrt, in derselben Weise, in der es die mythischen Vorfahren vor ihrer Verwandlung erklärt haben. Tatsächlich, besonders die *sáude,* die, wenn sie in einem normalen Zustand gesungen werden, Unheil verursachen, offenbaren bei Vorhandensein des Übels eine positive Macht, die imstande ist, die Krankheit zu heilen. Man vollführt die Therapie, indem man über den betroffenen Teil des Kranken den *sáude* singt. Wenn man die Ätiologie des Übels kennt, wählt man die *sáude,* die sich auf das Wesen, dessen *puyák* übertreten wurde, beziehen. Kennt man sie nicht, greift man zu dem Hilfsmittel, eine möglichst große Anzahl von Gesängen anzustimmen in der Hoffnung, daß einer von ihnen der geeignete sei. Das Verfahren ist wirksam, da das mächtige Wort der uranfänglichen Wesen sich vergegenwärtigt, indem es in den Körper des Kranken eingeht und das Übel vernichtet.

Schließlich möchten wir uns auf den Verrückten beziehen, der, obwohl als krank betrachtet, auch ein Individuum ist, das einen besonderen Status einnimmt. Die Ayoreo übersetzen das Wort *urosói* mit dem Wort „Verrückter"; selbstverständlich deutet man damit auf mehr oder weniger augenscheinliche Unregelmäßigkeiten im Verhalten des *urosói* hin. Trotzdem ist unser Begriff von Verrücktheit weit davon entfernt, dem Begriff der Ayoreo gerecht zu werden. Über das Thema des Wahnsinns in dieser ethnischen Gruppe berichtet *Pages Larraya* (1973).

Für die Ayoreo ist das entfesselnde Moment des Verrücktseins die Übertretung eines äußerst ernsten *puyák,* insbesondere die, die mit *Asohná* oder den Wesen, die mit ihr in Verbindung stehen, zu tun haben. Man kann auch in den *urosói*-Zustand gelangen, wenn man die Vorschrift nicht befolgt, Hände und Mund zu waschen, nachdem man gewisse Tiere gegessen hat, so z.B. das Gürteltier oder den pecarí, zwei der wenigen Gattungen, die sie als eßbar ansehen.

Asohná ist eine der fürchterlichsten Persönlichkeiten der blutigen Ayoreo-Mythologie: Sie war eine große Schamanin und eine große Mörderin. Ihr mythischer Zyklus ist *puyák,* wegen der großen Macht der Figur und der tragischen Geschehnisse, die man darin erzählt. Die Winterschlaf haltenden Tiere stehen mit ihr in Verbindung, da das auf *Asohná* bezogene Ritual die Winterzeit beendet, in der die Tabus zahlreicher und gefährlicher sind.

Was den Ablauf anbetrifft, durch den Verrücktheit verursacht wird, ist eine der häufigsten Ideen die, daß durch das mächtige Wort, in Gestalt von „Lehrern", die Tiere den *ayipiyé,* der ihrem Opfer angehört, vernichten und ihn durch den eigenen ersetzen, d.h. den menschlichen Verstand durch den tierischen.

Was diesen Zustand kennzeichnet und den *urosói* von einem gewöhnlichen Menschen unterscheidet, ist die Macht, die ihm die Tiere übertragen. Tatsächlich, der *urosói* ist mit *uhopié* ausgerüstet, d.h. der Macht, die dem Schamanen eigen ist – eine Tatsache, die offenkundig wird, da unter vielen Umständen die Macht des *urosói* ähnlich der des *daihnái* ist. Wir beziehen uns auf die Fähigkeit, Tiere in menschlicher Gestalt zu sehen, in die Ferne sehen zu können, und auf die Gabe zu prophezeien. Die *uhopié* wird zwar nicht vom *urosói* kontrolliert — wie es beim Schamanen der Fall ist – sondern er besitzt sie auf eine unkontrollierte Weise; sie führt ihn dazu, irre zu werden, und er bleibt ihr unterlegen.

Diese kurze Übersicht zeigt uns die Vielgestaltigkeit der Personen und Techniken, die in der Welt der Ayoreo mit der Macht (potencia) in Verbindung stehen und die sich keineswegs in den Institutionen erschöpfen, die herkömmlicherweise bekannt sind.

2.7.3   Die Chimane aus Ostbolivien

A.A. Perez Diez

Das Gebiet, das den Habitat der Chimane ausmacht, die sich selber *métki* „die Leute" nennen, liegt am südwestlichen Rand des unendlichen Gebietes der oft überschwemmten östlichen „Ilanos" (Ebenen) – herkömmlich als „Llanos de Mojos" bekannt – und befindet sich auf den östlichsten Ausläufern der Cordillera Real, im Staatsgebiet der bolivianischen Republik (s. Abb. 1, S. 118). Dort wohnen 2 000 bis 4 000 Chimane und bilden sehr verstreute Niederlassungen von großen patrilokalen Familien. (Die einzige Siedlung von einiger Bedeutung ist die Missionsniederlassung von Fatima de los Chimane in der Nähe des Zusammenflusses des Chimanestromes mit dem Maniqui, da die übrigen (evangelischen) Missionsniederlassungen kleiner sind.)

Die Chimane bilden eine isolierte linguistische Gruppe, zusammen mit den Mositene und haben eine Jäger- und Fischerkultur zu eigen, bei der der Gartenbau auf Rodungen große Bedeutung aufweist (Abb. 4). Die Literatur über die Chimane ist äußerst gering. Unter den bedeutendsten Arbeiten, die man nachschlagen kann, finden wir folgende: *Orbigny* (1839, 1844), *Chamberlain* (1910), *Bibolotti* (1917), *Nordenskjoeld* (1924), *Metraux* (1942, 1948), *Hissink* (1954, 1955) und *Riester* (1976, 1978). Obwohl noch unveröffentlicht, zitieren wir außerdem unsere Arbeit (*Perez Diez,* 1983).

Unsere eigenen Untersuchungen erlauben uns verschiedene Themen herauszuheben, die sich auf die Auffassung der Krankheit und der therapeutischen Maßnahmen zu ihrer Heilung beziehen. Die Chimane unterscheiden in ihrer Terminologie verschiedene kulturelle Besonderheiten, die man bei einer oberflächlichen Annäherung verwechseln könnte. In großen Linien handelt es sich um den *sobador* (Therapeut, mittels Heilmaßnahmen über die betroffenen Stellen), den *piñitaksí* (*curador* (Heilkünstler), Kenner der Pflanzen, die heilende Eigenschaften besitzen, dessen Wirkung allgemein bekannt ist) und den *kuhkusí,* den *curador* schlechthin, den Schamanen. In den selben thematischen Bereich gehört der *farahtaksí,* der *embrujador* (Zauberer), ein Individuum, das die Fähigkeit besitzt, Schäden anzurichten in jeglicher Form, die die Chimane als solche ansehen.

Je nach dem Gesichtspunkt ergeben sich zwei Klassifizierungen: Von der Perspektive der Absicht aus setzen die Gewährsmänner eine Abstufung fest, die die wohlmeinende Absicht des *sobador* und des Kenners der therapeutischen Pflanzen von der ganz offen schädlichen, die den *farahtaksí* kennzeichnet, unterscheidet. Zwischen den beiden beschreibt man die Stellung des *kuhkusí* im Sinne einer Schwankung und sogar einer Zweideutigkeit.

Abb. 4 Junger taub-
stummer Chimane

Im Hinblick auf die Macht (potencia) erlaubt uns die vorhergehende kurze Charakterisierung klar, die Unterscheidung einerseits des *sobador* und des *piñitaksí,* im Sinne eines Fehlens einer spezifischen persönlichen Macht (potencia), andererseits des *kuhkusí* und des *farahtaksí.*

Die folgende Untersuchung widmen wir ausschließlich der Analyse der Figur des *kuhkusí,* die sich mit der des Schamanen deckt. Unsere Arbeit wird sich auf die spezifische Information über die Auffassung und Charakterisierung des *kuhkusí* beziehen, wozu wir uns – wenigstens auf eine oberflächliche Weise – den Begriffen widmen werden, die am unmittelbarsten die Auffassung und das Wirken des Schamanen betreffen.

Die Elemente, die beim *kuhkusí*-Begriff mitspielen

Wir beziehen uns auf:

a) kosmologische Begriffe,
b) den Begriff der Person,
c) den Begriff der Krankheit,
d) den Begriff der Macht (potencia).

Ein Schema der kosmologischen Sicht berichtet uns von der Erde *hák,* die aus zwei Teilen besteht: die Oberfläche, wo die jetzigen Chimane wohnen, und das *Drinnen,* wo die *Métki kánki* (die „Leute von unten oder von drinnen") wohnen. Über der Erdoberfläche nehmen die Gewährsleute einen ersten naheliegenden Himmel wahr, in dem sich die Wolken, der Wind und die Vögel des täglichen Lebens befinden; weiter weg liegt der entfernte Himmel, der von den Toten bewohnt wird. Auf der Oberfläche des *hák* unterscheidet man einige Gebiete: die Hügel, wo die Flüsse ihren Ursprung haben, die *pampa,* ein Flachland, wo sich die unteren Wasserläufe befinden, die Seen und die Sümpfe oder *curiches.*

Jede dieser Gegenden hat ihre unterschiedlichen Einwohner, Theophanien, die in bezug auf die Chimane wirken und deren Kenntnis der *kuhkusí* ermöglicht.

Nach der Kosmogonie bestand die Welt vor den gesetzgebenden Taten des *Mítcha* und *Duxvít,* den bedeutungsvollen Figuren ihrer Erzählungen. Sie bezieht sich auch auf etliche Zerstörungen der Welt, durch Feuer, durch Wasser.

Die Selbstbenennung dieser Gruppe – *Métki* –, was sie mit dem Wort „Leute" übersetzen, scheint keine Verschiedenheit der Macht zwischen Eingeborenen und Fremden festzustellen. So sprachen die Gewährsleute über die Menschen der Hügel oder von denen, die im Inneren der Erde wohnen, die schon erwähnten *métki kánki,* die die Eigenschaft besitzen, Herren der Tiergattungen zu sein und die mit dem Chimane durch den *kuhkusí* in Verbindung kommen. Man bezeichnet auch die Nachbargruppen (Yuracare, Mositene, Movima, Tacana) als *métki* und sogar die Besucher, die von sehr weit her kommen, die Missionare, die Weißen.

Jedenfalls unterscheiden die Chimane deutlich zwischen den „Leuten", die an den Attributen des Menschseins ihrer Kultur teilhaben, und denen, die dies nicht tun (die Menschen der Hügel z.B.). Der Begriff der menschlichen Person wird durch das Erkennen von einigen entgegengesetzten Bedeutungen gekennzeichnet: *tsá métki* (lebendig) und *séñi métki* (tot). Das Eigenschaftswort *tsá* und die davon abgeleitete Form *tsási* (das sie als „wir sind lebendig" übersetzen) spiegelt die Bedeutung des Begriffs des „lebendig sein" im Begriff der Person. Für die Chimane ist die Person das Ergebnis der vereinten Existenz folgender Bestandteile: Körper, Herz, Schatten, Seele-Gemüt.

Wir haben die Wörter auf spanisch auf dieselbe Weise, wie es die Gewährsmänner taten, angewendet, beim Übersetzen der betreffenden Wörter aus ihrer Sprache: *a,* der Körper als Halt (cuerpo-sostén); *kúhki,* der Aufbewahrungsort der vitalen Kraft (reservorio de la potencia vital); *uhñuñugé,* das widergespiegelte Bild oder Schattenseele (alma-sombra), die sich beim Tode in den Behälter einer besonderen furchtbaren Kraft verwandelt. Schließlich die Seele-Gemüt, *tási* (alma-ánima): wörtlich „Blut".

Beim Tode lösen sich die verschiedenen vitalen Bestandteile auf. Der Körper wird begraben, der *kúhki* kommt in den Himmel; manchmal versucht er zurückzukehren, aber sein Körper ist nicht mehr da und manchmal kommt er auf die Erde zurück und nimmt menschliche Gestalt an, die nur dem *kuhkusí* sichtbar ist. Das Schädlichsein wird nicht als Attribut des *kúhki* angesehen. Nach dem Tode bleibt die Schattenseele (*uhñuñugé*) auf der Erde und umkreist das Grab und seine Umgebung. Der gewöhnliche Mensch sieht sie nicht, aber er kann unter ihrer Macht leiden: Man nimmt sie als einen besonderen Wind wahr, der in kurzer Zeit den Tod verursacht. Der *kuhkusí* ist derjenige, der über die menschliche Gestalt des *uhñuñugé* Auskunft gibt, über sein schädliches Wirken und seine Macht, da er der einzige ist, der sie sehen kann. Schließlich ist *tási* der vitale Bestandteil, der sich während des Schlafes vom Körper trennt. Es ist gerade wegen dieser Reise des *tási,* daß der Mensch mit den Wirklichkeiten, die er während des Schlafes wahrnimmt, in Kontakt kommt.

Bei der Rückkehr des *tási* wacht der Schläfer auf und erinnert sich an sein Erlebnis. Käme der *tási* nicht zurück, um seinen Platz im lebendigen Menschen einzunehmen, würde dieser endgültig sterben. Die *kuhkusí* berichten, daß der *tási* dasselbe Aussehen, morphologische Eigenheiten und Ausmaße des Körpers des Menschen hat. Stirbt der Mensch, begleitet der *tási* den *kúhki* in den Himmel.

Unter *xapakúy* verstehen die Chimane Wirklichkeiten, die wir als „Krankheiten" übersetzen können. Diese Krankheiten bestehen in Schäden, die einem der Bestandteile der lebendigen Person zugefügt werden, im allgemeinen dem *kúhki,* und offenbaren sich im Schmerz oder im Verlust der *tási*-Seele. Um den Sinn des *xapakúy*-Begriffes gänzlich zu verstehen, kann uns die *folgende Tabelle* von Nutzen sein (s. Tab. 1).

Wie man wohl bemerken kann, bezieht sich das Wort „*xapakúy*" auf wenigstens zwei große Wirklichkeitsformen. Einerseits auf jene, die in *Khána* ihren Ursprung haben, d.h. einer Theophanie, auf die wir gleich zurückkommen werden; andererseits auf jene, die ihren Ursprung in spezifisch schädlichen Absichten einiger bösartiger Theophanien haben (*Upitú, Hehébe,* der *éme,* d.h. der Herr des Mapajobaumes – *Bombax Sp.* –) oder des Zauberers (embrujador). Jene, die eine Folge des Wirkens des *farahtaksí* sind, haben wir allgemein „Behexung" genannt und gebrauchen damit die spanische Form – „embrujamiento" –, die von den Übersetzern benutzt wird.

Wenn man die Gewährsleute über den Ursprung der *xapakúy*-Krankheit fragt, unterscheiden sie das, was wir die *Krankheit schlechthin* nennen könnten – wobei sie auf *khána* als Urheber ihres Erscheinens hinweisen – von den Formen des *Schadens* (daño), die von der Absicht gewisser *éme* oder den Handlungen des *farahtaksí* oder der *Métki kánki* im allgemeinen herrühren.

Das Wort „*férhki*" und die Ausdrücke, die davon abgeleitet werden, bezeichnen einen Bedeutungsbereich, der folgendes umfaßt: physische Kraft, Erfolg bei der Tat, Intensität als Wahrnehmung (der Tabak oder der Ajípfeffer als scharf empfunden), die Möglichkeit, mit negativen Folgen (Schaden) oder positiven Folgen (Therapie) zu handeln. Die wichtigsten Kennzeichen dieser lexikalischen Form sind einerseits die physische Kraft und andererseits das Handhaben der Macht. Das Wort „*férhki*" kann man als Eigenschaftswort benutzen (das Ding ist *férhki*) oder als Nennwort (*férhki* im Ding). In diesem Sinn ist die Bedeutung von „*férhki*" als physische Kraft nichts anderes als ein Ausdruck der vielen möglichen Bedeutungen des Machtinhaltes.

Wir haben bis jetzt einige Einzelheiten der Welt der Chimane geschildert, die auf eine bedeutungsvolle Art mit der Institution des Schamanismus in Verbindung stehen, insofern diese die Therapie gewisser Krankheiten zum Hauptgegenstand hat, sowie auch die wechselseitige Beziehung zu Theophanien des Kosmos. Wir werden jetzt die spezifischen Eigenheiten und Handlungen des *kuhkusí* untersuchen.

„Den / Schamanen / nennen sie *kuhkusí,* weil sie den Tabak *kús* nennen." /.../ Weil der ganze Körper des *kuhkusí* jetzt schon purer Tabak ist. „Darum nennen sie ihn *kuhkusí,* als wäre er voller Tabak (*entabacado*). /.../ Der Tabak ist stark / *férhki* / und darum dringt der Stachel, den die Krankheiten senden, nicht in den Körper des *kuhkusí*."

Der angeführte Text, der von unserer Feldarbeit stammt, bezeichnet ganz deutlich die Macht (potencia) als spezifische Eigenschaft des Schamanen. Solche *férhki*-Macht ist das Ergebnis des Prozesses von Machtsteigerung gleichzeitig mit dem der Einweihung und des Erlernens der schamanischen Kenntnisse. Man kann ihn als

Tabelle 1 Krankheiten, ihre Erklärung und Therapie bei den Chimane

Krankheit	Figur	Erscheinung	Abhängigkeit	Therapie	Pflanze	Therapeut	Krankheitserreger
1. Espundia = *xajegié* (Leishmaniasis cutánea)	Laus	Schmerzen	*Khána*	Feuer (Kohlenglut)		*piñitaksí*	Laus
2. Dreitägiges Wechselfieber (Sumpffieber)	kalte Frau	Wechselfieber	*Khána*	Aufguß, Schläge	Mateteé; Juckpulver	*piñitaksí*	Geruch
3. Husten = *dra*	hustender Mann	Husten	*Khána*	Aufguß	Gujavaapfel (Herz); *kaskaría (Schale)*	*piñitaksí*	Geruch
4. Geschwulst = *itsátsa*	violetter Mann	Geschwulst	*Khána*				
5. Diarrhöe = *waswakdjé*	Frau	Diarrhöe	*Khána*	Saft trinken	„uña de gato"	*piñitaksí*	Gestank
6. Nagender Schmerz = *mitakí*		Würmer; Schmerzen	*Mitcha*	Rauch	Tabak	*piñitaksí*	Geruch
7. Blattern = *potsandjé*	Frau mit schwarzem Kleid	sehr hohes Fieber Schmerz Pestbeulen	*Khána*	Es gibt kein Heilmittel			
8. Boro = *múfik*		stechender Schmerz		mit Kohlenglut verbrennen	Tabak		
9. Puchichi (Pustel) = *japjé*	violette Frau	Furunkel		Pflaster; durchkneten	grüner Tabak; Blatt von Ajipflanze	*piñitaksí*	Gestank

Tabelle 1 (Fortsetzung)

Krankheit	Figur	Erscheinung	Abhängigkeit	Therapie	Pflanze	Therapeut	Krankheitserreger
10. Masern	Frau		*Khána*	Schmiere mit Saft	grüner Tabak	*piñitaksí*	Gestank (verfaultes Fleisch)
11. Räude = *Shivirá*	Frau	Hautleiden	*Khána*	Saft; Schmiere mit Blättern	Zitrone; *ibánta*	*piñitaksí*	Laus
12. Flecken = *shíma*				Schmiere mit Harz	Juckpulver	*piñitaksí*	Laus
13. Ohrenschmerzen = *chexwajé*				Schmiere	Liane	*piñitaksí*	
14. *Upitú*-Frostbeule		Frostbeule	*Upitú*	Pflaster	Tabak	*piñitaksí; kuhkusí*	
15. Behexung = *farahtakdjé*	verschieden	Schaden	*Farahtaksí*	verschieden	verschieden	*kuhkusí* in Trancezustand	Rauch; Viper usw.
16. Schaden des mapajo	Mann	Schaden; Schmerz; Tod	Mapajo	Gespräch		*kuhkusí*	Rauch, Knüttel im Traum
17. *Upitú*-Pfeil	Pfeil	innerer Schmerz	*Upitú*	Pfeil durch Saugen entfernen		*kuhkusí*	Pfeil
18. *Hehébe*-Pfeil	Pfeil	innerer Schmerz	*Hehébe*	Pfeil durch Saugen entfernen		*kuhkusí*	Pfeil

einen „Geweihten" (*consagrado*) bezeichnen. Seine Macht kann „verunreinigt" werden und deshalb bedarf es für seine Person Vorsichtsmaßregeln: Man darf ihn selber nicht berühren (täte man das, würde den, der sich dazu erdreistet, der Arm schmerzen), sowie auch nicht seine Gegenstände.

Die Einweihung setzt das Finden und die Übertragung der Kenntnisse seitens der *Métki kánki* voraus. Diese sind die wirklichen „Einweiher" (iniciadores) und gehen mit dem *kuhkusí* ein besonderes Gemeinschaftsverhältnis ein, das sein späteres Wirken ermöglicht. Es besteht ein Erbrecht des kulturellen Status des *kuhkusí* von Eltern zu Kindern, obwohl es nicht unumgänglich auf diese Weise geschehen muß, da ein alter *kuhkusí* irgend einen Jüngling, der den Wunsch hat, einer zu werden, lehren kann. Die erwähnte Vorbereitung besteht darin, die Bedeutung des Zusammentreffens mit den *Métki kánki* anzukünden und zu erklären. Von diesen Begegnungen an beginnt die eigentliche Periode der Einweihung, die aus dem Erlernen der Techniken, dem Erreichen der Ausrüstung und dem Kennenlernen der Theophanien besteht. Nach unseren Erkundigungen entfernt sich der Prüfling für gewöhnlich von seiner Gemeinschaft für eine längere Zeitspanne – bis sechs und acht Monate – eine Zeit, in der er mit den *Métki kánki* zusammenwohnt. In diesem Zeitraum bezeichnet man ihn als *shápe,* ein Wort, das einige als „Verrückter" übersetzen.

Der Lernprozeß setzt folgendes voraus: das Erlernen der Zubereitung des Tabaksaftes, das des Gebrauches eines Membranophones – Trommel oder große Trommel –, mit dem er den Gesang begleitet, der seine theophanischen Gehilfen zusammenruft; die Verfertigung der Zigarre aus Tabakblättern; das Erkennen von Pflanzen, die nur er gebrauchen darf, deren Saft ihm dazu verhilft, die Männer der Hügel zu sehen; das Vertrautwerden mit möglichen Gehilfen, z.B. Männer der Hügel (*Métki kánki*), Tote, einige Theophanien des Kosmos wie *Opo, Edobóre* (der Herr der Fische), *Hehébe* (weibliche Gestalt, Herrin gewisser Tiere) oder der *Upitú* selbst (der Regenbogen, eine besonders gefürchtete Gestalt).

Er lernt auch die Technik des Saugens, was ihm erlaubt, den Schaden, der in der Gestalt von Speeren oder Pfeilen erscheint, herauszuziehen, sowie auch die Art, das schamanische Haus, die *shípa,* zu bauen.

Die *shípa* ist ein Bau, der aus einem mittleren Pfosten besteht, der ungefähr sechs Meter hoch ist, einer kreisförmigen Wand, die nicht mehr als drei oder vier Meter Durchmesser aufweist und eineinhalb Meter hoch ist, mit zwei Öffnungen, eine gegen Osten und die andere gegen Westen, und einem kugelförmigen Dach aus Palmblättern. Dort empfängt der *kuhkusí* die Leute aus den Hügeln und die schon erwähnten Theophanien, mit dem Ziel, die therapeutischen Handlungen zu vollbringen oder als Mittler zu wirken.

In der *shípa* versammeln sich ein oder einige *kuhkusí* mit zehn oder zwölf Männern. Es können keine Frauen eintreten, nur zwei Jungfrauen, die chicha anbieten (wenn sie älter sind, ärgert ihr Geruch die *Métki kánki*). Der Schamane und seine Begleiter trinken und er ruft auch die Theophanien zusammen und fordert sie auf zu trinken als Teil der schamanischen Rituale. Man bereitet zwei Arten chicha zu, eine von ihnen stark und dick, die die Männer einnehmen, die den *kuhkusí* außerhalb der *shípa* begleiten, und eine leichte Art („rala" laut den Übersetzern), die der *kuhkusí* und die Theophanien innen zu sich nehmen.

Die schamanische Sitzung endlich besteht aus der wechselseitigen Beziehung zu den Theophanien, sie geht von einem besonderen Zustand aus, zu dem die Einnahme von Tabaksaft mit Salz, das Einatmen von Tabakrauch oder das Kauen von Tabakblättern führt. Außerdem tröpfelt der Schamane den Saft der Wurzel der *puyúba* (eine Pflanze, die dem Schamanen eigen ist) in seine Augen. Das schamanische Handeln besteht bei dieser Gelegenheit im Erkennen der Theophanien in ihrer menschlichen Gestalt und in der Bitte, ihren guten Willen den Menschen gegenüber darzutun: in bezug auf Jagdtiere, Fische, Heilung der Krankheiten, Sonnenfinsternisse zu vermeiden oder *Natur*erscheinungen (die in der Auffassung der Chimane offensichtlich nicht der Natur angehören). Auch sein *tási* reist und hat die Möglichkeit, die Welt kennenzulernen, um später der Gemeinschaft darüber zu berichten. In diesem selben Zustand kann er die *farahtaksí* erkennen, welche Schaden durch Hexerei anrichten.

Literatur

Bibolotti, B.: Mositene Vocabulary and Treatises. Evanston & Chicago. Chicago, Illinois 1917

Bormida, M.: Etnología y fenomenología. Ed. Cervantes, Buenos Aires 1976

Bormida, M.: Cómo una cultura arcaica conoce su propio mundo. Scripta Ethnologica 8 (1984) 13–161

Bormida, M., Califano, M.: Los indios Ayoreo del Chaco boreal. *Fecic,* Buenos Aires 1978

Califano, M.: Cantos mashco de la fiesta del embatáre. Scripta Ethnologica 1 (1973) 189–197

Califano, M.: La incorporación de un nuevo elemento cultural entre los Mashco de la Amazonia peruana. Relaciones de la Sociedad Argentina de Antropología 11 (1977) 185–201

Califano, M.: El mito de Atúnto y la potencia amorosa; análisis de una práctica ritual de los Huachipaire (Mashco). Cuadernos Prehispánicos 9 (1978 a) 33–90

Califano, M.: Análisis comparativo de un mito mashco. Entregas del Instituto Interdisciplinario Tilcara 3 (1978 b) 1–75

Califano, M.: Muerte, miedo y fascinación en la crisis de *embüye* de los Mashco de la Amazonia Sudoccidental. Runa 13 (1981) 125–151

Califano, M.: Etnografía de los Mashco de la Amazonia Sudoccidental. *Fecic,* Buenos Aires 1982

Califano, M.: El mito del árbol cósmico *Wanámei* de los Mashco de la Amazonia Sudoccidental. Anthropos 78 (1983) 739–769

Califano, M., Fernandez Distel, A.: L'emploi du tabac chez les Mashco de l'Amazonie Sud Occidental du Perou. Bulletin de la Societé Suisse des Américanistes 42 (1978) 5–14

Califano, M., Fernandez Distel, A.: The use of a Hallucinogenous Plant among the Mashco (Southwestern Amazonia, Peru). Zeitschrift für Ethnologie 107 (1982) 129–143

Chamberlain, A.: Sur quelques familles linguistiques. Journal de la Societé des Américanistes 7 (1910) 179–202

Hissink, K.: Frobenius-Expedition 1952–1954 nach Bolivien. Zeitschrift für Ethnologie 79 (1954) 206–211

Hissink, K.: Felsbilder und Salz der Chimane Indianer. Paideuma 6 (1955) 60–68

Idoyaga Molina, A.: El daño mediante la palabra entre los Ayoreo del Chaco boreal. Arstryck, Göteborgs Etnografiska Museum, Göteborg 1979/80

Larraya, F.P.: El complejo cultural de la locura entre los Moro-ayoreos. Acta psiquiátrica y psicológica de América Latina 19 (1973) 253–264

Metraux, A.: The native tribes of Eastern Bolivia and Western Matto Grosso. Bureau of American Ethnology, Bulletin 134, Smithsonian Institution, Washington 1942

Metraux, A.: Tribes of the Eastern slopes of the Bolivian Andes. Handbook of South American Indians 3 (1948) 485–504

Nordenskjoeld, E.: Forschungen und Abenteuer in Südamerika. Strecker und Schröder, Stuttgart 1924

Orbigny, A. d': El hombre americano. Ed. Futuro, Buenos Aires 1839

Orbigny, A. d': Viaje a la América meridional. Ed. Futuro, Buenos Aires 1844

Perez Diez, A.: Etnografía de los Chimane del oriente boliviano. Unveröffentlichte Doktorarbeit, 1983

Riester, J.: En busca de la Loma Santa. Los Amigos del Libro, La Paz 1976

Riester, J.: Canción y producción en la vida de un pueblo indígena (los Chimane: tribu de la selva oriental). Los Amigos del Libro, La Paz 1978

Van der Eynde, E.: Léxicos y fonología amarakairi y wacipáiri. Documentos de trabajo, Universidad de San Marcos, Lima 1972

2.8 Veränderte Wachbewußtseinszustände in Heiltanzritualen nordamerikanischer Indianer

W.G. Jilek

Zusammenfassung

An drei Beispielen von Tanzzeremonien nordamerikanischer Indianer (Geister-, Sonnen-, Kürbistanz) wird die Induktion kollektiver veränderter Wachbewußtseinszustände (VWB) zu religiösen und Heilzwecken dargestellt. Kandidaten zur Geistertanzinitation sind Menschen, welche an Depression (besonders sog. anomische Depression), Angst, Körperbeschwerden, verschiedenen Verhaltensstörungen, Alkohol- und Drogenproblemen leiden – was die therapeutische Komponente des Geistertanzes schon in der Tendenz beleuchtet. Solche VWB zu erzielen, ist eine universale Fähigkeit des Menschen verschiedener außereuropäischer Kulturen. Die Phänomene weisen gewisse gemeinsame Grundmuster des Erlebens wie in der Trance auf, welche in Anlehnung an *Ludwig* dargestellt werden. Die Erzeugung von VWB ohne Zuhilfenahme von halluzinogenen Drogen geschieht durch Variation der Wachheit, der Reizzufuhr, Hyper-, Hypoventilation, rhythmische akustische Stimulation und Bewegung. Kollektive Trancezustände haben eine sozial einende, spannungslösende, integrative und adaptive Funktion, sie induzieren Heilkräfte durch die Wirkung kulturell validierter Symbole. Möglicherweise ist das neuroendokrine System (endogene Opioide) das biochemische Substrat von VWB.

Einleitung

Im folgenden werden Beobachtungen an soziokulturellen Phänomenen im Lichte physiologischer und psychologischer Theorien zum Bewußtsein und zu veränderten Wachbewußtseinszuständen vorgestellt. An drei aktuellen Beispielen von Tanzzeremoniellen nordamerikanischer Indianer soll gezeigt werden, daß die traditionellen therapeutischen Prinzipien, entwickelt in einer spezifischen nicht-westlichen Kultur und in einem besonderen historischen Kontext, die transkulturelle Validität theoretischer Vorstellungen der modernen Physiologie und Psychologie zu veränderten Wachbewußtseinszuständen bestätigt, während umgekehrt veränderte Wachbewußtseinszustände durch diese besonderen kulturellen Beispiele beleuchtet werden.

Drei aktuelle Beispiele von Tanzzeremoniellen

Der Geistertanz der Salish

Die winterlichen Geistertänze stellen die hauptsächliche rituelle Aktivität der salishsprechenden Indianer der pazifischen Küste von Nordamerika dar. Die Salish-Indianer halten den Winter für die geeignete Zeit für Zeremonien, um die zur Winterzeit geschwächte Vitalität zu stärken durch die jährliche Wiederkehr der Geisterkräfte. Während vieles von der traditionellen Salish-Kultur zugrunde gegangen ist, wurde die Geistertanzzeremonie durch ältere Leute heimlich ausgeführt und überlebte so trotz der anfänglichen Anstrengungen der Regierung, der Kirche und der Schulautoritäten, dieses „heidnische" Ritual zu unterdrücken (mittels des Gesetzes gegen Potlatch- und Tamanawas-Tänze [Abschnitt 3 der Statuten von Kanada 1884]). Der Geistertanz wurde in den Jahren um 1960 öffentlich wiederbelebt. Er hat heute alle Kennzeichen einer wachsenden einheimischen Bewegung.

Die indianischen Ritualisten halten solche Eingeborene für Kandidaten zur Geistertanzinitiation, welche an Depressionen, Ängsten, körperlichen Beschwerden, welche nicht auf westliche Behandlungsmethoden ansprechen, aber auch Personen mit bestimmten Verhaltensstörungen, mit Alkohol- und Drogenproblemen. Solche Personen zeigen oft eine „anomische Depression" mit psychischen, körperlichen und Verhaltenssymptomen im Zusammenhang mit kultureller und sozialer Deprivation (*Jilek,* 1982). Die Einheimischen-Diagnose dieser Zustände als Geisterkrankheit erlaubt die Reidentifikation einer ihrer Kultur entfremdeten Person auf dem Wege der Initiation zum Geistertanz.

Die Todes- und Wiedergeburtsmythologie ist das zentrale Thema der kollektiven Suggestionen um die Geistertanzinitiation. Im Verständnis der heutigen Salish-Ritualisten ist es die Geisterkraft, welche durch den Initiator auf den Initianden wirkt. Es ist diese Geisterkraft und nicht der Initiator selbst, welche den Novizen heilt, indem seine Beschwerden und Konflikte mit seiner alten Persönlichkeit zusammengebracht werden und auf dem Weg über eine Wiedergeburt in ein neues Leben als einer, der seine kulturelle Identität wiedergewonnen hat, der sich wieder eingliedern konnte in seine angestammte Kultur. So wie die Heilkraft des Schamanen oder Medizinmanns durch die übernatürlichen Kräfte sanktioniert werden muß (*Jilek,* 1971), so ist im Geistertanz der Initiator durch die Kraft des Schutzgeistes Heiler. Der Schutzgeist selbst bedient sich des initiierenden Ritualisten, um des Initianden fehlerhaftes oder krankes altes Selbst untergehen zu lassen, damit er mit einem neuen Potential für einen vollkommenen Wandel erwache. So leitet der Schutzgeist den Klienten auf den Pfad der indianischen Tradition durch die Lehren der Älteren. Der neugeborene Initiand wird „Baby" und „hilflos" genannt, er wird auch als solcher behandelt: Er wird gebadet, später gefüttert und angekleidet, ständig begleitet und behütet von „Babysitters". So soll der Initiand zunächst zu einem Stadium völliger kindlicher Abhängigkeit regredieren. In der dunklen Schlafkammer des Langhauses, vergleichbar der Geborgenheit im Uterus, brütet der Initiand gewissermaßen seine Kraft aus und wächst mit ihr in eine gesündere und lohnendere Existenz. Vom Tage seiner Initiation an wird er sein spirituelles Alter zählen. In diesem ganzen Prozeß der Initiation können drei hauptsächliche therapeutische Zugänge unterschieden werden:

1. Abbau negativer Verhaltensmuster durch eine Art Schockbehandlung, gefolgt von
2. physischem Training und
3. Neulernen durch Belehrung.

Der Kandidat wird für eine Periode von durchschnittlich zehn Tagen im Langhaus gehalten, abgeschlossen in einem dunklen Schlafraum oder im Rauchhauszelt. Die Länge dieser Abschließung, bei welcher eine viertägige Periode passiven Ausharrens von häufigen anstrengenden Übungen abgelöst wird, variiert mit den Kandidaten und den Ritualisten. Sie scheint von der Motivation des Novizen abzuhängen und von seiner (unbewußten oder bewußten) Kooperation im Finden seines eigenen Gesanges und Tanzes – auf welches der Initiationsprozeß hinzielt. Die prinzipiellen therapeutischen Funktionen dieses Prozesses – Abbau der bisherigen Persönlichkeitsmuster und Neuorientierung – sind dem Ritualisten bekannt. So sagt ein älterer Teilnehmer solcher Rituale:

> „Es ist eine indianische Behandlungsform, es ist eine Art von Gehirnwäsche, vier bis zehn Tage von Tortur. Durch diese Tortur werden die Initianden aufgeweicht, ihr Hirn wird weich. In dieser Zeit wird man ganz schwach und das Gehirn wird zu nichts. Alles, was man in dieser Zeit lernt, haftet tief und man wird es nie mehr vergessen."

Der Abbau der Persönlichkeitsmuster (personality depatterning) beginnt mit einer Schockbehandlung, durch Schlagen (clubbing), Packen (grabbing) und durch Aufpäppeln (doctoring up) des Initianden, welches auf eine rasche Induktion eines veränderten Bewußtseinszustandes zielt. Ich beobachtete Fälle von wiederholter und langer Behandlung, zu welcher plötzliches Packen des Körpers des vorbereiteten Kandidaten gehört, Immobilisation seiner Gliedmaßen durch physische Fesselung, Verbinden der Augen, Schlagen, Beißen, Kitzeln von bloßgelegten Körperpartien (Bauch, Flanken, Fußsohlen). Gleichzeitig wurde der Kandidat massiven kinetischen Stimulationen ausgesetzt: er wurde emporgehoben und fallengelassen, schnell um das Langhaus herumgetragen, herumgewirbelt und geschaukelt, und auch einer intensiven akustischen Stimulation wie lautem Trommeln und Rasseln in schnellen Rhythmen, Singen und Heulen nahe bei seinen Ohren. Diese „grabbing" (Ergreifen) genannte Prozedur wird mindestens viermal wiederholt, wobei die acht Betreuer des Initianden jedesmal vier Runden um das Langhaus vollenden, bis das Stöhnen und die Schreie des Initianden immer schwächer werden, bis er leblos, bleich und starr erscheint – und schließlich in den Schlafraum gebettet wird.

Während der vier Tage der Phase zum Abbau der Persönlichkeitsmuster wird der Initiand mit einer Augenbinde versehen, er muß völlig still liegenbleiben, darf nicht reden und sich nicht bewegen, selbst nicht im Schlaf, wenn er unter seinen schweren Decken schwitzt, während die Betreuer am Rand seines Lagers sitzen und Wache halten. Der Initiand bleibt ohne Nahrung und selbst seine Flüssigkeitsaufnahme ist reduziert. Zu gleicher Zeit wird er geneckt und getestet mit schmackhaften Lachsstücken, welche man nahe an seinen Mund hält. Täglich wird er wiederum dem initialen Schock des Packens (grabbing) unterzogen, um ihn wiederum „sterben" zu lassen. Der Eintritt des Novizen in die erwünschten veränderten Bewußtseinszustände wird durch die häufigen Gesänge und das Trommeln der Zeremonienmeister erleichtert. Alle diese Maßnahmen zielen darauf, den Novizen zu seinem Gesang zu bringen. Während der Novize in seinem Zelt liegt, empfängt er seinen Gesang, seine Tanzbewegungen und seine Gesichtszeichnungen in einem Stadium zwischen Schlaf, Traum und Wachheit.

Dieses strikte Regime von Opfern und Torturen wird fortgesetzt, bis der Initiand seinen Gesang gefunden hat, worauf er sorgfältig eingekleidet wird mit der traditionellen Tracht, dem Hut und dem Stock als Zeichen seiner Wiedergeburt. Der Schutzgeist selbst erscheint dem Novizen, der im Langhausschlafraum weilt, im Traum oder in einer visionären Erfahrung unter den Bedingungen physischer Anstrengung im Zusammenhang mit den Übungen, welche der Initiation folgen. Die Phase der physischen Übungen ist mit intensiver Belehrung kombiniert und soll das „neugeborene Baby" stark machen. In dieser Zeit muß der Initiand täglich seine

Runden um das Langhaus oder im Gelände laufen, oft barfuß im Schnee. Täglich muß er schwimmen – die neuinitiierten Tänzer müssen in eiskaltes Wasser springen und dann ihren Körper mit Zedernzweigen reiben. Häufig müssen sie im Langhaus zu den schnellen Rhythmen vieler Trommeln tanzen, bis sie in eine Erschöpfung geraten. Nach der Inkubationszeit dürfen die Initianden ihre neuerworbene Kraft spüren, wenn der Gesang aus ihnen herausbricht und wenn die Schritte und Sprünge ihres ersten Tanzes sie durch das Langhaus tragen, angetrieben vom Rhythmus der Hirschledertrommeln, von den Gesängen und vom Klatschen der Menge. Für moderne Geistertänzer mag diese seelige Erfahrung vergleichbar erscheinen zu den besonderen Bewußtseinszuständen, die durch Opiate hervorgerufen werden:

„Ich sprang drei Fuß hoch und ich hatte solch einen Schauer, solch ein schreckliches Gefühl, wie wenn ich im Wasser treiben würde, wie wenn ich in der Luft wäre. Man fühlt sich richtig „high". Ich hatte nur einmal zuvor in meinem Leben ein ähnliches Gefühl, als ich Heroin gespritzt hatte. Aber damals ging ich im Anschluß daran durch die Hölle, es war furchtbar. Aber mit der Kraft des Geistergesanges erfährt man all dies ohne dieses schreckliche Nacherlebnis."

Die physikalische Analyse von Aufnahmen dieses Trommelns zeigte eine Frequenz des rhythmischen Trommelns im Bereich zwischen 0,8–5, mit einer Durchschnittsfrequenz von 2,95 pro Sekunde. Ein Drittel der abgeleiteten Frequenzen sind über 3 pro Sekunde, d.h. innerhalb oder nahe bei der Frequenz der Thetawellen des menschlichen Elektroenzephalogrammes. Frequenzen in diesem Bereich sind auch völlig dominierend beim Trommeln während der Initiation. Da die Stimulusfrequenz im Bereich des Thetabandes des EEG (4 bis 7 pro Sekunde) für die Induktion von Trancezuständen am effizientesten erscheint, nahm *Neher* (1962) an, daß Trommelrhythmen nahe bei diesen Frequenzen in solchen Zeremonien mit Trancezuständen überwiegen. Die Analyse unserer Daten vom indianischen Geistertanz bestätigt diese Hypothese. Moderne Geistertänzer sehen in der Initiation eine heilsame Lernerfahrung: „Es lehrt Dich physisches, emotionales, geistiges Wohlbefinden". Während viel von diesem Lernen durch nonverbale Konditionierung geschieht, spielt doch die theoretische Belehrung auch eine wichtige Rolle. Es schließt die direkte Lehre der Regeln und Sanktionen der Geisterkraft ein, die indirekte Verstärkung kollektiver Suggestionen durch Erzählen der traditionellen Lehre, durch Beispiele vom Wirken der Geister, der Geisterkraft. Es schließt auch ein, was man „kulturelle Propaganda" nennen könnte, wodurch der junge Indianer eine positive kulturelle Identifikation erreichen sollte.

Der Initiationsprozeß endet mit der Zeremonie der Entkleidung. Dies soll des Kandidaten erfolgreiche Befreiung von der Geisterkrankheit durch ein korrekt ausgeführtes Initiationsritual unterstreichen. Zusammen mit seiner Tracht wirft der Initiand seine alten Kleider, symbolisch seine alte Persönlichkeit ab, wie die Schlange ihre Haut abstreift. Der neue Geistertänzer wird dem Publikum als ein weiterer Zeuge für die heilende und regenerative Kraft des Schutzgeistes vorgeführt.

Die Wirkung der Zeremonie bleibt nicht nur auf den aktiven Geistertänzer mit seiner Initiation beschränkt, welcher von da ab bei häufigen Gelegenheiten jeden folgenden Winter weiter tanzt, sondern auch für ihre Angehörigen und für viele andere Indianerfamilien, welche an der Zeremonie teilnehmen. So vertieft sich Winter für Winter jedes Jahr diese jahreszeitlich gebundene Geistertanztherapie. Diese kann man nach ihrer Art und Dauer als spezifische indianische kulturelle Einrichtung ansehen, welche aus westlicher Sicht verschiedene therapeutische Elemente enthält:

Aktivitäts- und Beschäftigungstherapie, Gruppenpsychotherapie, kathartische Abreaktion, Psychodrama, direkte suggestive Ich-Unterstützung und physische Übungen.

Während dieser Tänze werden spezifische schamanische Heilrituale vollzogen, auch für die nichtinitiierten Patienten. Sie erfordern eine unmittelbare Aufmerksamkeit des Therapeuten. In dieser ursprünglichen indianischen Therapie stehen psychoreaktive und psychophysiologische Mechanismen im Zentrum. Meiner Erfahrung nach kann die therapeutische Wirksamkeit dieses einheimischen Heilrituals für indianische Patienten durchaus positiv mit gegenwärtigen westlichen Therapien in Parallele gestellt werden und ist dem westlichen ,,Therapie"-Rüstzeug bei indianischen Verhaltensstörungen, die mit Alkohol- und Drogenabusus zusammenhängen, überlegen (*Jilek, 1982*).

Der Sonnentanz

Der Sonnentanz kam um 1700 bei den Plains Algonquians auf, breitete sich dann unter den Präriestämmen aus und wurde zu Beginn des neunzehnten Jahrhunderts die bedeutendste Zeremonie der Indianer dieser Region. Er schließt komplexe Gruppenriten ein, zusammen mit mythologischen Themen um Kampf und Bisonjagd. Die Sonnentänze zogen viele Teilnehmer an: Tänzer, Sänger, Trommler, Zuschauer. Die Männer tanzten drei bis vier Tage und Nächte, ertrugen Durst und Hunger, Verletzungen und Qualen auf ihrer Suche nach der Kraft und nach dem Erfolg auf der Jagd und im Krieg. Erst als der indianische Widerstand gegen die Übermacht der Weißen zusammenbrach und keine Bisons mehr für die Jagd übrig waren, verlor der Sonnentanz seine Funktion. Die weiße Autorität verbot 1881 den Sonnentanz der Sioux (Pineridge Reservation, South Dakota). Eine verzweifelte letzte Anstrengung, um die übermächtige Flut der Weißen mit Hilfe der übernatürlichen Kräfte des Geistertanzes zurückzuhalten, endete mit der blutigen Unterdrückung des Sioux-Aufstandes von 1890. Um diese Zeit wandelte sich unter dem Einfluß der Schamanen der Wind River Schoschonen von Wyoming das Hauptanliegen des Sonnentanzes von Krieg und Jagd weg zu einer Heilkur für Krankheit und soziales Elend. Dabei folgten sie der Anleitung eines Meisters des Sonnentanzes, welcher durch eine Traumvision gelehrt worden war, die Zeremonie neu zu orientieren. Nach *Jorgensen* (1972) veranlaßte das Versagen der transformativen Bewegung (*Aberle,* 1966) des Geistertanzes, welcher auf einen totalen Wechsel im supraindividuellen System gezielt hatte, die Führer des Rituals der Schoschonen, das alte Sonnentanzzeremoniell umzufunktionieren. Sie wandelten die Zeremonie zu einem therapeutischen Instrument für Gesundheitsprobleme und Probleme der Gemeinschaft, welche direkt oder indirekt aus dem Eindringen durch die Weißen stammten. Unter der Führung der visionsgeleiteten Schamanen und als Reaktion auf die Deprivation der frühen Reservationszeit wandelte sich der Sonnentanz zu einer Erlösungs- und Wiedergutmachungsbewegung (*Aberle,* 1966) mit dem Ziel, einen totalen Wandel der Individuen herbeizuführen. Als solche therapeutische Bewegung bestand der Sonnentanz weiter unter den Schoschonen und Ute der zentralen Rocky Mountains und des Great Basin. Um 1950 erfuhr der Sonnentanz eine Wiederbelebung und wurde um die Mitte der sechziger Jahre zur hauptsächlichen religiösen Bewegung der Indianerstämme im Wyoming, Idaho, Utah und Colorado.

Auch der Sonnentanz der Sioux wurde in den frühen sechziger Jahren wiederbelebt (*Nurge,* 1966). Auch heute noch kommen hunderte von Teilnehmern und große Mengen von Zuschauern jährlich im August in der Pine Ridge Reservation zusammen. Die früher verpönte Tortur wurde in den wiederbelebten Sonnentanz der Sioux aufgenommen. Heilige Eide werden geschworen, in der jährlichen Zeremonie mit durchbohrtem Fleisch zu tanzen. Nach der Reinigung in der Schwitzhütte und nach dem Umgang der Friedenspfeife ziehen die Tänzer in der Prozession in die Arena, geführt von einem Mann, der einen Büffelschädel trägt, und vom Meister des Sonnentanzes, dem schamanischen Leiter, welcher nach der Tradition den Verlauf des Rituals bestimmt. Begleitet vom rhythmischen Gesang und Trommeln bewegen sich die Tänzer, ihre Adlerknochenpfeifen blasend, viermal in jede Himmelsrichtung, alternierend in der Bewegung zum zentralen Pfahl hin und zurück. Die Männer, welche das Gelübde getan haben, werden mit Riemen, welche der Meister in ihren Brustmuskeln befestigt, an den Mittelpfahl gebunden. Dort angebunden tanzen sie weiter, bis ,,das Fleisch bricht".

Heute wird der Sonnentanz gewöhnlich während drei Tagen und Nächten ausgeführt. Außer den Tänzern nehmen auch die Gruppen der Sänger und Trommler teil und viele Zuschauer, welche die Tänzer anfeuern. Die schamanischen Sonnentanzmeister planen und leiten die Zeremonien und führen den Initiationsprozeß neuer Tänzer ein. Unter den Ute prüfen die Schamanen den Ruf der Kandidaten, indem sie ihre Träume analysieren und interpretieren und entsprechende Ratschläge geben. Während des Winters und Frühlings sind die Adepten des Sonnentanzes und die Gruppen der Sänger mit den Vorbereitungen beschäftigt.

Die Initianden des Sonnentanzes bei Schoschonen und Ute werden von ihrem Meister instruiert, mindestens zweimal in jeder von zwölf Zeremonien zu tanzen, um langsam über die Jahre übernatürliche Kräfte zu erwerben, Schritt für Schritt die Kontrolle über die erworbene Kraft zu sichern, bevor sie mehr zu erwerben trachten, und sehr vorsichtig und behutsam zu sein im Gebrauch der übernatürlichen Kräfte. Die Tänzer müssen Alkohol und Peyote vermeiden. Andere Vorschriften verpflichten die Teilnehmer des Sonnentanzes, immer im Sinne der Gemeinschaft ihres Volkes zu wirken, gütig und hilfreich zu sein, Ältere zu achten und sorgsam die Integrität ihrer indianischen Tradition zu wahren. Während der Zeremonien ermahnen die Schamanen und Meister die Tänzer und die Zuschauer, die Schönheit indianischen Lebens zu erhalten. Sie wenden sich gegen den Materialismus der dominierenden weißen Gesellschaft, deren Kräfte sie gering schätzen im Vergleich zu den übernatürlichen indianischen Kräften. Dies steht in Parallele zu anderen indianischen Zeremonien, in denen die Versammlungshäuser den Ruf nach einer sich erhebenden panindianischen nationalistischen Bewegung widerhallen lassen. Dies stammt aus der Gewißheit, daß die indianische Kultur überlegen sei (*Jilek,* 1977). Solche Zeremonien stärken Identität und Ich-Gefühl vieler jungen Indianer, deren Selbstbewußtsein untergraben worden war.

Im Zentrum der Sonnentanzreligion steht der Erwerb übernatürlicher Kräfte (*Jorgensen,* 1972). Diese Kräfte werden für das eigene und der Gemeinschaft Heil gesucht, zur Linderung des Leidens und zum Vertreiben von bösen Einflüssen. Diese Kraft kann als schamanische Kraft verstanden werden, so wie der Sonnentanz Charakteristika der schamanischen Initiation aufweist: Berufung und Instruktion durch Traumvisionen, Anleitung und Lehre durch einen Schamanen, Feuerprobe in Fasten, Durst, Schmerz, Deprivation und schließlich die Suche und der Empfang einer persönlichen Vision im letzten Tanz. Der Tänzer tritt auf seiner Suche nach Visionen in einen veränderten Bewußtseinszustand, unterstützt durch intensives rhythmisches Trommeln in hoher Frequenz, nahe dem Frequenzbereich, welcher beim Trommeln während des Geistertanzes der Salish verwendet wird. Die Stimulusfrequenz im Thetabereich des menschlichen EEG hilft bei der Produktion veränderter Wachbewußtseinszustände auf dem Wege von akustischem „driving", zusammen mit anderen physiologischen Faktoren, welche in beiden Zeremonien vorkommen. Beim Sonnentanz wird der Tänzer auf seiner Visionssuche durch die anderen Tänzer ermutigt, welche ihre Pfeifen tönen lassen, während Frauen im Auditorium im selben Rhythmus mit ihren Weidenstäben schlagen und Männer ihre Kriegsschreie gellen lassen. Der Tänzer verstärkt im Verlauf von einer zu mehreren Stunden die Kraft seiner Anstrengung und das Tempo seines Tanzes, bis er schließlich seine Vision empfängt. Erschüttert von einem Kraftstoß wird er von der Erde emporgehoben und zum Boden niedergeworfen, so sein „steinkalter" krafterfüllter Körper bewegungslos liegen bleibt, während seine Seele auf die archetypische schamanische Reise geht. Die Mittänzer tragen ihn zu seinem Platz, bedecken ihn und bringen seinen Kopf in die Richtung auf den zentralen Pfahl in der Mitte des Dursthauses oder der Sonnentanzumzäunung. Dieser Pfahl ist ein kahler Baum (vgl. den klassischen arbor vitae) und gilt als Kraftquelle wie auch als Medium, durch welches die übernatürliche Kraft geleitet wird. Diese Kraft wird symbolisch gleichgesetzt mit dem Wasser. Sie kommt während des Tages von den Sonnenstrahlen, während der Nacht vom Mondlicht und dem heiligen Feuer. Ein „Nest von Wasser" in der Form eines Bündels von Weidenzweigen wird in die Gabelung des zentralen Pfahls gebracht, darunter wird ein Bisonschädel oder ein ausgestopfter Adler angebracht. Beide sind von der Kraft erfüllt und sind ebenfalls Kanäle für den Kraftstrom. Ein Erdalter an der Basis des Pfahles repräsentiert die lebenspendende Erde.

Wie im Geistertanz der Salish sind auch im Sonnentanz spezifische schamanische Heilriten Bestandteil der Zeremonie. Die Teilnehmer assistieren die Heiltätigkeit des Schamanen durch ihre guten Herzen, wirken einend in ihrer kollektiven Empathie. Auch die nicht-tanzenden Teilnehmer konzentrieren sich auf die Tänzer und meditieren über die Kraft, welche die Tänzer zu gewinnen suchen. So fühlen sich die Tänzer durch diesen Gruppengeist unterstützt. Am Schluß des jährlichen Sonnentanzes segnet ein geachteter Schamane die Tänzer, welche während des Tanzes die Kraft empfangen haben. Zum Schluß dürfen die Tänzer vom heiligen Wasser nehmen, welches vom Wassermeister gesegnet wurde.

Die psychosoziale therapeutische Funktion des Sonnentanzes kann interpretiert werden als Mittel zum Erwerb spirituellen und emotionellen Wohlbefindens, Verantwortlichkeit, Selbstgefühl für die Eingeborenen, welche in der von Weißen dominierten nordamerikanischen Gesellschaft Schwierigkeiten haben, ihr Selbstverständnis zu finden und zu erhalten.

Der Kürbistanz

Gegen Ende der fünfziger Jahre begann unter den Prärie-Indianern, zunächst bei den Kiowa, eine Wiederbelebung traditioneller Medizingesellschaften und dehnte sich auf andere Stämme aus. Dieses alte Muster von Medizingesellschaften in der

Form von Bündnissen zwischen den Stämmen, wie z.B. die „Black Leggings Society" oder die Flint und Dog Soldiers, wurde wiederbelebt. Von den sechziger Jahren an wurden die wiederbelebten traditionellen Tanzzeremonien und die synkretistischen Religionen in zunehmendem Maße Herde der einheimischen Identität mit panindianischen Tendenzen, und beide dienen psychosozialen Heilfunktionen für einzelne Individuen und für die Gemeinschaft.

Unter den Prärie-Indianern wurde der Kürbistanz (gourd dance) zu einer erfolgreichen Kulttanzbewegung. Vorläufer für diese moderne Kürbistanzgesellschaften waren die Kriegergesellschaften der Hochlandebenen und der Präriestämme. Diese Bewegung war in der Reservationsperiode, welche der militärischen „Befriedung" der Indianer durch den Staat der Weißen folgte, stillgelegt. Der letzte Kürbistanz alten Stils unter den Kiowa wurde 1927 vollzogen. Nachkommen des Häuptlings *Weißer Bär,* des großen Sprechers der Hochlandindianer, formierten in den fünfziger Jahren einen Kiowa-Kürbistanzclan und initiierten bald Mitglieder anderer Stämme in diesen Clan als ein Zeichen von Freundschaft und Anerkennung. Kleine Gruppen von Kürbistanzsängern schlossen sich zu Kürbistanzgesellschaften zusammen, welche die Stämme der Kiowa, Comanchen, Cheyenne und Arapaho umfaßten.

Während der sechziger Jahre und der frühen siebziger Jahre trugen begeisterte Anhänger den Kürbistanz von seiner Kernzone im westlichen Oklahoma zu den meisten Hochlandstämmen und zu vielen Präriestämmen der Vereinigten Staaten und Kanada. Um die Mitte der siebziger Jahre hatte diese Zeremonie sich in den Süden bis zu den Navajo und nach Norden zu den Blackfoot und Cree verbreitet. Moderner Kürbistanz hat seine eigene charakteristische Choreographie entwickelt. Die Tänzer springen an Ort und Stelle auf und ab, rasselnd und singend im Rhythmus mit einer großen Kriegstanztrommel in der Mitte der Gruppe. Der Gesang endet oft mit einem Wolfsgeheul, welches von einer schnellen Serie von Trommelschlägen und Vibration der Rasseln begleitet ist. Die „Kürbis"-Rasseln werden heute oft aus Blechkannen oder Plastikcontainern hergestellt, welche mit Kieseln oder Schrott gefüllt sind. Die Rassel wird mit der rechten Hand geschüttelt, während die linke einen Fächer von losen Peyotefedern hält. Die Tracht der Tänzer ist vom Cowboytyp, gelegentlich mit einheimischem Schmuck, Decke, einer Schärpe in Anlehnung an die US-Kavallerie-Uniform oder mit einem Halsband aus Mescalbohnen, übernommen vom Peyotismus und heute oft getragen als ein Ausdruck vom Nationalgefühl der Einheimischen.

Der klassische Stil des Kürbistanzes der Hochlandindianer, popularisiert durch die Medien, wendet sich an die jüngere Generation der nordamerikanischen Indianer von verschiedenen Reservationsgebieten, welche über die Stammesidentität hinaus zu einer panindianischen Identität streben. Bei einer wachsenden Zahl von urbanisierten Indianern wurden Tonbandaufnahmen des Kürbistanzes zu Bestsellern. Der therapeutische Effekt der Tanzzeremonie trägt zu seinem Erfolg als eine populäre Bewegung unter ländlichen und urbanisierten Indianern bei. Der Kürbistanz soll zur Rehabilitation vieler Teilnehmer von der Alkoholabhängigkeit beigetragen haben. *Howard* (1976, p. 255) zitiert den Leiter einer städtischen indianischen Kürbistanzgruppe:

„Ich war ein Alkoholiker und galt nichts... Seit ich mit dem Kürbistanz begonnen habe, hat sich mein ganzes Leben verändert. Ich trinke nichts mehr und ich habe viele Freunde. Ich erzähle es meinem Sohn, der auch viel trinkt: Versuche es, es wird auch Dir helfen."

Abgesehen von dem Aspekt der Ich-Stärkung, der Gruppenunterstützung und der sinnvollen gemeinsamen Aktivität ermöglichen die Kürbistanzgesellschaften ihren Mitgliedern sozial anerkannte Abreaktionen. Mit dem Fortschritt der Kürbistanzzeremonie steigt die Erregung der Teilnehmer, angeheizt durch spezielle schnelle Gesänge zusammen mit einer zunehmenden Beschleunigung von Trommeln und Rasseln, führt die Tänzer in einen tranceartigen Zustand mit psychodramatischem Ausagieren aggressiver Gefühle.

„Wenn jedermann in Stimmung ist und wenn sie ihren schnellen Gesang singen, dann ist das wie eine Attacke im Kampf, und es kommt ihnen wie vor dem Sturmangriff vor." (Kommentar zu einem Kiowa-Kürbistanz, zitiert bei *Howard,* 1976, p. 252).

In der Kürbistanzzeremonie ist offensichtlich wie in anderen indianischen Zeremoniellen, dem Geistertanz der Salish und dem Sonnentanz, der bewußtseinsverändernde Effekt intensiver sensorischer Stimulation durch rhythmisches Trommeln und Rasseln wirksam. Wie auch in den anderen Tanzzeremoniellen der Indianer sind die emotionalen Reaktionen der Teilnehmer des Kürbistanzes von erfahrenen Ritualmeistern geleitet, den Vorsängern und ihren Assistenten, welche durch Variation des Gesanges die Stimmung der Tänzer und der Zuschauer beeinflussen können. Unter der Leitung von erfahrenen Ritualmeistern enthalten die wiederbelebten Kulttänze der nordamerikanischen Indianer ein erhebliches Potential als organisierte gruppentherapeutische Sitzung.

Neurophysiologie und Psychologie von veränderten Wachbewußtseinszuständen

Veränderte Wachbewußtseinszustände (altered states of consciousness) sind nach *Ludwig* (1966) durch die folgende Symptomatologie charakterisiert:

1. Veränderungen im Denken mit einem Vorherrschen archaischer Stile des Denkens, Verwischung der Ursache-Wirkungs-Unterscheidung und kognitiver Ambivalenz
2. Veränderung des Zeiterlebens
3. Verlust von Kontrolle und Hemmung
4. Veränderungen im emotionalen Ausdruck und Neigung zu affektiven Extremen
5. Veränderungen des Körperbildes
6. Wahrnehmungsveränderungen
7. Bedeutungsveränderung. Intensivierung der Bedeutung, evtl. spezifische Bedeutung bestimmter subjektiver Erfahrungen oder läußerer Stimuli. Tiefgreifende Erlebnisse von Einsicht und Offenbarung der „Wahrheit" mit dem Gefühl unerschütterlicher Gewißheit.
8. Gefühl des Unaussprechlichen. Das Wesentliche der persönlichen Erfahrung ist nicht direkt kommunikabel.
9. Gefühle der Erneuerung und Wiedergeburt, auch erneuter Hoffnung
10. Hypersuggestibilität

Tart (1969) schlägt folgende Definition der Altered States of Consciousness vor:

„Ein veränderter Wachbewußtseinszustand geht für das Individuum mit einem klaren Gefühl einer qualitativen Veränderung des psychischen Funktionierens einher, nicht nur mit einer quantitativen. Die mentalen Prozesse scheinen hinsichtlich der Qualität oder ihrer Qualitäten verschieden gegenüber dem mittleren Tageswachbewußtsein."

Veränderte Wachbewußtseinszustände entsprechen der Bewußtseinsverschiebung (*Bleuler,* 1961). In westlichen Kulturen werden veränderte Wachbewußtseinszustände psychogener Natur hauptsächlich unter Hypnose, bei religiösen Offenbarungserlebnissen und in hysterischen Dissoziationen beobachtet. Der Ausdruck Trance wird für alle diese Phänomene gebraucht, während Besessenheitszustand eher für nicht-westliche Kulturen verwendet wurde und für solche Fälle, die nicht von den christlichen Autoritäten gebilligt wurden – eine zweifelhafte Konvention des Eurozentrismus. Die Differenzen zwischen diesen Zuständen sind kulturell, nicht psychologisch oder neurophysiologisch.

Es gibt keine Hinweise auf zerebral organische Veränderungen, wie sie z.B. mit dem EEG meßbar wären, weder in den hypnotischen noch den sogenannten hysterischen Trancezuständen. Allerdings haben einige Autoren eine Hemmung von Alphablockade unter Hypnose gefunden (*Loomis, Harvey* und *Hobart, 1936; Titeca* und *Kluyskens,* 1962). EEG-Daten dieser Art, welche auf spezifische Veränderungen der Aufmerksamkeit und des Bewußtseinszustandes hinweisen, wurden auch während Zen-Übungen in Japan beobachtet (*Kasamatsu* und *Hirai,* 1966).

Veränderte Wachbewußtseinszustände zu erzielen ist eine universale Fähigkeit des menschlichen zentralen Nervensystems, wie durch das ubiquitäre Vorkommen von Trancephänomenen dargelegt wird. Die Häufigkeit des Vorkommens solcher Phänomene ist aber eine Funktion soziokultureller Variablen. Unter dem Einfluß der rationalistisch positivistischen Ideologie scheint sich bei Menschen der westlichen Zivilisation die normalerweise vorhandene Fähigkeit zu psychogenen veränderten Wachbewußtseinszuständen vermindert zu haben. Angehörige der städtischen Mittelklasse können heutzutage nicht so leicht in hysterische Dämmerzustände, dämonische Besessenheit oder religiöse Ekstase eintreten, während diese Zustände in mehr traditionell orientierten Reservaten der westlichen Kultur keineswegs selten sind. Solche Zustände sind auch recht häufig in den neuerdings sich ausbreitenden christlichen charismatischen Bewegungen. Experimentelle Studien von hypnotischer Trance haben gezeigt, daß die Motivation des Subjekts für die Induktion der hypnotischen Reaktion unerläßlich ist. Der Hypnotiseur selbst ist nur als kulturell anerkannte Gestalt und als Fokus für die Projektion von Omnipotenzphantasien von Bedeutung, an dessen Einfluß das Subjekt fest glaubt. Es kann vermutet werden, daß der hypnotische Zustand der Wunscherfüllung des Subjektes dem Erreichen von bewußten oder unbewußten Zielen dient (*Schilder,* 1953; *Barber,* 1958; *Van der Walde,* 1965, 1968). In dieser Sicht ist der hypnotische Trancezustand ein Produkt situativer und kultureller Bedürfnisse (*Van der Walde,* 1968). Dies gilt in gleicher Weise für nicht-experimentelle Trancezustände. Wir können sagen, daß das Subjekt in Trance von seiner Fähigkeit Gebrauch macht, in dissoziative Zustände einzutreten, um möglichst wirksam eine zielgerichtete Rolle auszuüben, welche seine Kultur ihm in bestimmten Situationen auszuüben erlaubt oder sogar gebietet.

Während die Induktion psychogener Dissoziation zweifellos an des Subjektes Motivation gebunden ist, kann es durch die Anwendung verschiedenster Techniken, welche die Hirnfunktion mit nachweisbaren elektroenzephalographischen Zeichen verändert, gefördert werden.

Ludwig (1968) zählte diese Faktoren auf, welche für die Hervorbringung von veränderten Wachbewußtseinszuständenwirksam sind:

1. Reduktion von exterozeptiven Stimuli und/oder motorischer Aktivität
2. Zunahme der exterozeptiven Stimuli und motorischen Hyperaktivität, emotionales Arousal bis zur Anstrengung und Erschöpfung

3. Fokussierte und selektive Überwachheit
4. Herabgesetzte Wachheit und Nachlassen der kritischen Funktionen
5. Somato-psychologische Faktoren.

Solche somato-psychologischen Faktoren, welche veränderte Wachbewußtseinszustände hervorrufen, sind verminderte Sauerstoffzufuhr und Hyperventilation, welche beide bis zum Verlust des Bewußtseins fortgeführt werden können und welche mit stadiumspezifischen EEG-Veränderungen verbunden sind, weiter Hypoglykämie und Dehydratation durch Fasten, Schlafentzug, Exposition an extreme Temperaturen. Darüberhinaus ist die Rolle von rhythmischer sensorischer Stimulation für die Produktion von veränderten Wachbewußtseinszuständen besonders zu beachten. Während das sogenannte „photic driving", d.h. ein Effekt stroboskopischer Photostimulation auf die elektrische Hirnaktivität, die Wahrnehmung und das Bewußtsein in der Neurophysiologie seit dem Pionierwerk von *Adrian* und *Matthews* (1934) viel bearbeitet wurde, wurde die analoge Bedeutung akustischer Stimulation durch die Beobachter von Ritualen und Zeremonien nahegelegt, in welchen rhythmische Geräusche einen direkten Effekt auf das zentrale Nervensystem zu haben scheinen. Dies wurde klar durch *Huxley* (1961, p. 369) ausgedrückt:

„Kein Mensch, wie hoch zivilisiert immer, kann für eine sehr lange Zeit afrikanischem Trommeln zuhören, oder dem indianischen Gesang, oder welschen Hymnengesängen und dabei seine kritischen Funktionen und das Bewußtsein seiner selbst intakt erhalten… Wenn lang genug dem Tom-Tom und dem Gesang ausgesetzt, würde schließlich jeder von unseren Philosophen mit den Wilden herumhüpfen und heulen."

In ihrer nun klassisch gewordenen Abhandlung über rhythmische sensorische Stimulation berichteten *Walter* und *Grey-Walter* (1949) die wohlbekannten physiologischen und psychologischen Effekte von photischer Flickerstimulation. In bezug auf die akustische Stimulation schlossen diese:

„Rhythmische Stimulation auf das ganze Gehörorgan kann auch ersetzt werden durch die Verwendung von Geräuschstimuli, welche Komponenten supraliminaler Intensität über dem gesamten Spektrum hörbarer Frequenzen enthalten – in praxi einen steil ansteigenden Ton, wie er produziert wird durch ein ungestimmtes Perkussionsinstrument oder eine Explosion." (p. 82)

Dieser Weg der Forschung wurde lange Zeit nicht verfolgt. Statt rhythmische Schläge zu verwenden experimentierten andere Forscher mit intermittierenden Stimulationen von reinen Tönen. Dies ging so, bis *Neher* (1961, 1962) in kontrollierten Experimenten die neurophysiologischen Effekte rhythmischen Trommelns aufwies. *Neher* (1961) stimulierte klinisch und elektroenzephalographisch normale Versuchspersonen mit Reizen von einer niederen Frequenz und hohen Amplitude von einer Snare-Trommel ohne Schlingen – einem Instrument, das der Hirschhauttrommel der Salish-Indianer sehr ähnlich ist, welche in den Winterzeremonien verwendet wird. Bei allen Versuchspersonen konnten akustische Reizantworten im EEG demonstriert werden im Bereich der Frequenz der einzelnen Stimuli (3, 4, 6, 8 Schläge pro Sekunde), auch auf sekundenharmonische und sekundensubharmonische Anteile einiger Stimulusfrequenzen.

Die subjetiven Reaktionen waren ähnlich denen, die von *Walter* und *Grey-Walter* (1949) mittels der photischen Stimulation erzielt worden waren und schlossen mit ein: „Angst, Erstaunen, Belustigung, Rückenpulsieren, Muskelanspannung, Steifheit im Brustkorb, Töne im Hintergrund, Summen, Rasseln, visuelle und akustische halluzinatorische Phänomene". Da im EEG in der temporalen (Hör-) Region der Großhirnrinde ein Thetarhythmus (4 bis 7 pro Sekunde) vorherrscht, erscheint die akustische Stimulation durch Trommeln in dieser Frequenz am meisten wirksam. Daher würde man sie als die hauptsächliche Frequenz in den Zeremonien, die zu Trance führen, erwarten.

Neher (1962) hat darauf hingewiesen, daß die Reaktionen verstärkt werden durch begleitende Rhythmen, welche den Hauptrhythmus verstärken, und auch durch gleichzeitige rhythmische Stimulation in anderen Sinnesbereichen, wie taktilen und kinästhetischen. Die Empfänglichkeit für rhythmische Stimulation wird verstärkt durch Streß im allgemeinen, durch Hyperventilation, Hypoglykämie und Adrenalinausschüttung in Zusammenhang mit Anstrengung und Erschöpfung.

Neher (1962) referierte einige ethnographische Berichte über Zeremonien mit rhythmischen Trommeln von Sibirien, Afrika, Haiti und Indonesien. Ein Vergleich dieser Daten wies darauf hin, daß „ungewöhnliches Verhalten, welches in Trommelzeremonien beobachtet werden kann, zur Hauptsache das Resultat des rhythmischen Trommelns ist, welches das zentrale Nervensystem stimuliert". *Prince* (1968) vermutete, daß kontinuierliche akustische Stimulation ein „weithin gebrauchtes Mittel zur Induktion dissoziativer Zustände" ist. Seine praktische Anregung, für das Studium von Besessenheitszuständen eine telemetrische EEG-Analyse der voll mobil bleibenden einheimischen Teilhaber der Zeremonie einzusetzen, wurde bis jetzt von Feldforschern noch nicht aufgegriffen.

Sargant (1959) erklärte die Induktion von Zuständen religiösen Enthusiasmus und Geisterbesessenheit wie auch die sogenannte Gehirnwäsche und verwandte therapeutische Techniken in den Begriffen der *Pavlov*schen Theorie als transmarginale Hemmung. Er trug Argumente von historischen und gegenwärtigen Berichten über Methoden religiöser und ideologischer Konversion und Indoktrination zusammen und nahm an, daß die elementaren Prozesse, die dabei in Gang gebracht werden, in allen wesentlichen Aspekten analog sind.

Wir schließen daraus, daß Trance und Besessenheit besondere Zustände des Wachbewußtseins sind, welche allgemeinmenschliche Mechanismen mentaler Dissoziation zur Grundlage haben. Ihre Induktion ist weitgehend von des Subjektes Motivation und vom situativen und soziokulturellen Kontext abhängig, kann aber durch bestimmte Bedingungen und Techniken erleichtert werden, von denen einige vorübergehende Veränderungen der Hirnfunktion bewirken.

Der Pionier der transkulturellen Psychiatrie, *Erich Wittkower,* bemerkte einmal über die psychohygienische Funktion besonderer Bewußtseinszustände:

> „Zweifellos haben Trance und Besessenheitszustände in den Ländern, in denen sie Teil eines religiösen Rituals sind, eine bedeutende spannungslösende, integrative und adaptive Funktion. In bezug auf Geisteskrankheit mögen sie vielleicht eine prophylaktische Bedeutung haben. Demnach würde man einen Anstieg der Frequenz von Geisteskrankheit erwarten, wenn diese Rituale als Resultat von Kulturwandel untergegangen sind." (*Wittkower,* 1970)

In der Zusammenfassung der oben gegebenen Analyse der ethnographischen Daten über nordamerikanische indianische Tanzzeremonielle können wir klar Bedingungen unterscheiden, welche in Zusammenhang mit einer fokussierten kollektiven Suggestion die Induktion von veränderten Wachbewußtseinszuständen erleichtern. Das sind Bedingungen erhöhter externer Stimulation und motorischer Hyperaktivität, alternierend mit Bedingungen reduzierter externer Stimulation und motorischer Unteraktivität.

Die rituellen therapeutischen Anwendungen, welche oben beschrieben wurden, schließen einige oder alle der folgenden somato-psychologischen Faktoren ein, welche zu veränderten Wachbewußtseinszuständen führen können:

1. Rhythmische akustische Stimulation
2. Bewegungsstimulation
3. Forcierte Überaktivität in der Motorik
4. Hyperventilation
5. Schmerzstimulation
6. Temperaturstimulation
7. Dehydration und Hypoglykämie
8. Schlafentzug
9. Optische sensorische Deprivation
10. Isolierung und Reduktion der Mobilität

Hinsichtlich der Frage des biochemischen Substrates von veränderten Wachbewußtseinszuständen wird man an die neuroendokrinen Peptide, die endogenen opiatähnlichen Substanzen (Endorphine) denken. In Anbetracht der neurophysiologischen Forschungsergebnisse, welche von *Cleghorn* (1977), *Snyder* (1980) und *Kline* (1981) zusammengefaßt wurden, könnte man für veränderte Wachbewußtseinszustände das neuro-endokrine System der endogenen Opiate aus folgenden Gründen für wichtig halten:

1. Eine Verbindung mit den Regionen des zentralen Nervensystems, welche der Übertragung, der Fortleitung und der Integration von Schmerzsignalen, akustischen, visuellen und kinetischen Reizen dienen.

2. Seine Verbindung mit den zentral-nervösen Regionen, welche mit der emotionalen Reaktion auf Schmerzreize und mit der Kontrolle der Affektzustände zu tun haben, welche mit Nahrungs- und Flüssigkeitsaufnahme in Zusammenhang stehen.

3. Der Befund, daß veränderte Wachbewußtseinszustände, hervorgerufen durch Suggestion oder Hypnose, allein oder in Verbindung mit anderen induzierenden Techniken, eine Analgesie bewirken können, welche durch den Opiatantagonisten und Opiatblocker Naloxon aufgehoben werden kann.

4. Der Befund, daß starke sensorische Stimulation die Übertragung von Schmerzsignalen zu den Hirnregionen behindert, in denen sie dann bewußt wahrgenommen werden.

5. Der vorübergehende euphorisierende, stimmungshebende, anxiolytische, analgetische und hemmungsaufhebende Effekt von Beta-Endorphin, wenn es in klinischen Versuchen parenteral verabreicht wird.

Ich vermute weiter,

1. daß das neuro-endokrine Opiatsystem des Körpers unter den selben Bedingungen, welche veränderte Wachbewußtseinszustände in den oben beschriebenen Zeremonien hervorrufen, aktiviert wird, nämlich: rhythmische akustische und kinetische Stimulation in Kombination mit physischer Anstrengung, Hyperventilation, Dehydration, Hypoglykämie und unterschwelligem Schmerz;

2. daß einige der bekannten therapeutischen Wirkungen traditioneller Heilzeremonielle auf diesem antidysphorischen, stimmungshebenden und anxiolytischen Effekt der endogenen Opioide, welche im Vollzug dieser rituellen Maßnahmen freigesetzt werden, beruhen.

Mit Bezug auf die Gedanken von *Levi-Strauss* (1963) über die Wirksamkeit von Symbolen könnte man formulieren, daß die therapeutischen Effekte traditioneller Heilrituale vieler Kulturen als geschickte Manipulation kulturell validierter Symbole interpretiert werden können. Diese Symbole passen zu neuropsychologisch determinierten Strukturgesetzen und finden dadurch – auf dem Wege über besondere Wachbewußtseinszustände – direkten Zugang zum Unbewußten.

Literatur

Aberle, D.F.: The Peyote Religion Among the Navaho. Aldine, Chicago, Illinois 1966

Adrian, E.D., Matthews, B.H.: The Berger Rhythm. Potential Changes from the Occipital Lobes in Man. Brain 57 (1934) 355–385

Barber, T.X.: The concept of „hypnosis". Journal of Psychology 45 (1958) 115–131

Bleuler, M.: Bewußtseinsstörungen in der Psychiatrie. p. 199–213 in: *Staub, H., Thielen, H.* (1961)

Bonica, J.J. (ed.): Pain. Raven Press, New York 1980

Cleghorn, R.A.: Morphine-Like Peptides of Brain and Their Relation to Hormonal Neurotransmitters. Psychiatric Journal of the University of Ottawa 2 (1977) 133–137

Howard, J.H.: The plains gourd dance as a revitalization movement. American Ethnologist 3 (1976) 243–259

Huxley, A.: The Devils of Loudun. Chatto & Windus, London 1961

Jilek, W.G.: From crazy witch doctor to auxiliary psychotherapist – the changing image of the medicine man. Psychiatria Clinica 4 (1971) 200–220

Jilek, W.G.: A Quest for Identity: Therapeutic Aspects of the Salish Indian Guardian Spirit Ceremonial. Journal of Operational Psychiatry 8 (1977) 46–51

Jilek, W.G.: Indian Healing-Shamanic Ceremonialism in the Pacific Northwest Today. *Surrey, B.C.* Hancock House, Canada 1982

Jorgensen, J.G.: The Sun Dance Religion. University of Chicago Press, Chicago, Illinois 1972

Kasamatsu, A., Hirai, T.: An Electroencephalographic Study on the Zen Meditation (Zazen). Folia Psychiatrica et Neurologica Japonica 20 (1966) 315–336

Kline, N.S.: The Endorphins Revisited. Psychiatric Annals 11 (1981) 137–142

Levi-Strauss, C.: Structural Anthropology. Basic Books, New York 1963, p. 186–205

Loomis, A.L., Harvey, E.N., Hobart, G.: Electrical potentials of the human brain. Journal of Experimental Psychology 19 (1936) 249–279

Ludwig, A.M.: Altered States of Consciousness. Archives of General Psychiatry 15 (1966) 225–234

Ludwig, A.M.: Altered States of Consciousness. p. 69–96 in: *Prince, R.* (1968)

Neher, A.: Auditory Driving Observed with Scalp Electrodes in Normal Subjects. EEG and Clinical Neurophysiology 13 (1961) 449–451

Neher, A.: A Physiological Explanation of Unusual Behavior in Ceremonies Involving Drums. Human Biology 34 (1962) 151–160

Nurge, E.: The Sioux Sun Dance in 1962. Sevilla, Spain. XXXVI Congreso Internacional de Americanistas 1964. Actas y Memorias 3 (1966) 105–114

Prince, R. (ed.): Trance and Possession States. Montreal: R.M Bucke Memorial Society, McGill University, 1968

Prince, R.: Can the EEG be used in the Study of Possession States? p. 121–137 in: *Prince, R.* (1968)

Sargant, W.: Battle for the mind. Pan Books, London 1959

Schilder, P.: Medical psychology. International University Press, New York 1953

Snyder, S.H.: Peptide Neurotransmitters with Possible Involvements in Pain Perception. p. 233–243 in: *Bonica, J.J.* (1980)

Staub, H., Thoelen, H. (Hrsg.): Bewußtseinsstörungen. Thieme, Stuttgart 1961

Tart, C.T. (ed.): Altered States of Consciousness. Wiley, New York 1969

Tart, C.T.: Introduction. p. 1–6 in: *Tart, C.T.* (1969)

Titeca, J., Kluyskens, A.: Etude électroencéphalographique des altérations du champ visuel induites par hypnose. Bulletin Académie Royale de Médicine Belgique 7 (1962) 413–441

Van der Walde, P.H.: Interpretation of hypnosis in terms of ego psychology. Archives of General Psychiatry 12 (1965) 438–447

Van der Walde, P.H.: Trance states and ego psychology. p. 57–68 in: *Prince, R.* (1968)

Walter, V.J., Grey-Walter, W.: The Central Effects of Rhythmic Sensory Stimulation. EEG and Clinical Neurophysiology 1 (1949) 57–86

Wittkower, E.D.: Trance and possession states. The International Journal of Social Psychiatry 16 (1970) 153–160

3 Außergewöhnliche Bewußtseinszustände in der westlichen Psychotherapie

3.1 Die Psycholytische Therapie: Durch Halluzinogene unterstützte tiefenpsychologische Psychotherapie

H. Leuner

Zusammenfassung

Halluzinogene Substanzen können in einer Schwellendosis eine große Hilfe bei therapieresistenten Fällen in der tiefenpsychologisch fundierten Psychotherapie sein. Das Pharmakon dient dabei der Aktivierung verdrängten unbewußten Materials, in Form tagtraumartiger Imaginationen, starker begleitender Gefühle und Affekte, einschließlich der Übertragung auf den Therapeuten. Bewußtseinserweiternde Einsichten in die Genese der Psychodynamik und die Konfliktabhängigkeit der Symptomatik werden geweckt. Die zu beachtenden pharmakodynamischen Parameter wie Dosis, Verabreichungsform, Wahl des Halluzinogens sowie die psychologischen Parameter wie Setting und Set mit der Übertragungs-Gegenübertragungs-Relation und der Parameter des Timings werden dargestellt. Das Wesen der Therapie wird anhand der relevanten Erlebniskategorien skizziert, die Abgrenzung gegenüber Halluzinogen-Mißbrauch und etwaige Gefahren der Therapie werden erörtert.

Aus der Statistik von 1600 behandelten und zum großen Teil nachuntersuchten Fällen aus der Literatur und der eigenen therapeutischen Arbeit wird eine Indikationsliste aufgestellt. Die Domäne der psycholytischen Therapie sind chronische und therapieresistente Fälle von Charakterneurosen, Psychoneurosen, abnormen Zuständen wie Perversionen sowie chronische Fälle von konversionsneurotischen und psychosomatischen Zuständen. Hier liegt der Schwerpunkt in der Aufschließung alexithym gestörter Patienten für die konfliktzentrierte Therapie. – Die psycholytische Technik ist keine eigenständige Therapie. Vielmehr ist sie Hilfsmittel für bzw. eingebettet in eine tiefenpsychologisch fundierte Psychotherapie.

Einleitung

Die Darstellung der in diesem kurzen Aufsatz eigentümlichen Verquickung zweier unterschiedlicher Wissenschafts- und Erfahrungsbereiche geht von der Voraussetzung aus, daß der Leser sowohl mit der tiefenpsychologisch fundierten Psychotherapie bis hin zur Dynamik ich-struktureller Störungen als auch mit der Empirie der Halluzinogenwirkung beim Menschen vertraut ist.

Die psycholytische Therapie kann nur bedingt als eine eigenständige Behandlungsweise verstanden werden. Sie muß sorgfältig in eine tiefenpsychologisch fundierte Psychotherapie integriert sein. Die Relation zwischen der erst- und der zweitgenannten Therapieform reicht von der Einstreuung einer oder weniger psycholytischer Sitzungen in eine konventionelle konfliktzentrierte Therapie (*Beck,* 1968) bis zu einer Kombination von 1:4 der Zahl der Sitzungen.

Die psycholytische Therapie ist trotz vielfältiger klinischer Untersuchungen und statistischer Auswertungen der Ergebnisse z.T. noch immer umstritten. Die Begründung dieser Therapie, ihre Entwicklung und das Problem des Mißbrauches halluzinogener Substanzen seien deshalb vorangestellt.

Begründung der Therapie

Als die wichtigste, kausal wirkende Psychotherapie gilt bekanntlich die Psychoanalyse, und zwar nicht zuletzt deshalb, weil sie über ein breites, aus klinischer Empirie gewonnenes Konzept verfügt. Aber sowohl die klassische Form der Psychoanalyse und ihre vielfältigen Abwandlungen, als auch andere Psychotherapiemethoden bis hin zur Verhaltenstherapie, stoßen mit der Forderung nach der therapeutischen Versorgung der Bevölkerung an zwei entscheidende Grenzen bei der Behandlung der großen Gruppe emotional sehr schwer und/oder sehr früh gestörter Patienten und jener mit mangelndem Konfliktbewußtsein.

1. Das Ausmaß des therapeutischen Aufwandes und die erforderliche Dauer der Therapie erlauben keine gründliche und in ihrem Ergebnis befriedigende Behandlung dieser Patientengruppe. Das gilt sowohl für stationäre als auch ambulante Therapie oder eine Kombination beider.

2. Die Zahl anspruchsvoll ausgebildeter Therapeuten, die für diese Krankengruppe allein kompetent sein kann, ist äußerst begrenzt.

Die Folge ist, daß eine immense Zahl sowohl psychisch als auch psychosomatisch und psychovegetativ schwer gestörter Menschen mit einer chronischen Krankenkarriere an unermeßlichem „neurotischem Elend" leidet und die Krankenversorgung belastet. Das gilt gleichermaßen für ambulante wie klinische Behandlungsplätze und für ärztliche Praxen wie letztlich auch für die Belastung der sozialen Umgebung der Betreffenden. Es ist beispielsweise zu denken an chronische Zwangsneurosen, chronische Phobien, therapieresistente Ich-strukturelle Störungen, schwere chronische Charakterneurosen und die weit verbreitete Gruppe der Patienten, die unfähig ist, Konflikte wahrzunehmen (psychosomatisches Syndrom).

Die psycholytische Therapie gilt nach ihren Ergebnissen als ein Behandlungsverfahren, das in hohem Prozentsatz bei Patienten mit chronischen Erkrankungen, teils mit, teils ohne vielfältig gescheiterten vorangegangenen anderweitigen Therapieversuchen, geeignet ist, das Spektrum einer wirkungsvollen Psychotherapie erheblich zu verbreitern. Das Bemühen der meisten Forscher, die seit Mitte der 50er Jahre die psycholytische Therapie entwickelten, ihre Therapieergebnisse zur Diskussion stellten und ihre Behandlungstechniken verfeinerten, richtete sich auf dieses Ziel, eine intensive Behandlungsform zu schaffen, die der skizzierten Patientengruppe noch stärker gerecht werden und mit Hilfe des Halluzinogens gleichzeitig den therapeutischen Aufwand auf ein praktikables Ausmaß herabsetzen kann (*Leuner,* 1981). Die einschlägige Literatur (*Leuner,* 1962, 1981; *Arendsen Hein,* 1963; *Mascher,* 1967) geht gleichermaßen von der Prämisse aus, daß die keineswegs indifferente psycholytische Therapie der genannten Patientengruppe vorbehalten bleiben soll und keine Alternative gegenüber konventioneller Psychotherapie sein oder gar zur Kompensation einer mangelhaften tiefenpsychologischen Ausbildung des Therapeuten dienen kann.

Mißbrauch – ärztliche Anwendung

Der Unterschied zwischen Mißbrauch und ärztlich-therapeutischer Anwendung von Halluzinogenen ist so fundamental, daß er sich sehr kurz umreißen läßt: Bei der *unkontrollierten Einnahme* durch Laien besteht die Gefahr, daß die Substanzen unrein sind, die Dosierung des Halluzinogens unkontrolliert ist, und Überdosierungen häufig sind, daß ein falsches Timing und fehlerhafte Indikation wie die Einnahme durch besonders ich-schwache und insofern gefährdete Personen zur Auslösung psychotischer Reaktionen und zu dauerhaften Persönlichkeitsdefekten führen. Hinzu kommt die dilettantische Gestaltung von Set und Setting (vgl. unten). Eine reichhaltige Literatur über den Mißbrauch halluzinogener Substanzen, allein oder in Kombination mit anderen Mitteln, die kaum noch zu übersehen ist, liegt vor (vgl. auch *Leuner,* 1968, 1981; *Bron,* 1982). – Halluzinogene Mittel sind heute in der Drogenszene praktisch abgelöst worden durch die sogenannten harten Drogen der Morphinabkömmlinge mit ihren bekannten Gefahren und Folgen für die Person. – Im Zuge der besorgniserregenden Zunahme des Rauschmittelmißbrauches Ende der 60er und zu Beginn der 70er Jahre wurden auf Empfehlung der WHO vom Gesetzgeber wegen der zweifellos notwendigen Bekämpfung der Drogenszene auch die halluzinogenen Substanzen unter das sogenannte Opiumgesetz gestellt. Die Folge war eine ungewöhnliche Unterdrückung der Halluzinogen-Forschung in Grundlagen und Therapien aus verschiedenerlei Gründen. Dabei ist hervorzuheben, daß auch gemäß der Eingruppierung der WHO halluzinogene Substanzen keine physische, sondern nur eine psychologische Abhängigkeit entwickeln können. Die offensichtlich in der Gesetzgebung angestrebte Einschränkung der Halluzinogen-Forschung und -Therapie wurde nicht begründet und blieb rätselhaft. In einigen Ländern (Bundesrepublik Deutschland, Schweiz) erteilen die zuständigen Stellen heute auf Antrag eine Genehmigung zur Aufbewahrung von Halluzinogenen für wissenschaftliche und therapeutische Zwecke.

Entwicklung der Psycholyse

Die psycholytische Therapie hat sich in Europa in der Mitte der 50er Jahre aus zwei Quellen entwickelt: Die englischen Psychiater *Sandison, Spencer* und *Whitelaw* (1954) fanden anläßlich von LSD-Versuchen bei neurotisch Kranken eine spontane Besserung ihres Zustandes.

Ich selbst ging von der Hypothese aus, daß die von mir seit 1948 entwickelte Tagtraumtechnik der Psychotherapie, das Katathyme Bilderleben (*Leuner,* 1981, 1985), durch Unterstützung halluzinogener Substanzen intensiviert und vertieft werden kann. Die Ergebnisse habe ich erstmals 1958 auf dem Internationalen Kongress für Psychotherapie in Barcelona vorgestellt.

Bald lagen analoge bestätigte Berichte aus der Tschechoslowakei, den USA und Australien vor. 1960 berief ich, um einen Erfahrungsaustausch zu ermöglichen, das erste europäische Symposion über psycholytische Therapie in Göttingen ein. Aus ihm entwickelte sich die „Europäische Ärztliche Gesellschaft für Psycholytische Therapie" (EPT), der 18 therapeutisch und wissenschaftlich aktive Zentren angehörten. Die Mitglieder der Gesellschaft stellten ihre Ergebnisse auf internationalen Kongressen für Psychotherapie und Psychopharmakologie und Symposien regelmäßig zur Diskussion. Die psycholytische Therapie kann m. E. deshalb heute als eine wissenschaftlich fundierte, im großen Rahmen auch praktisch erprobte Therapie gelten. Einwände wegen der noch zu besprechenden Gefahren können weitgehend entkräftet werden. Bei sachgerechter Anwendung kann die Psycholyse heute als eine „sichere" Therapie gelten (*Mascher*, 1967; *Leuner*, 1981).

Die aus den USA auf Europa übergreifende „Rauschmittelwelle" unterbrach diese Entwicklung in den frühen 70er Jahren drastisch. Heute jedoch befaßt sich die medizinische Öffentlichkeit wieder stärker mit den Fragen der Halluzinogen-Forschung (*Grof*, 1978; *Hofmann*, 1979; *Grinspoon* und *Bakalar*, 1979; *Leuner*, 1981).

Das Wesen der psycholytischen Behandlung

Die Wirkung halluzinogener Substanzen auf den Menschen ist im Gegensatz zu den üblichen Psychopharmaka (z.B. Antidepressiva) nicht auf psychische Zielsymptome gerichtet. Ihre bekannte produktive psychische Wirkung habe ich als „psychotoxisches Basissyndrom" gekennzeichnet. Es kommt zustande unter einer Schwellendosis und ist bestimmt durch tagtraumartige Imaginationen vor geschlossenen Augen und eine leichte Abblendung des Bewußtseins („protopathisches Bewußtsein"; *Conrad*, 1957). Gleichzeitig werden Stimmungen, Gefühle und Affekte vermehrt freigesetzt. Die aktivierte Gefühlswelt kann mit der eines Kindes verglichen werden und verlegt die Erlebnisgrundlage im Sinne einer partiellen Regression nicht selten in die Jahre der frühen Kindheit, selbst in die ersten Lebensmonate zurück. Dabei tritt die Fähigkeit zu abstrahieren zurück zugunsten einer gefühlsgetragenen assoziativen Denkweise. Die Glieder der Einfälle und Gedankenreihen sind emotional bzw. affektiv verbunden und gehorchen den Regeln des Primärvorganges (*Freud*, 1952). Der Satz vom Widerspruch ist aufgehoben, bildhaftes Denken steht im Vordergrund, emotionale Einsichten werden gewonnen, und es herrscht ein hoher Grad emotionaler Gewißheit über die hervortretenden unbewußten psychischen Inhalte. Diese sind überwiegend konfliktzentriert bzw. spiegeln die latenten (unbewußten) Konflikterfahrungen teils in bildhaft-symbolischer Form nach Art der Traumsymbolik oder der katathymen Bilder wider. Teils stellen sie sich unmißverständlich als Realszenen der Kindheit dar. Im Verlaufe eines sich über mehrere Sitzungen erstreckenden psychotherapeutischen Prozesses, der durch die kognitive Bearbeitung des Materials während der Intervalle unterstützt wird, zeichnen sich regelhafte Verläufe ab. In ihnen entfaltet sich schrittweise ein Netzwerk von Konnotationen und Einsichten in die unbewußte Psychodynamik der Person im Zusammenhang mit der psychogenen oder psychosomatischen Symptomatik. Der aufmerksame, tiefenpsychologisch geschulte Beobachter erkennt an diesem Material fast alle Phänomene der tiefenpsychologischen Dynamik (Affekt- und Triebimpulse, Abwehrmechanismen des Ichs und des Über-Ichs, primär-narzißtische Tendenzen, Traumsymbolik usw.). Die Durchführung der Behandlung fordert deshalb vom Therapeuten die Fähigkeit, empathisch auf die genannten Ebenen zu regredieren, d.h. er muß über profunde Kenntnisse der Entwicklungspsychologie verfügen und die eigenartige Erlebenswelt des Kleinstkindes durch kontrollierte Selbstversuche kennengelernt haben. Er muß ferner geübt sein, die emotionale Übertragung des Patienten und seine eigene Gegenübertragung auf diesen wahrzunehmen und zu kontrollieren. Die Übertragungsgefühle des Patienten konzentrieren sich überwiegend auf eine anaklitische Einstellung vom Hingabetypus (*Spitz,* 1956). Aber auch typische Übertragungsneurosen entstehen. Sie müssen zugelassen und analysiert werden.

Auf theoretische Zusammenhänge soll hier nicht weiter eingegangen werden. Klinisch ist jedoch zusammenfassend zu sagen, daß die Halluzinogenwirkung eine gesteigerte psychische Reizbildung darstellt und die Aktivierung archaischer Psychodynamik dazu führen kann, daß auch nach Abschluß einer Sitzung frühkindliche traumatische Ereignisse (z.B. Verlassenheit, die sich im Phänomen Depression äußert) einen oder mehrere Tage die Stimmung des Probanden belasten kann. Das trifft analog zu für infantile Objektbeziehungen im Sinne des ,,steuernden Objektes" von *König* (1981).

Eine fruchtbare Therapie fordert, daß während der ganzen Sitzung die situative Orientierung des Patienten (,,das ist eine Therapie") erhalten bleibt. Unter Überschreitung der dafür einzuhaltenden Schwellendosis des Halluzinogens treten nicht nur anstelle der Imaginationen Pseudohalluzinationen oder gar leibhaftige Sinnestäuschungen mit Veränderungen der realen Umwelt auf, sondern durch Freisetzung nicht mehr integrierbarer Affektbeträge bis hin zu einer ,,psychotischen Übersteuerung des psychischen Systems" (*Leuner,* 1962) wird das Bild einer experimentellen Psychose hervorgerufen. Zustände dieser Art, auch des vielgenannten ,,Horrortrips", können eine aversive Reaktion durch psychische Traumatisierung zur Folge haben. In der Entwicklung der psycholytischen Therapie bedurfte es einer längeren Periode, bis die Untersucher die ,,Kunst" beherrschten, die Bewußtseinsebene dieses Schwellenbereiches einzustellen und zu erhalten. Wegen ihrer Wichtigkeit sollen die bestimmenden Parameter der Pharmakokinese, der psychologischen Verhältnisse und des Timings erörtert werden.

Die pharmakokinetischen Parameter

– Die Dosis: Sie steht in Abhängigkeit vom Körpergewicht des Probanden und wird zusätzlich von einem klinischen Faktor im Sinne der Struktur des Patienten, z.B. zwanghaft oder hysterisch, bestimmt. Die Dosis ist der wichtigste Parameter zur Erhaltung eines ,,reflektierenden Ich-Restes".
– Verabreichungsform: Wegen der unterschiedlichen Resorptionsgeschwindigkeit und damit der Steilheit des Anstieges des Halluzinogens im Blutspiegel ergeben sich unterschiedliche Erlebensweisen, je nachdem, ob es oral, intramuskulär oder intravenös verabreicht wird.

– Wahl des Halluzinogens: Obgleich die meisten Halluzinogene vom LSD- bzw. vom Tryptamin-Typ einschließlich von Meskalin analoge halluzinogene Erlebnisweisen hervorrufen, bestimmt die chemische Strukturformel der Substanz Toxizität, Wirkungspotenz und Dauer der Wirkung. Als sehr effizient haben sich nach meiner Erfahrung die nur 3 Stunden wirkenden Psilocybin-Derivate CEY 19 und CZ 74 erwiesen; gleiches gilt für das Kurzzeitnarkotikum Ketamin (Ketanest®) in subanästhetischer Dosierung. Ferner liegen gute Erfahrungen mit Vertretern einer „neuen Generation" psychoaktiver Substanzen vor (z.B. mit synthetischen Tryptamin-Abkömmlingen, einem neuartigen Phenäthylamin sowie mit dem Amphetamin-Analogen MDMA).

Der relativen allgemeinen Uniformität der Halluzinogenwirkung steht der subjektive Eindruck der Probanden gegenüber, daß sich der Erlebnistyp trotz gleichbleibender Dosis und Substanz von einer Sitzung zur anderen markant verändern kann (Folge eines veränderten Sets?).

Die psychologischen Parameter

Ihre mangelnde Beachtung war Anlaß zu widersprüchlichen Forschungsergebnissen.

– Das Setting: Der Begriff ist der englischen Bühnensprache entlehnt. Er meinte ursprünglich das Bühnenbild, hier die äußere Umgebung, das Ambiente. Das Setting der Therapie ist, psychologisch gesehen, unterschiedlich, je nachdem, wo die Behandlung stattfindet: in einem Laboratorium, einem Krankenzimmer der Klinik, einem Gefängnis, einer Privatpraxis oder einem gemütlichen Wohnzimmer. Das Setting ist ferner bestimmt von atmosphärischen Elementen, gestaltet durch umgebende Details. Die Anzahl der gegenwärtigen Personen, Verhalten und Ausstrahlung des Therapeuten beeinflussen ebenso wie seine bewußt-unbewußte emotionale Zuwendung, die Ebene seiner Kommunikation (kognitiv, emotional, verbal/nonverbal usw.) und auch die gestellte Aufgabe: EEG-Untersuchung, Testpsychologie usw. Zur Optimierung der Therapie wird der Patient in Analogie zum Katathymen Bilderleben (*Leuner,* 1985) auf eine entspannte Ruhelage (eventuell unterstützt durch verbale Führung) verwiesen und zur introspektiven Aufmerksamkeitszuwendung auf den Strom seiner Gefühle, assoziierten Phantasien und Leibempfindungen („stream of consciousness", *Singer* und *Pope,* 1979). Die Haltung des Therapeuten soll Ruhe, Sicherheit und menschliches Verständnis vermitteln, z.T. als Schutz des Patienten vor angstbesetzten Szenen und reaktivierten psychischen Traumata. Die dauernde Gegenwart des Therapeuten oder eines Hilfstherapeuten ist deshalb erforderlich.

– Das Set: Dieser Begriff bezieht sich auf die innere Verfassung des Patienten. Sie wird beeinflußt von der inneren Einstimmung vor Beginn der Therapiesitzung, von der Art der gestellten Aufgabe, auch von zeitlich zurückliegenden Eindrücken, Erinnerungen, anhaltenden ungelösten Konflikten oder aktuellen Anlässen wie Spannungen in Familie, Partnerschaft, am Arbeitsplatz usw. Das Set hat einen bewußtseinsnahen und einen unbewußten Anteil. Seine Beachtung und Strukturierung hat analoge Bedeutung wie die des Settings. Das eine beeinflußt das andere. Vor Beginn der Sitzung soll das vorherrschende Set durch ein ruhiges Vorgespräch geklärt und versucht werden, darauf Einfluß zu nehmen durch:

a) Herabsetzung von Erwartungsängsten;

b) Besprechen belastender Probleme des Alltags, der letzten Therapiesitzung und von Übertragungsgefühlen. Dadurch kann ein relevanter Konfliktfokus zentriert werden, der dann in der Halluzinogensitzung spontan zur Bearbeitung gelangt.

Die Übertragungs-Gegenübertragungs-Relation ist ein wesentlicher Teil des Set. Es ist insgesamt also auf das Erinnern und Wiederholen früher Traumatisierungen, genetischer und aktueller Konflikte und Gewinnung von Einsichten in die psychodynamischen Zusammenhänge abgestimmt, vorbereitet durch tiefenpsychologische Anamnese, konfliktzentrierte Gespräche und Vorbehandlungen z.B. durch das Katathyme Bilderleben. Die psycholytische Sitzung verstärkt die Evidenz der Psychodynamik und ihre Verbindung mit der Symptomatik. Insofern ist sie ein starkes Instrument, um das Konfliktbewußtsein und die Phantasie bei alexithym gestörten Patienten (psychosomatisches Syndrom) zu wecken. Das hat klinische Bedeutung auch in der Behandlung chronischer Konversions- und psychosomatischer Störungen, beispielsweise des Torticollis spasticus. – Die Aktivierung der innerpsychischen Konfliktkonstellationen führt zur Projektion infantiler Beziehungen auf den Therapeuten. Die interaktionelle Bearbeitung verlangt tiefenpsychologische Schulung, Selbsterfahrung mit der Therapie und Supervision.

Der Parameter des Timing und die Gefahr der Ich-Schwächung

Wie jede Form aufdeckender Psychotherapie kann auch die psycholytische Sitzung vorübergehend eine Ich-Schwächung hervorrufen als Folge einer gegebenenfalls sehr belastenden Aktivierung einer regressiven Erlebnispassage. Nur selten ist die anschließende Verstimmung ausgeprägt und länger als ein bis zwei Tage. Bei der Auswahl der Patienten ist primär darauf Rücksicht zu nehmen: Ausschluß Ichschwacher Personen, depressiv Verstimmter, vorangegangene Suizidversuche, gefährdete Borderline-Patienten. Das Ausmaß der Ich-Schwächung hängt, abgesehen von der Schwere des aktualisierten Traumas, von den genannten Parametern ab und darüber hinaus von dem Timing, d.h. der Länge der Intervalle zwischen den einzelnen Sitzungen. Zu kurze Intervalle, mangelnde therapeutische Aufarbeitung zwischen den Sitzungen und zu viele Sitzungen können zu einer andauernden Ich-Schwächung führen. Als klinisches Maß kann gelten, daß bei richtiger Kombination aller Parameter der Patient in den Intervallen in der Lage bleiben soll, seinen beruflichen und familiären Verpflichtungen in ausreichendem Maße und ungestört nachzukommen. Das seltene flash back ist ein sicheres Signal einer unerwünschten Ich-Schwäche. – Die häufigsten Fehlerquellen liegen neben der Überdosierung in den zu kurz bemessenen Intervallen. Folgendes Schema hat sich bewährt: einleitend zwei bis vier Sitzungen in wöchentlichen Abständen, die weiteren Intervalle zwei bis drei Wochen, die auslaufende Therapie mit fünf bis acht Wochen Abstand.

Die Gestaltung der Parameter im einzelnen Fall orientiert sich an dem klinischen Bild und der Entwicklung des therapeutischen Prozesses. Die Gesamtzahl der Sitzungen hängt von der gestellten therapeutischen Aufgabe ab. Schon eine bis zwei Sitzungen in eine konventionelle, aufdeckende Psychotherapie eingestreut, können diese entscheidend fördern (*Beck,* 1968). Bei Bearbeitung einer Grundstörung und bei Patienten, älter als 45 Jahre, werden u.U. mehr als dreißig Sitzungen erforderlich. Eine statistische Übersicht gibt *Mascher* (1967). Das therapeutische Ergebnis steigt proportional mit der Anzahl der Sitzungen. Nachbesserungen sind häufig. Die Gesamtdauer einer Therapie (einschließlich äußere Abhaltungen) liegt zwischen einem Vierteljahr und zwei bis fünf Jahren, je nach Schwere der Störung, der Struktur des Patienten und seines Alters, auch im Hinblick auf Entwicklungsdefizite der gestörten Person.

Ergebnisse und Fallbeispiele

Aus Raumgründen muß ich verzichten, einen therapeutischen Prozeß in seinen Entwicklungslinien zu beschreiben (dazu vgl. *Leuner,* 1981, p. 287). Drei kurze Fallbeispiele sollen die klinischen Ergebnisse der psycholytischen Behandlung veranschaulichen.

Fall 1: (ausführlich in *Leuner,* 1981)
E.G., eine 23jährige amerikanische Akademikerin aus den Südstaaten, eine gebildete, aber einseitig intellektualisierte Frau von schizothymem hyperästhetischem Typ. Die Diagnose lautet: Schwere rezidivierende Depression mit Suizidalität auf neurotischer Grundlage. Seit acht Wochen ist die Patientin schwer depressiv, gleichgültig, ratlos, suizidal mit aggressiven Ausbrüchen gegen die Eltern und der Tendenz zur Selbstschädigung, ist inappetent und abgemagert. Bereits seit dem 14. Lebensjahr hatte sie unter sechs ähnlichen depressiven Perioden von kürzerer Dauer gelitten. Dauer der Therapie knapp drei Monate mit zwölf psycholytischen Sitzungen, Dosis 60 bis 250 γ LSD-25 in wöchentlichen Abständen, wöchentlich vier psychotherapeutischen Einzelsitzungen. Ergebnis: Sehr gute Sofortheilung. Katamnese nach zehn Jahren: Niemals auch nur andeutungsweise wieder depressiv reagiert, dagegen bestehen deutliche Zeichen einer Umstrukturierung der Person: Erfolgreiche Betätigung im Beruf als Universitätslektorin, normale Reaktion beim Tod des Vaters; sie heiratete, lebt seit sieben Jahren in glücklicher Ehe und nimmt mit Befriedigung an sozialen Tätigkeiten teil.

Fall 2:
H.H., ein 26jähriger technischer Angestellter, leidet seit acht Jahren unter einer sich zunehmend verschlimmernden Angstneurose mit hypochondrischen Herzangstzuständen, die zur Arbeitsunfähigkeit führten. Vieljährige psychoanalytische Kuren bei wechselnden Therapeuten blieben ohne Erfolg. Vielmehr verschlimmerte sich das Leiden. Wegen Suizidalität wurde die Aufnahme in einer geschlossenen Abteilung notwendig. Der Patient bot das Bild einer psychopathischen, überaus schwierigen und verwöhnten Person. Nach eineinhalbjähriger psycholytischer Behandlung, kombiniert mit Gruppentherapie, ist er symptomfrei und zeigt eine wesentliche Besserung seiner schweren Kontaktstörung. Er ist voll berufsfähig und verbessert seine soziale Stellung.

Fall 3:
I.R., ein 41jähriger Studienrat, leidet seit der Ehescheidung vor zwölf Jahren an einer absoluten impotentia coeundi. Dabei bestehen erhebliche charakterneurotische Züge. Psychotherapeutische Kuren über mehr als sechs Jahre, z.T. bei namhaften Analytikern, blieben ohne Erfolg. Der Patient kann noch kaum in psychoanalytischen Kategorien denken. Nach vierzehn psycholytischen Sitzungen innerhalb von neun Monaten, kombiniert mit Gruppen- und Einzeltherapie, deutlicher Wandel des Charakterbildes: Der Patient ist freier, aufgelockerter, kontaktbereiter, und seine prüde Scheu in sexualibis ist zurückgetreten. Er hat erfolgreiche und anhaltende sexuelle Kontakte. Katamnese nach acht Jahren: Kein Rückfall, Ausweitung der persönlichen Entwicklung nach Fortsetzung durch eine Behandlung ohne Halluzinogene.

Eine Effizienzkontrolle mit Nachuntersuchungen (*Mascher,* 1967) zeigt bei 65 % von 82 Fällen eine klinisch befriedigende Besserung. Insgesamt wurden von 1953 bis

1965 in 42 Arbeiten von 28 Autoren 1600 behandelte Fälle dargestellt, die meisten wurden nachuntersucht. 68 % von ihnen sind als besonders schwer und chronisch ausgewiesen. Diagnosen und Rangstufen vgl. Tabelle 1.
Die ersten drei Krankheitsbilder können als Kerngruppe für die Psycholyse gelten (*Mascher,* 1967).

Tabelle 1 Zusammenstellung der Indikationen der psycholytischen Therapie (42 Arbeiten)

Rangstufe	Diagnose	Anzahl der Arbeiten	Erfolg (wesentlich und gut gebessert)
1	Angstneurosen	9	bis 70,0 %
2	depressive Zustände	4	62,0 %
3	Charakterneurosen, Psychopathie	10	61,0 %
4	psychotische Grenzfälle	4	53,0 %
5	sexuelle Perversionen	7	50,0 %
6	Zwangsneurosen	10	42,0 %
7	Hysterie und Konversionssymptome	2	31,5 %
8	Alkoholiker und Mittelsüchtige	6	31,0 %

Der eingangs hervorgehobene Faktor der Ökonomie der Therapie, selbst bei der Gruppe der bislang als therapieresistent geltenden Fälle, ergibt nach der Studie von *Mascher* an 82 katamnestizierten Fällen meiner Abteilung die in Tabelle 2 wiedergegebenen Daten.

Tabelle 2 Durchschnittliche Werte einiger klinischer Daten an 82 behandelten Fällen, Katamnese nach durchschnittlich 3,2 Jahren (*Mascher,* 1967)

Dauer der Behandlung (einschließlich Unterbrechungen)	11,5 Monate
Anzahl der psycholytischen Sitzungen	26,7 pro Patient
Anzahl der Einzelsitzungen	33,2 pro Patient
Anzahl der Gruppensitzungen	28 pro Patient
effektive Behandlungszeit für den Patienten	214 Stunden pro Patient
zeitliche Inanspruchnahme des Therapeuten	55,5 Stunden pro Patient

Als Hilfstherapeuten wurden geschulte Schwestern regelmäßig herangezogen.

Indikation/Kontraindikation

Folgende *Indikationsliste* ergibt sich aus Literatur und Eigenerfahrungen, 78 % davon chronisch, therapieresistente Fälle in meinem Krankengut (Tabelle 3) (*Leuner,* 1981).
Absolute Kontraindikationen: Hirnorganische Zustände, beginnende Schwangerschaft, Leberparenchymschädigung, die weniger als zwei Jahre zurückliegt, endogene Depression und Manie, akute oder chronische Schizophrenie, begleitender Schwachsinn (IQ unter 85).

Tabelle 3   Indikationsliste für die psycholytische Therapie

Psychopathologische Zustände	*Sexualstörungen*
Charakterneurosen (alle Autoren)	chronische Impotenz
ausgelesene Borderline-Fälle	chronische Frigidität
kriminelle „Psychopathen" (ausgelesene	Homosexualität
Heranwachsende)	Päderastie
Zwangsneurosen	Exhibitionismus
endo-reaktive Depressionen	
Angstneurosen	*Psychosomatische Zustände*
Herzphobien bzw. Herzneurosen	Migräne
Phobien	Psoriasis
psychotische Grenzfälle	Colitis ulcerosa (im chronischen Stadium)
schizophrene Restwahnzustände	Pubertätsmagersucht (versuchsweise)
pathologisches Streunen	hysterische Konversionssymptomatik
Transvestitismus (versuchsweise)	(auch Schreibkrampf und Schiefhals)

Relative Kontraindikationen: Mangelnde Motivation zu einer Psychotherapie, Suizidversuch in der Anamnese, Hysterie mit der Neigung zum Ausagieren, mangelnder Leidensdruck, Verwahrlosungstendenzen, ausgesprochen infantile Persönlichkeiten, Borderline-Patienten.

Prognostisch besonders günstig sind: Individuen, die eine ausreichende Ich-Stärke aufweisen, sich im Berufsleben bewährt haben, unter echtem Leidensdruck stehen und für eine Therapie motiviert sind.

Gefahren

Die Gefahren der psycholytischen Therapie sind bei korrekter Anwendung nach den Gesichtspunkten der genannten Parameter und der Vorbildung des Therapeuten sowie Berücksichtigung der Indikation gering. *Cohen* (1960) hat LSD aufgrund einer breiten Umfrage bei Therapeuten als eine „sichere Droge" bezeichnet. Todesfälle oder Gesundheitsschädigungen sind nie aufgetreten.

Drei Schädigungsmöglichkeiten sind in der Literatur diskutiert worden:

1. Eine *latente Psychose* oder ein Suizid könnten ausgelöst werden. *Malleson* (1971) ist der Frage an 5000 in England behandelten Personen mit insgesamt 2500 Sitzungen nachgegangen. Die Selbstmordrate betrug 0,007 %, soweit sie in Verbindung mit der Einnahme von LSD stand. Das liege unter der Quote der Suizidalität von psychiatrischen Patienten. Psychotische Komplikationen, die länger als 48 Stunden dauerten, wurden in 0,9 % berichtet, von denen zwei Drittel völlig wiederhergestellt wurden (*Malleson*, 1971).

2. In den USA wurde eine Zeitlang die Gefahr von *Chromosomenschädigungen* diskutiert. *Dishotsky, Loughman, Mogar* und *Lipscomb* (1971) kommen zu dem Ergebnis, daß LSD keine genetischen oder teratogenen sowie karzinogenen Schäden beim Menschen hervorruft. Eigene Untersuchungen mit *Eberle* (1970) zeigten bei der Durchführung einer psycholytischen Kur mit Psilocybin Chromosomenbrüche an Leukozyten, die, im Vergleich mit dem Einfluß von Röntgenstrahlen, einer Röntgendosis entsprechen, die seinerzeit als die zulässige Expositionsdosis einer

Röntgenassistentin pro Jahr galt. Aspirin, Coffein und andere Substanzen rufen analoge Chromosomenbrüche hervor.

3. Die *Gefahr einer Sucht* wurde vermutet. Die Mißbrauchsforschung hat gezeigt, daß Halluzinogene allenfalls eine psychische Abhängigkeit hervorrufen, selbst aber kein eigentliches Suchtpotential haben. Bei 250 von mir behandelten Fällen trat eine solche Abhängigkeit in einem Fall passager auf. Die therapeutischen Erfahrungen sind in der Regel derart tiefgreifend, daß die Betroffenen keinen Anlaß sehen, diese in Eigenregie fortzusetzen.

Literatur

Arendsen Hein, G. W.: Psychotherapeutische Möglichkeiten zur Überwindung einer Behandlungsresistenz unter Berücksichtigung der psycholytischen Methode. Zeitschrift für Psychotherapie und medizinische Psychologie *13* (1963), 81–86

Beck, M.: Rehabilitation eines chronischen Trinkers mit der Methode des Katathymen Bilderlebens. Praxis der Psychotherapie *13* (1968), 97–106

Brill, H., Cole J.O., Hippius, H., Bradley, P.B.: Neuro-Psychopharmacology. Excerpta Medica Foundation, Amsterdam 1967

Bron, B.: Drogenabhängigkeit und Psychose — Psychotische Zustandsbilder bei jugendlichen Drogenkonsumenten. Springer, Berlin 1982

Cohen, S.: Lysergic acid diethylamide: Side effects and complications. Journal of Nervous and Mental Diseases *130* (1960), 30–40

Conrad, K.: Das Unbewußte als phänomenologisches Problem. Fortschritte der Neurologie und Psychiatrie 25 (1957), 56–67

Dishotsky, N.Y., Loughman, W.D., Mogar, R.E., Lipscomb, W.R.: LSD and genetic damage. Science *172* (1971), 431–440

Eberle, F. Leuner, H.: Chromosomendefekte bei Psilocybin-Patienten. Humangenetik *9* (1970), 281–298

Freud, S.: Die Traumdeutung. GW Bd. 2 und 3. Imago, London 1952

Grinspoon, L., Bakalar, J.B.: Psychedelic drugs reconsidered. Basic Books, New York 1979

Grof, S.: Topographie des Unbewußten: LSD im Dienst der tiefenpsychologischen Forschung. Klett-Cotta, Stuttgart 1978

Hofmann, A.: LSD – Mein Sorgenkind. Klett-Cotta, Stuttgart 1979

König, K.: Angst und Persönlichkeit. Vandenhoeck und Ruprecht, Göttingen 1981

Leuner, H.: Die experimentelle Psychose. Springer, Berlin 1962

Leuner, H.: Über den Mißbrauch von LSD–25. Pharmakopsychiatrie, Neuro-Psychopharmakologie *1* (1968), 275–298

Leuner, H.: Halluzinogene – psychische Grenzzustände in Forschung und Psychotherapie. Huber, Bern 1981

Leuner H.: Lehrbuch des Katathymen Bilderlebens. Grund-, Mittel- und Oberstufe. Huber, Bern 1985

Mascher, E.: Psycholytic therapy: Statistics and indications. p. 441–444 in: *Brill, H., Cole, J.O., Hippius, H., Bradley, P.B.* (1967)

Sandison, R.A., Spencer, A.M., Whitelaw, J.D.A.: The therapeutic value of lysergic acid diethylamide in mental illness. Journal of Mental Science *100* (1954) 491–518

Singer, J., Pope, K.: The stream of consciousness. Plenum Press, New York 1979

Spitz, R.: Übertragung und Gegenübertragung. Psyche *10* (1956), 63–79

3.2 Psychedelische Therapie und holonome Integration: Therapeutisches Potential außergewöhnlicher Bewußtseinszustände. – Beobachtungen bei psychedelischer und holotroper Therapie

S. Grof

Zusammenfassung

Der Autor schildert zunächst seine Entwicklung vom orthodoxen *Freud*ianer über die psycholytische zur psychedelischen und schließlich zur holotropen Therapie. Der Übergang von der klassischen Psychoanalyse zur psycholytischen Therapie erfolgte, weil sich z.B. mittels LSD eine beträchtliche Steigerung der therapeutischen Effizienz erreichen ließ. Die Erfahrungen mit dieser Therapieform zeigten aber, daß die Theorie der klassischen Psychoanalyse zur Erklärung der auftretenden Phänomene nicht ausreicht. Bedeutende therapeutische Veränderungen traten nicht bei der Bearbeitung von Kindheitstraumen, sondern infolge ergreifender transpersonaler, d.h. von der persönlichen Biografie unabhängiger Phänomene auf. Dies machte eine Veränderung des theoretischen Konzeptes notwendig, welche in der „transpersonalen Psychologie" als wesentlicher Grundlage der psychedelischen Therapie mündete. Da es möglich ist, mit nicht-pharmakologischen Techniken psychische Phänomene hervorzurufen, die von psychedelischen Zuständen im Kern nicht zu unterscheiden sind, wurde schließlich die holotrope Therapie entwickelt. Hier wird ein massiver außergewöhnlicher Bewußtseinszustand vor allem durch Hyperventilation erzeugt.

Die wichtigsten Revisionen, die in der traditionellen psychiatrischen Theorie und der Wissenschaftstheorie aufgrund der Beobachtungen während der psychedelischen oder holotropen Therapie gemacht werden müssen, fallen in fünf große Kategorien:

1. Es ergibt sich ein völlig neues Bild der menschlichen Psyche. Zusätzlich zur biografisch-anamnestischen Ebene umfaßt sie nun den perinatalen und transpersonalen Bereich mit seinen religionswissenschaftlichen Implikationen.

2. Psychopathologische Syndrome zeigen eine vielschichtige dynamische Struktur, die durch biografische, perinatale und transpersonale Faktoren bestimmt wird.

3. Wirksame Techniken der Therapie und Persönlichkeitsveränderung müssen dies berücksichtigen.

4. Die Psyche hat starke Selbstheilungstendenzen. Das wichtigste transformierende Mittel ist die direkte Erfahrung der genannten Bereiche, welche der Therapeut zu ermöglichen und zu deren anschließender Integration er beizutragen hat.

5. Transpersonale Erfahrungen machen eine drastische Revision des mechanischen Modells des Universums notwendig, welches von den klassischen Naturwissenschaften geschaffen wurde. Es ergeben sich viele Parallelen zwischen den Ergebnissen der transpersonalen Psychologie und denen der neueren Physik.

Einleitung

Diese Arbeit beruht auf Beobachtungen während fast drei Jahrzehnten systematischer Untersuchung des therapeutischen Potentials von außergewöhnlichen Bewußtseinszuständen, welche durch psychedelische Substanzen und verschiedene nicht pharmakologische Techniken hervorgerufen werden. Die ersten ungefähr zwanzig Jahre umfaßten klinische Untersuchungen mit Psychedelika, die vergangenen zehn Jahre Experimente mit verschiedenen wirksamen nicht-pharmakologischen Alternativen.

Während der vergangenen Dekade entwickelten meine Frau *Christina* und ich eine Technik, die wir holonomische Integration oder holotrope Therapie nennen. In ihr sind kontrolliertes Atmen, evokative Musik und andere Formen der Geräuschtechnologie, fokussierte Körperarbeit und Mandala-Zeichnen kombiniert. Mit Hilfe dieses nicht-pharmakologischen Ansatzes ist es möglich, das gesamte Spektrum von Erfahrungen zu erzeugen, welches für psychedelische Sitzungen charakteristisch ist.

Die Personen, die an den Forschungsprogrammen mit psychedelischen Drogen teilnehmen, umfaßten einen sehr weiten Bereich von „normalen Freiwilligen" über verschiedene Kategorien psychiatrischer Patienten bis hin zu sterbenden Krebskranken. Die „gesunde" Population bestand aus klinischen Psychiatern und Psychologen, Naturwissenschaftlern, Künstlern, Philosophen, Theologen, Studenten und psychiatrischem Pflegepersonal. Die Patienten mit emotionalen Störungen gehörten zu verschiedenen diagnostischen Kategorien; sie umfaßten Psychoneurotiker, Alkoholiker, Betäubungsmittelabhängige, sexuell Deviante, Personen mit psychosomatischen Krankheiten, „Borderline"-Fälle und Schizophrene.

Die beiden Hauptansätze dieser Arbeit wurden detailliert in anderen Veröffentlichungen beschrieben (*Grof*, 1978, 1980). Während der ersten Jahre meiner psychedelischen Forschung, während der ich im psychiatrischen Forschungszentrum in Prag, Tschechoslowakei, und an verschiedenen anderen tschechischen Institutionen arbeitete, verwandte ich den psycholytischen Ansatz. Diese Behandlungsart bestand aus einer Serie von 15 bis zu 100 LSD-Sitzungen mit mittleren Dosierungen der Droge (50 bis 200 μg) und benutzt als Bezugssystem die psychoanalytisch orientierte Psychotherapie.

Nach meiner Ankunft in den USA im Jahre 1967 verwendete ich die psychedelische Behandlungstechnik; dieser Ansatz umfaßt eine kleine Anzahl von Sitzungen mit hohen Dosierungen (300 bis 500 μg). Das Ziel besteht hier nicht in der graduellen Untersuchung von verschiedenen Ebenen des individuellen Unbewußten wie in der psycholytischen Psychotherapie, sondern in der Hervorbringung überwältigender transformierender Erfahrungen transzendentaler Art. Zu diesem Zweck werden höhere Dosierungen benützt. Jede einzelne Sitzung ist in sich abgeschlossen. „High fidelty" stereophone Musik wird während der ganzen Sitzung verwendet. Die vorliegende Arbeit bezieht sich auf Informationen aus über 3000 psychedelischen Sitzungen, die ich persönlich durchgeführt habe, und auf die Protokolle von über 2000 Sitzungen von meinen Kollegen in der Tschechoslowakei und in den USA.

Ich begann die psychotherapeutische Arbeit mit LSD als ein überzeugter Freudianer, der sehr begeistert war von der anscheinenden Erklärungskraft der Psychoanalyse, aber enttäuscht und verwirrt über ihre therapeutische Ineffizienz. Der Anlaß für diese Forschung war die Tatsache, daß ich als ein Freiwilliger in einem klinischen LSD-Programm eine sehr starke Konfrontation mit meinem eigenen Unbewußten erlebt hatte. Als Folge kam ich zu dem Schluß, daß der Gebrauch von LSD als ein Katalysator den therapeutischen Prozeß beschleunigen, intensivieren und vertiefen könne und so die schmerzhafte Lücke zwischen Theorie und Praxis der *Freud*schen Psychoanalyse eliminieren würde.

Als ich allerdings begann, LSD als ein therapeutisches Werkzeug zu verwenden, wurde offensichtlich, daß nicht nur die Praxis der Psychoanalyse, sondern auch ihre Theorie drastisch revidiert werden muß. Ohne irgendeine Vorbereitung und gegen meinen Willen transzendierten die Patienten die biographische Sphäre und sondierten Bereiche der Psyche, die der Psychoanalyse und akademischen Psychiatrie unbekannt sind. Weiterhin traten bedeutende therapeutische Veränderungen nicht im Kontext der Bearbeitung von Kindheitstraumen auf, sondern in der Folge mächtiger transbiographischer Erfahrungen, welche die traditionelle Psychiatrie üblicherweise als Symptome geistiger Erkrankung sieht und mit allen Mitteln zu unterdrücken sucht.

Da diese Forschung mit einer starken bewußtseinsverändernden Substanz durchgeführt wurde, liegt die Frage nahe, ob es gerechtfertigt ist, sie als eine Datenquelle für eine psychologische Theorie zu benutzen. Manche Wissenschaftler neigen dazu, den LSD-Zustand als eine ,,toxische Psychose" und die so erzeugten Erfahrungen als eine chemische Phantasmagorie zu betrachten, welche sehr wenig mit dem zu tun haben, wie die Psyche unter gewöhnlichen Umständen funktioniert. Wie dem auch sei, systematische klinische Untersuchungen mit LSD und verwandten psychedelischen Substanzen haben gezeigt, daß diese Drogen am besten als unspezifische Verstärker mentaler Prozesse verstanden werden können. Sie erzeugen nicht die Erfahrungen, sondern aktivieren das tiefe Unbewußte und machen seine Inhalte der bewußten Verarbeitung zugängig. Die Beobachtungen von psychedelischen Sitzungen haben so eine allgemeine Gültigkeit für das Verständnis der menschlichen Psyche.

Wir konnten dies in unserer Arbeit mit der holotropen Therapie bestätigen, bei der es möglich ist, ohne den Gebrauch von pharmakologischen Wirksubstanzen Phänomene hervorzurufen, die oft von psychedelischen Zuständen nicht unterscheidbar sind. Dies geschieht mit so einfachen Mitteln wie einer erhöhten Atemfrequenz, evozierender Musik und bestimmten Techniken der Körperarbeit, die ich unten darstellen werde. Wenn die Phänomene, die in diesem Artikel beschrieben werden, durch so physiologische Dinge wie Hyperventilation ausgelöst werden können, dann kann nicht bezweifelt werden, daß sie echte Eigenschaften der Psyche reflektieren.

Die Prinzipien der holotropen Therapie sind extrem einfach. Der Klient wird aufgefordert, eine liegende Position mit geschlossenen Augen einzunehmen, die Aufmerksamkeit auf das Atmen und die Körperempfindungen zu konzentrieren und ein respiratorisches Muster einzuhalten, welches schneller und kräftiger ist als gewöhnlich. Während der psychologischen Vorbereitung, die vorausgeht, wird er oder sie aufgefordert, eine analytische Einstellung aufzugeben und jede auftretende Erfahrung vertrauensvoll und vorurteilsfrei zu akzeptieren. In diesem Kontext ist zu empfehlen, sich kathartischer Techniken zu enthalten oder andere Versuche zu machen, die Erfahrung zu formen und zu beeinflussen. Die allgemeine Einstellung sollte ähnlich sein wie in bestimmten buddhistischen Meditationstechniken – die auftretenden Erfahrungen lediglich zu beobachten, zu registrieren und vorüberziehen zu lassen.

Nach einem von Person zu Person varrierenden Intervall beginnt das Individuum, starke Emotionen zu erfahren und stereotype Muster von Muskelverspannungen zu entwickeln. Beim Fortschreiten der Hyperventilation steigert sich die emotionale und physische Spannung und geht über in eine spontane Entlastung und Lösung. Die physischen Verspannungen entsprechen im allgemeinen den Körperbereichen, in denen nach dem System des indischen Kundalini-Yoga die Zentren der psychischen Energie, die Chakras, liegen.

Sie nehmen die Form an von intensivem gürtelartigem Druck oder sogar Schmerzen in der Stirn und in den Augen, Beengtheitsgefühlen im Hals, Verschließen der Kiefer, dem Gefühl von engen Bändern im Bereich der Brust, des Nabels und der unteren Bauchregion. Auch sind verwandte Spannungen in den Händen und Armen, Füßen und Beinen, im Nacken, in den Schultern und im Kreuz ziemlich häufig. Dies stellt natürlich nur eine zusammenfassende und statistische Beschreibung dar. Während des aktuellen Erlebnisses zeigen die Personen nicht das ganze oben beschriebene Bild; sie zeigen individuelle Verteilungsmuster dieser Verspannungen, welche in manchen Bereichen dramatisch auftreten, in anderen dagegen überhaupt nicht.

Die Reaktion auf die Hyperventilation, besonders die berühmten ,,karpopedalen Spasmen" – Muskelkontraktionen in Händen und Füßen – wird von der traditionellen Psychiatrie unter dem Einfluß des medizinischen Krankheitsmodells als eine notwendige physiologische Antwort auf schnelles und intensives Atmen betrachtet und als ,,Hyperventilationssyndrom" bezeichnet. Es wird mit einer Aura des Gefährlichen in Zusammenhang gebracht und normalerweise mit Tranquilizern, intravenösen Kalzium-Injektionen und einem über den Kopf gestülpten Papiersack behandelt, wenn das Syndrom gelegentlich spontan bei neurotischen, vor allem hysterischen Patienten auftritt.

Der Gebrauch der Hyperventilation zur Therapie und Selbsterforschung zeigt, daß diese Ansicht falsch ist. In jeder Gruppe, mit der wir jemals gearbeitet haben, waren verschiedene Personen, die auf die Hyperventilation mit zunehmender Entspannung, einem Gefühl des sich Ausdehnens und mit Visionen von Licht überirdischer Schönheit reagierten. Sie beendeten die Sitzung mit einer tiefgreifenden transzendentalen Erfahrung kosmischer Einheit. Die Fortsetzung der Hyperventilation führt bei denjenigen, die physische Verspannungen und unangenehme Emotionen entwickeln, typischerweise zu einem Zustand der Lösung, welchem tiefe Entspannung, Ruhe und Gelassenheit folgt. Oft ist das Schlußresultat einer Sitzung ein tiefgreifender mystischer Zustand, der von bleibendem Gewinn und persönlicher Bedeutung für den Probanden sein kann. Ironischerweise verhindert der übliche Versuch zur Unterdrückung von gelegentlich spontan auftretenden Hyperventilationsepisoden durch die traditionelle Psychiatrie einen möglicherweise therapeutischen Prozeß bei manchen neurotischen Patienten. Während der Hyperventilation, wenn sich die physischen und emotionalen Spannungen aufbauen und lösen, kann das Individuum eine Vielfalt von beeindruckenden Erfahrungen machen, die unten detaillierter beschrieben werden. Er oder sie kann bedeutende biographische Ereignisse aus der frühen oder späteren Kindheit und aus dem späteren Leben wiedererleben, mit verschiedenen Aspekten der Erinnerung der biologischen Geburt konfrontiert werden, kann ein erschütterndes Erleben des Todes haben, oder verschiedene Arten transpersonaler Phänomene erfahren.

In der holotropen Therapie wird der an sich schon starke Effekt der Hyperventilation noch weiter gesteigert durch den Gebrauch evokativer Musik und Geräuschtechniken, die von verschiedenen Kulturen speziell zur Bewußtseinsveränderung entwickelt wurden. Eine weitere Intensivierung der Effekte dieser Technik liegt im Gebrauch einer Gruppenstruktur, bei der die Teilnehmer sich in den Rollen des ,,Erfahrenden" und des Helfers unter der Supervision des Therapeuten abwechseln.

Idealerweise führt das aktive Atmen selbst zu einer Lösung von allem, das erzeugt wurde und ins Bewußtsein aufstieg. Falls der Proband noch Spannungen und unangenehme Emotionen beibehält, ist es möglich, die Entspannung durch eine Technik fokussierter Körperarbeit herbeizuführen, welche ich zuerst für die Endphasen psychedelischer Sitzungen entwickelte.

Das Grundprinzip dabei besteht darin, den „Erfahrenden" zu ermutigen, sich völlig den auftretenden Emotionen, Empfindungen und der physischen Energie hinzugeben und angemessene Wege zu finden, diese durch Geräusche, Grimassen, Körperhaltungen und Bewegungen auszudrücken ohne die Erfahrung zu beurteilen oder zu analysieren. Die Funktion dieser Hilfen besteht darin, dem Strom des Energieflusses zu folgen und seinen völligen Ausdruck zu ermutigen. Dies wird fortgesetzt, bis der „Erfahrende" einen Zustand der Lösung und Entspannung erreicht.

Die Arbeit mit Techniken, welche das therapeutische Potential außergewöhnlicher Bewußtseinszustände benutzt, erfordert ein viel breiteres theoretisches Konzept und eine andere Weltsicht als das diejenige des *Newton-Descartes*schen Paradigmas der mechanistischen Naturwissenschaft und des biographisch orientierten Denkens der gegenwärtigen Psychiatrie und Psychotherapie. Die hauptsächlichen Revisionen, die in der psychiatrischen Theorie und der Wissenschaftstheorie gemacht werden müssen, fallen in fünf große Kategorien:

1. die Dimensionen der menschlichen Psyche und die Kartographie des inneren Raumes,
2. der Aufbau der Psychopathologie,
3. effektive Mechanismen der Therapie und Persönlichkeitsveränderung,
4. Strategie von Therapie und Selbsterfahrung, und
5. Beziehungen zwischen Bewußtsein und Materie sowie der Natur der Wirklichkeit.

Die wichtigsten Revisionen der traditionellen psychiatrischen Theorie und der Wissenschaftstheorie

Dimensionen des Bewußtseins: Eine neue Kartographie der menschlichen Psyche

Eine der höchst bedeutsamen Implikationen der psychedelischen Forschung und der holotropen Therapie für Psychiatrie und Psychotherapie liegt in einem völlig neuen Bild der menschlichen Psyche. Obwohl ich mich in erster Linie auf die Daten meiner eigenen Forschung konzentrieren will, sind die Schlußfolgerungen direkt anwendbar für andere Bereiche, die Menschen untersuchen wie die *Jung*sche Psychologie, die Anthropologie, die Parapsychologie, Laboruntersuchungen des Bewußtseins und Thanatologie. Diese haben Beobachtungen angesammelt, die unvereinbar sind mit dem mechanistischen Weltbild.

Eine umfassende Diskussion der neuen Kartographie der Psyche, welche auf tiefgreifender Erfahrungsarbeit basiert, übersteigt den Rahmen dieses Artikels; sie wurde detailliert in einer speziellen Publikation beschrieben (*Grof,* 1978). In diesem Zusammenhang möchte ich einen Abriß der Grundzüge mit spezieller Betonung des Verständnisses von Psychopathologie und Psychotherapie geben. Zusätzlich zur traditionellen biographisch-anamnestischen Ebene umfaßt die neue Kartographie den perinatalen Bereich der Psyche mit den Brennpunkten von Geburt und Tod und den transpersonalen Bereich, welcher mit einem großen Spektrum von Erfahrungen in Beziehung steht, die traditionellerweise als religiös, spirituell, okkult oder mystisch bezeichnet werden. Da das Unbewußte einen komplexen, vielschichtigen und multidimensionalen holographischen Aufbau hat, stellt es ein nicht unterteiltes Erfahrungskontinuum dar. Jeder Versuch einer Abgrenzung und linearer Beschreibung, welcher für didaktische Zwecke notwendig ist, hat deshalb einen gewissen Grad von Künstlichkeit und Übervereinfachung zur Folge.

Die sensorische Barriere und die historisch-biographische Ebene

Die Techniken, die einen erfahrungsmäßigen Zugang zum Unbewußten vermitteln, führen zunächst zu einer Aktivierung der Sinnesorgane. Als eine Folge beginnt eine tiefe Selbsterforschung für viele Menschen mit einer Vielzahl unspezifischer sensorischer Erfahrungen, wie z.B. elementaren Visionen von Farben oder geometrischen Mustern, dem Hören von Klingel- oder Summgeräuschen, taktilen Empfindungen in verschiedenen Körperteilen sowie Geschmackssensationen oder Gerüchen. Diese Erscheinungen sind mehr oder weniger abstrakter Natur; sie haben keinerlei tiefere symbolische Bedeutung und sind von geringem Wert für Selbsterfahrung und Selbstverständnis. Sie scheinen eine sensorische Barriere darzustellen, durch die man gehen muß, bevor die Reise in die eigene Psyche beginnen kann.

Beim Fortschreiten des Prozesses ist der nächste, sehr leicht erreichbare Bereich der Psyche normalerweise der der anamnestisch-biographischen Ebene und des individuellen Unbewußten.

Obwohl die Phänomene, die zu dieser Kategorie gehören, von beträchtlicher theoretischer und praktischer Relevanz sind, ist es nicht notwendig, hier viel Platz für ihre Beschreibung aufzuwenden. Dies deshalb, weil die meisten traditionellen psychotherapeutischen Ansätze sich auf diese Ebene begrenzen. Es gibt eine Fülle wissenschaftlicher Literatur, die Nuancen der Psychodynamik im biographischen Bereich diskutiert. Unglücklicherweise widersprechen die verschiedenen Schulen einander und es gibt keine Einigkeit darüber, was die bedeutsamen Faktoren der Psyche sind, warum psychopathologische Phänomene entstehen und wie eine wirksame Psychotherapie durchgeführt werden sollte.

Die Erfahrungen, welche zu dieser Kategorie gehören, stehen in Beziehung zu bedeutsamen biographischen Ereignissen und Lebensumständen des Individuums von der Geburt bis zur Gegenwart. Auf dieser Ebene der Selbsterforschung kann alles aus der Lebensgeschichte einer Person aus dem Unbewußten hervortreten und Inhalt der Erfahrung werden, das einen ungelösten Konflikt, einen verdrängten, nicht integrierten Gedächtnisinhalt oder eine ungeschlossene psychologische „Gestalt" irgendeiner Art darstellt.

Im großen und ganzen stimmt das biographische Material, das in der Erfahrungsarbeit heraufkommt, mit der *Freud*schen Theorie oder einem ihrer Abkömmlinge überein. Allerdings gibt es zwei hauptsächliche Unterschiede. In tiefer Erfahrungspsychotherapie wird das biographische Material nicht lediglich erinnert oder rekonstruiert; es kann tatsächlich vollständig wiedererlebt werden. Dies schließt nicht nur Emotionen sondern auch physische Empfindungen, visuelle Aspekte des involvierten Materials wie auch andere Sinnesdaten ein. Typischerweise passiert dies in einer vollständigen Altersregression zu dem Stadium der Entwicklung, in dem die Ereignisse stattfanden.

Ein weiterer großer Unterschied zwischen verbaler und erfahrungsmäßiger Psychotherapie ist die Bedeutung direkter physischer Traumen in der Geschichte des Individuums. In der traditionellen Psychiatrie, Psychologie und Psychotherapie wird eine ausschließliche Betonung auf psychologische Traumen gelegt. Physischen Traumen schreibt man nicht einen direkten Einfluß auf die psychische Entwicklung des Individuums zu. Auch sieht man sie nicht als Mitursache in der Psychogenese von emotionalen und psychosomatischen Störungen an. Die kontrastiert scharf mit den Beobachtungen während tiefer Erfahrungsarbeit, bei der Erinnerungen an physische Traumen von überwältigender Bedeutung zu sein erscheinen. In der psychedelischen Arbeit, der holotropen Therapie und anderen machtvollen erfahrungsmäßigen Ansätzen ist das Wieder-Durchleben von lebensbedrohlichen Erkrankungen, Verletzungen, Operationen oder Situationen des Fast-Ertrinkens extrem häufig. Ihre Bedeutung überwiegt bei weitem diejenige von gewöhnlichen Psychotraumen. Die nicht verarbeiteten Emotionen und physischen Sensationen von Ereignissen, welche das Überleben oder die Integrität des Organismus bedrohten, scheinen eine bedeutsame Rolle bei der Entwicklung verschiedener Formen von Psychopathologie zu haben, was bisher von der akademischen Wissenschaft nicht anerkannt wurde.

Die Erfahrung schwerwiegender physischer Traumatisierung stellt einen natürlichen Übergang zwischen der biographischen Ebene und dem folgenden Bereich dar, der als wichtigsten Bestandteil das Zwillingsphänomen von Geburt und Tod hat. Sie schließen Ereignisse aus dem postnatalen Leben des Individuums ein und sind so biographischer Natur. Jedoch das Faktum, daß sie eine Person in nahe Berührung mit dem Tode brachten und mit extremen Unbehagen und Schmerz einhergingen, verbindet sie mit dem Geburtstrauma. Aus offensichtlichen Gründen sind Erinnerungen an Krankheiten und Traumen, die mit schweren Atemstörungen einhergingen, wie z.B. Pneumonie, Diphterie, Keuchhusten und Fast-Ertrinken von besonderer Bedeutung in diesem Zusammenhang.

Begegnung mit Geburt und Tod: Dynamik der perinatalen Grundmatrizen

Der charakteristische Aspekt von Erfahrungen, die auf dieser Ebene der Psyche entstehen, ist ihre Fokussierung auf physischen und emotionalen Schmerz, Krankheit und Gebrechlichkeit, Altern, Sterben und Tod. Das Bewußtwerden des Todes findet nicht nur in eschatologischen Vorstellungen und Visionen von sterbenden Menschen und Tieren, verwesenden Körpern und Kadavern, Skeletten, Friedhöfen und Begräbnissen seinen Ausdruck, sondern auch in einer tiefgreifenden erfahrungsmäßigen Begegnung mit dem Tod und Sterben, welche sehr reale und überzeugende biologische und emotionale Begleitumstände hat. Die tiefgreifende Konfrontation mit dem Tode, welche diese erfahrungsmäßigen Sequenzen charakterisiert, neigen dazu, mit einer Vielzahl von Phänomenen verbunden zu sein, die eindeutig im Zusammenhang mit der biologischen Geburt stehen. Angesichts von Agonie und Sterben erfahren die Individuen gleichzeitig die Anstrengung, geboren zu werden oder zu gebären. Weiterhin können viele der physiologischen und verhaltensmäßigen Aspekte dieser Erfahrungen zwanglos als Abwandlungen des Geburtsprozeßes erklärt werden.

Es ist in diesem Zusammenhang ziemlich üblich, daß man sich mit einem Fetus identifiziert und verschiedene Aspekte seiner eigenen biologischen Geburt mit ganz spezifischen und überprüfbaren Details wieder durchlebt. Das Element des Todes kann durch gleichzeitige oder alternierende Identifikation mit kranken, alternden oder sterbenden Individuen repräsentiert werden. Auch wenn das gesamte Spektrum dieser Erfahrungen nicht nur auf ein alleiniges Wiedererleben der biologischen Geburt reduziert werden kann, scheint das Geburtstrauma doch einen bedeutenden Kern des Erfahrungsprozesses auf dieser Ebene darzustellen. Aus diesem Grunde bezeichne ich diese Ebene des Unbewußten als „perinatal".

Der Begriff „perinatal" ist ein aus Griechisch und Latein zusammengesetzes Wort, in welchem die Vorsilbe „peri" „darumherum" oder „nahe" bedeutet und die Wurzel „natalis" die Beziehung zur Geburt kennzeichnet. Es wird üblicherweise in der Medizin verwendet, um Vorgänge unmittelbar vor der Geburt, während ihr oder darauf folgend zu beschreiben; medizinische Texte sprechen so über perinatale Blutungen, Infektionen oder Gehirnschäden. Im Gegensatz zum traditionellen Gebrauch dieses Wortes in der Geburtshilfe wird der Begriff „perinatal" in diesem Artikel in Beziehung zu Erfahrungen verwendet.

Der Zusammenhang zwischen der biologischen Geburt und perinatalen Erfahrungen, wie sie oben beschrieben wurden, ist sehr tiefreichend und spezifisch. Dies ermöglicht es, die klinischen Phasen der Entbindung bei der Konstruktion eines theoretischen Modells zu verwenden, welche dazu beiträgt, die Dynamik der perinatalen Ebene des Unbewußten zu verstehen und sogar spezifische Voraussagen über den Tod-Wiedergeburt-Prozeß bei verschiedenen Individuen zu machen.

Die Erfahrungen von Tod und Wiedergeburt, welche die perinatale Ebene des Unbewußten widerspiegeln, sind sehr reich und komplex. Sequenzen, die zu den verschiedenen Phasen und Facetten der biologischen Geburt in Zusammenhang stehen, sind typischerweise vermischt oder verbunden mit einer Vielzahl transpersonaler Erfahrungen von mythologischer, mystischer, archetypischer, geschichtlicher, soziopolitischer, anthropologischer und phylogenetischer Natur. Diese treten meist in fünf charakteristischen Erfahrungsmustern der Konstellationen auf. Es scheint eine tiefgreifende Verbindung zwischen diesen thematischen Gruppen und den klinischen Phasen der Entbindung zu bestehen.

Die Erfahrung der kosmischen Einheit: Das amniotische Universum

Diese bedeutende perinatale Erfahrung scheint mit der ursprünglichen Einheit mit der Mutter, mit dem Zustand der intrauterinen Existenz, in Verbindung zu stehen, während der Mutter und Kind eine symbiotische Einheit bilden. Falls keine schädliche Reize eingreifen, können diese Bedingungen für das Kind mit Sicherheit und andauernder Befriedigung aller Bedürfnisse nahezu optimal sein. Die grundlegenden Charakteristika dieser Erfahrung sind die Transzendenz der Subjekt-Objekt-Dichotomie, starke positive Affekte (Friede, Gelassenheit, Ruhe und ozeanische Ekstase), Gefühle der Heiligkeit, Transzendenz von Raum und Zeit und eine Fülle von Einsichten kosmischer Bedeutsamkeit.

Der spezifische Inhalt solcher Erfahrungen kann von Situationen abgeleitet werden, die mit ihm das Fehlen von Grenzen und Hindernissen teilen, wie eine Identifikation mit dem Ozean und Lebensformen im Wasser oder mit dem interstellaren Raum. Auch Vorstellungen der Natur von ihrer besten Seite (Mutter Natur) und archetypische Visionen von Himmeln und Paradiesen gehören in diese Kategorie. Es muß betont werden, daß nur Episoden ungestörten embryonalen Lebens von Erfahrungen dieser Art begleitet sind. Störungen der intrauterinen Existenz sind verbunden mit Bildern von Unterwassergefahren, Verunreinigungen, unwirtlicher Natur und heimtückischen Dämonen aus verschiedenen Kulturen.

Die Erfahrung des Verschlungenwerdens im Kosmos

Dieses Erfahrungsmuster scheint zum Moment des Beginns der Entbindung in Beziehung zu stehen, wenn die vorherige Harmonie gestört ist. Anfänglich geschieht das als ein Resultat alarmierender chemischer Signale und später durch mechanische Kontraktionen der Uterusmuskulatur.

Diese Situation wird subjektiv erfahren als eine drohende vitale Gefahr. Überwältigende Gefühle frei flotierender Angst führen zu paranoiden Vorstellungen und Wahrnehmungen. Intensivierungen dieses Zustandes resultieren üblicherweise in der Erfahrung eines monströsen Strudels oder Wirbels, welcher das Subjekt und seine oder ihre Welt gnadenlos in sein Zentrum saugt. Eine häufige erfahrungsmäßige Variation dieses Themas besteht darin, daß man von einer archetypischen Bestie verschluckt, von einem Polypen umklammert wird oder von einer gigantischen Spinne gefangen ist. Eine weniger dramatische Form der gleichen Erfahrung ist das Thema des Abstiegs in die Unterwelt und das Zusammentreffen mit dämonischen Kreaturen.

Die Erfahrung der Ausweglosigkeit oder Hölle

Diese Erfahrung ist logisch verbunden mit dem voll ausgebildeten ersten klinischen Stadium der Entbindung. Zu dieser Zeit wird der Fetus periodisch durch Uteruskontraktionen zusammengedrückt, während der Muttermund noch geschlossen und der Weg nach außen nicht erreichbar ist. Das Subjekt fühlt sich festgehalten, eingesperrt und gefangen in einer klaustrophoben, albtraumartigen Welt und verliert vollkommen den Zusammenhang mit der linear ablaufenden Zeit. Die Situation fühlt sich als absolut unerträglich, endlos und hoffnungslos an. Deshalb scheint es ganz logisch, daß die betreffenden Individuen sich erlebnismäßig häufig mit Gefangenen in Kerkern oder Konzentrationslagern, mit Opfern der Inquisition, mit Insassen von Irrenanstalten oder mit Sündern in der Hölle oder archetypischen Figuren der ewigen Verdammnis identifizieren. Während der tiefen existentiellen Krise, welche typischerweise diesen Zustand begleitet, erscheint die Existenz als eine sinnlose Farce oder ein absurdes Theater.

Die Erfahrung des Ringens um Tod und Wiedergeburt

Viele bedeutende Aspekte dieser Erfahrungsmatrix können im Zusammenhang mit der zweiten klinischen Phase der Entbindung verstanden werden. In diesem Stadium gehen die Uteruskontraktionen weiter, aber der Muttermund ist jetzt eröffnet und ermöglicht ein graduelles Vorwärtsdringen des Fetus durch den Geburtskanal. Dies umfaßt einen enormen Kampf ums Überleben, zerquetschenden Druck und oft einen hohen Grad von Sauerstoffmangel und Erstickungsgefühlen. In der Endphase der Entbindung kann der Fetus einen Intimkontakt mit biologischem Material wie Blut, Schleim, Urin und Faeces erfahren.

Von einem erfahrungsmäßigen Gesichtspunkt her ist dieses Muster ziemlich reichhaltig und verästelt. Neben dem tatsächlichen realistischen Wiedererleben von verschiedenen Aspekten des Ringens im Geburtskanal involviert es eine große Vielzahl von Phänomenen, die in typischen thematischen Sequenzen vorkommen. Sie stehen nach einer tiefen erfahrungsmäßigen Logik im Zusammenhang mit anatomischen, physiologischen und biochemischen Aspekten des Geburtsprozesses. Von besonderer Bedeutung sind dabei Elemente eines titanischen Kampfes, sadomasochistischer Erfahrungen, intensiver sexueller Erregung, dämonischen Episoden, eschatologische Beziehungen und Auseinandersetzungen mit Feuer. All dies passiert im Zusammenhang im Kampf um Tod und Wiedergeburt.

Die spezifischen Vorstellungsbilder beinhalten mythologische Kämpfe riesigen Ausmaßes mit Engeln und Dämonen oder Göttern und Titanen, rasende Naturkräfte, Sequenzen aus blutigen Revolutionen und Kriegen, Pornographie und abweichende Sexualität, Gewalt, satanische Orgien, den Hexensabbat, Kreuzigung und rituelle Opfer.

Die Todes- und Wiedergeburts-Erfahrung

Diese perinatale Matrix steht in bedeutungsvoller Beziehung mit dem dritten klinischen Stadium der Entbindung – der tatsächlichen Geburt des Kindes. In dieser Schlußphase kommt der quälende Prozeß des Ringens um die Geburt zu einem Ende; die Austreibung durch den Geburtskanal findet seinen Höhepunkt. Dem extremen Anstieg von Schmerz, Spannung, sexueller Erregung folgt eine plötzliche Erleichterung und Entspannung. Nach dem Zerschneiden der Nabelschnur ist die physische Trennung von der Mutter komplett; das Kind beginnt seine neue Existenz als ein anatomisch unabhängiges Individuum. Wie in den anderen Matrizen spiegeln einige der hierher gehörenden Erfahrungen genau die Ereignisse der biologischen Geburt wider, wie auch spezifische geburtshilfliche Maßnahmen. Das symbolische Gegenstück der Schlußphase der Entbindung ist die Todes-Wiedergeburts-Erfahrung. Paradoxerweise hat das Individuum, während es nur einen Schritt vor einer einzigartigen Befreiung steht, das Gefühl einer drohenden, enormen Katastrophe. Dies resultiert häufig in einem entschlossenen Kampf, die Erfahrung zu beenden. Wenn das Fortschreiten zugelassen wird, schließt diese Erfahrung ein Gefühl der Vernichtung auf allen vorstellbaren Ebenen ein: physische Zerstörung, emotionaler Zusammenbruch, intellektuelle Niederlage, endgültiges moralisches Versagen und absolute Verdammung. Diese Erfahrung des ,,Ich-Todes" scheint eine sofortige gnadenlose Zerstörung aller vorherigen Referenzpunkte im Leben des Individuums zur Folge zu haben.

Der Erfahrung der totalen Vernichtung und des ,,Sturzes in den kosmischen Abgrund" folgen sofort Visionen blendenden Weißes oder goldenen Lichtes von übernatürlichem Glanz und Schönheit. Dies kann in Zusammenhang stehen mit einer erstaunlichen Entfaltung von göttlichen archetypischen Wesen, Regenbogenspektren oder verschlungenen Pfauenmustern. Das Subjekt erfährt ein tiefes Gefühl emotionaler und spiritueller Befreiung, Erlösung und Rettung. Er oder sie fühlt sich typischerweise befreit von Angst, Depression und Schuld, gereinigt und entlastet. Dies ist assoziiert mit einer Flut positiver Gefühle gegenüber sich selbst, gegenüber anderen Personen und gegenüber der Existenz im allgemeinen. Die Welt erscheint als ein schöner und sicherer Platz. Die Lebensfreude ist deutlich erhöht.

Reisen jenseits des Gehirns: Transpersonale Dimensionen der Psyche

Die Erfahrungsfolge von Tod und Wiedergeburt öffnet typischerweise das Tor zu einem transbiographischen Bereich der menschlichen Psyche, welcher am besten als transpersonal bezeichnet wird. Die perinatale Ebene des Unbewußten stellt eindeutig ein Zwischenglied zwischen biographischen und transpersonalen Bereichen dar bzw. zwischen dem individuellen und dem kollektiven Unbewußten. In den meisten Fällen geht transpersonalen Erfahrungen ein dramatisches Zusammentreffen mit Geburt und Tod voraus. Es gibt allerdings eine bedeutende Alternative; gelegentlich ist ein direkter erfahrungsmäßiger Zugang zu verschiedenen transpersonalen Elementen und Themen ohne eine Konfrontation mit der perinatalen Ebene möglich.

Der gemeinsame Nenner dieser reichen und verzweigten Gruppe von Phänomenen besteht im Gefühl des Subjektes, daß sein oder ihr Bewußtsein sich über die gewöhnlichen Ichgrenzen ausgedehnt und die Begrenzungen von Zeit und Raum transzendiert hat. In üblichen oder ,,normalen'' Bewußtseinszuständen erfahren wir uns selbst als in den Grenzen unseres physischen Körpers (dem Körperschema) existierend. Unsere Wahrnehmungsmöglichkeiten der Umgebung erleben wir als begrenzt durch die physikalischen oder physiologischen Gegebenheiten unserer Sinnesorgane.

Sowohl unsere internen Wahrnehmungen (Introzeption) wie auch die äußeren (Extrozeption) sind durch die üblichen räumlichen und zeitlichen Begrenzungen eingeschränkt. Unter normalen Umständen haben wir mit all unseren Sinnen nur von Vorgängen im augenblicklichen Moment und in unserer unmittelbaren Umgebung eine lebhafte Erfahrung. Wir können uns die Vergangenheit ins Gedächtnis zurückrufen und zukünftige Vorgänge vorwegnehmen oder über sie fantasieren; doch sind Vergangenheit und Zukunft der direkten Erfahrung nicht zugänglich.

In transpersonalen Erfahrungen, die in psychedelischen Sitzungen, bei Selbsterforschungen durch Erfahrungstechniken ohne Drogen oder spontan auftreten, erscheinen eine oder mehrere der oben genannten Begrenzungen transzendiert. Derartige Erfahrungen können in drei große Kategorien eingeteilt werden. Einige von ihnen gehen mit einer Aufhebung der linearen Zeit einher. Sie werden von den Probanden interpretiert als geschichtliche Regressionen, Erforschungen ihrer biologischen, kulturellen und spirituellen Vergangenheit oder auch als ein Fortschreiten in die Zukunft im historischen Sinne. In der zweiten Kategorie finden sich Erfahrungen, die vor allem durch eine Transzendierung der normalen räumlichen Grenzen mehr als der zeitlichen gekennzeichnet sind. Die dritte Gruppe ist durch eine erfahrungsmäßige Erforschung von Bereichen, die in der westlichen Kultur nicht als objektive Realität gelten, charakterisiert.

In außergewöhnlichen Bewußtseinszuständen erfahren viele Probanden ganz konkrete und realistische Episoden, welche sie als fetale und embryonale Erinnerungen identifizieren. Unter diesen Umständen ist es nicht ungewöhnlich – auf der Ebene zellulären Bewußtseins – eine volle Identifikation mit Samen und Ei zur Zeit der Zeugung zu erfahren. Manchmal geht die Regression sogar weiter und das Individuum hat das überzeugende Gefühl, Erinnerung an das Leben von seinen oder ihren Vorfahren wieder zu erleben oder sogar am Gedächtnisspeicher des stammesgeschichtlichen oder kollektiven Unbewußten teilzuhaben. Gelegentlich berichten die Probanden Erfahrungen, in denen sie sich mit verschiedenen tierischen Vorfahren in der Abstammungsgeschichte identifizieren. Auch haben sie das bestimmte Gefühl, dramatische Episoden früherer Inkarnationen wieder zu erleben.

Transpersonale Erfahrungen, die mit einem Überschreiten räumlicher Barrieren einhergehen, deuten darauf hin, daß die Grenzen zwischen dem Individuum und dem übrigen Universum nicht absolut feststehen. Unter bestimmten Umständen ist es möglich, sich erfahrungsmäßig mit allen im Universum, einschließlich des gesamten Kosmos selbst, zu identifizieren. Hierher gehört, mit einer anderen Person in einen Zustand dualer Einheit zu verschmelzen oder die Identität einer anderen Person anzunehmen, mit dem Bewußtsein einer bestimmten Gruppe von Personen in Einklang zu stehen, oder sein eigenes Bewußtsein in einem solchen Ausmaße auszudehnen, daß es die gesamte Menschheit umfaßt. In ähnlicher Weise kann man die Grenzen der spezifisch menschlichen Erfahrung überschreiten und sich mit dem Bewußtsein von Tieren, Pflanzen oder selbst anorganischen Objekten und Prozessen identifizieren. Im Extrem ist es möglich, das Bewußtsein der gesamten Biosphäre unseres Planeten und des gesamten materiellen Universums zu erfahren.

In einer großen Gruppe transpersonaler Erfahrungen scheint die Ausdehnung des Bewußtseins über die phänomenale Welt und das Zeit-Raum-Kontinuum des täglichen Lebens hinauszugehen. Hierher gehören zahlreiche Visionen von archetypischen Personen und Themen, Zusammentreffen mit Göttern und Dämonen verschiedener Kulturen oder mit komplexen mythologischen Sequenzen. Sehr häufig sind auch Berichte von Erscheinungen von Geistern verstorbener Menschen, übermenschlichen Wesen und Bewohnern anderer Universa.

Weitere Beispiele dieser Kategorie von Phänomenen sind Visionen von abstrakten archetypischen Mustern, dem intuitiven Verstehen von universellen Symbolen (Kreuz, Ankh, Yin-Yang, Svastika, Drudenfuß oder sechsstrahliger Stern), Erfahrung der in der chinesischen Philosophie und Medizin beschriebenen Meridiane und des Flusses der Chi-Energie, oder dem Aufwachen der Schlangenkraft (Kundalini) und der Aktivierung von verschiedenen Zentren psychischer Energie, d.h. den Chakras. In seiner weitesten Erstreckung kann das individuelle Bewußtsein sich identifizieren mit dem kosmischen Bewußtsein oder dem allumfassenden Geist. Die äußerste Grenze aller Erfahrungen scheint die Identifikation mit dem Über- und Metakosmischen zu sein, der geheimnisvollen ursprünglichen Leere und dem Nichts, das Bewußtsein an sich ist und alle Existenz keimhaft in sich trägt.

Transpersonale Erfahrungen haben manche fremdartige Charakteristika, die die fundamentalsten Annahmen materialistischer Wissenschaft oder der mechanistischen Weltsicht erschüttern. Forscher, die diese faszinierenden Phänomene ernsthaft untersucht oder selbst erfahren haben, stellen fest, daß die Versuche der traditionellen Psychiatrie, über sie als irrelevante Produkte der Vorstellung oder als erratische Phantasmagorien – entstanden durch pathologische Gehirnprozesse – hinwegzugehen, oberflächlich und inadäquat sind. Jede unvoreingenommene Untersuchung des transpersonalen Bereiches der Psyche muß zu dem Schluß kommen, daß die gemachten Beobachtungen eine kritische Herausforderung des *Newton-Descartes*schen Paradigmas der westlichen Wissenschaft darstellen.

Obwohl transpersonale Erfahrungen im Prozeß tiefgreifender individueller Selbsterfahrung auftreten, ist es nicht möglich, sie einfach als intrapsychische Phänomene im konventionellen Sinne zu interpretieren. Einerseits bilden sie ein ununterbrochenes Erfahrungskontinuum mit anamnestisch-biographischen und perinatalen Erfahrungen. Andererseits scheinen sie direkt, ohne die Vermittlung durch Sinnesorgane, Quellen von Informationen zu erschließen, die eindeutig außerhalb des konventionell beschriebenen Bereiches des Individuums liegen.

Die Berichte von Probanden, die Episoden embryonaler Existenz, den Moment der Befruchtung und Elemente von Zell-, Gewebs- und Organ-Bewußtsein erfahren haben, sind voll von medizinisch präzisen Einsichten in die anatomischen, physiologischen und biochemischen Aspekte der involvierten Prozesse. Ähnlich zeigen sich häufig in den Erinnerungen an Ahnen, in stammesgeschichtlichen und kollektiven Erinnerungen im *Jung*schen Sinne, und in Inkarnationserinnerungen ganz spezifische Details über die Architektur, die Kleidung, die Waffen, Kunst, die soziale Struktur und religiöse Praktiken der betreffenden Kultur und Periode oder selbst ganz konkrete historische Ereignisse.

Probanden, die phylogenetische Abläufe oder die Identifikation mit bestehenden Lebensformen erfuhren, fanden dies nicht nur außergewöhnlich überzeugend und authentisch, sondern erwarben in diesem Prozeß auch außerordentliche Einsichten in Tierpsychologie, Ätiologie spezifischer Verhaltensweisen oder ungewöhnlicher Vermehrungszyklen. In manchen Fällen war dies begleitet mit einer archaischen Form der Muskelinnervation, welche für den Menschen nicht charakteristisch ist, oder selbst mit so komplexen Leistungen wie dem Durchführen eines Balzverhaltens.

Diejenigen Individuen, welche Episoden der Bewußtseinsidentifikation mit Pflanzen oder Teilen von Pflanzen erfuhren, berichten gelegentlich bemerkenswerte Einsichten in solche botanischen Prozesse wie das Keimen von Samen, die Fotosynthese in den Blättern, die Rolle der Auxine im Pflanzenwachstum, den Austausch von Wasser und Mineralien im Wurzelsystem oder die Befruchtung. In gleichem Maße üblich ist ein unumstößliches Gefühl der Bewußtseinsidentifikation mit unbelebter Materie oder unorganischen Prozessen – dem Wasser im Ozean, Feuer, Blitz, der vulkanischen Aktivität, Tornados, Gold, Diamanten, Granit und selbst Sternengalaxien, Atomen und Molekülen.

Es gibt eine weitere interessante Gruppe von transpersonalen Phänomenen, die häufig überprüft und sogar experimentell untersucht werden. Hierher gehören Telepathie, mentale Diagnostik, Hellsehen, Hellhören, Präkognition, Psychometrie, Erfahrungen des „Außerhalb-des-eigenen-Körpers-Seins" (out of body-Erfahrung), Hellsehen durch Seelenreise und andere Fälle außersinnlicher Wahrnehmung. Sie ist die einzige Gruppe transpersonaler Phänomene, die in der Vergangenheit gelegentlich in akademischen Kreisen diskutiert wurde, leider aber mit einem starken negativen Vorurteil.

Unter einem umfassenderen Gesichtspunkt besteht kein Grund dafür, die sogenannten paranormalen Phänomene als eine spezielle Kategorie auszusondern. Da viele andere Arten transpersonaler Erfahrung ganz typischerweise mit einem Zugriff zu neuen Informationen über das Universum durch außersinnliche Wahrnehmung einhergehen, verschwindet die strenge Abgrenzung zwischen Psychologie und Parapsychologie. Sie wird ziemlich willkürlich, wenn die Existenz des transpersonalen Bereiches anerkannt wird. Die philosophische Herausforderung, die mit den oben beschriebenen Beobachtungen einhergeht – beunruhigend wie sie an sich schon ist – wird weiter durch die Tatsache gesteigert, daß außergewöhnliche Bewußtseinszustände, in denen transpersonale Erfahrung korrekt die materielle Welt widerspiegeln, auf dem gleichen Kontinuum zu liegen scheinen – wie andere, deren Inhalt nach dem westlichen Weltbild nicht Teil der objektiven Realität ist. Wir möchten in diesem Zusammenhang die *Jung*schen Archetypen erwähnen, die Welt der Götter, Dämonen, Halbgötter, Heroen und komplexe mythologisch legendäre Erscheinungen und Märchen. Selbst diese Erfahrungen können akkurates, neues Wissen über religiöse Symbolik, Folklore und mythologische Struktur über verschiedene Kulturen vermitteln, die vorher dem Subjekt unbekannt waren.

Transpersonale Erfahrungen haben eine ganz besondere Position in der Kartographie der menschlichen Psyche. Die anamnestisch-analytische Ebene und das individuelle Unbewußte sind eindeutig von biographischer Natur. Die perinatale Dynamik scheint ein Zwischenbereich oder eine Grenze zwischen dem Personalen und Transpersonalen darzustellen; dies zeigt sich in ihrer tiefen Verbindung mit Geburt und Tod, dem Anfang und dem Ende der individuellen menschlichen Existenz. Die transpersonalen Phänomene decken Zusammenhänge zwischen dem Individuum und dem Kosmos auf, die gegenwärtig jenseits unseres Verständnisses liegen. Alles, was wir sagen können, ist, daß irgendwo im Prozeß der perinatalen Entfaltung ein eigentümlicher, qualitativer, möbiusartiger Sprung aufzutreten scheint, bei dem die tiefe Selbsterforschung des individuellen Unbewußten umschlägt in einen Prozeß erfahrungsmäßiger Abenteuer im Universum als Ganzes. Dies schließt etwas ein, was am besten als kosmisches Bewußtsein oder Überbewußtsein beschrieben werden kann.

Die beschriebene erweiterte Kartographie ist von entscheidender Bedeutung für jede ernsthafte Beschäftigung mit solchen Phänomenen wie psychedelischen Zuständen, Schamanismus, Religion, Mystik, Übergangsriten, Mythologie, Parapsychologie, Thanatologie und Psychose. Dies ist nicht nur eine Angelegenheit akademischen Interesses; wie im folgenden besprochen, hat die erweiterte Kartographie tiefgreifende und revolutionäre Implikationen für das Verständnis der Psychopathologie. Auch bietet sie neue therapeutische Möglichkeiten an, von denen sich die traditionelle Psychiatrie nichts träumen läßt.

Der Aufbau psychischer Störungen

Die Beobachtungen in der LSD-Psychotherapie und der holotropen Therapie werfen auf die Kontroversen zwischen den konkurrierenden tiefenpsychologischen Schulen ein neues Licht. Diese nehmen ja unterschiedliche, psychodynamische Kräfte an, welche den verschiedenen Formen emotionaler und psychosomatischer Störungen zugrunde liegen sollen. Die schnelle und tiefgreifende Entfaltung des therapeutischen Prozesses, welcher für diese zwei Innovationen in der Psychotherapie charakteristisch ist, verkleinert die Programmierung, die Restriktionen und die Verzerrungen, denen ein Patient selbst durch die indirektesten Arten der verbalen Psychotherapie ausgesetzt ist. Das Material, das bei unseren Therapieformen aufsteigt, scheint die aktuellen dynamischen Konstellationen genauer widerzuspiegeln, die den klinischen Symptomen zugrunde liegen. Es kommt häufig für den Therapeuten als eine totale Überraschung, statt sich in seine oder ihre theoretischen Vorurteile einzufügen.

Allgemein betrachtet ist der Aufbau der Psychopathologie, wie sie sich in dieser Art Arbeit manifestiert, unendlich komplexer und verwickelter als die gegenwärtigen Persönlichkeitstheorien annehmen. Nach den neuen Beobachtungen können nur sehr wenige emotionale und psychosomatische Syndrome – wenn überhaupt welche – allein aufgrund der Dynamik des individuellen Unbewußten erklärt werden. Viele klinische Probleme haben tiefreichende Wurzeln in der perinatalen Ebene des Unbewußten. Sie stehen in bedeutungsvoller Weise zum Geburtstrauma sowie der Todesangst in Beziehung und ihre Lösung erfordert eine erfahrungsmäßige Konfrontation mit dem Tod-Wiedergeburts-Prozeß.

In vielen Fällen reicht die dynamische Geometrie emotionaler, psychosomatischer und zwischenmenschlicher Probleme sogar darüber hinaus; sie sind tief verankert in verschiedenen transpersonalen Matrizen. Es ist nicht selten, daß psychopathologische Syndrome eine komplexe, vielschichtige, dynamische Struktur aufweisen und bedeutungsvoll mit allen größeren Bereichen der Psyche in Verbindung stehen – dem biographischen, perinatalen und transpersonalen Bereich. Zum erfolgreichen Umgang mit Problemen dieser Art muß der Therapeut bereit sein, sukzessiv Material von all diesen Ebenen anzuerkennen und sich damit auseinanderzusetzen. Dies erfordert eine große Flexibilität und Freiheit von theoretischer Orthodoxie. In Anbetracht dieser Fakten haben die psychotherapeutischen Schulen, welche die transbiographischen Quellen der Psychopathologie nicht anerkennen, nur oberflächliche und inadäquate Modelle der Psyche. Ihre therapeutische Effizienz wird ernsthaft durch die Tatsache begrenzt, daß sie die mächtigen Techniken der Heilung und der Persönlichkeitstransformation nicht nutzen, welche auf der perinatalen und transpersonalen Ebene liegen.

Wirksame Mechanismen der Therapie und Persönlichkeitstransformation

Nach den traditionellen Schulen der Psychotherapie liegt der Ursprung emotionaler, psychosomatischer und transpersonaler Probleme in nachgeburtlichen biographischen Ereignissen. Als eine Folge davon werden verschiedene therapeutische Handlungen, welche in der Manipulation des biographischen Materials aus dem Leben des Individuums bestehen, als angemessene Ansätze gesehen, um mit diesen Problemen fertig zu werden. So vertrauen die Therapeuten auf die Methode der freien Assoziation, Diskussionen von Angesicht zu Angesicht und andere vor allem verbale Verfahren. Es ist nicht selten, daß die Klienten nach Jahren der Psychotherapie fähig sind, komplizierte Erklärungen in Begriffen der postnatalen Psychodynamik zu geben, während sie zur gleichen Zeit nur minimale therapeutische Veränderungen aufweisen.

Unsere erfahrungsmäßige Arbeit zeigt, daß die dynamische Struktur psychogener Symptome extrem mächtige emotionale und physische Energien beinhaltet. Deshalb scheint jeder Versuch, sie mit verbalen Mitteln beeinflussen zu wollen, als äußerst problematisch. Gefordert ist ein therapeutischer Kontext, der direkte Erfahrung zuläßt und anregt, um deutlichere Resultate in einer vernünftigen Zeit zu erreichen. Weiterhin, wegen der vielschichtigen Natur psychogener Symptome, muß das theoretische Bezugssystem des Therapeuten perinatale und transpersonale Ebenen der Psyche einbeziehen, damit die therapeutische Arbeit voll wirksam sein kann.

So lange sich der Prozeß der Erfahrungstherapie allein auf die biographische Ebene konzentriert, sind die therapeutischen Resultate im allgemeinen ziemlich begrenzt, es sei denn, das Konfliktmaterial besteht aus ungeschlossenen Gestalten infolge ernsthafter physischer Traumen. Sofort- und Langzeiterfolge werden dramatischer, wenn die Selbsterforschung tiefer geht und Sequenzen von Geburt und Tod einschließt. Klaustrophobien und andere Arten von Angstzuständen, Depressionen, suizidale Tendenzen, Alkoholismus, Drogenabhängigkeit, Asthma, Migräne, sadomasochistische Neigungen und viele andere Probleme können tiefgreifend durch Erfahrungen perinataler Art beeinflußt werden.

Hingegen in denjenigen Fällen, welche in der transpersonalen Sphäre wurzeln, kann eine endgültige Lösung nur erreicht werden, wenn der Klient sich selbst mit jener spezifischen Art transpersonaler Erfahrung konfrontiert, mit der sein Problem verbunden ist. Dies kann eine intensive Erfahrung einer früheren Inkarnation, Identifikation mit einer animalischen Form, archetypischer oder pathologischer Abläufe, Themen aus dem stammesgeschichtlichen oder kollektiven Unbewußten und vieles andere mehr sein. Aufgeschlossenheit und Vertrauen in den Prozeß beim Therapeuten wie auch beim Klienten gehören so zu den bedeutendsten Voraussetzungen erfolgreicher Therapie.

Allgemeine Strategie der Psychotherapie und Selbsterforschung

Die verschiedenen Schulen der Psychotherapie unterscheiden sich stark in ihrem Verständnis der Natur und des Funktionierens der menschlichen Psyche, in ihrer Interpretation des Ursprungs und der Dynamik psychogener Symptome sowie in ihren Anweisungen für eine erfolgreiche Strategie und Technik der Psychotherapie. Dieser fundamentale Mangel an Übereinstimmung in solchen grundlegenden Fragen ist einer der Gründe, warum der Psychotherapie oft ein wissenschaftlicher Status abgesprochen wird.

Die Beobachtungen in der psychedelischen und holotropen Therapie zeigen deutlich, daß die dynamischen Kräfte hinter der Psychopathologie von so elementarer Natur sind, daß jeder Versuch, mit ihnen allein mit verbalen Ansätzen umzugehen, äußerst fragwürdig ist. Eine wirkungsvolle therapeutische Technik muß die direkte Erfahrung von starken Emotionen und physischen Erfahrungen gewährleisten. Gleichzeitig wird das therapeutische Potential eines erfahrungsmäßigen Ansatzes zunehmen, wenn die Erfahrungen während eines außergewöhnlichen Bewußtseinszustandes auftreten. Dies vermittelt nicht nur einen Zugang zu voll ausgeprägten Erfahrungen des biographischen Materials während vollständiger Altersregression, sondern auch zum gesamten Spektrum perinataler und transpersonaler Erfahrungen und zu wirkungsvollen Heilmechanismen und Persönlichkeitstransformationen, die auf diesen Ebenen möglich sind.

Die tiefgreifende erfahrungsmäßige Arbeit stimmt überein mit der generellen Strategie der Therapie und Selbsterforschung, wie sie zuerst von *Carl Gustav Jung* vorgeschlagen wurde. Die Psyche hat mächtige Selbstheilungstendenzen. Die Quelle der autonomen Selbstheilungskräfte ist das kollektive Unbewußte. Die Aufgabe der Therapeuten besteht deshalb nicht darin, rational die Probleme des Klienten zu verstehen und nach einem vorgefaßten Plan einige spezifische Techniken zur Veränderung der Situation zu verwenden. Vielmehr soll er dem Klienten den Zugang zu tieferen Ebenen der Psyche vermitteln. Die Heilung resultiert dann aus einem dialektischen Zusammenspiel zwischen Wachbewußtsein, individuellem und kollektivem Unbewußten.

Eine Technik der Psychotherapie, welche auf den Beobachtungen der modernen Bewußtseinsforschung beruht, vertraut vor allem auf direkte Erfahrung als dem hauptsächlichen transformierenden Mittel. Verbale Ansätze werden nur in der Vorbereitungsperiode sowie nach der Sitzung verwendet, um die Integration der Erfahrung zu erleichtern. Der Therapeut erzeugt einen stützenden Rahmen, bildet eine gute Arbeitsbeziehung mit dem Klienten und offeriert eine Technik, die das Unbewußte aktivieren kann wie Hyperventilation, Musik, Meditation oder eine psychedelische Droge.

Unter diesen Umständen werden vorher existierende Symptome verstärkt und vorher latente steigen ins Bewußtsein auf. Die Aufgabe des Therapeuten besteht dann darin, die erfahrungsmäßigen Abläufe bedingungslos mit völligem Vertrauen in die Autonomie und Spontaneität des Heilprozesses zu ermuntern und zu unterstützen. Die Symptome stellen blockierte Energie und letztlich kondensierte Erfahrung dar. In diesem Zusammenhang stellt ein Symptom genausosehr eine Möglichkeit wie ein Problem dar.

Beim Freisetzen der Energie wird das Symptom in eine bewußte Erfahrung transformiert und auf diese Weise gelöscht. Es ist notwendig, daß der Therapeut die elementare Entwicklung ohne Einmischung unterstützt, unabhängig davon, ob die Erfahrung biographisch, perinatal oder transpersonal ist. Die bedingungslose Unterstützung ist auch dann fortzusetzen, wenn der Therapeut den Prozeß nicht versteht oder dieser eine Form annimmt, welche er niemals vorher gesehen hat. Statt zu versuchen, das auftretende Material in Begriffen eines geschlossenen theoretischen Systems zu interpretieren – wie dies in der Psychoanalyse und verwandten Verfahren der Fall ist – wird der Therapeut so zu einem Mitabenteurer, der Neues in jeder Sitzung lernen kann.

Das neue Bild der Realität und der menschlichen Natur

Viele Beobachtungen aus der holotropen und psychedelischen Therapie sind eindeutig unvereinbar mit dem *Newton-Descartes*schen Paradigma der Wissenschaft und stellen eine ernsthafte Herausforderung an das mechanistische Denken dar (*Kuhn,* 1967). Es ist besonders die Existenz transpersoneller Erfahrungen und ihrer Dynamik, welche auf die dringende Notwendigkeit einer drastischen Revision des

Modells des Universums hinweisen, welches von der klassischen Naturwissenschaft geschaffen wurde. Es ist unmöglich geworden, das Bewußtsein weiterhin als ein Epiphänomen der Materie und ein Nebenprodukt physiologischer Prozesse im Gehirn zu sehen. Angesichts der neuen Resultate scheint das Bewußtsein ein primäres Attribut der Existenz zu sein und ist verwoben mit der grundsätzlichen Struktur der phänomenalen Welt. Die menschliche Psyche scheint mit dem gesamten Universum und aller Existenz zu korrespondieren; sie ist nicht nur ein Produkt der biographischen Geschichte des Individuums allein.

Die Existenz und Natur transpersonaler Erfahrungen verletzt einige der grundlegendsten Annahmen der mechanistischen Wissenschaft. Diese Erfahrungen implizieren scheinbar so absurde Vorstellungen wie die Relativität und willkürliche Natur aller physikalischen Grenzen, nicht-logischen Verbindungen im Universum, Kommunikation mit unbekannten Mitteln und durch unbekannte Kanäle, Gedächtnis ohne materielles Substrat, Nicht-Linearität der Zeit, Bewußtsein bei allen lebenden Organismen (einschließlich der niederen Tiere, Pflanzen, Einzeller und Viren) und sogar der anorganischen Materie.

Viele transpersonale Erfahrungen schließen Ereignisse im Mikro- und Makrokosmos ein – Bereiche, die den menschlichen Sinnen nicht unmittelbar zugänglich sind. Sie schließen auch Perioden ein, die historisch dem Ursprung des Sonnensystems, der Formation des Planeten Erde, der Erscheinung von lebenden Organismen, der Entwicklung des Zentralnervensystems und dem Auftreten des *Homo sapiens* vorausgehen. Dies impliziert eindeutig, daß in einer noch ungeklärten Art jedes menschliche Wesen Informationen über das gesamte Universum und die Gesamtheit der Existenz enthält, daß jedes menschliche Wesen den potentiellen erfahrungsmäßigen Zugang zu allen Teilen des Universums hat und in einem bestimmten Sinne das gesamte kosmische Netzwerk ist – genauso wie jeder Mensch andererseits auch nur ein verschwindend kleiner Teil des Ganzen ist, eine abgetrennte und unbedeutende biologische Identität.

Während die in dieser Arbeit beschriebenen Beobachtungen in einem sehr ernsten Konflikt mit der mechanistischen Naturwissenschaft stehen, können sie in die revolutionären Entwicklungen in verschiedenen wissenschaftlichen Disziplinen integriert werden, die als das neu erwachsene Paradigma bezeichnet wurden. Unter den Disziplinen und Konzepten, die zu diesem drastischen Wandel des wissenschaftlichen Weltbildes bedeutsam beigetragen haben, gehören die relativistische Quantenphysik (*Capra,* 1975), die „theory of holomovement" von Bohm (*1980),* das holographische Modell des Gehirns von *Pribram* (1971), Kybernetik, Informations- und Systemtheorie (*Bateson,* 1979), die „theory of morphic resonance" von *Sheldrake* (1981), die Studie von *Prigogine* (1980) und *Prigogine* und *Stengers* (1984) über dissipative Strukturen sowie die Ordnung durch Fluktuation und die Prozeßtheorie von *Young* (1976).

Daher sollte sich die moderne Bewußtseinsforschung aus der Zwangsjacke der mechanistischen Naturwissenschaften befreien, welche in der Vergangenheit ein ernstes Hindernis darstellte; sie sollte mit Vertrauen der Logik ihrer eigenen Befunde folgen. Wahrscheinlich werden ihre Ergebnisse einen unabhängigen und bedeutsamen Beitrag zum jetzt entstehenden Paradigma und zu einem zukünftigen wissenschaftlichen Weltbild darstellen.

Literatur

Bateson, G.: Mind and Nature: A Necessary Unity. Dutton, New York 1979

Bohm, D.: Wholeness and the Implicate Order. Routledge and Kegan, London 1980

Capra, F.: The Tao of Physics. Shambhala Publications, Berkeley, California 1975

Grof, S.: Topographie des Unbewußten: LSD im Dienst der tiefenpsychologischen Forschung. Klett-Cotta, Stuttgart 1978

Grof, S.: LSD Psychotherapy. Hunter House, Pomona, California 1980

Jung, C.G.: Gesammelte Werke. Walter, Olten, 19 Bände von 1966 bis 1983

Kuhn, T.S.: Die Struktur wissenschaftlicher Revolutionen. Suhrkamp, Frankfurt a.M. 1967

Pribram, K.: Languages of the Brain. Prentice-Hall, Englewood Cliffs, New Jersey 1971

Prigogine, I.: From Being to Becoming: Time and Complexity in the Physical Sciences. Freeman, San Francisco, California 1980

Prigogine, I., Stengers, I.: Order Out of Chaos: Man's New Dialogue with Nature. Bantam Books, New York 1984

Sheldrake, R.: A New Science of Life: The Hypothesis of Formative Causation. Tarcher, Los Angeles, California 1981

Young, A.: Reflexive Universe: Evolution of Consciousness. Delacorte Press, New York 1976

3.3 Therapie durch herabgesetzte Umweltstimulation (REST)

P. Suedfeld

Zusammenfassung

Die drastische Reduktion von Umweltreizen ist kennzeichnend für die „Restricted Environmental Stimulation Therapy (REST)". Der Patient liegt dabei bis zu 24 Stunden auf einer bequemen Liege in einem völlig dunklen, schallisolierten Raum oder für eine bis zwei Stunden in einem Tank mit warmer Salzlösung, der sich in einem derartigen Raum befindet.

Die weitaus überwiegende Zahl der Patienten findet diese Situation angenehm. Dramatische „psychoseähnliche" veränderte Wachbewußtseinszustände, wie sie in frühen Arbeiten zur „sensorischen Deprivation" berichtet wurden, treten nur selten auf.

Die wichtigsten heutigen Anwendungsbereiche von REST sind die Verhaltensmodifikation und die Erzeugung von tiefgreifenden Entspannungszuständen.

Im Bereiche der Verhaltensänderung wurde REST in mehreren Untersuchungen mit ermutigenden Resultaten bei der Raucherentwöhnung eingesetzt. Erste positive Ergebnisse wurden auch bei Alkoholikern, Übergewichtigen und bei Patienten mit verschiedenen anderen psychischen Störungen, wie Phobien, erzielt.

Der Einfluß der Entspannung durch REST wird derzeit u.a. bei Patienten mit essentieller Hypertonie, Schlafstörungen und Spannungskopfschmerzen untersucht. Auch wird überprüft, ob REST das Erlernen neuer motorischer Fähigkeiten erleichtert.

Die Arbeit diskutiert weiterhin Hypothesen über die psychophysiologischen Wirkungen von REST, wobei auf Forschungen über VWB aus anderen Bereichen Bezug genommen wird. So werden Ähnlichkeiten und Unterschiede zwischen REST einerseits und Biofeedback, Meditationstechniken sowie Hypnotherapie andererseits ebenfalls besprochen.

Einleitung

In der Dunkelheit und in der Stille richtet sich unsere Aufmerksamkeit in neuer Weise auf unsere inneren Vorgänge, auf unsere Gedanken, Gefühle und Erinnerungen, auf die Bilder und die Phantasien, die vor unserem inneren Auge entstehen. Wir nehmen unseren Körper wahr, das Strecken der Muskeln, die Bewegungen der Gelenke, den Herzschlag, das Pulsieren des Blutes in den kleinen Gefäßen bei den Ohren, die Härte der Zähne, wenn unsere Zunge sie berührt, die Verkrampfungen und Verspannungen in Nacken und Schultern. Die Umgebung tritt in unserem Bewußtsein in den Hintergrund und hört auf zu existieren. Die Grenzen des Raumes verschwinden in der Unendlichkeit, sogar der Druck der Unterlage wird nicht mehr wahrgenommen. Die Aufmerksamkeit verlagert sich hierhin und dorthin, bricht ganz zusammen, taucht woanders neu auf und konzentriert sich mit der Zeit auf ein bestimmtes Problem, eine drängende Frage, auf Schmerz, Leid oder Angst. Und dann tauchen neue Ideen und Einsichten auf, Verbindungen werden sichtbar. Durch verschiedene Schichten von Assoziationen dringt das Verständnis zum Kern der Frage vor und geht dann sogar noch weiter. Das Bewußtsein oszilliert zwischen Entspannung und verstärkter Konzentration und findet manchmal mit Hilfe von

Erinnerungen und inneren Botschaften neue Lösungen und Antworten, wägt sie ab, verwirft, überprüft und kombiniert sie.

Die drastische Reduktion der äußeren Stimuli ist der zentrale Punkt der REST-Therapie (*Restricted Environmental Stimulation Therapy*). Der Patient liegt bis zu 24 Stunden auf einem bequemen Bett in einem völlig dunklen, schallisolierten Raum oder schwimmt für eine bis zwei Stunden in einem solchen Raum in einem Tank mit warmer Salzlösung. Ein Betreuer ist immer in erreichbarer Nähe. Wenn dem Klienten die Situation unerträglich wird, kann er sie jederzeit verlassen. Eine negative Reaktion dieser Art kommt nur bei sehr wenigen Klienten, typischerweise fünf bis zehn Prozent vor. Die meisten finden diese Erfahrung nicht nur erträglich, sondern angenehm. Einige erleben Ekstase, manche möchten die Sitzung verlängern oder wiederholen. Der therapeutische Effekt kann dadurch erhöht werden, daß man die Behandlung mit traditionelleren Praktiken verknüpft und daß man während der Sitzung passende Botschaften oder Übungen anbietet.

Der wissenschaftliche wie der nicht-wissenschaftliche Gebrauch des Reizentzuges ist durch Historiker, Anthropologen, Religionswissenschaftler, Biographen und Autobiographen dokumentiert. Seit der zunehmenden Verwendung wissenschaftlicher Untersuchungsmethoden auf verschiedenste Bereiche des menschlichen Verhaltens sind systematische Versuche unternommen worden, die Reduktion der Umweltreize, wie sie seit Jahrhunderten in vielen Kulturen in der ganzen Welt bekannt ist, systematisch durchzuführen und in ihrer Wirkung zu überprüfen. Die Reizrestriktion, vornehmlich in der Form von Bettruhe und Abgeschiedenheit, wurde schon im 19. und im frühen 20. Jahrhundert von bekannten medizinischen Autoritäten empfohlen (*Mitchell,* 1877/1905; *Dercum,* 1917). Wirklich systematische Versuche, diese Methode in die westliche Medizin zu integrieren, gibt es seit dem Beginn der experimentellen Forschung über „perzeptive Isolation" und „sensorische Deprivation" seit Mitte der 50er Jahre.

Diese Forschung, die eine Fülle empirischer Daten erbrachte, war hauptsächlich darauf ausgerichtet, festzustellen, auf welche Weise die Reizreduktion grundlegende psychologische und physiologische Prozesse beeinflußt wie die Wahrnehmung, das Lernen, den Erregungsgrad des vegetativen Nervensystems, Hirnstrommuster usw. (*Zubek,* 1969, 1973). Es hat sich außerdem auf dem Gebiet der psychotherapeutischen Behandlung wie auch in neuen Bereichen der Gesundheitspsychologie und der Verhaltensmedizin eine starke Tradition klinischer Forschung entwickelt (*Suedfeld,* 1980; *Suedfeld* und *Kristeller,* 1982). Gleichzeitig haben Wissenschaftler und Praktiker beim Versuch, die Wirkung von Reizreduktion zu erklären und vorauszusagen, eine Reihe wichtiger theoretischer Konzepte entwickelt. Einige dieser Ansätze sehen den veränderten Bewußtseinszustand als spezifische intervenierende Variable zwischen der Reduktion der Umweltreize einerseits und dem therapeutischen Nutzen andererseits (*Wickramasekera,* 1978; *Budzynski,* 1983).

Suedfeld und seine Mitarbeiter haben in der letzten Zeit mit Erfolg dafür plädiert, den populären, in seiner Denotation und Konnotation aber unkorrekten Ausdruck „sensorische Deprivation", zu ersetzen (*Suedfeld,* 1980). Die heute bevorzugt gebrauchte Bezeichnung der verschiedenen Verfahren, wie sie sowohl in der experimentellen wie in der klinischen Literatur beschrieben werden, ist „Restricted Environmental Stimulation Therapy or Technique" (REST), d.h. „Therapie durch

Reduktion der Umweltreize". Zwei der meist verwendeten Techniken sind Zimmer-„REST" (bei der der Teilnehmer in einem dunklen, schallisolierten Raum für längere Zeit auf einem Bett liegt) und Tank-„REST" (bei der der Teilnehmer während einer kürzeren Zeit in einem Tank mit einer warmen Salzwasserlösung schwimmt). Frühere Berichte aus diesem Forschungsgebiet (z.B. *Solomon, Kubzansky, Leiderman, Mendelson, Trumbull* und *Wexler,* 1961) betonen Phänomene wie Halluzinationen, Wahrnehmungsverzerrungen, Hypersuggestibilität und andere angenommene Symptome dessen, was manche Autoren eine „temporäre Psychose" nannten. Später erbrachten strenger durchgeführte Untersuchungen, daß die meisten dieser dramatischen Ereignisse entweder Artefakte oder nicht reproduzierbar oder in manchen Fällen beides waren (*Zubek,* 1969; *Suedfeld,* 1980). Die Reduktion der Umweltreize produziert nicht einmal psychoseähnliche Symptome, geschweige denn tatsächliche Psychosen, seien sie temporär oder längerdauernd. Hingegen hat die Reizreduktion manche Effekte, welche sie für die Therapie nützlich erscheinen lassen. Dazu gehört als logische Konsequenz der Reduktion der Umweltreize, daß das Individuum seine Aufmerksamkeit verstärkt auf das richtet, was an Reizen übriggeblieben ist, sei es in der Umgebung, sei es innerlich.

Diese simple Folge der Reizreduktion kann vom gesunden Menschenverstand ebenso gut erklärt werden wie von irgendeiner der Theorien, die zur Erklärung der kognitiven und anderen Wirkungen von REST vorgeschlagen wurden. Es handelt sich dabei um eine Abwandlung der bekannten Tatsache, daß ein hungriger Mensch auf einen Nahrungsreiz sensibler reagiert als ein satter oder daß man, wenn man die Anwesenheit eines bestimmten Menschen vermißt, bereits auf unterschwellige, mit dieser Person assoziierte Reize (einen Duft z.B.) aufmerksam wird.

Die wenigsten Personen dürften sich normalerweise der Vielfalt von Reizen und Informationen bewußt sein, der sie durch ihre Umgebung ausgesetzt sind, ebensowenig wie etwa der Luft, die sie atmen, oder der Wirkung der Schwerkraft auf ihren Körper. Dennoch ist es klar, daß es sich beim „unveränderten" Bewußtseinszustand um das Produkt einer dauernden Interaktion zwischen den Außen- und den Innenreizen handelt. Die Außenreize werden durch die Wahrnehmung, Kognition, Gefühle, Erinnerungen usw. verarbeitet und interagieren mit der endogenen Information aus Gewebe, Hormonen, Nerven, Muskeln und anderen Körpersystemen. Erfährt irgendeine der Komponenten dieser Interaktion eine nennenswerte Veränderung, so wird sich im Bewußtseinszustand ebenfalls eine Veränderung einstellen. Diese kann so geringfügig sein wie die Verlagerung der Aufmerksamkeit von einem Reiz zu einem andern oder so weittragend, daß sie die gesamte psychologische „Gestalt" beeinflußt. Im letzten Fall können wir von einem veränderten Bewußtseinszustand (VWB) – im Sinne der üblichen Verwendung dieses Begriffes – sprechen.

Es ist kaum zu bezweifeln, daß viele Leute in der REST-Umgebung einen veränderten Wachbewußtseinszustand erfahren. Hingegen gibt es bisher keine gültige Antwort auf die Frage, wieviele Patienten welche Art der VWB erleben und inwiefern die Wirksamkeit der Behandlung von der Erzeugung von VWB abhängig ist. Das ist weiter nicht erstaunlich, denn auch grundsätzlichere Fragen wie die zweckmäßigste Form der Anwendung und verläßliche therapeutische Konsequenzen des Verfahrens sind noch kaum geklärt. Parallelen zu anderen Techniken und Verfahren sowie Extrapolation aus den bisherigen Kenntnissen können auf mögliche Antworten hinweisen. Diese möglichen Antworten ihrerseits führen zu weiteren Spekulationen und Forschungen.

Für eine große Zahl spezifischer Situationen ist das Auftreten von VWB mit der extremen Herabsetzung von Umweltreizen im Zusammenhang gesehen worden. Die Implikation, daß es sich bei „normalen" und veränderten Bewußtseinszuständen um eine Dichotomie handle, ist vermutlich eine zu starke Vereinfachung und erschwert eine genauere Spezifizierung der relevanten Wirkungen von REST (und vielleicht auch anderer bewußtseinsverändernden Techniken). *Suedfeld* und *Borrie* (1978) haben z.B. untersucht, ob VWB in der REST-Situation zu beobachten sind und kamen zum Schluß, daß am häufigsten von einem schwachen VWB berichtet wird (sofern man es überhaupt einen VWB nennen will). Ob man es so nennen soll oder nicht, hängt davon ab, wie wir „verändert" definieren, und ich schlage vor, diese Ungewißheit auszuräumen, indem wir einen etwas anderen Zugang wählen.

Es gibt verschiedene mögliche Arten, den normalen dem veränderten Bewußtseinszustand gegenüberzustellen. Die eine ist kategorial und dichotom, d.h. nur ein Zustand ist normal und jeder andere oder alle anderen gelten als verändert. Die zwei Kategorien sind nach diesem Konzept sehr klar unterscheidbar. Manche Autoren führen ferner an, daß der normale Bewußtseinszustand die reale Umgebung erfaßt und auf sie reagiert, während im veränderten Bewußtseinszustand die Realität ignoriert, verzerrt oder ganz falsch wahrgenommen werde. Andere argumentieren, daß wir es mit verschiedenen Wirklichkeiten zu tun hätten und daß zu jeder Wirklichkeit ein anderer bestimmter Bewußtseinszustand gehöre. In dieser Sicht sind eine bestimmte Bewußtseinsform und eine bestimmte Realität in keiner Weise besser oder gültiger als eine andere Bewußtseinsform und eine andere Realität. Der Hauptunterschied besteht darin, daß eine bestimmte Wirklichkeit mit den dazugehörigen Bewußtseinsformen in einer bestimmten Kultur oder einem ganzen Kulturbereich durch Konsens gegenüber den anderen als gültig erklärt wird.

Die zweite Art der Betrachtungsweise ist die dimensionale. Am einen Pol der Dimension ist der normale Bewußtseinszustand; die anderen Zustände weichen davon mehr oder weniger stark ab. Zustände, die dem normalen ziemlich ähnlich sind, werden diesem zugeordnet und grundsätzlich als normal betrachtet. Je weiter man sich der Dimension entlang vom normalen Pol weg bewegt, desto mehr werden die Zustände als nicht normal und „verändert" betrachtet. Von welchem Punkt der Dimension an man wirklich von einem veränderten Bewußtseinszustand zu sprechen beginnt (wie im kategorialen Konzept), hängt in erster Linie von operationalen, kulturellen oder anderen Definitionen ab und nicht vom Faktum an sich. Natürlich ist die „Dimension" der Ähnlichkeit in Wirklichkeit eine abkürzende Bezeichnung für den multidimensionalen Raum, da sich zwei gegebene Punkte auf einer Dimension ohne Zweifel bezüglich weiterer verschiedener spezifischer Variablen unterscheiden lassen.

Die zweite Betrachtungsweise steht in einem Zusammenhang mit den heutigen kognitiven Theorien (*Rosch* und *Lloyd,* 1978). Diese betrachten den normalen Bewußtseinszustand als einen Prototyp oder ein exemplarisches Muster, von dem andere Bewußtseinszustände mehr oder minder stark abweichen. Die Beurteilung eines Zustandes kann so differenzierter erfolgen als im kategorialen „ja/nein"-Schema; der Grad der Verschiedenheit eines bestimmten Zustandes vom Prototyp läßt sich dadurch quantifizieren, daß man den Zustand auf einer Dimension skaliert, die eben diesen Abstand wiedergibt. So können VWB sowohl untereinander als auch mit normalen Bewußtseinszuständen verglichen werden. *Suedfeld* und

Borrie (1978) z.B. argumentieren, daß die dramatischeren Berichte von VWB in REST (Halluzinationen, Körperschemaverzerrungen, Erlebnisse des Aus-dem-Körper-Tretens) im Vergleich zu Tagträumen und Fantasieren unwichtig und oft künstlich sind. Ob die Autoren damit recht haben, könnte durch die oben vorgeschlagene dimensionale Skalierung überprüft werden. Dieser Ansatz ist differenzierter und eher überprüfbar als die einfache dichotome Einleitung. Sie entspricht auch besser der Vorstellung, daß wir es nicht mit Zuständen, sondern mit Prozessen zu tun haben. So wie die Aufmerksamkeit stets im Fluß ist, sich vom einen zum anderen verlagert, so ist auch der Prozeß der Verarbeitung interner und externer Information, das wir als Bewußtsein bezeichnen, in steter Bewegung (*Treisman,* 1969; *Munster,* 1979; *Tyson,* 1982). Der dimensionale, nicht-dichotome Ansatz wird dieser dauernden Bewegung besser gerecht und scheint dem, was REST-Teilnehmer tatsächlich erleben, viel eher zu entsprechen als die dichotome Betrachtungsweise.

REST und VWB

Wenn wir untersuchen, bei welchen Gelegenheiten Reizreduktion dazu benutzt wird, einen vom normalen Prototyp etwas abgehobenen Bewußtseinszustand zu erzeugen, so stoßen wir schnell auf die Behandlung psychischer oder psychogener Krankheiten. Beispiel dafür ist etwa die Praxis der alten Griechen, die beim Orakel Hilfe suchenden Menschen in einer unterirdischen Höhle zu isolieren. Auch sind viele Techniken der Volksmedizin zu erwähnen, bei denen Geister angerufen oder Dämonen ausgetrieben werden. Sie können auch bezwecken, die Widerstandskraft des Patienten durch Rituale zu verstärken, die Einsamkeit, Dunkelheit und Immobilisierungen einschließen (*Kouretas,* 1967; *Margetts,* 1968; *Jilek,* 1974). Die bewußtseinsmodifizierenden Effekte der Reizreduktion können aber auch als ein Mittel verstanden werden, die Fähigkeit des Individuums, mit seinen Problemen fertig zu werden, zu verbessern. Dieses Ziel verfolgen viele Arten der Meditation, das Leben in Wildnis und Einsamkeit oder einfach der Rückzug aus der Gesellschaft für eine gewisse Zeit. Ein weiteres Ziel solcher Methoden kann es sein, Menschen die Möglichkeit zur Erfahrung der Transzendenz zu geben, zum Erlebnis der Einheit mit einem größeren Ganzen oder zur Erkenntnis der eigenen inneren Resourcen an Kreativität und Verständnisfähigkeit (*Suedfeld,* 1980).

Man kann davon ausgehen, daß die REST-Methode mit ihrer massiven Reduktion oder Änderung der Umweltreize zur Entstehung von VWB führt. In völliger Dunkelheit und Stille, liegend oder schwimmend in einer Situation, in der die wichtigsten Reizrezeptoren nur stets gleichbleibende oder unstrukturierte Stimuli erhalten (*Zubek,* 1969), macht das Individuum eine ungewöhnliche und in mancher Weise einzigartige Erfahrung. Dazu gehört vor allem die intensive Konzentration auf und das Bewußtwerden von endogener Stimulation und Informationsverarbeitung, weshalb REST auch als ein umgebungsinduzierter Zustand der Meditation charakterisiert wird. Es gehören weiter dazu die Öffnung für neue Ideen und Gedanken, was zu einer erhöhten kognitiven und affektiven Flexibilität führt sowie bei manchen Techniken das Erreichen einer extrem tiefen und angenehmen physiologischen Entspannung. Auf der psychologischen Ebene können diese Phänomene erklärt werden durch eine Herabsetzung von Reizschwellen, die Deautomatisierung mancher Prozesse, das Fehlen gewohnter Anhaltspunkte in der Umgebung für das Ausrichten der Gedanken und des Verhaltens sowie durch die Herabsetzung von Abwehrmechanismen. Auf der biologischen Ebene sind es Veränderungen im Erregungsmuster des aufsteignden, retikularen Aktivierungssystems sowie die reduzierte Rolle der dominanten zerebralen Hemisphäre und möglicherweise auch die modifizierte Sekretion von Neurotransmittern, die zu diesen Phänomenen führen.

Was das Ausmaß anbelangt, in dem der durch die REST-Umgebung ausgelöste Bewußtseinszustand sich vom normalen Tageswachbewußtsein unterscheidet, so vermute ich, daß hier aus verschiedenen Gründen oft übertrieben wird. Die Hauptursache für diese Übertreibungen liegt wohl in den Erwartungen der Beteiligten über die Situation. Solche Erwartungen können entstehen aufgrund dessen, was man aus den Berichten früherer Teilnehmer oder aus der Presse erfahren hat, aufgrund von früheren Erlebnissen in ähnlichen Situationen und aufgrund des Vorgehens, das im betreffenden Labor befolgt wird usw. (*Orne* und *Scheibe,* 1964; *Jackson* und *Pollard,* 1966; *Landon,* 1976). In der Literatur entstehen Übertreibungen aufgrund eines Kumulationseffektes, d.h. durch den Umstand, daß einerseits schon der Forscher vor allem seine dramatischeren Resultate herausstreicht und daß andererseits die Autoren der Sekundärliteratur in ihren Zusammenfassungen oder populärwissenschaftlichen Artikeln die Tendenz noch verstärken. Drittens wurde es in vielen der frühen Berichte vernachlässigt, Vergleiche mit einer Kontrollgruppe herzustellen, so daß etwa nicht berücksichtigt wurde, ob das Erleben „visueller Sensationen" in Abwesenheit von Licht bei den gleichen oder anderen Personen auch vorkommt, wenn sie sich nicht in einer REST-Situation befinden (*Myers, Murphy, Smith* und *Goffard,* 1966). Schließlich ist die REST-Umgebung in sich selbst ungewöhnlich und in ihr zu sein eine ungewöhnliche Erfahrung. Das Außergewöhnliche der Situation an sich führt u.U. dazu, daß die „Abnormität" und die gefühlsmäßige Bedeutung der Erlebnisse (*Kahneman* und *Miller,* 1984) überbetont wird.

Die Tatsache der vermehrten Konzentration der Aufmerksamkeit auf innere statt auf äußere Prozesse kann per se als Indikator für einen VWB definiert werden (z.B. *Krippner* und *Brown,* 1973). Dies mag ein vernünftiges Argument sein für den Menschen und eine dominante Kulturform, die im Verlaufe der Evolution und Geschichte dazu gekommen sind, der Produktion und Verarbeitung von Umweltinformation zentrale Bedeutung zuzuschreiben (*Lipowski,* 1971; *Bellak,* 1975; *Wittlin,* 1984). In einer Kultur, die so denkt, ist es konsequenterweise abnormal, wenn innere Ereignisse „Figur" werden statt „Grund" zu bleiben (*Hunt* und *Chefurka,* 1976) oder wenn sie eher als „Signal" denn als „Rauschen" erlebt werden (*Suedfeld* und *Kristeller,* 1982). Ein Bewußtseinszustand, in dem es zu solchen Umkehrungen kommt, hebt sich eindeutig ab vom Prototyp des normalen Tageswachbewußtseins. Ob er allerdings auch im dichotomen Schema als VWB zu qualifizieren wäre, ist unsicher.

Anwendungen der REST-Therapie

Der therapeutische Einsatz von REST zeigt viele Variationen bezüglich Methode, Dauer, Zielrichtung und theoretischem Hintergrund. Es soll in diesem Kapitel auf die Verwendung von REST in eher historischen Situationen (z.B. verlängerte Bettruhe für Neurastheniker) nicht näher eingegangen werden. Auch Fälle, in denen diese Methode lediglich eine manchmal sogar unerkannte Komponente innerhalb einer komplexen Behandlungsform darstellt, deren Hauptfokus anderswo liegt (z.B. Psychoanalyse), oder wo eine unvollständige Variante für eher einfache und beschränkte Ziele angewendet wird (z.b. die Isolierung gewalttätiger psychiatrischer Patienten oder die Aussonderung hyperaktiver Kinder) sollen hier nicht berücksichtigt werden. Heutige Anwendungsbereiche, die darüber hinausgehen, sind vor allem einerseits die Verhaltensmodifikation und andererseits die Entspannung.

REST hat sich in verschiedenen Zusammenhängen als nachweislich wirksame Behandlungsform erwiesen. Ist die Wirkung durch VWB vermittelt, so besteht die Möglichkeit, daß je nach der Verwendung verschiedene Formen von VWB beteiligt sind. Zu wohlerprobtem Einsatz kommt die Technik z.b. bei der Verhaltensmodifikation, speziell bei der Entwöhnung von Rauchern. *Suedfeld* (z.b. 1972) weist darauf hin, daß eine nachhaltige Veränderung einer Gewohnheit, wie der des Rauchens, eine gewisse kognitive Veränderung in bezug auf die komplexe Informationsverarbeitung bedingt. Eine Veränderung besteht darin, die Flexibilität der bestehenden Struktur von Ideen, Einstellungen und Verhalten zu erhöhen (,,unfreezing" [auftauen], wie es *Lewin* [1958] nannte), so daß der Patient größere Bereitwilligkeit zeigt, neue Tatsachen, Argumente und Vorschläge zu akzeptieren. Er wird damit zugänglicher für eine Umstellung seiner gewohnten Gedanken und Verhaltensweisen. Eine andere Veränderung besteht in der Deautomatisierung von Gewohnheiten, die so eingefleischt sind, daß sie unabhängig vom bewußten Willen ablaufen (*Suedfeld,* 1980). REST ist aber auch hoch wirksam als Mittel, einen Entspannungszustand herbeizuführen. Dabei scheinen weder eine Verhaltensmodifikation noch die oben beschriebene Art kognitiver Veränderung beteiligt zu sein. Die Umgebung hat hier einen direkten Einfluß auf die Entspannung, vermittelt durch eine gesteigerte Fähigkeit zur Konzentration auf physische und psychische Spannungs- und Entspannungserscheinungen. Beide genannten REST-Effekte sind therapeutisch und bei beiden ist ein gewisser Grad von VWB beteiligt, doch sind es nach meiner Meinung verschiedene Formen und verschiedene Ausprägungen. Eine dritte Komponente ist der Reizhunger (*Lilly,* 1956), der die Schwelle für die Aufnahmebereitschaft von Informationen herabsetzt, unabhängig davon, ob diese Information als therapeutische Botschaft geboten wird oder innerlich generiert wird. Vermutlich ist der Stimulushunger sehr oft am erfolgreichen Einsatz von REST beteiligt, und zwar in beiden Hauptanwendungsgebieten. In der folgenden Beschreibung relevanter Anwendungsgebiete werde ich jeweils angeben, welcher Typ von VWB meiner Meinung nach für den therapeutischen Erfolg mitverantwortlich ist.

Traditionelle psychotherapeutische Situationen

Eine erste Anwendungsmöglichkeit bietet sich im Rahmen der traditionellen Psychiatrie und klinischen Psychologie bei der Behandlung von Individuen mit Symptomen von Psychosen oder neurotischen Störungen. Der Einsatz von REST in solchen Fällen wurde schon sehr früh nach der Einführung dieser Technik getestet, und zwar am ,,Allan Memorial Hospital" in Montreal. Die Isolierung und das Einsperren der Patienten waren nötige Bedingungen für die Anwendung der heute allgemein kritisierten Methode des „psychic driving" von *D. Evan Cameron,* deren Ziel es war, psychotische Denkmuster aufzulösen. Die Behandlung bestand in der wiederholten Verabreichung von Drogen und Elektroschocks, dem Bombardieren mit unaufhörlichen repetitiven Botschaften und dem Einsatz anderer desorientierender Techniken.

Überzeugender war der Versuch einiger von *Camerons* Kollegen, die therapeutische Rolle der „sensorischen Deprivation" im psychoanalytischen Kontext zu testen. *Azima* und seine Mitarbeiter waren die ersten, welche die REST-Therapie systematisch bei psychiatrischen Patienten einsetzten (z.B. *Azima, Vispo* und *Azima,* 1961). Dieses Team arbeitete mit mehreren Tagen von REST mit einem bis zu drei therapeutischen Interviews pro Tag. Sie berichteten von positiven Effekten bei der Mehrheit der Patienten, verwandten jedoch kein objektives Maß und stellten auch keine Nachuntersuchung an. Bei einigen wenigen Patienten hatte die Behandlung nachteilige Folgen. Insbesondere entwickelten drei von sechs Zwangsneurotikern psychotische Symptome. Der hauptsächlich beteiligte VWB könnte der Stimulushunger gewesen sein, d.h. ein Bedürfnis nach sozialem Kontakt, das zu mehr Intimität und einem besseren Verhältnis mit dem Therapeuten führte. Diese Gruppe förderte allerdings z.B. auch mit Absicht die Regression, sicher auch eine Form von VWB (s. auch *Tart,* 1969). Die auf diese Weise entstehende, vorübergehende Abhängigkeit des Patienten vom Therapeuten und die Wiederbelebung von Kindheitsbeziehungen sollten dabei helfen, das therapeutische Ziel zu erreichen. Die negativen Effekte könnten darauf zurückzuführen sein, daß zwangshafte Patienten darauf angewiesen sind, ihre Welt sehr stark zu strukturieren, was auch das Entstehen ihrer ursprünglichen Symptome erklärt. Es gibt kaum eine Umgebung, die dieses Bedürfnis mehr frustriert als REST, wo alle äußeren Anhaltspunkte und Ritualobjekte fehlen und die Zeit keine Einteilung erfährt. Kein Wunder, daß solche Patienten diese Art von Umgebung als stressend und desintegrierend erleben.

Ein weiteres großes Forschungsprojekt auf diesem Gebiet wurde in den 60er Jahren von *Henry B. Adams* durchgeführt. In einer Reihe von Studien (zusammengefaßt in *Adams,* 1980) wurden bei psychiatrischen Patienten in einem Veteranenspital mit vier bis sechs Stunden von REST verschiedene Erfolge erzielt wie Reduktion der Symptome, positive Veränderung im Rorschach-, MMPI, IQ- und anderen Tests, verbesserte Einsicht und soziale Orientierung usw. Bei einigen dieser Studien wurde während der REST-Sitzung mit standardisierten oder individuell abgestimmten verbalen Botschaften gearbeitet. In diesen Fällen war vermutlich die erhöhte Zugänglichkeit für Veränderung ein Faktor. Aber der Stimulushunger und vielleicht auch die Entspannung mögen ebenfalls eine Rolle gespielt haben.

Andere klinische Forscher haben bei einem breiten Spektrum von Patienten von Neurotikern bis zu Schizophrenen ähnliche Resultate gefunden (s. *Kammerman,* 1977; *Adams,* 1980). Eine Ausnahme von den vielversprechenden Ergebnissen bildet die Tatsache, daß eine REST-Technik mit monotonen Stimuli (z.B. diffuses Licht und Geräusche) offenbar keinen günstigen therapeutischen Einfluß haben. Ein generelleres Problem besteht darin, daß es keine kontrollierten Studien mit langfristigen Nachuntersuchungen gibt, obwohl in kasuistischen Mitteilungen vereinzelt über positive Langzeitresultate berichtet wird (z.B. *Adams,* 1965). Zusätzlich zu den publizierten Untersuchungen berichten verschiedene Therapeuten über die Verwendung von REST (meist Schwimmen im Tank) in Verbindung mit ihrer regulären Methode und beobachteten dabei offenbar bei ihren Patienten erhöhte Einsicht und Offenheit sowie einen verbesserten Rapport bei verminderter Abwehr. Leider gibt es bisher keine Veröffentlichungen über die systematische Evaluation oder auch nur die numerische Erfassung solcher Anwendungen (*Lasaga*, 1975; *Fine, Johnson, Stanley* und *Suedfeld,* 1983).

Weitere Verwendung hat REST in einem traditionellen Gebiet der Therapie gefunden, nämlich in der Behandlung von Entwicklungsstörungen inkl. Autismus. Kurze Perioden der Stimulusreduktion („time out") und Immobilisation werden häufig während Phasen der Hyperaktivität, Aggressivität und des Ausagierens eingesetzt (s. *Hobbs* und *Goswick,* 1977; *Suedfeld,* 1980). Obwohl dieses Vorgehen meist als eine Beseitigung von Verstärkern verstanden wird, würde ich es als die Nutzung der beruhigenden Effekte von REST auf Patienten interpretieren, deren Fähigkeit zur Abwehr exzessiver Stimulation beeinträchtigt ist (*Strauss* und *Kephart,* 1955). Lange, manchmal sehr lange Perioden der Isolation und der Stimulusreduktion wurden außerdem bei assozialen oder aggressiven Kindern angewendet. Die Effekte scheinen gut gewesen zu sein, obwohl es dazu keine Zahlen gibt (für eine Übersicht s. *Suedfeld,* 1980). Ähnliche Berichte wurden publiziert über die Behandlung von autistischen Kindern mit REST. Zwei Studien kommen zum Schluß, daß die Umgebung einen signifikanten therapeutischen Effekt auf solche Kinder hat. In der einen Studie wurde mit sehr langen REST-Perioden gearbeitet. Die Erfassung der Resultate beruht auf klinischer Beurteilung (*Schechter, Shurley, Toussieng* und *Maier,* 1969). Die andere Studie vergleicht einen 48stündigen Einsatz von REST mit einer Kontrollbehandlung und mißt deren Wirkungen anhand einer Vielzahl von verbalen und Leistungstests sowie durch systematische Verhaltensbeobachtung (*Suedfeld* und *Schwartz,* 1983). Ein wichtiger Aspekt all dieser Berichte liegt darin, daß ein überwiegender Anteil der Patienten die reizarme Umgebung als recht angenehm erlebt. Dies kommt überraschend für Laien und Professionelle, die aus Mangel an Erfahrung mit der Technik dazu neigen, sich diese Technik als Tortur vorzustellen.

Weniger dramatisch ist eine Reihe von Untersuchungen zur Behandlung von Patienten mit Schlangenphobien durch REST. Hier war die reizreduzierte Situation die Einleitung für die Möglichkeit des Patienten, sich, wenn er es wollte, Diapositive von Schlangen anzusehen. Vermutlich aufgrund von Stimulushunger und des beruhigenden Effektes der REST-Session sowie aufgrund des Wissens, daß die Betrachtung der Diapositive rein freiwillig war, reagierten die Teilnehmer mit signifikant reduzierter Angst, gemessen mit Selbstratings, dem psychophysiologischen Aktivierungsgrad sowie durch die effektive Annäherung an eine lebendige, zwei Meter große Boa Constrictor (*Suedfeld* und *Hare,* 1977). Langzeit- oder ökologisch-realistische Nachuntersuchungen wurden nicht durchgeführt. Interessanterweise gibt es keine Publikation über einen Versuch, dieses Verfahren zu wiederholen oder es auf die Behandlung anderer Phobien auszudehnen, obwohl es eine unveröffentlichte Pilot-Studie über eine Zahnarztphobie gibt (*Francis,* 1982).

Eine letzte Bemerkung ist an dieser Stelle relevant. Dies ist die Erkenntnis (berichtet in *Adams,* 1980), daß REST eine optimale Umgebung darstellt für Leute, die unter einer psychotischen Reaktion auf die bewußtseinsverändernden Drogen LSD und Phencyclidin leiden. Diese Substanzen beseitigen möglicherweise bis zu einem gewissen Grad Stimulus-Barrieren und -Anker und überlassen das Individuum einer Überflutung durch ein überwältigendes sensorisches Bombardement bei gleichzeitigem Fehlen organisierender Prinzipien. Der resultierende VWB spiegelt sich in der starken Veränderung des Denkens und Verhaltens solcher Patienten. Reizreduktion unterbricht den Fluß der Sinneseindrücke durch Entfernung der Stimuli, die ihn ausmachen. Im Unterschied zu den meisten anderen REST-Situationen wird in diesem Fall der veränderte endogene Reizstrom entweder auf ein zu bewältigendes Niveau reduziert oder immerhin soweit gemäßigt, daß kein beobachtbares bizarres Verhalten mehr auftritt. Dies könnte ein Hinweis auf die entspannende Wirkung von REST sein: Eine erhöhte Fähigkeit mit einströmenden Reizen umzugehen, sobald das Niveau solcher Reize herabgesetzt wird.

Verhaltensänderung

Auf diesem Gebiet hat in neuester Zeit die intensivste Aktivität im Bereich der REST-Therapie stattgefunden. Der größte Teil der Forschung konzentriert sich auf die Entwöhnung von Rauchern, vereinzelt auch auf die Gewichtskontrolle und die Reduktion des Alkoholkonsums (besprochen in *Suedfeld, 1983*). In vielen dieser Studien wurden Suggestionen oder andere therapeutische Methoden mit REST kombiniert. Die Überlegenheit solcher Verbindungen über REST allein ist unterschiedlich und hängt vermutlich vom Problem ab, das behandelt werden soll, sowie von der Art der anderen Komponenten. Zum Zeitpunkt dieses Beitrages gibt es bereits über ein Dutzend Untersuchungen über Raucherentwöhnung (*Suedfeld, 1983, 1984*). Die Resultate sind außerordentlich ermutigend: Obwohl es im Grad des Erfolgs Unterschiede gibt, berichten praktisch alle Forscher über positive Effekte, manchmal über eine Periode von ein bis zwei Jahren nach einer einzigen REST-Sitzung. Einer der eindrücklichsten Berichte bezieht sich auf eine Untersuchung, in welcher eine Kombination von Selbstkontrolle, REST und einem Paket von verhaltenstherapeutischen Selbstmanagement-Techniken zum Einsatz kam. 73 % der Versuchspersonen waren sechs Monate nach Abschluß der Behandlung völlig abstinent, 53 % auch nach einem Jahr noch (*Best* und *Suedfeld, 1982*). Dies ist eine Erfolgsquote, die weit höher liegt, als was meist über klinische Interventionen in der Literatur berichtet wird und mindestens doppelt so gut ist wie der in Zeitschriftenartikeln angeführte Durchschnitt (z.B. *Raw, 1978*). Die Erfolgsquote ist auch um das Doppelte höher als die Resultate, die bei der gleichen Studie mit Gruppen erzielt wurden, die nur ein Selbstkontroll-Training öder nur REST-Therapie erhielten. Unter den übrigen Untersuchungen mit dieser Technik ist in diesem Zusammenhang die eindrücklichste diejenige von *Tikalsky* (1984). In diesem hauptsächlich klinischen Projekt – keine Kontrollbehandlung, keine Randomisierung der Teilnehmer, z.T. individuelle Anpassung der Behandlungsform – wurden 24 Stunden von REST im Zimmer kombiniert mit Botschaften und mit einer andauernden Interaktion mit einem sozialen Unterstützungsnetzwerk zur Verhinderung von Rückfällen. Sechs Monate nach der REST-Sitzung waren 87 % der Klienten völlig abstinent, ein sehr erstaunliches Resultat. Der Nutzen der REST-Behandlung wird sogar noch offensichtlicher, wenn man in Betracht zieht, wie gering der zeitliche Aufwand für Therapeuten und Patienten ist und wie niedrig sich die Kosten im Vergleich zu alternativen

Verfahren wie multimodalen klinischen Prozeduren, Gruppen- und Einzelpsychotherapie oder Verhaltenstherapie halten.

Wir müssen lernen, die verschiedenen Konsequenzen (und vermutlich auch die verschiedenen VWB oder andere vermittelnde Variablen) der unterschiedlichen REST-Methoden zu spezifizieren. So wurde z.b. bei all den oben erwähnten erfolgreichen Raucherentwöhnungsmethoden der dunkle stille Raum eingesetzt. Es besteht die Hypothese, daß diese Umgebung zum höchsten Grad der kognitiven Flexibilität und Deautomatisierung führt (*Suedfeld* und *Kristeller,* 1982). Dies sind vermutlich die notwendigen Bedingungen für eine Verhaltensänderung. Aus allen Berichten geht hervor, daß der Wassertank, ungeachtet seiner stark entspannenden Wirkung, als Mittel bei der Raucherentwöhnung enttäuscht hat.

In der Anwendung von REST zur Gewichtskontrolle und bei der Behandlung von Alkoholmißbrauch wurden ähnliche Wege beschritten, doch liegen nur wenige systematische Studien vor. *Borrie* (1980; *Borrie* und *Suedfeld,* 1980) belegt beachtliche Erfolge für die Verbindung von REST mit Botschaften und klinischen Sitzungen. In einer Studie erreichte er einen Medianwert von über elf Kilogramm als Gewichtsreduktion in einer Gruppe von vier übergewichtigen Patienten, die über sechs Monate weiterverfolgt wurden (Streuweite = 5,5 bis 28,2 Kilogramm). Die Gruppendaten einer anderen Studie ergaben nach einem halben Jahr einen mittleren Gewichtsverlust von fast sechs Kilogramm. Was noch wichtiger ist: Die mit einer Kombination von REST und Botschaften behandelte Gruppe war zum Zeitpunkt der Nachwägung immer noch dabei, Gewicht zu verlieren, im Gegensatz zu den üblichen Rückfallerscheinungen, die im Zusammenhang mit Abmagerungskuren immer wieder beschrieben werden. Auch schwere Gesellschaftstrinker berichteten während einer sechs-Monate-Periode nach einer Behandlung mit REST und Suggestionen (*Adams, Cooper* und *Scott,* 1983) von einer dauerhaften und substantiellen Abnahme ihres Alkoholkonsums (Durchschnitt = 47 %). Wie bei der Raucherentwöhnung arbeiteten alle diese Forscher mit der Zimmer-REST-Technik. Obwohl einige Vertriebsfirmen für Samadhi-Tanks behaupten, mit dem Aufenthalt im Tank gute Resultate erzielt zu haben, sind keine Ergebnisse veröffentlicht worden. Es scheint vielmehr, daß Annahmen, der Tank habe einen günstigen Einfluß auf die Verhaltensänderung (z.B. *Hutchison,* 1984) auf ungesicherten Extrapolationen der Literatur über die Zimmer-Technik beruhen.

Entspannung und Fokussierung

In den frühen Jahren der REST-Forschung wurde die Wassertank-Technik (oder wie *Shurley* [1961] es nannte, die hydro-hypodynamische Umgebung) von den meisten Autoren als außerordentlich belastend eingestuft, ja in einigen Fiction-Arbeiten sogar als eine Form der Tortur dargestellt. Einzig die Forscher, die mit der Materie am besten bekannt waren, nämlich *John C. Lilly* und *J. Shurley,* betonten, daß dem nicht so sein müsse. Durch die Erfindung des Samadhi-Tanks im letzten Jahrzehnt ist die Furcht vor dem völligen Untergetauchtsein und der Abhängigkeit von einer Luftpumpe und einem Luftschlauch für das Überleben völlig gegenstandslos geworden. In der Folge hat sich die Attraktivität dieser Erfahrung weit herumgesprochen und wird sowohl durch die Entwicklung auf dem Markt – in

Nordamerika, Westeuropa, England und Australien beschäftigt sich eine stets steigende Zahl von Firmen mit dem Vertrieb von solchen Tanks – als auch durch die Sammlung kontrollierter Daten (*Fine* et al., 1983); *Suedfeld, Ballard* und *Murphy,* 1983) bestätigt. Abgesehen von der Vielfalt von VWB, die manche Teilnehmer erleben, wurde die tiefe physische und psychische Entspannung sowohl durch psychophysische Messungen als durch Selbstberichte dokumentiert.

Eine lebensbedrohende Krankheit, die sich mit dem Tank behandeln läßt, ist der essentielle Bluthochdruck. Kontrollierte Forschung hat ergeben, daß bei Probanden mit normalem Blutdruck das Schwimmen im Tank den Blutdruck senkte (*Jacobs, Heilbronner* und *Stanley,* 1984). Drei publizierte Pilot-Studien über die Anwendung auf Patienten mit Bluthochdruck berichten von günstigen Resultaten sowohl mit Zimmer- als auch mit Tank-REST (*Fine* und *Turner,* 1982; *Kristeller, Schwartz* und *Black,* 1982; *Suedfeld, Roy* und *Landon,* 1982). Eine Reihe anderer Teams beschäftigt sich weiterhin mit Untersuchungen zu diesem Problem.

Weitere Untersuchungen sind noch in Arbeit. *Jacobs, Kemp* und *Belden* (1983) haben kürzlich von positiven Veränderungen bei einer Gruppe von Patienten berichtet, die unter verschiedenen, streßbedingten Problemen litten und im Spital nebst einigen anderen Behandlungen wiederholt Tanksitzungen durchführten. Die betreffende Institution (das „St. Elizabeth Hospital" in Appleton, Wisconsin, USA) dürfte wohl die erste sein, die Tank-REST für solche Fälle als Standardmethode in ihr Behandlungsrepertoire aufgenommen hat. Weiter gibt es Berichte über laufende oder kurz vor dem Abschluß stehende Projekte, die sich mit Problemen wie Spannungskopfschmerzen, gastrointestinale Störungen und primärer Insomnie beschäftigen. In der Literatur sind außerdem eine Vielzahl von Einzeluntersuchungen zu finden, die von Erfolgen bei der Behandlung einzelner Patienten in Fällen von Stottern und Anorexie berichten (s. *Suedfeld,* 1980).

Der fokussierende Aspekt von REST kann, zusammen mit seiner beruhigenden Wirkung, hilfreich sein bei der Neuanpassung von Verhalten. Die Dysregulations-Theorie von *Schwartz* (1979) postuliert, daß Streßbeschwerden, schädliche Verhaltensmuster und ähnliches durch eine Störung der Feedbackschleife zwischen dem Verhalten und seinen natürlichen Folgen zustande kommen. Exzessives Essen beispielsweise verursacht normalerweise Dyspepsie und einen Zustand des Mißbehagens. Wird dieser Ablauf durch den Gebrauch von Verdauungspillen oder anderer Medikamente umgangen, so lernt das Individuum nicht, das schädliche Verhalten aufzugeben sondern nur, die zur Verfügung stehende Technologie so zu nutzen, daß es sich trotz seines ungünstigen Verhaltens immer noch wohl fühlt. Das Problem besteht darin, daß die schädlichen Konsequenzen solcher Verhaltensweisen wie auch belastendere Bedingungen der Umgebung unter normalen Bedingungen nicht erkennbar und einer Sofortlösung nicht zugänglich sind. Wer zuviel ißt, kann erreichen, daß er keine Verdauungsbeschwerden bekommt, doch vermeidet er so nicht die Gefahr von Übergewicht und dessen Wirkungen auf das kardiovaskuläre System. Würde die natürliche Abwehr des Verdauungssystems nicht in seiner Funktion beeinträchtigt, d.h. fände nicht eine Dysregulation statt, so könnte u.U. das Verhaltensmuster des übermäßigen Essens durchbrochen werden.

Unter den Behandlungsformen, die mit einer Neuregulation des Verhaltens arbeiten, ist vielleicht der Bio-Feedback die einleuchtendste. Indem dieses Verfahren Körperprozesse besser erfahrbar macht und deren Interpretation erleichtert, verändert es den Bewußtseinsinhalt. Muskelspannung, Herz- und Atemrhythmus, Körperwärme usw. werden durch die Fokussierung der Aufmerksamkeit bewußt und dadurch auch kontrollierbar. Meditation und systematische Entspannung bewirken dasselbe, ohne die technischen Hilfen, die bei Bio-Feedback verwendet werden. REST, so würde ich meinen, erreicht ebenfalls dasselbe Ziel auf einem anderen Weg: REST fokussiert die Aufmerksamkeit durch Eliminierung von externen Reizen, während beim Bio-Feedback interne Signale verstärkt werden und bei den Entspannungstechniken, der Hypnotherapie und der Meditation gelernt wird, externe Stimuli zu ignorieren.

Der therapeutische Nutzen dieses Phänomens ist also offensichtlich analog zu demjenigen anderer Entspannungstechniken wie der systematischen Entspannung, dem Bio-Feedback, der Meditation und anderen. Die streß- und spannungsbedingten Beschwerden, auf welche diese Behandlungsformen Anwendung gefunden haben, sollten sich auch für eine Behandlung mit REST eignen, möglicherweise vor allem in der Tank-Variante.

In einigen Fällen könnte REST vermutlich anstelle dieser anderen Techniken eingesetzt werden. Untersuchungen zu Fragen wie der Behandlung von Schlaflosigkeit und Spannungskopfschmerzen werden nun an verschiedenen Zentren vorangetrieben. Ich vermute außerdem, daß die Wirkung dieser anderen Verfahren erhöht werden könnte, wenn man sie in einer reizreduzierten Umgebung lehrte und anwendete. Daten, die diese These stützen, sind für Bio-Feedback bereits veröffentlicht worden (*Lloyd* und *Shurley*, 1976; *Lloyd*, 1977) und ebenso für Hypnose (*Sanders* and *Reyher*, 1969; *Ritchie*, 1976; *Wickramasekera*, 1977). Kasuistische Berichte von erfahrenen Meditierenden weisen darauf hin, daß ein meditativer Zustand leichter und intensiver erreicht werden kann, wenn die Meditation in einer reizreduzierten Umgebung praktiziert wird. Es ist jedoch bisher noch keine systematische Evaluation der Kombination von REST-Meditation und REST-Entspannung veröffentlicht worden.

Ein weiterer Aspekt der Fokussierung der Aufmerksamkeit sind die möglichen Veränderungen des Gedankenflusses und der Imaginationen während REST. Aus persönlichen Berichten gibt es viele Belege dafür, daß der Primärprozeß unter REST zunimmt und daß die Fähigkeit, diesen speziellen Bewußtseinszustand zu tolerieren, damit in Zusammenhang steht, wie der einzelne die REST-Erfahrung bewertet (*Kubie*, 1950; *Goldberger*, 1961; *Schultz*, 1965; *Suedfeld*, 1975 etc.). *Budzynski* (1983) hat die Hypothese aufgestellt, daß die Hauptwirkung von REST darin besteht, rechtshemisphärisches Denken auszulösen – d.h. die nicht-linearen, nicht-logischen Prozesse – wie das auch für die rituelle Trance postuliert wird (*Lex*, 1975/76). Es ist bestimmt so, daß das Zeitempfinden unter REST verändert ist (*Zubek*, 1973; *Suedfeld*, 1980) und daß REST die Anzahl und den Inhalt der Träume beeinflußt (*Wood*, 1962; *Vernon*, 1963), die Lebhaftigkeit und Genauigkeit des Gedächtnisses erhöht (*Suedfeld*, 1969; *Sharma*, 1978) und auch zu visuellen Imaginationen führt, wenn auch die genaue Art und Entstehungsweise dieses Phänomens noch zu diskutieren sind (*Zuckerman*, 1969).

Es bietet sich an, diese Effekte für die Behandlung zu nutzen, wobei vor allem an zwei Anwendungsformen zu denken ist. Die eine bezieht sich auf die Therapie, nämlich auf die Verwendung der visuellen Imagination bei der Behandlung von Krankheiten oder anderen physischen Problemen. Imaginationsverfahren werden – wie es scheint mit vielversprechenden Resultaten – erprobt für die Behandlung von Krebs und für eine Erhöhung der Toleranz des Patienten gegenüber den Nebeneffekten von Chemotherapie und Bestrahlung (*Green* und *Green*, 1977; *Ader,* 1981). Das andere Anwendungsgebiet ist die Verbesserung von Fähigkeiten, die physisches Geschick erfordern. Dazu könnte auch die Muskel- und Nervenrehabilitation nach einem Trauma oder einer schweren Krankheit gehören, wie auch das Einüben koordinierter Bewegungsmuster. Zwar liegen keine Daten vor, doch wurde berichtet, daß verschiedene professionelle Sportler die Tank-Variation für eine Kombination von Entspannung und Imaginationstraining benutzt haben (*Hutchison,* 1984). Andere mögliche Anwendungsbereiche liegen in der Musik (z.B. Fingerfertigkeit bei Saiteninstrumenten) und in der Entwicklung komplexer, koordinierter Aktivitäten, wie z.B. dem Fliegen eines Flugzeugs oder dem Führen eines Lastwagens. Das Verfahren könnte sich außerdem dazu eignen, motorische Verhaltensabläufe so einzuüben, daß sie im Notfall automatisch ablaufen. Dies ist eine interessante Möglichkeit, denn es würde sich dabei darum handeln, angemessene Verhaltensmuster mit Hilfe derselben Technik (REST) aufzubauen, die sich auf der anderen Seite auch dafür eignet, ungünstige Verhaltensmuster abzubauen. Untersuchungen zu dieser oder einer anderen der oben erwähnten potentiellen Anwendungsmöglichkeiten liegen jedoch nicht vor.

Schlußfolgerungen

Es kann mit einiger Sicherheit angenommen werden,

a) daß REST verschiedene Formen und Grade von VWB induziert,

b) daß REST ein wirksames therapeutisches Instrument ist für verschiedene Gebiete der Psychiatrie und klinischen Psychologie, wie die Gesundheitspsychologie und die Verhaltensmedizin und

c) daß diese beiden Aspekte in Beziehung zueinander stehen, wobei die VWB eine intervenierende Variable zwischen der Umgebung und dem Erfolg der Behandlung darstellen.

Das Entstehen von VWB wiederum läßt sich am besten erklären durch die Hypothese einer Veränderung der Hirnfunktion und der kognitiven Prozesse, während psychoanalytische und andere Erklärungen gegenwärtig viel weniger Beachtung finden (*Suedfeld,* 1980). Eine wachsende Zahl von Hinweisen spricht für die Theorie, daß die Aufmerksamkeit der informationsverarbeitenden Systeme des Gehirns sich auf andere Gebiete verlagert und neue Formen der Integration entwickelt werden, wenn die Reizzufuhr aus der Umgebung gedrosselt wird. Unter diesen Umständen tritt ein therapeutischer Effekt ein, wenn die Veränderungen sinnvoll gesteuert werden, d.h. entweder durch einen behandlungsorientierten Input oder durch den eigenen Willen des Patienten oder durch beides. Für den Betroffenen ist die Erfahrung meist angenehm. Sie hat keine gefährlichen Neben- oder Späteffekte, kann gezielt geleitet und beendet werden und ist sehr kosteneffizient (*Borrie,* 1980). Nach den bisherigen Erkenntnissen können Veränderungen, die der Patient nicht wünscht, nicht erreicht werden – auch wenn die Argumente, die für solche Veränderungen sprechen, sorgfältig überprüft werden.

Angesichts des breiten Wirkungsspektrums, der guten Verträglichkeit und hohen Sicherheit wie auch der geringen Kosten von REST ist es erstaunlich, daß diese therapeutische Technik nicht populärer geworden ist. Die Gründe mögen in Vorurteilen liegen, die durch veraltete und verzerrte Berichte über die Technik ausgelöst wurden, in einem Mangel an Verständnis für den Vorgang und in einer gewissen Unsicherheit über die beste Art, mit REST zu beginnen. Das Problem der Vorurteile verliert gegenwärtig an Bedeutung, da die Mythologie früher angenommener, unangenehmer und bizarrer Reaktionen durch ein breites Wissen über die Fakten ersetzt wird. Dies ist bis zu einem gewissen Grad der zunehmenden Zahl von Menschen zu verdanken, die gelernt haben, Stimulusreduktion im allgemeinen und das Schwimmen im Tank im speziellen zu genießen. Eine Verbesserung der Situation ist auch damit verbunden, daß allmählich immer mehr Lehrbuchautoren die neueste REST-Literatur berücksichtigen (z.B. *McConnell*, 1980; *Solomon* und *Kleeman*, 1985). Es sind außerdem auch populär-wissenschaftliche Abhandlungen (*Smith*, 1975; *Hutchison*, 1984) sowie allgemeine und spezielle Untersuchungsberichte (*Suedfeld*, 1975; *Suedfeld* und *Kristeller*, 1982) erhältlich. Die zweite Schwierigkeit nähert sich einer Lösung, indem heute in viel größerem Umfange über die Anwendung und Theorie von REST geforscht wird (*Suedfeld*, 1980; *Fine* et al., 1983). Gleichzeitig werden immer mehr Experten in diesem Gebiet ausgebildet und Studenten darin unterrichtet. Auch die dritte Schwelle verliert immer mehr an Bedeutung, da mehr und mehr Praktiker und Forscher Erfahrung mit der Methode gewonnen haben und diese Erfahrung mit ihren Kollegen teilen (z.B. *Borrie*, 1980). Ich nehme deshalb an, daß wir im nächsten Jahrzehnt wesentliche Durchbrüche in unserem Verständnis der Wirkung von REST, in der Ermittlung verläßlicher klinischer Anwendungsformen und in der allgemeinen Akzeptanz der Technik als Teil des therapeutischen Instrumentariums erreichen werden. Es ist zu hoffen, daß ein Teil dieser Entwicklungsrichtungen zusammen mit dem bewußtseinsverändernden Aspekt von REST sowohl in die grundlagen- wie auch die anwendungsorientierte Literatur integriert wird.

Danksagungen
Für die finanzielle Unterstützung eines großen Teils meiner Forschungsarbeit bin ich der „Natural Sciences and Engineering Research Council of Canada" und den „National Institutes of Health (USA)" zu Dank verpflichtet. Mein Dank gilt außerdem einer großen Zahl von Forschungskollegen und Assistenten (insbesondere *Roderick A. Borrie, Elizabeth J. Ballard* und *P. Bruce Landon*), ohne deren Hilfe diese Arbeit nicht zustande gekommen wäre.

Literatur

Adams, H.B.: A case utilizing sensory deprivation procedures. p. 164–170 in: *Ullmann, L.P., Krasner, L.* (1965)

Adams, H.B.: Effects of reduced stimulation on institutionalized adult patients. p. 320–364 in: *Suedfeld, P.* (1980)

Adams, H.B., Cooper, G.D., Scott, J.C.: Reduced environmental stimulation therapy (REST) and the reduction of alcohol intake in early prodromal stages of alcoholism. Paper presented at the 34th Conference of the Alcohol and Drug Problem Association, Washington D.C. 1983

Ader, R. (ed.): Psychoimmunology. Academic Press, New York 1981

Azima, H., Vispo, R. and Azima, F.J.: Observations on anaclitic therapy during sensory deprivation. p. 143–160 in: *Solomon, P., Kubzansky, P.E., Leiderman, P.H., Mendelson, J.H., Trumbull, R., Wexler, D.* (1961)

Bellak, L.: Overload: The new human condition. Human Sciences Press, New York 1975

Best, A.J., Suedfeld, P.: Restricted environmental stimulation therapy and behavioral self-management in smoking cessation. Journal of Applied Social Psychology 12 (1982) 408–419

Borrie, R.A.: A practical guide to clinical REST. p. 365–381 in: *Suedfeld, P.* (1980)

Borrie, R.A., Suedfeld, P.: Restricted environmental stimulation therapy in a weight reduction program. Journal of Behavioral Medicine 3 (1980), 147–161

Budzynski, T.H.: A brain lateralization model for REST. Paper presented *in Fine, T.H., Johnson, K., Stanley, J.M., Suedfeld, P.* (1983)

Dercum, F.X.: REST, suggestion and other therapeutic measures in nervous and mental diseases, 2nd ed. Blakiston, Philadelphia, Pennsylvania 1917

Fine, T.H., Turner, J.W.: The effects of brief restricted environmental stimulation therapy in the treatment of essential hypertension. Behaviour Research and Therapy 20 (1982) 567–570

Fine, T.H., Johnson, K., Stanley, J.M., Suedfeld, P.: First International Conference on REST and Self-Regulation. Denver, Colorado 1983

Francis, R.: Persönliche Mitteilung 1982

Goldberger, L.: Reactions to perceptual isolation and manifestations of the primary process. Journal of Projective Techniques 25 (1961) 287–302

Green, E., Green, A.: Beyond biofeedback. Delacorte Press, New York 1977

Hobbs, S.A. and Goswick, R.A.: Behavioral treatment of self-stimulation: An examination of alternatives to physical punishment. Journal of Clinical Child Psychology 6 (1977) 20–23

Hunt, H.T., Chefurka, C.M.: A test of the psychedelic model of altered states of consciousness. Archives of General Psychiatry 33 (1976) 867–876

Hutchison, M.: The book of floating. Morrow, New York 1984

Israel, Y., Glaser, F.B., Kalant, H., Popham, R.E., Schmidt, W., Smart, R.G. (eds.): Research Advances in Alcohol and Drug Problems, Vol. 4. Plenum Press, New York 1978

Jackson, C.W. Jr., Pollard, J.C.: Some nondeprivation variables which influence the „effects" of experimental sensory deprivation. Journal of Abnormal Psychology 71 (1966) 383–388

Jacobs, G.D., Heilbronner, R.L., Stanley, J.M.: The effects of short term flotation REST on relaxation: A controlled study. Health Psychology 3 (1984) 99–112

Jacobs, G.D., Kemp, J.D., Belden, A.D.: A preliminary clinical outcome study on a hospital-based stress management programm utilizing flotation REST and biofeedback. Paper presented in *Fine, T.H., Johnson, K., Stanley, J.M., Suedfeld, P.* (1983)

Jilek, W.G.: Salish Indian mental health and culture change. Holt, Rinehart and Winston, Toronto 1974

Josephson, M.M., Porter, R.T. (eds.): Clinician's handbook of childhood psychopathology. Aronson, New York 1979

Kahneman, D., Miller, D.T.: Norm theory: Comparing reality to its alternatives. Unveröffentlichtes Manuskript, University of British Columbia 1984

Kammerman, M. (ed.): Sensory isolation and personality change. Thomas, Springfield, Illinois 1977

Kammerman, M.: Personality changes resulting from water suspension, sensory isolation. p. 285–301 in: *Kammerman, M.* (1977)

Kaplan, H.I., Sadock, B.J. (eds.): Comprehensive textbook in psychiatry, 4th ed. Williams & Wilkins, Baltimore, Maryland 1985

Kouretas, D.: The Oracle of Trophonius: A kind of shock treatment associated with sensory deprivation in ancient Greece. British Journal of Psychiatry 113 (1967) 1441–1446

Krippner, S., Brown, D.P.: Field independence/dependence and electrosone 50 induced altered states of consciousness. Journal of Clinical Psychology 29 (1973) 316–319

Kristeller, J.L., Schwartz, G.E., Black, H.: The use of restricted environmental stimulation therapy (REST) in the treatment of essential hypertension: Two case studies. Behaviour Research and Therapy 20 (1982) 561–566

Kubie, L.S.: Practical and theoretical aspects of psychoanalysis. International Universities Press, New York 1950

Landon, P.B.: The unimportance of experimenter bias in sensory deprivation research. Perceptual and Motor Skills 42 (1976) 619–624

Lasaga, J.I.: The therapeutic use of sensory deprivation. Paper presented at the meeting of the Southeastern Psychological Association, Atlanta, Georgia 1975

Lewin, K.: Group decision and social change. p. 197–211 in: *Maccoby, E.E., Newcomb, T.M., Hartley, E.L.* (1958)

Lex, B. W.: Physiological aspects of ritual trance. Journal of Altered States of Consciousness 2 (1975/76) 109–122

Lilly, J.C.: Mental effects of reduction of ordinary levels of physical stimuli on intact, healthy persons. Psychiatric Research Reports 5 (1956) 1–9

Lipowski, Z.J.: Surfeit of attractive information inputs: A hallmark of our environment. Behavioral Science 16 (1971) 467–471

Lloyd, A.J.: RSPE isolation – another approach to biofeedback? Letterman Army Institute of Research, San Francisco, California 1977

Lloyd, A.J., Shurley, J.T.: The effects of sensory perceptual isolation on single motor unit conditioning. Psychophysiology 13 (1976) 340–344

Maccoby, E.E., Newcomb, T.M., Hartley, E.L. (eds.): Readings in Social Psychology, 3rd ed. Holt, Rinehart and Winston, New York 1958

Margetts, B.L.: African ethnopsychiatry in the field. Canadian Psychiatric Association Journal 13 (1968) 321–358

McConnell, J.V.: Understanding human behavior. 4th ed. Holt, Rinehart and Winston, New York 1980

Mitchell, S.W.: Fat and blood: An essay on the treatment of certain forms of neurasthenia and hysteria. Lippincott, Philadelphia, Pennsylvania 1905 (Erstauflage 1877)

Munster, A.J.: Altered and dissociative states of consciousness. p. 241–252 in: *Josephson, M.M., Porter, R.T.* (1979)

Myers, T.I., Murphy, D.B., Smith, S.S., Goffard, S.J.: Experimental studies of sensory deprivation and social isolation. Human Resources Research Office Technical Report 66–68, George Washington University, Washington 1966

Orne, M.T., Scheibe, K.E.: The contribution of nondeprivation factors in the production of sensory deprivation effects: The psychology of the panic button. Journal of Abnormal and Social Psychology 68 (1964) 3–12

Rasmussen, J.E. (ed.): Man in isolation and confinement. Aldine, Chicago, Illinois 1973

Raw, M.: The Treatment of Cigarette Dependence. p. 441–485 in: *Isreal, Y., Glaser, F.B., Kalant, H., Popham, R.E., Schmidt, W., Smart, R.G.* (1978)

Ritchie, S.V.A.: Modification of hypnotic susceptibility through sensory deprivation and stress. Doctoral dissertation, Brigham Young University 1976

Rosch, E., Lloyd, B.B. (eds.): Cognition and categorization. Erlbaum, Hillsdale, New Jersey 1978

Sanders, R.S., Reyher, J.: Sensory deprivation and the enhancement of hypnotic susceptibility. Journal of Abnormal Psychology 74 (1969) 375–381

Schechter, M.D., Shurley, J.T., Toussieng, P.W., Maier, W.J.: Sensory isolation therapy of autistic children: A preliminary report. Journal of Pediatrics 74 (1969) 564–569

Schultz, D.P.: Sensory restriction: Effects on behavior. Academic Press, New York 1965

Schwartz, G.E.: The brain as a health care system. p. 549–571 in: *Stone, G.C., Cohen, F., Adler, N.E.* (1979)

Sharma, A.: Modern isolation research and the Buddhist concept of pubbenivasanussatinana or retro-cognitive knowledge. International Philosophical Quarterly 18 (1978) 335–339

Shurley, J.T.: The hydro-hypodynamic environment. p. 232–237 in: Proceedings of the Third World Congress of Psychiatry, Vol. 3. University of Toronto Press, Toronto 1961

Smith, A.: Powers of mind. Random House, New York 1975

Solomon, P., Kleeman, S.T.: Sensory deprivation. p. 321–326 in: *Kaplan, H.I., Sandock, B.J.* (1985)

Solomon, P., Kubzansky, P.E., Leiderman, P.H., Mendelson, J.H., Trumbull, R., Wexler, D. (eds.): Sensory Deprivation. A Symposium held at Harvard Medical School. Harvard University Press, Cambridge, Massachusetts 1961

Stone, G.C., Cohen, F., Adler, N.E. (eds.): Health Psychology – A Handbook. Theories, Applications, and Challenges of a Psychological Approach to the Health Care System. Jossey-Bass, San Francisco, California 1979

Strauss, A.A., Kephart, M.: Psychopathology and education of the brain-injured child, Vol. 2. Grune and Stratton, New York 1955

Suedfeld, P.: Changes in intellectual performance and in susceptibility to influence. p. 126–166 in: *Zubek, J.P.* (1969)

Suedfeld, P.: Attitude manipulation in restricted environments: V. Theory and research. Paper presented at the meeting of the International Congress of Psychology, Tokyo 1972

Suedfeld, P.: The benefits of boredom: Sensory deprivation revisited. American Scientist 63 (1975) 60–69

Suedfeld, P.: Restricted environmental stimulation: Research and clinical applications. Wiley, New York 1980

Suedfeld, P.: The restricted environmental stimulation technique in the modification of addictive behaviors: Through the centuries to frontiers for the Eighties. Bulletin of the Society of Psychologists in Addictive Behaviors 2 (1983) 231–237

Suedfeld, P.: Symposium: The effectiveness of reduced stimulation in smoking cessation programs. International Congress of Psychology, Acapulco, Mexico 1984

Suedfeld, P., Borrie, R.A.: Altering states of consciousness through sensory deprivation. p. 226–252 in: *Sugerman, A.A., Tarter, R.E.* (1978)

Suedfeld, P., Hare, R.D.: Sensory deprivation in the treatment of snake phobia: Behavioural, self-report and physiological effects. Behavior Therapy 8 (1977) 240–250

Suedfeld, P., Kristeller, J.L.: Stimulus reduction as a technique in health psychology. Health Psychology 1 (1982) 337–357

Suedfeld, P., Schwartz, G.: Restricted environmental stimulation therapy (REST) as a treatment for autistic children. Journal of Developmental and Behavioral Pediatrics 4 (1983) 196–201

Suedfeld, P., Roy, C., Landon, B.P.: Restricted environmental stimulation therapy in the treatment of essential hypertension. Behaviour Research and Therapy 20 (1982) 533–559

Suedfeld, P., Ballard, E.J., Murphy, M.: Water immersion and flotation: From stress experiment to stress treatment. Journal of Environmental Psychology 3 (1983) 147–155

Sugerman, A.A., Tarter, R.E. (eds.): Expanding dimensions of consciousness. Springer, New York 1978

Tart, C.T. (ed.): Altered states of consciousness: A book of readings. Wiley, New York 1969

Tikalsky, F.D.: REST, contingency management and social support applied to the termination of smoking behavior. Paper presented in *Suedfeld, P.* (1984)

Treisman, A.M.: Strategies and models of selective attention. Psychological Review 76 (1969) 282–299

Tyson, P.D.: A general systems theory approach to consciousness, attention and meditation. Psychological Record 32 (1982) 491–500

Ullmann, L.P., Krasner, L. (eds.): Case studies in behavior modification. Holt, Rinehart and Winston, New York 1965

Vernon, J.A.: Inside the dark room. Potter, New York 1963

Wickramasekera, I.: On attempts to modify hypnotic susceptibility: Some psychophysiological procedures and promising directions. Annals of the New York Academy of Sciences 296 (1977) 307–314

Wickramasekera, I.: Psychophysiological stress reduction procedures and a suggestion hypothesis: Sensory restriction and low arousal training. Paper presented at the meeting of the American Psychological Association, Toronto 1978

Wittlin, A.S.: Are the limits of the mind expandable? Behavioral Science 29 (1984) 51–60

Wood, P.B.: Dreaming and social isolation. Doctoral dissertation, University of North Carolina 1962

Zubek, J.P. (ed.): Sensory deprivation: Fifteen years of research. Appleton-Century-Crofts, New York 1969

Zubek, J.P.: Behavioral and physiological effects of prolonged sensory and perceptual deprivation: A review. p. 9–83 in: *Rasmussen, J.E.* (1973)

Zuckerman, M.: Hallucinations, reported sensations, and images. p. 85–125 in: *Zubek, J.P.* (1969)

3.4   Hypnotherapie heute: Der Einfluß von *Erickson*

S.R. Lankton

Zusammenfassung

Die Bereiche der Hypnotherapie, Psychotherapie und Familientherapie erleben gegenwärtig eine historische Periode, an die man sich erinnern wird, weil sie den von *Milton H. Erickson, M.D.* geschaffenen Formen der Beeinflussung, der Arbeitstechnik und des methodischen Ansatzes größte Aufmerksamkeit und Neugier entgegenbringt. Die Beiträge seiner professionellen Karriere, welche über ein halbes Jahrhundert dauerte, sind in vieler Hinsicht einzigartig. Besonderes Interesse verdient die Klarheit, welche seine Form der Behandlung und der Intervention vermittelt. Beobachtungen der Anwendung seines Ansatzes auf die Hypnotherapie werden nach Aspekten veränderter Bewußtseinszustände geordnet. *Ericksons* Methode der Trance-Induktion durch Dissoziation von Bewußtem und Unbewußtem wird skizziert. *Tarts* Schema von 1975 zur Analyse der Trance-Induktion wird auf den *Erickson*schen Induktionsansatz angewendet. *Tarts* Beobachtungen über das Bewußtsein stehen in einem konsistenten Zusammenhang mit den Reaktionen der Klienten auf *Ericksons* Vorgehen. Es werden aber Modifikationen der *Tart*schen Zusammenfassung von Induktionsverfahren vorgenommen, so daß die Analyse sich auf eine typische *Erickson*sche Induktion bezieht.

Hypnose heute: Der Einfluß *Erickson*s

Dr. med. *Milton H. Erickson* aus Phoenix, Arizona, war vor seinem Tode im März 1980 weithin als unangefochtener Meister der klinischen Hypnose und der strategischen Psychotherapie bekannt. Er erwarb sein Ansehen durch die Entwicklung einer Theorie und eines Stils der Intervention, die sich durch ihre Kreativität auszeichnete, meist sehr wirksam war und oft durch ihre mutige Abweichung von der konventionellen Art der Intervention verblüffte. Die Konzepte der Familien-, Psycho- und Hypnotherapie erfahren gegenwärtig unzählige Veränderungen, manche klein und manche groß, für die *Erickson* als Katalysator erkannt wird. Der Einfluß seines Ansatzes geht über dynamische Techniken der Intervention hinaus; er gestaltet unser Denken über Klienten und Probleme um.

Erickson demonstrierte wiederholt Interventionen, welche darauf abzielten, extrem unterschiedliche Ebenen individueller und sozialer Systeme zu verändern, welche durch einen starken gemeinsamen Faden miteinander verknüpft werden konnten. Sein Ansatz bringt eine gezielte therapeutische Wirkung auf den verschiedensten Ebenen menschlicher Systeme hervor: In der unbewußten Strukturierung und Erfahrung ebenso wie im Bereich der bewußten Überzeugungen und Bezugssysteme, der Kommunikation und der sozialen Rollen wie der Familienorganisation und -struktur. *Erickson* praktizierte den Einsatz einer Fülle von Interventionen, die zusammengenommen die Kluft überspannen, welche bisher Individual- und Familientherapie trennte. *Ericksons* Theorie der Intervention gestattete es ihm, die Unterschiede zu überbrücken, die durch divergierende Theorien zur individuellen Persönlichkeit und zur Familienstruktur geschaffen worden waren.

Eine Methode der Beobachtung, welche in Studien mit *Erickson* gewonnen wurde (*Lankton* und *Lankton,* 1983), führte zu den Formulierungen der Gedanken über veränderte Wachbewußtseinszustände, die hier dargestellt werden. *Erickson*s Trainingsseminare und Therapiesitzungen formten ein System von Einstellungen und Wahrnehmungen über Menschen und ihre Erfahrungen, welchem ich hervorragende Bedeutung für jede Art der Beschäftigung mit Fremdbeurteilungs- und Interventionsstrategien beimesse. *Erickson* neigte jedoch dazu, seine Zuhörer zu eigenständigem Denken zu veranlassen. Er kommunizierte oft mit Geschichten, Ambiguitäten in Metaphernform, Fallberichten, Wortspielen und Humor. In diesem Beitrag werden deshalb die Annahmen darüber, wie Menschen ihr Bewußtsein ausdrücken und ändern, nicht so dargestellt, wie *Erickson* sie dargestellt hätte.

Das Folgende ist eine Synthese dessen, was ich von *Erickson* gelernt habe, und entspricht nicht notwendigerweise dem, was er zu unterrichten vorhatte. Man braucht diese Einstellungen nicht zu akzeptieren, um mit einem *Erickson*schen Ansatz zu arbeiten. Obwohl ich glaube, daß *Erickson* im Großen und Ganzen mit dem Material dieses Kapitels übereinstimmen würde, bezweifele ich, daß er meiner Darstellung in allen Punkten beipflichten würde. Mein Zweifel gründet sich nicht auf das Gefühl, daß ich von seinem Ansatz abgewichen wäre, sondern auf die Überzeugung, daß *Erickson* stets seinen Stempel aufdrücken konnte, indem er einen Zusatz machte, welcher eine überraschende Wendung schuf.

Grundsätzliches zum Phänomen veränderter Bewußtseinszustände

1. **Universelle Existenz veränderter Bewußtseinszustände:** Menschen in allen Kulturen erleben es als notwendig, selbst während normaler täglicher Aktivitäten zu alternieren zwischen verschiedenen diskreten Bewußtseinszuständen. Kulturelle Rituale, Regeln und Artefakte stellen Methoden dar für eine ,,angemessene'' und oft sehr spezielle Form der Induktion gesellschaftlich akzeptierter veränderter Bewußtseinszustände (VWB) (*Pearce,* 1974).

2. **Potential und Grenzen veränderter Bewußtseinszustände:** Je nach Bewußtseinszustand sind einem Menschen bestimmte Möglichkeiten gegeben und ganz spezifische Grenzen gesetzt, wenn auch ein gewisser Bereich des Potentials und der Begrenzung verschiedenen VWB gemeinsam sein kann. Während der normalen täglichen Aktivität erfährt das Individuum im Rahmen des normalen Wachbewußtseins einige Veränderungen diskreter Zustände. Diese werden beschrieben als Stimmungen, Betrachtungsweisen, Gefühle und Vorgänge wie: sich wundern, tagträumen, reflektieren, analysieren usw. All dies sind Erlebnisdimensionen, die ganz bestimmte Problemlösungsinteraktionen mit der Umwelt gestatten.

3. **Funktionen veränderter Bewußtseinszustände:** Die Veränderung des Bewußtseins, die von jedem Individuum anders erlebt wird, erlaubt auf einzigartige und der jeweiligen Lebenssituation angepaßte Weise die Verknüpfung von Lernvorgängen mit der persönlichen Erfahrung. Ein normaler Wachbewußtseinszustand wird strukturiert durch verschiedene, u.U. mehrere, diskrete Bewußtseinszustände. Der Wechsel zwischen diesen diskreten ,,Betrachtungsweisen, Stimmungen, Aspekten,

Ebenen der Aufmerksamkeit" usw. ist Teil der natürlichen Problemlösungsaktivität. Ein spezieller VWB „verwendet" eine spezifische Reihe solcher diskreter Hilfsquellen.

4. **Notwendigkeit des Wechsels zwischen verschiedenen Bewußtseinszuständen:** Für eine effiziente und optimale Interaktion mit andern wie mit seiner Umgebung ist der Mensch unbedingt auf eine Veränderung seines Bewußtseinszustandes angewiesen. Diese Behauptung wird durch das triviale Beispiel des Geschäftsmanns illustriert, der nach stundenlanger harter Arbeit in einem bestimmten VWB (stabilisiert durch Koffein und andere Reize aus der Büroumwelt) zu einem rohen Handballspiel geht oder auch zum „zwei Martini-Lunch" oder auf den Golfplatz. Wie häufig kommt es doch vor, daß für anstehende Probleme in der veränderten Umgebung eine Lösung gefunden wird, d.h. im veränderten Bewußtseinszustand, der durch die veränderte Umgebung induziert und stabilisiert wird. Jeder VWB erzeugt für ein bestimmtes Problem eine neue Lösung, weil in jedem Bewußtseinszustand andere Schemata und Mechanismen gelten, welche das Erleben auf unterschiedliche Weise organisieren.

5. **Das Erlernen der Strukturierung veränderter Bewußtseinszustände:** Veränderung und Stabilisierung des Bewußtseins sind gelernt. Wie bei allen anderen Fähigkeiten (z.B. Klavierspielen, Schlittschuhlaufen oder Schreiben) kann das Lernen dazu führen, daß die Tätigkeit gut und wirksam oder ineffizient, zufällig und unangepaßt ausgeführt wird. Wir können erwarten, daß Menschen versuchen, denjenigen VWB zu strukturieren und zu stabilisieren, den sie für den günstigsten halten. Sie werden außerdem versuchen, ihn auf die beste Art zu induzieren oder zu stabilisieren, die sie kennen. Falls z.B. jemand, der seine Kinder mißhandelt, dasjenige Potential, das er für ein erträgliches Lebensgefühl braucht, am ehesten in einem VWB findet, welcher charakteristischerweise mit einem bestimmten Grad körperlicher Spannung, einem beurteilenden inneren Dialog, einem bestimmten Atemmuster, einem begrenzten Stimmbereich usw. verbunden ist, dann wird er dergestalt selektiv mit der sozialen und physischen Umgebung interagieren, daß er Möglichkeiten findet zur weiteren Stabilisierung des gegebenen VWB mit dem beurteilenden inneren Kommentar usw. Sollte er schließlich eine drohende Desintegration der üblichen Wohlbehagenszone im Zusammenhang mit diesem VWB erfahren, dann kann erwartet werden, daß er die gleichen Mechanismen intensiver spielen läßt, um die Kontinuität der Welt, wie er sie kennt, aufrechtzuerhalten. Durch seine Versuche, unbeholfene Mechanismen der Stabilisierung übermäßig einzusetzen, werden diese Mechanismen überbeansprucht; sein Verhalten wird immer unangepaßter. In dieser Situation wird er dann u.U. zu schreien und zu schlagen beginnen und sein Kind mißhandeln. Entsprechend kann die Funktion eines Symptoms auch darin bestehen, den VWB aufrechtzuerhalten, der durch eben dieses Symptom induziert und stabilisiert wird.

6. **Soziale Induktion und Stabilisation:** Personen bringen andere dazu, ihnen bei der Strukturierung eines bevorzugten VWB zu helfen, und sei es auch nur des normalen Tageswachbewußtseins. Soziale Systeme (z.B. Familien) stabilisieren den vorgezogenen VWB eines jeden Mitglieds oder bringen andere Mitglieder dazu, sich so zu verhalten, daß sie zur Stabilisierung ihres eigenen VWB beitragen. Die Mitglieder interagieren so, daß sie die anderen Mitglieder in die Rolle von Komplizen ihres eigenen Stabilisierungsprozesses hineinmanövrieren. Dies kann geschehen durch

Übereinstimmung in Fragen des Glaubens, in gemeinsamen Ritualen oder Erfahrungen oder dadurch, daß auf verdecktes und defensives Verhalten zurückgegriffen wird (*Berne*, 1966; *Laing*, 1970, 1972). VWB werden erzeugt sowohl durch bewußte planmäßige Manöver, durch Verführung, Manipulation, Umwerbung, Erziehung usw. als auch durch unbewußte automatische Strategien, Abwehr, repetitive „Spiel"-Sequenzen, wie auch durch ganz normale tägliche Handlungen.

> „In der Familiensituation allerdings sind die Hypnotiseure (die Eltern) selbst bereits hypnotisiert (durch ihre Eltern). Sie führen deren Instruktionen aus, indem sie ihre Kinder so erziehen, daß diese wiederum ihre Kinder auf eine Weise erziehen werden, zu der gehört, daß man nicht realisiert, daß man Instruktionen ausführt; denn eine der Instruktionen besteht darin, nicht daran zu denken, daß man auf diese Art instruiert ist." (*Laing*, 1972, p. 79).

7. **Regeln bezüglich der Rekombination von Erfahrungen:** Jeder Mensch hat für jeden der verschiedenen möglichen Bewußtseinszustände ein ganz persönliches Muster, wie er Erfahrungen rekombiniert. Der Kindsmißhandler, der sich unfähig zeigt zu lächeln und sich zu entschuldigen, mag durchaus in der Lage sein, eine Körperreaktion zu produzieren, die für das Lächeln typisch ist. Im Bereich seines normalen Bewußtseins verhindern jedoch seine persönlichen Assoziationsregeln, daß er seine Erfahrungen in der Art kombiniert, daß es ihm möglich wird, von einem verbalen Mißverständnis zu einem Lächeln zu wechseln, ohne daß er sich dabei auf seine typischen stabilisierenden Mechanismen abstützen würde, die seine Wohlbehagenszone innerhalb seines typischen Bewußtseinszustandes gewährleisten. Er kennt u.U. keine Möglichkeit, wie er von sozialer Spannung zum Lächeln kommen kann (und vielleicht nennt er auch Gründe, warum man nicht lächeln kann oder darf).

8. **Symptombildung und veränderte Bewußtseinszustände:** Die Unfähigkeit, einen angemessenen Bewußtseinszustand zu stabilisieren oder zwischen verschiedenen Bewußtseinszuständen zu wechseln, verursacht Streß. Unter Streß jedoch kommt es leicht zu einer Über- oder Fehlnutzung der Mechanismen und des Potentials, die im betreffenden Bewußtseinszustand zur Verfügung stehen. Aus der Überstimulation oder Unterdrückung des unbewußten Potentials und der gegebenen Verhaltensmuster entstehen persönliche und soziale Konflikte. Oft übernimmt ein Familienmitglied mit seiner Symptombildung die Aufgabe, das ohne diese Unterstützung unstabile Potential anderer Familienmitglieder anzusprechen und zu stabilisieren. In einem extrem rigiden Familiensystem ist das Auftreten von Symptomen ein hochsymbolisches unbewußtes Produkt solcher „transpersonaler Kollusion" (*Laing*, 1972).

Wir können individuelle und Familiensysteme unter Aspekten veränderter Bewußtseinszustände betrachten und Merkmale erkennen, welche die Verbindung herstellen zu *Ericksons* Arbeit mit Hypnose und Familien. Er schreibt:

> „To continue, the process of inducing a trance should be regarded as a method of teaching patients a new manner of learning something, and thereby enabling them to discover unrealized capacities to learn, and to act in new ways which may be applied to other and different things." (*Erickson*, 1980b, p. 36)

Die Techniken der Nutzbarmachung und der indirekten Führung

*Erickson*s Werk ruht auf vier Säulen: Der Nutzbarmachung des Klientenverhaltens, der Anwendung indirekter Führungstechniken, dem Prinzip der strategischen Therapie und der Grundregel eines naturalistischen Ansatzes. Aufgrund seines naturalistischen Ansatzes war die therapeutische Arbeit, die *Erickson* mit Individuen oder Familien im Wachzustand durchführte, manchmal von seiner Hypnosearbeit kaum zu unterscheiden. Obwohl *Erickson* eine innovative Mischung von Hypnose und Familientherapie entwickelte, ist vor allem seine Methode der Integration dieser beiden für jede Untersuchung veränderter Bewußtseinszustände von besonderem Interesse.

*Erickson*s Ansatz machte ihn zu einem Original in der Geschichte der Hypnose. Seine früheste Motivation entsprang persönlichen Erfahrungen mit Lernschwierigkeiten und Veränderungen der Empfindungs- und Wahrnehmungsfunktionen und nicht, wie bei vielen früheren Autoren, aus einem traditionellen Interesse an der Psychopathologie (*Erickson* und *Rossi*, 1979a, 1979b, 1979c). Für manche mag es schwierig sein, *Erickson*s Überlegungen zu verstehen, da er sich in seiner Arbeit auf ein heuristisches Problemlöseverfahren stützt, dem eine eher ungewöhnliche philosophische Einstellung gegenüber der Therapie und der Veränderung zugrunde liegt. Für Praktiker, die ihr Therapieverständnis nur aus den verifizierten Konstrukten einer Persönlichkeitstheorie beziehen, mögen die Wege, die *Erickson* in seiner scheinbar unüblichen Therapie (*Haley*, 1973) beschreitet, als eine unverständliche Abweichung von der herkömmlichen Logik erscheinen. *Erickson* machte sich einen Spaß daraus, vorzuführen, wie psychologische Theorien an ihren eigenen vorgegebenen Konstrukten eine Begrenzung finden. Immer wieder warnte er seine Studenten vor dem Umstand, daß die Hypothesenbildung, auf welche Persönlichkeitstheorie auch immer sie sich stützen möge, zu einem Prokrustesbett werden kann. Seine Absicht war es, das Bett der Person anzupassen und nicht umgekehrt, und er bemerkte oft scherzhaft, daß er für jeden Klienten eine neue Theorie kreiere.

Er entwickelte einen Ansatz und leitete davon einige Techniken ab: „Utilization techniques" (Techniken der Nutzbarmachung; *Erickson,* 1979a, 1979b, 1979c). Der Ansatz der Nutzbarmachung beinhaltet sowohl das Akzeptieren wie auch die Nutzung des gegebenen Verhaltens des Klienten. Im Hintergrund steht das Verständnis dafür, daß sogar Verhaltensweisen, die zunächst als Formen des Widerstandes wirken, dafür genutzt werden müssen, die Kommunikation zu verbessern und die Motivation für die Therapie zu erhöhen. In dieser Hinsicht geht *Erickson*s Ansatz über das klassische Motiv hinaus, welches sich in einem therapeutischen Vorgehen zeigt, das von den Klienten erwartet, daß sie sich an die Theorie des Therapeuten anpassen oder diese sogar übernehmen. Bei der Nutzbarmachung hingegen ist es vorrangig, zunächst ein Verständnis für die Art der Erfahrungen des Bewußtseins und des Verhaltens der Klienten zu entwickeln. Dieses Vorgehen sollte nicht mit einer klientenzentrierten Methode verwechselt werden. Die klientenzentrierte Therapie akzeptiert passiv die Erfahrung des Klienten, während der Ansatz der Nutzbarmachung einen Schritt weiter geht und das vom Klienten gezeigte Verhalten, seine Wahrnehmung usw. aktiv als ein Mittel benutzt, die Therapie zum nächsten Moment, zum nächsten Stadium oder zum nächsten Ziel voranzutreiben.

Manche Praktiker sind der Überzeugung, daß viele Personen überhaupt nicht hypnotisiert werden können, weil sie außerstande sind, den Anforderungen des Theoretikers gerecht zu werden (*Spiegel,* 1972). Bei der Technik der Nutzbarmachung hingegen ist es nicht einmal notwendig, daß man sich entspannt, um hypnotisiert zu werden. Das führt dazu, daß ein Klient, der normalerweise Widerstand leisten würde, kooperieren kann, wie das folgende dramatische Beispiel zeigt: Ein Mann, der zwangshaft im Zimmer auf und ab ging, wurde gefragt: „Sind Sie bereit, mit mir zu kooperieren, indem Sie damit fortfahren, im Zimmer auf und ab zu gehen, wie Sie es jetzt gerade tun?" Darauf antwortete der Mann: „Bereit? Mensch was glauben Sie denn, ich muß es tun, wenn ich hier drin bleiben soll." Was nun folgte, waren 45 Minuten in entspanntem Plauderton vorgetragene, stets langsamer werdende Anweisungen, mit deren Hilfe der Mann in seiner Art des Auf-und-ab-Gehens geführt wurde. Das Wortgeplätscher nahm immer mehr Bezug auf den Lehnstuhl und das Vergnügen, darin auszuruhen. Auf diese Weise war es dem Klienten möglich, seinen offensichtlichen Widerstand als einen ersten Schritt zur Induktion eines klinischen Hypnosezustandes zu verwenden (*Erickson,* 1979a, 1979b, 1979c). Der „Widerstand" konnte gar kein Widerstand sein, da er als Zwischenschritt zum nächsten Behandlungsziel unterstützt wurde.

Ein weiterer Eckpfeiler der *Erickson*schen Hypnose sind die indirekten Suggestionen. Dem ruhelos umhergehenden Klienten wurde nicht gesagt, daß er sich in den Lehnstuhl setzen und entspannen sollte. Stattdessen wählte *Erickson* seine Worte so, daß sich allmählich im Denken seines Klienten die Vorstellung des bequemen Sitzens bilden konnte. Der übliche „Widerstand" des Klienten wurde durch den Ansatz der Nutzbarmachung umgangen, da er nie direkt zu irgendeiner Handlung aufgefordert wurde. Die indirekte Suggestion gibt lediglich einen sanften geistigen Hinweis, der die Aufmerksamkeit fokussiert, spricht Binsenwahrheiten aus, deutet dies und das an, nennt mögliche Alternativen oder benutzt mit Absicht generelle und sehr vage Ausdrücke etc. Der Klient ist dadurch frei, Gedanken zu bilden, mit denen persönliche Bedeutung verbunden ist, die deshalb auch motivierend wirken. Gedanken, die auf diese Art entstehen, erzeugen keine Spannung und werden nicht wie im normalen Wachzustand der inneren Zensur und dem Widerstand unterworfen.

Die indirekte Suggestion ist eine unter verschiedenen Techniken der indirekten Führung. Andere sind das Erzählen von Anekdoten oder Geschichten, die Gedanken in metaphorischer Form vermitteln, und Suggestionen, die in ein scheinbar sich um ein ganz anderes Thema drehendes Gespräch eingestreut werden. Man muß dabei ganz klar sehen, daß es nicht der therapeutische Gebrauch indirekter Kommunikationstechniken ist, der bewirkt, daß der Klient diese oder jene Erfahrung oder Wahrnehmung erlebt. Dem Klienten wird vielmehr ein Reiz angeboten, der ihm im allgemeinen den Zugang zu einer neuen Erfahrung aus dem Bereich eines veränderten Bewußtseinszustandes ermöglicht oder eine Erfahrung befreit, die bisher durch die Regeln der Rekombination seines bevorzugten Bewußtseinszustandes blockiert wurde.

Die wiederholte Beobachtung eines solchen Ablaufes legt die Vermutung nahe, daß die im bevorzugten Bewußtseinszustand bestehenden Subsysteme der gelernten Assoziation (meist „Bewußtsein" genannt) für den größten Teil der Beschränkung im Erleben verantwortlich sind. Die indirekte Suggestion stimuliert die Suche nach einem unbewußten Prozeß, der nicht durch diese bewußt verteidigten Überzeugungen und konditionierten Wahrnehmungen zensuriert wird. Indirekte Suggestionen, Metaphern und Anekdoten können deshalb den Zugang offenlegen zu einem therapeutischen Potential, das jenseits des üblichen Bewußtseinszustandes liegt.

Die durch indirekte Suggestionen stimulierte Suche kann tatsächlich dazu benutzt werden, die rigiden bewußten Muster zu umgehen und den Zustand einer klinischen hypnotischen Trance zu induzieren. So kann z.B. jemandem, der sein Kind mißhandelt und der üblicherweise voller Abwehr und Kontrolle steckt, mit einer gut strukturierten metaphorischen Geschichte dazu verholfen werden, daß er Zugang findet zu Erfahrungen wie Zärtlichkeit, Sicherheit usw. Diese Erlebnisbereiche können dann wieder in Verbindung gebracht werden mit seiner Wahrnehmung seiner Kinder. Auf diese Weise eröffnet sich ihm die neue Option, mit seinen Kindern zärtlich zu sein, ganz unabhängig von seinen bewußt aufrecht erhaltenen Vorbehalten. Obwohl natürlich die Therapie des Kindsmißhandlers noch viele weitere Lernprozesse beinhalten müßte, um vollständig zu sein, ist die *Erickson*sche Methode der indirekten Führung dadurch ein beeindruckendes und wirksames Instrument, daß sie mit einem Potential arbeitet, das außerhalb des normalen Bewußtseinszustandes liegt. Die beiden weiteren Grundlagen von *Erickson*s Ansatz – neben der Nutzbarmachung und der indirekten Suggestion – werden in der Analyse seiner Induktionstechnik behandelt.

Paradoxe Symptomvorschreibung

Das therapeutische Paradoxon ist eng mit den Techniken der indirekten Führung verwandt; ist es doch ebenfalls eine Methode aus der oralen Tradition der Kommunikation. Die Wirkung, die paradoxe Interventionen auf den Bewußtseinszustand des Klienten haben, wird oft nicht verstanden. Paradoxe Kommunikation entfaltet ihren Effekt auf der sozialen Ebene. Beeinflußt sind also die Kontrollmechanismen auf den Bewußtseinszustand, der auf der sozialen, d.h. Familienebene in Funktion tritt, wenn ein Klient versucht, auf die paradoxe Situation zu reagieren. Der weiter oben zitierte Fall, in dem *Erickson* das Verhalten des Auf-und-ab-Gehens dadurch nutzte, daß er tatsächlich dessen Fortsetzung vorschrieb, illustriert, wie das Auflösen der mit der sozialen Rolle verbundenen Spannungen dem Zusammenbruch der Stabilisierung des Bewußtseins vorausgeht. Ist die gewohnte soziale Rolle erst durch das Paradoxon nutzlos geworden, so sind die Mitteilungen und Spannungen, die den normalen (eingeschränkten) Bewußtseinszustand stabilisieren, ebenfalls geschwächt und nutzlos. Im Rahmen dieses neu geschaffenen therapeutischen Kontextes konnte *Erickson* dann effizientere Bewußtseinszustände induzieren und stabilisieren.

Induktion hypnotischer Zustände

Die hypnotische Trance und ihre Induktion ist heute wie zu den Zeiten ihres Ursprungs von einer Aura des Geheimnisvollen umgeben. Dies gilt ganz besonders für *Erickson*s Werk, obwohl seine Definition der Trance sehr einfach und pragmatisch ist. Für *Erickson* war die hypnotische Trance ein Zustand der erhöhten, innerlich konzentrierten Wahrnehmung, der vielleicht sogar täglich spontan bei nahezu allen Menschen auftritt (*Erickson,* 1980a).

Erickson versteht Hypnose als eine Modalität, in der Gedanken besser kommuniziert und ausgetauscht werden können. Die Kommunikationsform, die Trance erleichtert, stellt für den Klienten einen Anreiz dar, selbständig zu denken. Durch seine bewußten Denkvorgänge werden ganze Netzwerke von Assoziationen gebildet und unbewußte Prozesse ausgelöst. Das Endprodukt in der Kette der unbewußten Assoziationen kann je nach der Zugänglichkeit eines ungenutzten Potentials im entsprechenden Bewußtseinszustand des Klienten in unterschiedlichem Ausmaß bewußt wahrgenommen werden. Ein großer Teil des therapeutischen Ergebnisses mag im normalen Bewußtseinszustand unbewußt bleiben. In jedem Fall sind es die unbewußten Assoziationen, die das therapeutische Resultat bewirken.

Alltägliche VWB

Therapeuten beschäftigen sich in erster Linie mit veränderten Bewußtseinszuständen, die zur klinischen Trance gehören. Es ist jedoch nützlich darüber nachzudenken, daß es viele verschiedene Arten der „Trance" gibt, wie z.B. die „hypnotischen" Zustände beim Aufgehen in einer konzentrierten Aktivität wie dem Kampf, dem Klavierspielen, dem Joggen usw. und während Situationen intensiven Lernens. Ein *Erickson*scher Hypnotherapeut kann sich viele dieser Tranceformen zunutze machen.

Erickson ließ überraschend deutlich werden, daß viele dieser normalen täglichen „Trancezustände" hilfreich sein können, wenn es darum geht, die Erfahrung der Klienten zum Zweck der Strukturierung einer klinischen Trance zu nutzen. Zwei grundlegende Merkmale sind der alltäglichen Trance (AT) und der klinischen Trance gemeinsam. Das erste steht im Zusammenhang mit den Eigenschaften der AT als verändertem Bewußtseinszustand. Es sind dies Veränderungen der Wahrnehmung, eine eingeschränkte und konzentrierte Aufmerksamkeit, die in der Zeit beschränkte Dauer, bestimmte Muster ideosensorischen, ideomotorischen und sensorisch-motorischen Verhaltens sowie ein generalisierter Realitätsbezug oder Dissoziationen von Assoziationen aus dem normalen Wachbewußtsein und von gewöhnlichen Reizen aus der äußeren Umgebung (*Shor,* 1972a, 1972b). Diese Umstände werden vom Klienten selbst formuliert, aber der intuitiv erfaßte Sinn dieser Art von VWB vermittelt ein Muster, das die Stabilisierung der klinischen Trance begünstigt.

Das zweite Merkmal ist etwas subtiler. Werden im Klienten Assoziationen an einen früher gelernten VWB geweckt, so assoziiert er auch die Fähigkeiten, die daran beteiligt waren, diesen VWB zu induzieren und zu strukturieren. Es wird angenommen, daß diese Erfahrung es dem Klienten erleichtert, zu lernen, den klinischen Trancezustand zu strukturieren.

Erickson folgt hier einem ähnlichen Verständnis wie *Tart* (1975, p. 242), der schreibt:

„Structures can not interact if information it uses are encoded in incompatible ways, if there is no link between them, if the input of one system is too strong and overloads another, if the signal strength is too low, or if a signal from a third structure interacts with them."

Durch Einbezug von Erinnerungen und Assoziationen aus alltäglichen Trancezuständen gelang es *Erickson,* den klinischen VWB in behutsamer Weise und auch für den Klienten verständliche Art zu induzieren. Die Dissoziation vom normalen Wachbewußtsein wird dabei aus folgenden Gründen intensiviert:

1. Der Fokus der Aufmerksamkeit richtet sich auf eine unbewußte Erfahrung, die für das Wachbewußtsein in inkompatibler Weise inkodiert ist, für den Betroffenen aber dennoch von Bedeutung ist und nähere Prüfung verdient.

2. Die Nutzbarmachung gegebenen Verhaltens reduziert die Signalstärke des gegebenen Verhaltens durch Redundanz und Sättigung.

3. Indirekte Suggestionen, Anekdoten und Geschichten sind Mittel der Suche nach einer neuen Bedeutung, die zu dem werden kann, was *Tart* ein „Signal von der dritten Struktur" nennt, das mit dem normalen Wachbewußtsein und dem klinischen VWB interagiert.

Die *Erickson*sche Art der Induktion

Es besteht ein allgemeines Einverständnis bezüglich der Tatsache, daß der Zustand der Hypnose ein vom normalen Tageswachbewußtsein abweichender Zustand sei (*Brown* und *Fromm,* 1977), doch besteht wenig Einigkeit bezüglich der Induktion veränderter Bewußtseinszustände. Gleichförmigkeit besteht weder zwischen Individuen noch zwischen „hypnotischen" Kontexten. Es ist daher angebracht aufzuzeigen, wie *Erickson* bei seinen typischen Induktionen vorging.

Der folgende Überblick hat den Vorteil, daß er den Wechsel in der Emphase, den *Erickson* mit den verschiedenen Schritten der Induktion verband, deutlich werden läßt. Hingegen läßt er fälschlicherweise den Eindruck aufkommen, die einzelnen Schritte würden sich klar voneinander abheben. In Wirklichkeit gehen sie nahtlos ineinander über und überlagern sich gegenseitig. Wachsende Emphase kann im Verlaufe der folgenden Phasen beobachtet werden:

1. **Den Klienten auf die Trance hin orientieren**
In diesem Schritt vergewissert sich der Therapeut, daß der Klient physisch und psychisch für die Trance vorbereitet ist. Zu der Vorbereitung gehört es, Mythen, die der Klient über Hypnose haben mag, zu identifizieren und aufzulösen.

2. **Fixierung der Aufmerksamkeit und Herstellung von Rapport**
Die Aufmerksamkeit des Klienten wird meist auf eine Geschichte, auf Körperempfindungen oder auf ein externes Objekt fixiert.

3. **Herstellung einer Dissoziation zwischen bewußten und unbewußten Prozessen**
Durch Verwendung spezieller sprachlicher Formulierungen, die auf eine Trennung von bewußt und unbewußt tendieren, wird die Aufmerksamkeit des Klienten dissoziiert und polarisiert. Oft werden die eine oder andere Anekdote und Hinweise über die Funktion der unbewußten Denkprozesse eingeflochten.

4. **Bestätigung und Vertiefung der Trance**
Die Vorgänge der unbewußten Suche, die sich beim Klienten abspielt, lassen sich leicht dadurch unterstützen und bestätigen, daß man die Aufmerksamkeit auf die verschiedenen Veränderungen konzentriert, die bei den Gesichtsmuskeln, den Reflexen, der Atmung und der Hautfarbe auftreten. Zur Vertiefung der Trance dienen verschiedene Hilfsmittel wie Verwirrungstechniken, das Anbieten kleiner zusätzlicher Schritte, indirekte Suggestionen und Verknüpfungen.

5. Der Aufbau therapeutischer Lernmuster
Der *Erickson*sche Ansatz arbeitet mit einem assoziativen Lernmodell. Dieses unterscheidet sich ganz erheblich von denjenigen Modellen, in denen die Motivation durch Bestrafung, Anpassung oder Angst gegeben ist.

6. Nutzung der Trance für das Auslösen neuer Erfahrungen und deren Verbindung
Zum therapeutischen Nutzen, den *Erickson* aus der Trance zog, gehörte auch der Einbezug der durch die Induktion stimulierten unbewußten Prozesse. Metaphern vermitteln einen veränderten Bezugsrahmen, der dem Klienten erlaubt, neue Erfahrungen zu machen. Um welche Erfahrungen es sich dabei handeln soll, ist abhängig von der diagnostischen Einschätzung und den vereinbarten Therapiezielen. Mit Hilfe von indirekten Suggestionen und Anekdoten wird der Zugang zu Erfahrungen der angestrebten Art ermöglicht. Diese werden schließlich in einem Netzwerk von Assoziationen verknüpft, mit dessen Hilfe der Klient ein wahrnehmungs- und handlungsorientiertes Verhaltenskonzept entwickeln kann. An dieser Stelle ist es wichtig darauf hinzuweisen, daß der *Erickson*sche Ansatz nicht von direkten Suggestionen ausgeht, die darauf abzielen, das Symptom zu mildern, sondern stattdessen damit beschäftigt ist, Ressourcen aufzubauen, damit die betreffende Person besser dafür gerüstet ist, soziale und verhaltensmäßige Anforderungen zu erfüllen.

7. Neuorientierung des Klienten auf den Wachzustand
Die Reorientierung kann schnell oder graduell sein. In dieser Phase hat der Therapeut eine letzte Möglichkeit, dem Klienten dabei zu helfen, eine gewünschte Reaktion zu entwickeln, sei es eine Amnesie, ein bestimmtes posthypnotisches Verhalten und/oder andere Trancephänomene, die Teile des Behandlungsplanes bilden. Es werden in diesem Zusammenhang wiederum Techniken der Metapher, der indirekten Suggestion, der Verknüpfung, der Konfusion und der paradoxen Intervention eingesetzt.

Analyse der *Erickson*schen Induktion

Wie wir gesehen haben, unterscheidet sich die *Erickson*sche Induktion in wesentlichen Punkten von der „klassischen" Induktion, die mit direkten Suggestionen und progressiver Entspannung arbeitet. Die *Erickson*sche Induktion ist interaktiv. Der Therapeut beobachtet das ideomotorische Verhalten des Subjektes und gestaltet entsprechend seine indirekte Führung unter Nutzbarmachung des Verhaltens des Klienten.

Die von *Tart* (1975) vorgelegte Analyse in sieben Schritten erleichtert das Verständnis für die Wirkung von *Erickson*s Arbeit auf das Bewußtsein. Obwohl *Tart*s Beispiele von hypnotischen Interventionen mit *Erickson*s Vorgehen ganz und gar unvereinbar sind, können wir seinen analytischen Rahmen durchaus übernehmen. Der Vergleich zwischen den beiden Methoden bietet die Übersetzung, die es braucht, um über den klassischen Ansatz hinauszugehen und den *Erickson*schen Ansatz zu erklären.

Am Anfang von *Tart*s Betrachtungen zur Induktion steht die Feststellung, daß die aufladende und strukturierende Kraft der Körperwahrnehmung dabei helfe, das normale Wachbewußtsein zu stabilisieren. Da die klassische hypnotische Induktion mit der Entspannung eingeleitet wird, beginnt *Tart* seine Analyse mit der Mutmaßung, daß durch die Entspannung die strukturierte Stimulation des Wachbewußtseins allmählich verblasse. Dies mag für jene beschränkte Zahl von Personen, die sich auf Aufforderung hin entspannen können, zutreffen, doch liegt hier, was *Erickson*s Werk betrifft, *Tart*s schwerwiegendste Fehleinschätzung. Im Gegensatz zu seiner Vorstellung, daß die Entspannung zu einem ersten Verblassen der üblichen Verhaltensmuster und deren Destabilisierung führe, legt die Erfahrung mit dem *Erickson*schen Ansatz die Vermutung nahe, daß viele Personen mit der Entspannung große Schwierigkeiten haben und dabei die Stabilität ihres Wachzustandes nicht vermindern, sondern erhöhen. Vielleicht liegt es in Wirklichkeit gerade an diesem Kampf gegen die Entspannung (oder gegen das Aufgeben vertrauter Verhaltensmuster), daß viele Menschen mit „klassischen" Induktionstechniken nicht in Trance versetzt werden können. Aus diesem Grunde ist auch der Ansatz der Nutzbarmachung so vielversprechend.

*Erickson*s Rückgriff auf das gegebene Verhalten des Klienten umgeht den Anspruch der Entspannung und reduziert wirkungsvoll den Widerstand, der einer möglichen Entspannung oder irgendeiner anderen Veränderung des Körperzustandes entgegengesetzt wird. Die Techniken der Nutzbarmachung führen durchaus zu einem Verblassen der inneren Strukturierung durch die Körperstimulation oder irgendein anderes vom Klienten bevorzugtes Stimulationsmuster, z.B. andauerndes Sprechen. Das „Verblassen" wird am leichtesten erreicht, wenn der Hypnotisierende in den Anfangsstadien der Induktion beim Klienten innere Kontrollen oder Symptome weder weckt noch fördert. Als *Erickson* den Mann, der zwanghaft im Raum auf und ab ging, dazu aufforderte, noch mehr im Raum auf und ab zu gehen, konnte jener in der gegebenen Situation seine übliche interpersonale Rolle nicht mehr länger aufrecht erhalten. Weder konnte er sich auf die Stabilisierungskontrolle stützen, die ihm für gewöhnlich der verbale Kampf mit jenen, die ihn zur Entspannung aufforderten, lieferte, noch wurde er aufgeladen mit Stimuli aus dem körperlichen Kampf, in den er bei direkten Entspannungsversuchen eingetreten wäre. In seinem Versuch, mit der Rolle, die ihm der Hypnotherapeut offerierte, zurecht zu kommen, wurde es ihm unmöglich, seine bisherige Wahrnehmung der Realität und seine hergebrachten bewußten Einstellungen zu verstärken. Derselbe Mechanismus spielt in der *Erickson*schen Familientherapie, wenn der Therapeut nicht die erwartete Rolle übernimmt (wie in der paradoxen Intervention) und sogar das präsentierte Problem anders definiert, als das die Familie getan hat (wie mit dem „reframing").

*Tart*s zweiter Schritt in der Analyse der hypnotischen Induktion ist insofern mit *Erickson* konsistent, als er feststellt, daß ein kontinuierliches variiertes Muster von Information und Energieaustausch zwischen den Subsystemen durch laufende Überprüfung aufrecht erhalten wird. Im Gegensatz zum *Erickson*schen Ansatz sieht er als Ursache hierfür die nachdrückliche Aufforderung des Hypnotiseurs, auf nichts anderes als seine Worte zu hören. Während es bei der *Erickson*schen Induktion keine solche nachdrückliche Aufforderung gibt, entspricht der Prozeß, den er dieser Direktive zuschreibt, durchaus den Reaktionen des Klienten auf indirekte Suggestionen und Metaphern. Ähnlich entspricht der Mangel an Spezifität im Ansatz der indirekten Führung jener Aktivität, die *Tart* dem dritten Teil des Induktionsprozesses zuschreibt: Der Klient „maintains a great deal of evaluative and decision making activity".

*Tart*s vierter analytischer Schritt befaßt sich mit der Fixierung der Aufmerksamkeit. Die Fixierung führt zu einer weiteren Reduktion der gewohnten Stimulation aus dem Umgebungskontext und aus dem betreffenden Subsystem. Wiederum paßt *Tart*s Analyse so genau auf das Bewußtsein, daß sie weiterhin auch für die *Erickson*sche Induktion zutrifft, obwohl *Tart* von einem Hypnotiseur ausgeht, der zum Ausdruck bringt, daß er die Macht habe, seinen Klienten unübliche Erfahrungen erleben zu lassen. Im Gegensatz dazu steht beim *Erickson*schen Ansatz die Überzeugung im Vordergrund, der Klient versetze sich selbst in Trance, das Vorgehen des Therapeuten müsse Schritt für Schritt dem Klienten angepaßt werden und die Verfügungsmacht müsse, wenn irgend möglich, beim Klienten bleiben.

*Tart*s fünftes und sechstes Stadium stehen in Verbindung mit der Förderung des Induktionsprozesses durch die Vielfalt von Erinnerungsassoziationen, die den normalen Bewußtseinszustand stören und unterbrechen. Er führt an, daß der Hypnotiseur nicht nur Schlaf suggeriert, sondern oft gleichzeitig auch zu verstehen gibt, daß dieser Schlaf nicht ganz der gleiche ist wie der wirkliche Schlaf. Obwohl ein *Erickson*scher Hypnotherapeut nicht in der von *Tart* angenommenen Weise über Schlaf als ein Verhalten spricht, trifft *Tart*s Analyse den Prozeß der *Erickson*schen Induktion insofern, als auch dort assoziative Erinnerungen einer sehr persönlichen Natur geweckt werden. *Erickson* würde Bemerkungen machen darüber, wie man das Alphabet, das Fahrradfahren oder das Gehen lernt. Für gewöhnlich sprach er in sehr lebhaften und detaillierten Schilderungen über alltägliche Tranceerfahrungen im allgemeinen und solche Erfahrungen im Leben des Klienten im speziellen. In seinen Zuhörern stiegen dadurch fast automatisch persönliche Erinnerungen auf und sie setzten dadurch Subsysteme in Bewegung, die für sie selbst von großer persönlicher Bedeutung waren. Wie *Tart* feststellt, wird durch solche Erinnerungen und inneren Abläufe das, was an stabilisierenden Prozessen des normalen Wachbewußtseins verblieben ist, unterbrochen. *Tart* führt aus, wie bei der hypnotischen Induktion eine solche Unterbrechung mit dem Hinweis auf den Schlaf durch die Aktivierung von Erinnerungen ausgelöst wird. Beim *Erickson*schen Ansatz jedoch wird durch die Verwendung indirekter Suggestionen und dem Einbezug alltäglicher Erfahrungen diese Erinnerungsstimulation auf eine Weise erreicht, die den Klienten viel persönlicher anspricht.

Ein zusätzliches Element der *Erickson*schen Induktion wurde in der dritten Phase der weiter oben gegebenen Übersicht dargestellt: Die Erzeugung des Denkens auf zwei Ebenen, der bewußten und der unbewußten. Diese Spaltung der Aufmerksamkeit hat zwei Effekte zur gleichen Zeit. Auf der einen Seite schwächt es die Integrität der starr aufrecht erhaltenen Überzeugungen des Wachbewußtseins, indem es dem Betroffenen beweist, daß außerhalb des Bereiches des normalen Wachbewußtseins andere Prozesse ablaufen. Auf der anderen Seite muß der Betroffene, hat er erst einmal die vorher unbewußt in ihm ablaufenden Assoziationen und Prozesse wahrgenommen, seine Denkmuster so erweitern, daß die Existenz dieser Phänomene nicht geleugnet wird und ein Sinnzusammenhang bestehen bleibt. Beim Versuch dieser Integration wird der Klient natürlich versuchen, an seinen bisherigen Vorstellungen über Hypnose festzuhalten. An diesem Punkt ist der Hypnotherapeut zugegebenermaßen ein bißchen im Vorteil, denn er ist es, der die Kontrolle über die Auswahl der Phänomene führen kann. Die Natur des induzierten VWB wird beeinflußt durch die Art, wie er diese Erfahrungen wählt und die Aufmerksamkeit fokussiert.

Der siebte und letzte Teil von *Tart*s Analyse befaßt sich mit den üblicherweise von Hypnotiseuren gegebenen Suggestionen für Körperphänomene. An diesem Punkt des Kontextes ist es leicht, ungewöhnliche Körperbewegungen hervorzurufen. Sie werden im allgemeinen nicht wahrgenommen und es ist nicht leicht, sie dem Subjekt im normalen Wachbewußtsein zu erklären. Solche Erfahrungen, wie Armlevitation oder Katalepsie des Augenlides, dienen zur Kontrolle und Bestätigung der Trance. Wie *Tart* feststellt, beeinflussen sie zusammen mit den Erwartungen, die das Subjekt vorher hatte, die Gestaltung des hypnotischen Zustandes. Dieser letzte Teil der Analyse stimmt mit *Ericksons* Ansatz überein. Wie sich zeigt, können also *Tarts* Beobachtungen auch auf *Ericksons* Gebrauch der Techniken zur indirekten Führung und Nutzbarmachung angewendet werden. Umgekehrt erweitern diese Techniken unser Verständnis für die Ähnlichkeiten zwischen der Induktion von Hypnose und der Mobilisierung unbewußter Ressourcen in nicht-hypnotischer Therapie.

Das Unbewußte als Speicher gelernter Ressourcen

Die Dissoziation der Aufmerksamkeit zwischen bewußten und unbewußten Denkprozessen wirft die Frage auf, was *Erickson* mit dem Ausdruck des „Unbewußten" genau meint. *Erickson, Rossi* und *Rossi* (1976, p. 277) schreiben:

> „...it is clear that a neuropsychological model utilizing the differences between right and left hemispheric functioning is also implicit in *Erickson*'s work".

Kurz ausgedrückt ist das Unbewußte, von dem *Erickson* spricht, die Summe all jener Hirnprozesse, die gemeinhin mit der nichtdominanten Hemisphäre assoziiert werden, sowie jener automatisierten, nicht bewußten Muster der Wahrnehmung, Handlung und Imagination, die das Resultat eines wohl konditionierten, sensomotorischen, ideomotorischen und ideosensorischen Lernprozesses darstellen. Diese nicht dominanten Verhaltensmuster liefern reichhaltiges Material für die therapeutische Erfahrung einer Problemlösung, die dem Klienten im normalen Wachbewußtsein nicht zugänglich war.

Neugliederung der Erfahrung im VWB

Die heutige klinische Hypnose hat sich endlich vom überholten Ansatz *Bernheims*, *Lebaults* und *Freuds* gelöst. Mindestens seit *Freud* herrschte in der klinischen und experimentellen Hypnosearbeit die Überzeugung vor, direkt auf die Beseitigung eines Symptoms gerichtete Suggestionen seien die Methode der Wahl. Forschungsberichte zeigen, daß dieser Ansatz für gewisse Problemarten Erfolg bringt, bei anderen jedoch versagt (*Lankton,* 1984). Durch den scharfen Gegensatz zum klassischen Vorgehen bietet *Ericksons* Ansatz für Forscher eine einzigartige Herausforderung.

Ericksons Methode gründet auf der Überzeugung, daß die Probleme des Klienten dadurch entstehen, daß ihm keine geeigneten, automatisierten Verhaltensressourcen zur Verfügung stehen, um mit den sozialen und verhaltensmäßigen Anforderungen, die im Laufe einer normalen Entwicklung innerhalb der Familie an ihn gestellt werden, fertig zu werden. Anstelle von direkt auf Beseitigung des Symptoms gerichteten Suggestionen verwendete *Erickson* die unbewußten Ressourcen, die dem Klienten dabei helfen sollen, besser mit den Anforderungen seines gegebenen Lebens zurechtzukommen. Er ging davon aus, daß Probleme dann entstehen, wenn man nicht mehr in angemessener Weise auf die zunehmend komplizierten Sanktionen und Rollenzwänge des Lebens reagieren kann. Seine Therapie fordert deshalb nicht den Abbau eines Symptoms, der für viele Leute möglicherweise nur die Ressourcen eines bestimmten Bewußtseinszustandes stabilisiert. Er konzentriert sich stattdessen auf die Entwicklung der benötigten Ressourcen, die im allgemeinen außerhalb des Bereiches des normalen Bewußtseins und der gegebenen Überzeugungen bereits bestehen. Diese Ressourcen wurden angeregt und in das Leben der Person integriert. Oft nahm der Klient mit seinem bewußten Denken nur einen kleinen Teil der tatsächlichen Veränderung wahr. Das normale Bewußtsein erfährt also u.U. keine großen Veränderungen, sondern lediglich eine Ergänzung durch ein neues Verhalten oder eine neue Wahrnehmung, welche entsprechend einer in der Therapie offerierten Umbenennung oder neuen Rahmensetzung erklärt werden.

Abschließende Bemerkungen

Die Untersuchung der Hypnose und die Auflösung der künstlichen Grenze zwischen mit hypnotischen Zuständen arbeitenden Therapien und anderen Therapieformen, bei denen keine wahrnehmbare Hypnose auftritt, hat zu einigen Feststellungen geführt, die ein Feld von Annahmen über Bewußtseinszustände umreißen. *Ericksons* Einfluß wird immer besser verstanden und auf seine Arbeitstechnik wird immer mehr Rückgriff genommen. Die zunehmende Verwendung seines Ansatzes führt zu einer fortschreitenden Integration zwischen der Induktion klinischer VWB und Familiensystemen. Das Auftreten von Trancephänomenen in der Familientherapie und im Familienleben und die Alltäglichkeit und Nützlichkeit von VWB sowie deren therapeutischer Nutzen werden immer mehr demystifiziert und in einer Vielfalt klinischer Bedingungen vereinigt (*Lankton* und *Lankton,* 1983; *Ritterman,* 1983). Den wichtigsten Schritt weg von der klassischen Hypnose macht die *Erickson*sche Methode mit der Mobilisierung von Ressourcen aus VWB, die der Klient im normalen Wachbewußtsein für das angemessene und sogar kreative Umgehen mit der Wirklichkeit nutzen kann.

Literatur

Berne, E.: Principles of Group Treatment. Grove, New York 1966

Brown, D.P., Fromm, E.: Selected bibliography of readings in altered states of consciousness (ASC) in normal individuals. International Journal of Clinical and Experimental Hypnosis 25 (1977) 338–391

Erickson, M.H.: Initial experiments investigating the nature of hypnosis. p. 3–17 in: *Rossi, E.L.* (1979a)

Erickson, M.H.: A special inquiry with Aldous Huxley into the nature and character of various states of consciousness. p. 83–107 in: *Rossi, E.L.* (1979b)

Erickson, M.H.: Further clinical techniques of hypnosis: Utilization techniques. p. 177–205 in: *Rossi, E.L.* (1979c)

Erickson, M.H.: Hypnotism. p. 21–26 in: *Rossi, E.L.* (1980a)

Erickson, M.H.: Hypnotic psychotherapy. p. 35–48 in: *Rossi, E.L.* (1980b)

Erickson, M.H., Rossi, E.L.: Autohypnotic experiences of *Milton H. Erickson.* p. 108–132 in: *Rossi, E.L.* (1979b)

Erickson, M.H., Rossi, E.L.: The varieties of double bind. p. 412–429 in: *Rossi, E.L.* (1979b)

Erickson, M.H., Rossi, E.L.: The indirect forms of suggestion. p. 452–477 in: *Rossi, E.L.* (1979c)

Erickson, M.H., Rossi, E.L., Rossi, S.I.: Hypnotic realities. The induction of clinical hypnosis and forms of indirect suggest. Irvington, New York 1976

Haley, J.: Uncommon therapy: The psychiatric techniques of *Milton H. Erickson,* M.D. Norton, New York 1973

Laing, R.D.: Knots. Random House, New York 1970

Laing, R.D.: Politics of the family and other essays. Random House, New York 1972

Lankton, S.R.: Multiple embedded metaphor. p. 377–394 in: *Zeig, J.K.* (1984)

Lankton, S.R., Lankton, C.H.: The answer within. Brunner/Mazel, New York 1983

Pearce, J.C.: Exploring the crack in the cosmic egg. Simon and Schuster, New York 1974

Ritterman, M.: Using hypnosis in family therapy. Jossey-Bass, San Francisco, California 1983

Rossi, E.L. (ed.): The collected papers of *Milton H. Erickson* on hypnosis, Vol. 1: The nature of hypnosis and suggestion. Irvington, New York 1979

Rossi, E.L. (ed.): The collected papers of *Milton H. Erickson* on hypnosis, Vol. 3: Hypnotic investigation of psychodynamic processes. Irvington, New York 1980a

Rossi, E.L. (ed.): The collected papers of *Milton H. Erickson* on hypnosis, Vol. 4: Innovative hypnotherapy. Irvington, New York 1980b

Shor, R.E.: Hypnosis and the concept of the generalized reality-orientation. p. 239–256 in: *Tart, C.T.* (1972a)

Shor, R.E.: Three dimensions of hypnotic depth. p. 257–267 in: *Tart, C.T.* (1972b)

Spiegel, H.: Eye roll test for hypnotizability. American Journal of Clinical Hypnosis 15 (1972) 25–28

Tart, C.T. (ed.): Altered states of consciousness. Doubleday, New York 1972

Tart, C.T.: States of consciousness. Dutton, New York 1975

Zeig, J.K. (ed.): Ericksonian approaches to hypnosis and psychotherapy, Vol. 2. Brunner/Mazel, New York 1984

3.5 Meditation in der Psychotherapie

C. Scharfetter

Zusammenfassung

Meditation ist eine ursprüngliche religiöse Übung, um einen besonderen Zustand des Bewußtseins außerhalb des mittleren Tageswachbewußtseins zu erzielen. In diesem kann die Teilhabe des einzelnen Ich/Selbst an einem ihn unendlich überschreitenden „Einen" erfahren werden. Die vielen verschiedenen Techniken des Meditierens bestehen in Fokussierung und Fixierung der Aufmerksamkeit in bestimmten Haltungen, Bewegungen, Atemtechniken, Lautgebung, Wiederholung bestimmter Formeln, optischen und akustischen Fixierungen. Meditatives Bewußtsein ist gegenüber dem mittleren Tageswachbewußtsein gekennzeichnet durch Erhöhung der Wachheit, Erweiterung des Umfanges, Steigerung der Helligkeit, Klarheit, Erhöhung der Aufmerksamkeit, Versenkung und Versunkenheit. Meditation führt zu Gelassenheit, Nichthaften, Nichteingreifen, Ruhe, Friede. Durchgangsstadien und Störungen im Verlaufe meditativer Übungen sowie Mißbrauch der Meditation zu kennen ist für den Meditations-Führer wichtig. Hinsichtlich der möglichen Anwendung von Meditation in Zusammenhang mit Psychotherapie werden zwei grundsätzliche Unterscheidungen getroffen:
1. Der Patient selbst meditiert, der Psychotherapeut ist allenfalls Meditationsführer. Anwendung bei nicht-psychotischen psychischen Störungen.
2. Der Therapeut meditiert, der Patient ist passiver Empfänger der dabei geweckten Atmosphäre. Anwendung: Schwerere Ich-Pathologie. – Mehr denn als Therapeutikum erscheint Meditation für die Persönlichkeitsentwicklung des Therapeuten ein indirekter Beitrag zu dessen therapeutischem Tun zu sein.

Begriff und Zielsetzung von Meditation

Meditation ist eine ursprüngliche religiöse Übung, die Menschen ganz verschiedener Kulturen entdeckt und z.T. in einer sehr alten Tradition entwickelt haben. Sie ist nicht an eine bestimmte religiöse Konfession gebunden. Meditation zielt auf besondere Erfahrungen, die außerhalb des mittleren Alltagsbewußtseins liegen: Sie zielt auf eine Änderung des mittleren Tageswachbewußtseins, die eine Ahnung bringt von der letzten Identität von Selbst (dem eigenen innersten Wesenskern, „jenseits" oder „hinter" dem Ich) und dem Sein (Gott in personalem oder apersonalem Verständnis, Brahman, Nirwana, Sunyatta, Tao). Daher kann formuliert werden: *Meditieren heißt: Seine und der Welt Mitte als eine erfahren.*

Diese Erfahrung (unio mystica) verwandelt den Menschen: „Aoga Darsana", d.h. Yoga ist ein Daseinszustand (*Patañjali*). Diese Metamorphose zielt auf das Heilwerden, auf die Erlösung (Salvation). Das eigentliche religiöse Ziel der Meditation ist die Wiederherstellung, das Wieder-Gewahrwerden von der ursprünglichen Identität von Selbst und Sein im theistischen und nicht-theistischen Sinne und die darin begründete Erlösung. Es ist eine profane Zielsetzung, wenn Meditation (wie heute vielfach) als eine Technik der Selbstverwirklichung, zur Persönlichkeitsentwicklung, zur Bereicherung persönlicher Fähigkeiten (Konzentration, Gedächtnis, Ruhe, Kreativität), gar als Aktaraktikum und Therapeutikum angepriesen wird.

Voraussetzung der mit der Meditation erzielten Wandlung ist nicht nur die temporäre Übung in einer bewußtseinsverändernden Meditationstechnik. Die ganze

Lebensführung überhaupt richtet sich auf das Erreichen dieses besonderen Bewußtseinszustandes und seines Zieles hin aus. Die Übungen dienen der zunächst temporären, später immer mehr zur Dauerhaltung erweiterten Einstellung des besonderen Bewußtseinszustandes, in dem die Verankerung, die Anjochung (= Yoga) an die Transzendenz nicht mehr verloren geht.

Meditation ist die durch regelmäßiges Üben, eingebettet in eine gesamthaft darauf ausgerichtete Lebensführung, zu gewinnende, temporäre, intentionierte, selbstgesteuerte Einstellung eines besonderen (d.h. vom mittleren Tageswachbewußtsein unterschiedenen) Bewußtseinszustandes.

Dieses „meditation specific consciousness" (*Goleman*, 1973) ist durch die eigene interne Induktion und Selbststeuerung von den drogeninduzierten Bewußtseinszuständen unterschieden. Man kann dieses meditative Bewußtsein im Sinne von *Tart* (1969) den „higher states of consciousness" zuordnen (*Fischer*, 1971; *Goleman*, 1973; *Walsh*, 1980). Da es außerhalb des Alltagsbewußtseins liegt, darüber hinaus reicht, kann die diesem Alltagsbewußtsein zugehörige Sprache die Phänomene des meditativen Bewußtseins nur unzureichend fassen.

Techniken der Meditation

Konzentration, Fixation, Fokussierung der Aufmerksamkeit (s. Tabelle 1).

Tabelle 1   Techniken der Meditation

1.	Haltung:	Sitzen, Liegen, Stehen, Handpositionen
2.	Bewegung:	Gehen, Drehen, Tanz, Tai-chi, Gesten (Mudra)
3.	Atmung:	mit Regulierung der Atmung / ohne Regulierung der Atmung
4.	Mantra:	Formeln
5.	Lautgebung:	eigene, instrumentell
6.	Mandala, Yantra:	imaginatives selbstgeschaffenes Inbild
7.	Andere optische, akustische Fixierungen	
8.	Koan	

Die Techniken der Meditation sind je nach weltanschaulich-religiösem Hintergrund und der damit verbundenen Zielsetzung, je nach Schule, Persönlichkeit des Meisters und Schülers verschieden. Grundsätzlich ist eine Haltung einzunehmen, die ein andauernd ruhiges Sitzen über längere Zeit ermöglicht. Es gibt aber auch eine Meditation im Gehen, im Stehen, im Liegen. Die Augen können geschlossen oder offen gehalten werden, mit bestimmter Fixation der Blickrichtung oder ohne solche. Der Kopf kann gesenkt oder aufrecht gehalten werden. Die Hände können ineinander verschränkt sein, auch auf den Knien liegen, können bestimmte Gesten (Mudras) annehmen.

In vielen Meditationstechniken ist die Atmung ganz zentral: Die Atmung wird beobachtet, oft auch reguliert. Die Atmung kann an den Bewegungen des Brustkorbes und der Bauchdecke oder an den Sensationen am Naseneingang beobachtet werden.

Verlängerung der Ein- und Ausatmung, besonders dieser, manchmal mit der Hilfs-
maßnahme des Zählens, Stoppen der Atmung, sakkadiertes Atmen kommen vor.
Statt der Atmung kann aber ein anderes Meditationsobjekt eingeführt werden,
welches die Aufmerksamkeit auf einen bestimmten Punkt binden hilft. Solche Ob-
jekte können akustisch sein: Das Aufsagen bestimmter Laute, Worte, Sätze, die immer wiederholt werden (Mantras), Brummen und Summen, instrumentelle Lautgebung. Optische Hilfsmittel: Betrachtung eines vorgegebenen oder Selbstgeschaffe-
nen Bildes von Gott, dem Kosmos (Mandala, Yantra), Fixation des leeren
Mittelpunktes konzentrischer Kreise, einer Flamme, eines Kreuzes, der Sonne, der
Erde, eines Rades, von Stern, Rose, Lotosblume. Manche Schulen konzentrieren
sich auf bestimmte Kraftzentren im eigenen Leib (Chakras) in der Entwicklung auf-
steigender (,,kosmischer'') Energien (Kundalini-Yoga). Im Yoga und Buddhismus
gibt es auch eine Meditation der werktätigen Güte, der Identifikation mit der Gestalt
Buddhas, der Liebe, des Mitleidens, der Ichlosigkeit, des Leides, der Vergänglich-
keit, der Aufhebung des Leidens. Die Paradoxien der Koan im Zen zielen auch auf
die Änderung des Gesichtspunktes, der Perspektive aus einem gewandelten Bewußtsein. Eine besondere Bedeutung hat die Achtsamkeitsmeditation (*Nyanaponika*, 1970), welche auch im nicht-buddhistischen Yoga bekannt ist (s. Beitrag von
Hehr, S. 95).

Deskriptive Phänomenologie der Meditation

In Gegenüberstellung zum mittleren Tageswachbewußtsein ist meditatives Bewußtsein charakterisiert durch (s. Tabelle 2):

1. Erhöhung der Wachheit
2. Erweiterung des Umfanges
3. Steigerung der Helligkeit/Klarheit
4. Erhöhte fokussierte Aufmerksamkeit
5. Versenkung bis Versunkenheit

Erhöhung des Bewußtseins meint höhere als die durchschnittliche Wachheit,
stärkere Fokussierung der Aufmerksamkeit, Steigerung der Achtsamkeit (*Nyanaponika*, 1970). Die Änderung von Wachheit und Aufmerksamkeit, die Schulung der
beobachtenden und registrierenden Instanz verändert die Erfahrung seiner selbst
und damit seiner Welt. Die besonders im abendländischen Individualismus akzen-
tuierte Ich-Zentrierung, die Abgrenzung und die zentrale Stellung des Ich als Mittelpunkt der jeweiligen Welt des einzelnen ist relativiert, schließlich in der tiefen Versenkung aufgehoben. Diese Ich-Aufhebung im tiefen meditativen Bewußtsein zusammen mit der Erweiterung des Bewußtseinsfeldes ist eine Grundlage des
mystischen Allein-Erlebens. Die Aufmerksamkeit auf die Umgebung tritt beim Meditanden zurück: Es sind Zustände der Entrückung aus der Alltagswelt (Trance, Ekstase, Samadhi, Satori, Versunkenheit; *Albrecht*, 1976).

Hohe Wachheit, verstärkte Achtsamkeit und Konzentration fördern eine neue
Erfahrung des eigenleiblichen Spürens: Größen- und Proportionsveränderungen
des Leibes und seiner Teile, Gefühle von Schwere, Leichtigkeit, Schweben, Fliegen,
von Hitze und Kälte kommen vor. Die markante Abgrenzung des Körpers kann verschwinden bis zum Gefühl der Körperlosigkeit. Kraftströme können sich leiblich

Tabelle 2   Deskriptive Phänomenologie der Meditation

	Gelungene Meditation	Durchgangsstadien und Störungen
Wachheit	erhöht, gleichmäßig, ruhig	flackernd, inkonstant, schläfrig, müde
Aufmerksamkeit und Konzentration	stetig, ruhig, erhöht	fluktuierend, zerstreut
Denken	statt diskursivem Denken Anmutungen, unmittelbare Anschauung	Gedankensprünge, Sprunghaftigkeit mit Gedankenabreißen
Wahrnehmung	Wahrnehmung von Umgebungsreizen vermindert Bedeutung von Wahrnehmung verändert (andere Gewichtung)	Derealisation optische und akustische (Pseudo-) Halluzinationen
Leiberleben	Aufhebung der Schwere, gelegentliche Levitation, Körperlosigkeit, Leibgrenzen unscharf	Hitze, Frösteln Schmerzen Proportionsveränderungen
Zeiterleben	Zeitlosigkeit	Zeitdehnung
Raumerleben	Aufhebung der Räumlichkeit der Umwelt	Instabilität von Raum, Perspektive, Proportion, Dehnung, Öffnung ins Unendliche
Stimmung	gelassene ruhige Versammlung	viele verschiedene Stimmungen zwischen Panik und Glück, rauschhafte Ekstase
Ich-Bewußtsein	Relativierung des Ich-Erlebens, Des-Egozentrismus, Aufhebung der Ich-Grenzen, Selbstfindung	Verlust der Selbstkontrolle Ohnmacht, Ausgesetztheit, Verlorenheit, Untergang, Psychose

spürbar regen, aufsteigend entlang der Wirbelsäule, manchmal mit stufenartig übereinander geordneten Ballungszentren (Chakras).

In der Meditation ist das Denken anmutungshaft, protopathisch, intuitionsorientiert, nicht diskursiv, logisch verknüpfend, epikritisch. Die kognitiv-affektive Verknüpfung erscheint dem westlich geschulten Menschen deutlicher. In tiefer Meditation sistiert das Denken (*Nirodha*).

Zeit- und Raumerleben sind aufgehoben. Die Wahrnehmung von Umgebungsreizen ist vermindert. Die wahrgenommenen Dinge erhalten z.T. eine veränderte Bedeutung, jedenfalls eine andere Gewichtung, erscheinen in anderem Gestaltzusammenhang. Visionäre Erscheinungen (Gestalten von Gott, Heiligen, Gurus, die Vision vom Kreuz, von Farben, vor allem aber von Licht) sind häufig. Bei manchen Menschen überwiegen eher akustische Phänomene (Angerufenwerden, ein im Kopf-Scheitelbereich lokalisierter Ton).

Die Stimmung ist gekennzeichnet durch Ruhe, Stille, Friede, Gelassenheit, Gefaßtheit. Vorübergehend kommen auch alle anderen Stimmungen vor: Angenehme der Zufriedenheit, Heiterkeit, Beglückung, gar Verzückung, unangenehme wie Zweifel, Niedergeschlagenheit, Angst, Verzweiflung, Ohnmacht, Hoffnungslosigkeit, Depression.

Das Ich-Erleben im Sinne einer markanten individualistischen Ich-Abgrenzung tritt zurück, ist in tieferen Stadien aufgehoben. Die Wünsche des Ich sind nicht mehr urgent. Die Anhaftung an Wunsch- und Triebobjekte, Begehren, Habenwollen, Anhaftungen und die damit verbundenen Affekte von Enttäuschung, Kränkung, Wut, Ärger, Eifersucht sind vermindert. (*Prince*, 1978, brachte dies spekulativ in Beziehung zu einer neuen Abstimmung von links, d.i. dominanter Hemisphäre, welcher er das Ego zuschreibt, mit der rechten – mit dem Resultat der Entfaltung des Selbst.)

Die psychischen Wirkungen gelungener Meditation können eine wesentliche Bereicherung der Persönlichkeitsentfaltung sein, schon ehe man von einer spirituellen Entwicklung mit dem Ziel, der Erlösung sprechen kann.

Psychische Wirkungen der Meditation

Geglücktes Meditieren führt zu unberührter Gelassenheit und zum Nicht-Eingreifen. Die Verhaftung an die Welt und ihre Reize ist ebenso wie die Abhängigkeit von eigenen Bedürfnissen, Wünschen, Trieben vermindert, in fortgeschrittenen Stadien als Ideal aufgehoben: Non-attachment, detachment, viragya, nirodha, wu-wei, wu-nien (s. Tabelle 3).

Tabelle 3   Psychische Wirkungen der Meditation

1.	Entspannung, Ruhe, Gelassenheit (non-attachment)
2.	Erhöhte Stresstoleranz
3.	Aktivität und Wachheit
4.	Selbsterfahrung (-identität, -integrität, -akzeptation)
5.	Unabhängigkeit, Autonomie
6.	Geringerer Druck zur Defensive, erhöhte Toleranz
7.	Größere Stimmungsstabilität und Affektkontrolle
8.	Harmonische, heiter-gelassene Zufriedenheit
9.	Verbesserte Wahrnehmung und Konzentration
10.	Erhöhter Einfallsreichtum, Leistungsfähigkeit, Kreativität
11.	Verbesserte Beziehungsfähigkeit
12.	Die „vier erhabenen Weilungen" (Liebe, Mitleid, Mitfreude, Gleichmut)

Wer auf seinem meditativen Weg dorthin gelangt ist, ist über die Beschränkungen des Alltagsbewußtseins mit seinen Unterscheidungen hinaus. Von ihm heißt es in der Chandogya-Upanishad:

„Da ist der Vater nicht mehr Vater, die Mutter nicht mehr Mutter, die Welt nicht mehr Welt, die Götter nicht mehr Götter ... Diese Wesensform ist unberührt von Gut und Böse, Verdienst und Schuld, denn das Bewußtsein ist hinausgekommen über alle Kümmernisse des Herzens."

Solche Menschen sind in ihrer meditativen Entwicklung eingegangen in den Urgrund des nicht mehr in einzelnen Gestalten sich manifestierenden Absoluten, in die große Leere (Sunyatta), Nirwana, hingegeben dem unendlich über sie als verschwindende individuelle Einzelgestaltungen hinausgehenden Strom des Umgreifenden. Ursprung und Ziel sind dem Stromeintretenden aufgehoben. Die Aufhebung der Unterscheidungen im meditativen Bewußtsein heißt in letzter Radikalität: All, Brahman, Nirwana, Sunyatta, das unfaßbare Tao. Die Verankerung an jenem jenseitigen Ufer bedeutet nach den Worten des *Lankavatara* (zitiert nach *Hauer*, 1958, p. 259):

„Der sich Versenkende, die Versenkung, der Gegenstand der Versenkung, das Aufgeben und die Wahrheitsschau sind alles nur Bewußtseinsgestaltungen – wer dieses weiß, der ist erlöst."

Solche Lebensentwicklung führt nicht etwa aus der Welt, wohl aber aus dem Verhaftetsein an sie. Das Alltagsbewußtsein ist nicht aufzugeben, in ihm haben wir unseren Alltag weiter zu bestehen, freilich in einer gewandelten Form: Freigeworden zu werktätiger Güte (Karma-Yoga), Mitleid (Metta), für das Gedeihen der „vier erhabenen Weilungen": Liebe, Mitleid, Mitfreude, Gleichmut. Das Alltagsbewußtsein ist eingeschlossen in einer umfassenderen Bewußtseinsentfaltung: Holistische Meditation (*Inayat Khan*, 1925).[1]

Störungen beim Meditieren und desintegrative Krise

Herabgesetzte oder fluktuierende Wachheit mit Stadien von Müdigkeit und Schläfrigkeit können den Fortgang der Übungen stören. Die Wahl der Tageszeit und des Rhythmus von Ruhe und Meditation, die Einnahme von Tee als Stimulans (in China und Japan), der Schlag mit dem Stock (Zen) sind Hilfen dagegen. Gedankenjagen, Gedankenkreisen, Springen der Gedanken von einem flüchtigen Gegenstand auf einen anderen können die Konzentration stören. In manchen Schulen werden dann die störenden Gedanken selbst zum Objekt des Meditierens genommen. Als Durchgangserfahrung gibt es im Zusammenhang mit dem veränderten Selbsterleben Depersonalisation und Derealisation. Auch Halluzinationen auf verschiedenen Sinnesgebieten sind nicht selten. Besonders wenn solche Bilder angenehm sind und als verheißungsvoll mißverstanden werden, bleibt der Meditand auf dieser Stufe stehen. Das Leiberleben ist mannigfach verändert, z.T. in unangenehmer Art: Schmerzen vom Sitzen, Erschöpfung, Kopfweh, Hitze, Frösteln, Zittern. Proportionsveränderungen des Leibes, Aufhebung seiner Grenzen, seiner Schwere können verunsichern und ängstigen. Die Veränderungen von Zeit und Raum kann zum Gefühl des Sich-Verlierens im Unbegrenzten führen und Angst hervorrufen.

Die schwerste Störung ist die desintegrative Krise: Verlust der Selbstkontrolle, Ohnmacht, Ausgesetztheit, Verlorenheit, Untergang von Selbst und Welt bis hin zur schizophrenieartigen Psychose (*Task Force on Meditation [American Psychiatric Association]*, 1977).

Bei all diesen Störungen ist die Führung durch einen erfahrenen Meister und seine Anleitung wichtig.

---

[1] Vgl. die Konzeption des integralen (synthetischen) Yoga von *Aurobindo* (1957).

Physiologie der Meditation

Die hauptsächlichen physiologischen Befunde zeigen Beziehung zu Rast, Erholung, Entspannung, Schlaf. Die Atmung und Herztätigkeit werden in Frequenz und Volumen vermindert, der Blutdruck ausgeglichen. Mannigfaltige biochemische Veränderungen (Sauerstoffverbrauch reduziert, Kohlendioxidabgabe vermindert, Serumlaktatspiegel erniedrigt) sind die Korrelate der Entspannung und Erholung. Die Durchblutung und Wärme der Haut und der elektrische Hautwiderstand nehmen meßbar zu (s. Tabelle 4).

Tabelle 4   Physiologie der Meditation

1.	Atmung	Herabsetzung von Frequenz und Volumen
2.	Herz	Herabsetzung der Frequenz
3.	Arterieller Druck	niedrigere Ausgangswerte
4.	Sauerstoffverbrauch und Kohlendioxidabgabe	vermindert
5.	Serumlaktat	verminderter Spiegel
6.	Elektrischer Hautwiderstand	Zunahme
7.	Orientierungsreflexe	vermindert
8.	EEG	Zeichen von ergotroper Stimulation (schnellere Alpha-, Beta-) und trophotroper Aktivierung (langsamere Alpha-, Theta-, Delta-Wellen)

Zahlreich sind die EEG-Untersuchungen an Meditanden verschiedener Schulen. Die Befunde sind unterschiedlich, gehen aber vielfach in Richtung auf eine Reduktion der Alphafrequenz, Auftreten von (frontalen) Thetawellen und Betaspindeln (*West*, 1980a). Auch eine erhöhte Synchronisation der beiden Hirnhälften ist angenommen worden (*Hines*, 1973; *Earle*, 1981).

Die physiologischen Befunde sind insgesamt uneinheitlich und können am ehesten als Zeichen sowohl trophotroper wie auch ergotroper autonomer Aktivierung gedeutet werden (*Gellhorn* und *Kiely*, 1972). Hinsichtlich solcher Befunde scheint aber die Unterscheidung in Anfänger und fortgeschrittene Meditanden wichtig (*Corby, Roth, Zarcone* und *Kopell*, 1978): Während bei Anfängern und bei Meditanden in weniger tiefen Stadien meditativen Bewußtseins die autonome Relaxation überwiegt, sind die psychophysiologischen Korrelate fortgeschrittener und vertiefter Meditation durch eine erhöhte autonome Aktivierung gekennzeichnet. Für die Physiologie weniger tiefer Stadien meditativen Bewußtseins scheint jedenfalls die Feststellung zu gelten, daß die Befunde nicht spezifisch meditationsinduzierte und durch andere Relaxationstechniken erreichbare Zustände unterscheiden lassen (*Gellhorn* und *Kiely*, 1972; *West*, 1980b; *Shapiro*, 1982; *Kindlon*, 1983; *Holmes*, 1984).

Das Problem solcher Untersuchungen ist das: Es gibt keine sicheren Außenkriterien, das tatsächliche Eintreten meditativen Bewußtseins und die erreichte Tiefe meditativen Bewußtseins bei Versuchspersonen zu validieren. Von außen gesehen sind Schläfrigkeit und Meditation kaum zu unterscheiden. Retrospektive Befragung ist fragwürdig, da die Sprache die Stadien meditativen Bewußtseins schlecht fassen kann. Wie weit ein Meditand durch solche Untersuchungen bereits wieder aus seinem meditativen Zustand gerät, ist auch offen. (Zur Methodik s. *Holmes*, 1984.)

Meditation in der Psychotherapie

Zusammenfassungen dazu:

Bitter (o.J.),
Boorstein und *Deatherage* (1982),
Carrington (1977),
Carrington und *Ephron* (1975 a, 1975 b),
Glueck und *Stroebel* (1975),
Scharfetter (1979, 1982, 1983),
Watts (1981),
West (1979, 1980 b).

Meditation und meditationsähnliche Verfahren sind seit langem als Therapie für alle möglichen Beschwerden angepriesen. Viele davon halten einer methodenkritischen Überprüfung nicht stand (Stichprobenauswahl, Belege zur Behandlungsindikation, Wahl und tatsächliche Durchführung der ,,Behandlung'', Erfolgskriterien etc.). Nicht alles, was wohl zu tun scheint, ist schon Therapie. Aber die Heilserwartungen bringen manche Erleichterung (Placeboeffekt). Und der größte Teil von Beschwerden verschwindet selbst nach einiger Zeit. *Goleman* (1971) sprach von Meditation als einer andere Therapieverfahren ergänzende Methode, die aber Psychotherapie im Horizont überschreite (Metatherapie). Meditation zielt ursprünglich auf ein anderes Heilwerden (Salvation), nicht auf Heilung im Sinne von Beschwerdenreduktion.

Ich traf drei grundsätzliche Unterscheidungen im Zusammenhang von Meditation und Psychotherapie (*Scharfetter* 1979, 1983).

1. Der Patient selbst meditiert, der Psychotherapeut ist evtl. selbst gleichzeitig Meditationsleiter. *Anwendung:* Nicht-psychotische psychische Störungen, sog. Neurosen, psychosomatische Leiden, Lebenskrisen.
2. Der Therapeut selbst meditiert, der Patient ist passiver Empfänger der dabei geweckten Atmosphäre. *Anwendung:* Ergänzung intensiver Einzelpsychotherapie von Schizophrenen.
3. Meditation für die Entwicklung des Therapeuten.

Zu 1: Der Patient selbst meditiert mit dem Therapeuten (sofern dieser darin ausgebildet ist) oder mit einem Meditationslehrer. Die meisten Übungen, die in diesem Zusammenhang als Therapie angepriesen und allenfalls auch durchgeführt werden, bleiben hinsichtlich Intensität und Dauer in einem Vorfeld eigentlichen meditativen Lebens. Eine Kombination dieser meditativen Übungen mit Psychotherapie anderer Art ist durchaus möglich und oft auch nötig. Der Anwendungsbereich für diese Art Meditation als Begleitung einer Psychotherapie ist praktisch unbegrenzt, sofern der Patient selbst hinsichtlich Interesse, Motivation, Einsicht, Mitarbeit, Ausdauer und Disziplin die Grundbedingungen für solches Üben erfüllt. Die Indikationen reichen von Lebenskrisen, Spannungen, psychosomatischen Beschwerden jeder Art, sog. Neurosen, Suchten bis zu Persönlichkeitsstörungen. Widerstände gegen die Meditation aus weltanschaulichen Gründen oder aus Bequemlichkeit, Angst vor

Kontrollverlust, übergroße Bindung an den Therapeuten, ausgeprägte Depressivität, Müdigkeit, Apathie, ängstliche Erregung sind Hindernisse gegen diese Anwendung von Meditation als Therapie.

Zu 2: Ganz anders ist die Situation bei Menschen mit schwerer Ich-Pathologie. Solche Menschen haben eine zu wenig stabile Ich-Struktur, um heilsam einen meditativen Übungsweg durchzuhalten. Hingegen können manche solcher Patienten aus dem bloßen stillen Verweilen beim meditierenden Therapeuten Ruhe und Kraft schöpfen, Erholung und vorübergehende Linderung der Symptome oder Befreiung davon finden und darin den Ansatz für eine Weiterentwicklung zum Besseren erfahren (s. *Scharfetter*, 1979). Solcher Einsatz von Meditation geschieht immer im Rahmen anderer Psychotherapie.

Zu 3: Eher denn als Therapeutikum für im kurativen Sinne behandlungsbedürftige Menschen kann die Meditation für die Entwicklung, Vertiefung, Erweiterung, Festigung der Persönlichkeit des Therapeuten bedeutsam sein, für seine Verankerung in der Welt und in seinem Kosmos, für seine Beziehung zu sich selbst und anderen, seine Einstellung zum Leiden und Helfen. Darauf zielt die „initiatische Therapie" von *von Duerckheim* (1978). Solche Entwicklungsarbeit des Therapeuten an sich selbst bereitet diesen darauf vor, sich in der rechten Art als Medium überindividueller Ordnungskräfte zur Verfügung zu halten, die als selbstheilende Kräfte im Patienten wirksam werden können.

Mißbrauch und Gefahren des Meditierens

1. Mißbrauch durch den Lehrer, Indoktrination, materielles und/oder sexuelles Ausnützen
2. Flucht vor den Aufgaben des konkreten Alltags
3. Isolation, Einsamkeit, Angst, Depression, Depersonalisation
4. Psychotische Desintegration mit Panik

Meditation wird oft mißbraucht in überhöhten Versprechungen über ihre Durchführbarkeit und Wirkungen. Der meditative Weg ist ein langwieriges, oft mühsames Unterfangen, in dem mancher in Hoffnungslosigkeit aufgibt. Die Attitüde des sich fortgeschritten dünkenden Meditanden mit zur Schau gestellter heiterer Gelassenheit, Liebe und Güte, gar übernatürlicher Befähigung, ist eine häufige Pharisäer-Haltung von Lehrern und Schülern, hinter der die Entwicklung entweder überhaupt nie in Gang gekommen oder steckengeblieben ist. Die Indoktrination, das Missionieren, die Subordinationsforderung, das sektenartige überhöhte Selbstbewußtsein, materielles, sexuelles, prestigemäßiges Ausnützen der Anhänger sind weitere Gefahrenbereiche (s. *Bron*, 1983).

Gefährlich ist Meditation für ich-schwache, wenig gefestigte Persönlichkeiten, die mittels Meditation dem leidvollen Alltag entfliehen möchten, die zu schwach und/oder initiativelos sind, um bei sich und in ihren sozialen Bezügen aufzuräumen, ehe sie ein meditatives Leben beginnen. Das Versagen und das Aufgeben ist dann die geringste Folge. Viel gefährlicher ist die desintegrative Krise mit psychotischen oder psychosenahen Zuständen (ähnlich einem Horrortrip): Verlust des Realitätsbewußtseins, der Selbstverfügbarkeit, Panik, Untergangsangst, blinde Flucht, Suizid (s. S. 222). Daß Meditation, besonders forcierte, verkrampfte, zu lange anhaltende Übungen (over-meditation) in Kombination mit Schlafbrechen, übertriebenem Fasten, Drogengebrauch, Isolation für disponierte (ich-schwache, desintegrationsbereite) Individuen in instabilen Lebenslagen (social instability, ungefestigte Identität, Beziehungskonflikte) hinsichtlich der Auslösung psychotischer Krisen gefährlich sein kann, ist vielen in der Führung von Meditanden Erfahrungen geläufig (z.B. *Walsh* und *Roche*, 1979; *Epstein* und *Lieff*, 1981; *Gopi Krishna*, 1981).

Auf eine somatische Krankheit, die Epilepsie, ist besonders hinzuweisen: Die Herabsetzung des Wachheitsniveaus sowohl wie die anfallsprovokativ wirkende Hyperventilation können zu einer Vermehrung und Intensivierung von epileptischen Anfällen führen (*Donaldson* und *Fenwick*, 1982).

Literatur

Zitierte Literatur

Albrecht, K.: Psychologie des mystischen Bewußtseins, 2. Aufl., Grünewald, Mainz 1976 (Erstauflage 1951)

Arieti, S., Chrzanowski, G. (eds.): New Dimensions in Psychotherapy. A World View. Wiley, New York 1975

Aurobindo, S.: Der integrale Yoga. Rowohlt, Hamburg 1957

Bitter, W. (Hrsg.): Meditation in Religion und Psychotherapie. Kindler, München o.J.

Boorstein, S., Deatherage, O.G.: Buddhism in Psychotherapy. Buddhist Publication Society, Kandy, Sri Lanka 1982

Bron, B.: Zum Phänomen der „Persönlichkeitsveränderung" bei Mitgliedern der neuen Jugendreligionen und Meditationsbewegungen. Zeitschrift für Psychotherapie und medizinische Psychologie 33 (1983), 78–88

Carrington, P.: Freedom in meditation. Anchor Press, New York 1977

Carrington, P., Ephron, H.S.: Clinical use of meditation. Current Psychiatric Therapy 15 (1975 a), 109–116

Carrington, P., Ephron, H.S.: Meditation as an adjunct to psychotherapy. p. 262–291 in: *Arieti, S., Chrzanowski, G.* (1975 b)

Corby, J.C., Roth, W.T., Zarcone, V.P., Kopell, B.S.: Psychophysiological correlates of the practice of Tantric Yoga Meditation. Archives of general Psychiatry 35 (1978), 571–577

Donaldson, S., Fenwick, P.: Effects of meditation. American Journal of Psychiatry 139 (1982), 1217

Duerckheim, K. von: Erlebnis und Wandlung. Barth, Weilheim 1978

Earle, J.B.: Cerebral laterality and meditation: A review of the literature. Journal of Transpersonal Psychology 13 (1981), 155–173

Epstein, M.D., Lieff, J.D.: Psychiatric complications of meditation practice. Journal of Transpersonal Psychology 13 (1981), 137–147

Fischer, R.: A cartography of the ecstatic and meditative states. Science 174 (1971) 897–904

Gellhorn, E., Kiely, W.F.: Mystical states of consciousness: Neurophysiological and clinical aspects. Journal of Nervous and Mental Disease 154 (1972), 399–405

Glueck, B.C., Stroebel, Ch.F.: Biofeedback and meditation in the treatment of psychiatric illness. Current Psychiatric Therapy 15 (1975) 109–116

Goleman, D.: Meditation as meta-therapy: Hypotheses toward a proposed fifth state of consciousness. Journal of Transpersonal Psychology 3 (1971), 1–25

Goleman, D.: The Buddha on Meditation and higher states of consciousness. Buddhist Publication Society, Kandy, Sri Lanka 1973

Gopi Krishna: Persönliche Mitteilung 1981

Hauer, J. W.: Der Yoga, 2. Aufl., Kohlhammer, Stuttgart 1958

Hines, M.: Meditation and creativity, Princeton University Press, Princeton, New York 1973

Holmes, D. S.: Meditation and somatic arousal reduction. A review of the experimental evidence. American Psychologist 39 (1984), 1–10

Inayat Khan: Aus einem Rosengarten Indiens. Rotapfel, Zürich 1925

Kindlon, D. J.: Comparison of use of meditation and rest in treatment of test anxiety. Psychological Reports 53 (1983), 931–938

Nyanaponika, M.: Geistestraining durch Achtsamkeit. Die buddhistische Satipatthana-Methode. Christiani, Konstanz 1970

Prince, R.: Meditation: Some psychological speculations. Psychiatric Journal of University of Ottawa 3 (1978), 202–209

Shapiro, D. H.: Overview: Clinical and physiological comparison of meditation with other self-control strategies. American Journal of Psychiatry 139 (1982), 267–274

Scharfetter, C.: Über Meditation – Begriffsfeld, Sichtung der ,,Befunde", Anwendung in der Psychotherapie. Psychotherapie und medizinische Psychologie 29 (1979), 78–95

Scharfetter, C.: Meditation und Introspektion. p. 48–57 in: *Wagner-Simon, Th., Benedetti, G.* (1982)

Scharfetter, C.: Meditation für den Psychotherapeuten. Vorträge der 32. Lindauer Psychotherapiewochen 1982. Praxis der Psychotherapie und psychosomatischen Medizin 28 (1983), 11–21

Tart, C. T.: Altered states of consciousness. A book of reading. Wiley, New York 1969

Task Force of Meditation (American Psychiatric Association): Position statement on meditation. American Journal of Psychiatry 134 (1977), 720

Wagner-Simon, Th., Benedetti, G. (Hrsg.): Sich selbst erkennen. Modelle der Introspektion. Vandenhoeck und Ruprecht, Göttingen 1982

Walsh, R.: The consciousness disciplines and the behavioral sciences: Questions of comparison and assessment. American Journal of Psychiatry 137 (1980), 663–673

Walsh, R., Roche, L.: Precipitation of acute psychotic episodes by intensive meditation in individuals with a history of schizophrenia. American Journal of Psychiatry 136 (1979), 1085–1086

Watts, A.: Psychotherapie und östliche Befreiungswege. Kösel, München 1981 (Originalausgabe 1961)

West, M. A.: Meditation. British Journal of Psychiatry 135 (1979), 457–467

West, M. A.: Meditation and the EEG. Psychological Medicine 10 (1980a), 369–375

West, M. A.: The psychosomatics of meditation. Journal of Psychosomatic Research 24 (1980b), 265–273

Weiterführende Literatur

Dumoulin, H.: Der Erleuchtungsweg des Zen im Buddhismus. Fischer, Frankfurt a.M. 1976

Duerckheim, K. von: Hara. Die Erdmitte des Menschen. Barth, Weilheim 1976

Duerckheim, K. von: Meditieren – wozu und wie? Herder, Freiburg 1976

Eliade, M.: Yoga. Insel, Frankfurt a.M. 1977

Erkes, E.: Die taoistische Meditation und ihre Bedeutung für das chinesische Geistesleben. Psyche 2 (1948/49), 371–379

Evans-Wentz, W. Y.: Tibetan Yoga and secret doctrines. Oxford University Press, London 1958

Gopi Krishna: Kundalini. Barth, Weilheim 1968

Govinda: Creative meditation and multidimensional consciousness. Vikas, New Delhi 1977

Hopkins, J. (Hrsg.): Tantra in Tibet. Diederichs, Düsseldorf 1980

Ignatius von Loyola: Die Exerzitien. Benziger, Einsiedeln 1959

Koh, T.C.: Qigong – Chinese Breathing Exercise. American Journal of Chinese Medicine 10 (1982), 86–91

Ngawand Dhargyey: Tibetan tradition of mental development. Library of Tibetan Works and Archives, Dharamsala 1974

Palos, St.: Atem und Meditation. Scherz, Bern 1968

Paravahera Vajiranana: Buddhist Meditation. Buddhist Missionary Society, Kuala Lumpur 1975

Patañjali: Die Wurzeln des Yoga. Die klassischen Lehrsprüche des *Patañjali.* Die Grundlage aller Yoga-Systeme. Barth, München 1976

Selawry, A.: Das immerwährende Herzensgebet. Barth, Weilheim 1976

Suzuki, D.T.: Die große Befreiung. Barth, Weilheim 1972

Vilayat Inayat Khan: Sufismus. Barth, Weilheim 1975

Wilhelm, R.: Das Geheimnis der goldenen Blüte. Walter, Olten 1971

Woodroffe, J.: The Garland of Letters. Ganesh, Pondicherry 1979

Hinweise auf Quellenwerke

Christliche Meditation:
   Ignatius von Loyola
   Selawry

Yoga:
   Patañjali
   Hauer
   Eliade

Kundalini Yoga:
   Woodroffe
   Gopi Krishna

Buddhismus (Theravada):
   Nyanaponika
   Paravahera Vajiranana

Buddhismus (Tibet):
   Govinda
   Evans-Wentz
   Ngawang
   Hopkins

Zen:
   Suzuki
   Dumoulin
   von Duerckheim

Taoismus:
   Palos
   Erkes
   Wilhelm
   Koh

Sufismus:
   Inayat Khan
   Vilayat Inayat Khan

3.6 Die Psychotherapie mit dem Katathymen Bilderleben nach Hanscarl Leuner und einige ähnliche psychotherapeutische Ansätze

J. Pahl

Zusammenfassung

In der Psychotherapie mit dem Tagtraum und den Imaginationen findet sich mittlerweile eine Fülle von unterschiedlichen Richtungen und Schulen. In ihnen differieren nicht nur die Motive, auch die Erklärungsansätze sind unterschiedlich. Dabei gibt es zwei Schwerpunkte: der eine bildet sich um die Anerkennung der Existenz des Unbewußten, der andere geht von den lerntheoretischen Konstrukten der Konditionierungsprinzipien aus.

Imagination bezieht sich auf eine eigene Gedächtnisstruktur, die nach ihr eigentümlichen Gesetzen der Logik des Unbewußten funktioniert.

Das katathyme Bilderleben nach *Leuner* ist ein mittlerweile weit entwickeltes und in sich zusammenhängendes Verfahren der Psychotherapie. Es bewegt sich zwischen einer stützenden und einer aufdeckenden Therapie. Es sind eine Reihe von Motiven erprobt worden, die unterschiedliche Bedeutungsfelder und Erlebnisbereiche ansprechen. Es wird die Technik und die therapeutische Haltung beschrieben, mit der ein Tagträumender begleitet werden kann. Außerdem wird der formale äußere Ablauf einer Sitzung mit dem KB dargestellt. Einige andere, europäische und amerikanische Psychotherapieansätze, die mit Imaginationen arbeiten, werden beschrieben.

Einleitende Bemerkungen

Das Tagträumen und das Phantasieren, Kreativität und Spiel sind eng miteinander verbunden. Diese Begriffe weisen auf innere Tätigkeiten, auf innere Bewegungen und Entwicklungen „im" Menschen. Er bewegt sich in seinen Innenwelten, erlebt und fühlt seine eigenen, inneren Wirklichkeiten. Man kann diese Bewegungen und inneren Tätigkeiten künstlich extremisieren und polarisieren. Dadurch kommt man zu der folgenden Formulierung: Das Tagträumen ist ein neurotischer Ersatz für Triebbefriedigung (*Freud*, 1966; *Fenichel*, 1974) und kann bis hin zur süchtigen, inneren Wiederholungsbewegung einer frühen Mangelsituation gehen (*Pahl*, 1984); andererseits hat das Tagträumen kreative Aspekte (*Freud*, 1976). Das Tagträumen kann eine Hilfe für die prospektive, antizipatorische Gestaltung einer inneren Szene sein. Es ist möglich, daß diese innere Szene für den Tagträumenden eine inhaltliche Neugestaltung eines präverbalen Interaktionszyklus wird und eine Lücke in seinem Erleben schließt.

Die Psychotherapie mit dem Tagtraum interessiert sich für beide seelischen Bewegungsformen. Sie ist interessiert an diesen Bildern und ihren Verläufen und an allem, was damit verbunden ist. Und weil es Psychotherapie ist, also ein gemeinsam entstehender Versuch einer „heilenden Begegnung", interessiert sie sich vor allem für die Verbindungen zwischen kranken und gesunden, neurotisch fixierten und realitätsverbundenen beweglichen, inneren Bildern. Es beginnt eine dialektische und dialogische innere Bewegung in der Psychotherapie mit dem Tagtraum. Mit der

Wiederholung alter Muster von zum Teil unbewußten Beziehungen, von neurotischen, unbewußten Erfahrungsanwendungen beginnt gleichzeitig etwas Neues.

Das Neue besteht darin, daß in der Begegnung potentiell etwas Drittes Gestalt annehmen kann: Es ist die Möglichkeit einer Entwicklung gemeint.

In der Psychotherapie mit dem Tagtraum sind die ausgesprochenen, affektiv erlebten und „gesehenen" inneren Bilder ein Weg, auf dem sich diese Entwicklung eigenaktiv und in der Interaktion mit einem anderen, dem Therapeuten, in Gang bringen läßt. Der Weg mit und über die Imaginationen hat eine besondere Qualität. Dem Menschen können seine inneren Bilder besonders nahe sein, durch sie kann er seine subjektive Autonomie stark erleben und er erlebt, wie sein eigenes Innere in ständiger Beziehung zum anderen und zum Außen steht. In der Imagination ist er ganz eindeutig der „Produzent" seiner inneren Bilder. Er entdeckt die Möglichkeit wieder, alles ihm Mögliche und Wünschenswerte machen zu können. Er kann die inneren Bilder unter die reifende Kontrolle des Realitätsprinzips stellen, indem er die Wirkung und Verbindung zwischen Außen und Innen erkennt. Psychodynamisch gesehen beschreibt dies die Dialektik zwischen regressiv-narzißtischen Tendenzen und postödipal-progressiven Tendenzen (*Grunberger,* 1982).

Einige theoretische Anmerkungen

Leuner (1955, 1980, 1981) hat die Erforschung und die psychotherapeutische Anwendung der inneren Bilderwelten mit Nachdruck aufgenommen und betrieben (*Leuner* und *Lang,* 1982). Er wählte für seinen psychotherapeutischen Zugang zu den vorbewußten und unbewußten Konflikten den Namen „Katathymes Bilderleben" (im folgenden KB genannt). Mit diesem Namen, der auf *Maier* zurückgeht, betont *Leuner* (1983) die intrapsychische Dimension der wechselseitigen Durchdringung von Imaginationen und Gefühlen. Imaginationen stehen in einer beweglichen Verbindung zu den Gefühlen eines Menschen. Beide Erlebnisbereiche können in einem teilweise selbstregulierenden Prozeß sich gegenseitig fördern und anregen oder hemmen und behindern.

Diese intrapsychische Dimension hat selbstverständlich auch die individuell unterschiedlich ausgeprägte Eigenschaft, daß sie „von außen" erreicht und in Bewegung gebracht werden kann. Die spezifische Erreichbarkeit eines Menschen ist von den vielen aus den psychoanalytischen und psychologischen Ansichten über den Menschen und seine Psychodynamik bekannte Faktoren mitbestimmt.

Die affektiv getragenen Imaginationen stehen in der Nähe von Erinnerungsspuren derjenigen Erfahrungen, die „prägend" an der Entwicklung der psychischen Struktur und Persönlichkeit beteiligt sind. Sie reichen bis tief in die präverbale Zeit dieser Entwicklung, sie rufen Körpererinnerungen wach und sie führen sowohl zu Verfassungen des narzißtischen Wohlbefindens als auch zu den wesentlichen Konflikten und mangelhaften Interaktionserfahrungen sowie deren Verarbeitungen. Einige Untersuchungen und Pilot-Studien über die Behandlung von psychosomatischen Krankheitsbildern weisen auf die engen Beziehungen zwischen der früh gestörten Mutter-Kind-Interaktion, den Imaginationen und den Körpersymptomen. Es sind untersucht worden: die Anorexia nervosa (*Klessmann* und *Klessmann,* 1978), Colitis ulcerosa (*Wilke,* 1979), Kopfschmerzpatienten (*Roth,* 1980).

Die katathymen Bilder sind affektiv getragene und innerlich in Szene gesetzte Bild- und Imaginationsabläufe, sie werden vom Tagträumenden sinnvoll organisiert und komponiert. Damit ist nicht ein alltäglicher und umgangssprachlicher Oberflächen-Sinn gemeint. Ähnlich wie seit dem Werk *Freuds* (1973) über den Traum epochemachend klargelegt wurde, wird auch der Tagtraum auf seine latenten Sinnesstrukturen hin untersucht. Das „szenische Verstehen" (*Lorenzer,* 1983) nimmt im besten Falle dann den Verlauf einer sich ergänzenden Reihenbildung, in der die unbewußte Szene, die imaginative Ausformung der Erinnerung und die sprachliche Gestaltung als sinnvolles Ganzes integriert werden. *Leuner* (1981, 1983) stellt fest, daß die psychischen Mechanismen der Nachtträume und der Tagträume gleich sind. In beiden psychischen Produktionen sind die Abwehrmechanismen, die Strukturen und die wesentlichen Erfahrungen aus den Objektbeziehungen beteiligt. Beide Phänomenbereiche können dazu dienen, das Unbewußte zu entziffern. Im Unterschied zu den Nachtträumen wird der Tagtraum im KB induziert. Diese spezielle Form der Interaktion oder auch des Settings (*Pahl,* 1982a) fehlt im Nachttraum.

Daneben gibt es die spontan auftretenden Tagträume. Sie verweisen auf einen regressiven Vorgang. Zum Beispiel kann die regressive Bewegung innerhalb einer ermüdenden Tätigkeit geschehen, sie kann bei starker, konzentrativer Anstrengung zu einer Problemlösung einsetzen, sie kann die Folge einer Aktivierung eines Konfliktes sein oder durch die triebartig gesteuerte Erregung zu einem imaginativen Bewältigungsversuch führen. Allen Situationen gemeinsam ist die Möglichkeit, daß der Tagträumer direkt von seinen Bildern, seiner Verfassung und seinen Erlebnissen sprechen kann. Das Tagträumen bleibt dem Sprechen näher, es ist direkter kommunizierbar. Der Tagträumer braucht nicht erst aufzuwachen. Das meint natürlich nicht, daß alles aussprechbar wird, was erlebt wird. Darüber entscheiden die unbewußten Konflikte und Phantasien, die abgewehrt werden müssen und darüber entscheiden auch die Tendenzen zur Selbständigkeit und zur relativen Autonomie.

Leuner hat sich die Fähigkeit der Psyche zunutze gemacht, daß etwas, was „außen" ist, anverwandelt werden kann. Die Anverwandlung meint den Vorgang, daß der Mensch wie selbstverständlich in der Lage ist, einen Vorschlag, eine Schilderung, einen Hinweis, eine Schlußfolgerung an sich zu nehmen, allerdings wohl nie als genaue Kopie an sich zu nehmen, sondern durch die spezifischen, formenbildenden Prinzipien seines Erlebens verändert. Jeder Mensch kann einen anderen bitten, er möge sich etwas vorstellen oder – was schon weiter nach innen geht – er möge das Vorgestellte auch empfinden und fühlen. Es bleibt nicht bei der Bitte und ihrer subjektiv gefärbten Erfüllung. Die Bitte wird Erlebens- und Erinnerungsstrukturen berühren, die Einblicke in die Biographie eines Menschen und seine ihn prägenden Fähigkeiten und Konflikte und deren Lösungen geben.

In der Psychotherapie mit dem Katathymen Bilderleben gibt der Therapeut entweder ein Motiv vor oder er arbeitet mit der Szene der freien, imaginativen Einfälle. Die Motive sind empirisch erprobt und können meist ohne Schwierigkeiten in der Vorstellung wachgerufen werden. Das gelingt deshalb, weil jeder Mensch über eine Fülle von Wahrnehmungserfahrungen verfügt, die bis in die präverbalen Zeiten zurückreichen. Fast alle Menschen werden affektiv besetzte Erfahrungen mit Blumen, Wiesen, Wäldern, Bergen, Bächen, Häusern usw. haben. Und selbstverständlich gibt es in jedem Menschen Erfahrungen mit Bezugspersonen, wie sie in prototypischer Weise die Erinnerung und das Gedächtnis beherrschen. Natürlich macht jeder Mensch seine Erfahrungen mit den triebhaften, sexuellen wie aggressiven Aspekten seiner Persönlichkeit.

Die Theorie über die Wirkungen der Bilder

1. Jedes Motiv wendet sich an Erfahrungen, die mit der konkreten Realität gemacht worden sind.

2. Die Motive aktivieren die allgemein zu verstehende Gedächtnisdimension der bildhaft arbeitenden Informationsspeicherung.

3. Die Motive berühren einen eigenaktiven und selbstaktivierbaren Bereich des Erlebens. Dieser innere Bereich ist mehr oder weniger in Tätigkeiten, er kann mehr oder weniger unterdrückt sein. Die unterdrückenden, inneren Tätigkeiten können zielorientierte Denkabläufe oder abstraktionsorientierte Aufgaben oder absorbierende und hemmende Konfliktstrukturen sein.

4. Jedes Motiv erlaubt dem Tagträumer, ganz bestimmte Muster von Objektbeziehungen zu beleben. Diese Objektbeziehungsmuster verweisen auf die Zeiten ihrer Entstehung. Es deuten sich in ihnen die typischen Konflikte der Entwicklungszeiträume an.

5. Wird ein Motiv in der Imaginationstätigkeit aufgenommen und anverwandelt, so entwickelt sich ein imaginativ-affektiver Verlauf.

6. Der Verlauf und die imaginativ-affektive Tönung der Bilder ist vielfach determiniert. Die bekannten Formen der Abwehrstrukturen, die unbewußten Konflikte, die autonomen Ich-Tätigkeiten, die Über-Ich-Mechanismen wirken auf den Verlauf und die Art der Bilder ein.

7. Es lassen sich verschiedene, interne Regulationszyklen feststellen. Dabei gibt es verstärkende und hemmende Regulationen. Sie finden statt zwischen ganzheitlichen Imaginationen und dem sequentiellen Sprechen, Imaginationen und Gefühlen, Imaginationen und Körperempfindungen, Imaginationen und imaginierfähigen Erinnerungen realer Außenereignisse.

8. Die Regression und das psychische Aktivierungsniveau bestimmen die „Leibhaftigkeit" der inneren Bilder.

Die Methode und Technik des Katathymen Bilderlebens

Es folgt nun eine Beschreibung der bis zu dieser Zeit erarbeiteten Gliederung des KB. Es gilt, die beiden folgenden Gesichtspunkte zu beachten: Einmal existiert eine didaktische Einteilung des KB in Unterstufe – Mittelstufe – Oberstufe; zum anderen gibt es eine Verwendung der Motive, die von der psychotherapeutischen Erfahrung des Therapeuten abhängt. Bei der letzteren kommen sehr viel stärker die psychodynamischen Kenntnisse und die Bereitschaft, mit unbewußten Prozessen zu arbeiten, zur Anwendung.

In der Praxis wird vor allem der Patient mit seiner Übertragungsbereitschaft und seinen autonomen, konfliktfreien Ich-Funktionen darüber entscheiden, welche Ebene hauptsächlich angeschnitten wird, ob eher „übend" und „stützend"

(*Leuner,* 1981, 1983; *Leuner* und *Lang,* (1982) auf der sogenannten Grundstufe vor-gegangen wird oder „assoziativ und konfliktaufdeckend" (*Leuner,* 1980) auf Mittel- und Oberstufe.

Die Motive gelten als „Kristallisationskerne" (*Waechter,* 1974; *Leuner,* 1981); sie stellen ein Anregungspotential dar. Sie verleihen einer psychotherapeutisch defi-nierten Begegnung in mehrfacher Hinsicht einen organisierten Charakter. Sie stel-len eine Art „Aufgabe" dar, die der Patient in seiner ihm möglichen Weise erfüllen kann. Er bewältigt diese Aufgabe immer als Konflikt zwischen der szenisch-imaginativen Ausgestaltung seiner Vermeidung, sein eigenes, ihn ängstigendes Un-bewußtes zu berühren und zu erkennen einerseits, und andererseits als szenisch-imaginative Ausgestaltung der Notwendigkeit, die steckengebliebene Entwicklung an dem Konflikt wieder aufzunehmen, der die Entwicklung hemmt.

Die folgenden Motive haben sich als praxisnah und sehr gut brauchbar erwiesen. Alle Motive kommen „draußen in der Welt" als Realität vor. Die Motive erlauben eine Bewegung von dem Alltäglich-Bekannt-Harmlosen hin zum Ängstigend-Pathologisch-Konflikthaften. Die Imaginationen beginnen an der Oberfläche, al-lerdings schon innerhalb einer regressiven Verfassung. Die Regression ist eine par-tielle Ich-Regression und diese erlaubt den Imaginationen den Vorrang vor dem Sprechen. Von dieser Regression ausgehend, ergeben sich weitergehende, regressive Verläufe mit manchmal rascher Annäherung an gefühlte, verdrängte oder abge-spaltene Phantasien.

Zur Einleitung der Behandlung mit dem KB, nach der Erhebung anamnestischer Daten, wird als Probemotiv eine „Blume" verwendet. Der Patient kann dabei liegen oder sitzen. In der Regel hat er einige Entspannungsformeln vom Therapeuten ge-sprochen gehört (*Leuner,* 1981; *Pahl,* 1982 a). Der Patient soll nun eine Blume ima-ginieren und er soll diese beschreiben. Schon in dieser Situation wiederholt sich wahrscheinlich auf der Imaginationsebene, die unbewußte wie auch die bewußte Szene, ihre unbewußte Darstellung und deren Abwehr, deretwegen der Patient kommt und Hilfe wünscht. Es zeigen sich Hinweise auf die Tragfähigkeit der begon-nenen psychotherapeutischen Beziehung (*Pahl,* 1982 a). Es zeigen sich Übertra-gungsaspekte; es zeigt sich die allgemeinere Fähigkeit der psychischen Nähe zur Imagination; es zeigt sich die szenische Kraft als eine übergreifende Ich-Fähigkeit überhaupt und es zeigen sich erste, inhaltliche Ausgestaltungen innerhalb der Inter-aktion Patient – Therapeut. Im Anschluß an das Probemotiv „Blume" werden eine Reihe von Fragen gestellt und deren Beantwortung wird begonnen.

– Wie hat sich der Patient in dieser regressiven Verfassung gefühlt?
– Wie erlebte der Patient das Fließen seiner Imaginationen oder wie erlebte er deren Stockungen?
– Es werden Bedeutungen und Eigenschaften der Blume und des Erlebens erfragt. Woher kennt er sie? Wie schätzt er sein eigenes Verhalten ihr gegenüber ein?

Die Fähigkeit des Patienten kann erprobt werden, ob er seine imaginierte innere Szene über das aktuelle Erleben hinaus in ihren weiteren symbolischen Bedeutungs-verbindungen selbst verstehen kann. Er kann die Anmutungsqualitäten zu weiterer Assoziationsanreicherung verwenden. Neu und anders erlebte Zusammenhänge, Erinnerungen und verdrängtes Unbewußtes können sich einstellen. Das Motiv der Blume legt die Betrachtungs- und Interpretationsweise nahe, die sich auf dyadische Interaktionen beziehen.

Dieser erste Probeversuch läßt sich – konsequent verfolgt – in allen anderen Motiven wieder auffinden. Das ist nicht wörtlich oder inhaltlich zu verstehen. Damit sind die strukturellen Ähnlichkeiten gemeint. Bekanntlich werden diese Strukturqualitäten determiniert von unbewußten Konflikten, von der zentralen, unbewußten Phantasie und ihrer Abwehr, von der Persönlichkeitsstruktur, von progressiven Konfliktlösungen u.ä.

Die „Wiese" ist das erste Arbeitsmotiv. Sie ist ein Basismotiv, von dem ausgehend sich viele der anderen Motive entwickeln lassen. Hier können Geruchsempfindungen angeregt werden, Hautempfindungen und Körpergefühle können wachgerufen werden, es kann getastet und gegriffen werden. Eine der häufig vorkommenden Polarisierungen ist durch Erlebnisse der Weite einerseits und andererseits Enge und des Eingezäunt-Seins charakterisiert. Eine andere Polarisierung besteht zwischen einem Sich-gehen-Lassen oder Sich-fallen-Lassen und Anstrengungen zu inneren Fluchtbewegungen.

Wesentliche Grundformen des Erlebens repräsentieren sich in der symbolischen Ausgestaltung der Wiese. Sie ist zugleich Ausgangsmotiv, von dem und aus dem sich das katathyme „Panorama" (*Leuner*, 1981) entwickelt. Die häufig spontanen Ergänzungen dieses Motives sind der „Bach", der „Berg", das „Haus", der „Waldrand". Das verweist auf den natürlichen, engen Zusammenhang der Motive miteinander. Der enge Zusammenhang macht es möglich, sie gerade dann als eigene Motive einzuführen und anzuregen, wenn sie nicht erwähnt werden oder sich nicht einstellen können.

Der Patient wird also gefragt, ob er sich seine Wiese um das Motiv eines Baches, eines Berges usw. erweitert vorstellen kann. Gelingt das nicht ohne weiteres, kann der Therapeut den Patienten auffordern, einen Bach zu suchen. Diesen Bach kann der Patient entweder quellaufwärts oder zu seiner Mündung hin verfolgen. Es wird hier untersucht, wie sich die Art und Weise des Umgangs mit lebendigem, fließenden Wasser gestaltet. *Leuner* (1983) versteht es auch als eine „Leitlinie der emotionalen Entwicklung und der Entfaltung der Person". Im Symbol des Baches klingen urethral-phallische Erlebnisaspekte an. Damit ist das Element des Fließens und des Stockens gemeint. An der Quelle selbst können es mehr orale Elemente werden. Das Erleben nimmt magische Züge an oder es drückt sich eine „Rückkehr zum Ursprünglichen" (*Leuner*, 1983) aus. Die Quelle eröffnet Assoziationen in das Mythische und Magische. Sie ist in der Landschaft ein besonderer Ort, sowohl geographisch als auch psychisch. Indem der Bach zu seiner Mündung verfolgt wird, kann das Meer auftauchen. Das Erleben des Meeres polarisiert sich in die Aspekte des grenzenlos getragenen, frühen Vertrauens, es können Sehnsüchte nach verschmelzendem Eintauchen und umhüllendem Getragen-Werden wach werden. Der andere Aspekt ist geprägt vom Erleben des verschlingenden und herunterziehenden Meeres, von dem Gefahren ausgehen.

Während der Imagination des Baches, natürlich genauso bei den anderen Motiven, gibt es eine Reihe von Phänomenen während des Imaginationsflusses, die *Leuner* „Verhinderungsmotive" genannt hat. Damit sind alle diejenigen Hindernisse im Strom der Imagination und des Erlebens gemeint, durch die symbolhaft deutlich wird, daß die Kohärenz des innerlich Faktischen, d.h. die zusammenhängende und natürliche Ausgestaltung des Motives, gestört wird. Der Bach mag dann verschwinden, abgesperrt sein, verschmutzt sein, unberührbar sein, ohne Leben sein und wesenlos erscheinen. Es soll darauf hingewiesen werden, daß das Motiv Bach nicht mit einer romantisierenden Idealvorstellung einer unberührten Natur arbeitet und sich daraus die Verhinderungsmotive ableiteten. Verhinderungsmotive verweisen auf Störungen des Assoziierens und des Erlebens in Richtung auf eine erkennbare und sinnvolle Gesamtgestalt. Verhinderungsmotive deuten auf eine beeinflußte Unterbrechung eines sonst zusammenhängenden Assoziationsbereiches. Man darf daraus schließen, daß Störungen von anderen, assoziativ befestigten Bedeutungsfeldern erfolgt sind, wenn Verhinderungsmotive sich durchsetzen. Dabei ist die Nähe zwischen Abwehr und Abgewehrtem an diesen Stellen gut demonstrierbar, weil phänomennahe.

Das Motiv des ,,Berges'' hat eine feststehende Bedeutungstradition. Es gilt, von einer Wiese einen Berg zu erblicken, diesen Berg zu beschreiben und dann zu besteigen. Auf dem Gipfel angekommen, soll der Patient einen Rundblick entwerfen. Das Motiv des Berges soll die Erfahrungen mit und in der väterlich-männlichen Welt und die Auseinandersetzung mit Leistungs-, Rivalitäts- und Autoritätsproblemen aktivieren. Als wesentlich erscheint der Weg auf den Gipfel des Berges. Hier werden Qualitäten des Hohen, des Steilen oder Flachen, der Gangbarkeit oder Unwegbarkeit, des Abgründigen, des Schwindelerregenden, des Aufsteigens und Überwindens von Schroffen, Klippen, Engpässen erlebt. Die Art, wie der Berg erlebt und beschrieben wird, wie die Annäherung an ihn geschildert wird, läßt Rückschlüsse auf Probleme des Anspruchsniveaus und auf den Umgang mit der Leistung zu.

Das Motiv ,,Haus'' zeigt vielfältige, symbolisierte Verschränkungen und regt zu einer umfangreichen inneren Tätigkeit an. Fassaden, Türen, Schwellen, Zimmer, Gegenstände bieten in Fülle Anregungen zur konkreten Erinnerung, wie auch zur symbolischen Einkleidung. Häufig tauchen Szenen mit den wichtigen Bezugspersonen auf.

Eine weitere aufschlußreiche Ebene bieten die imaginierfähigen Handlungsschemata. Es wird wichtig zu beachten, wie ein Mensch sein Sich-Annähern, sein Zögern, sein Hineingehen, sein Untersuchen, sein In-Räumen-Sein imaginiert und wie stark er zuläßt, daran emotional beteiligt zu sein. Innerhalb des Hauses oder einer Wohnung werden wesentliche Entwicklungs- und Konflikterinnerungen aktivierbar. Die Imaginationen können sich schnell zur Konfrontation mit stärker verdrängten Konflikten entwickeln.

Im Motiv des Hauses werden Erinnerungsfelder berührt, die mit den Erziehungseinwirkungen und Entwicklungsveränderungen zusammen die oral-narzißtischen, anal-narzißtischen, ödipal-narzißtischen Strukturen der Psyche erkennen lassen. Das Motiv ,,Waldrand'' regt die Betrachtung zweier unterschiedlicher Lebensräume an. Von der Wiese wird der Wald betrachtet. In der strukturierten Form des Umgangs mit diesem Motiv wird der Patient dazu angehalten, von einer geschützten Stelle der Wiese aus den Waldrand zu beobachten. Er soll seine Erwartungseinstellung darauf richten, daß früher oder später Lebewesen menschlicher oder tierischer Art aus dem Wald herauskommen werden. *Leuner* interpretiert diese aus dem Wald auftauchenden Gestalten als verdrängte Verhaltenstendenzen und Wünsche. Diese Gestalten können Über-Ich-Impulse und -haltungen repräsentieren. Eine weitere Interpretationshilfe kann man in Mythen und Märchen sehen. In ihnen ist der Wald weniger ein geographischer Ort. In viel stärkerem Maße aktiviert er die Ängste, die sich um Sich-Verlaufen, Sich-Verirren drehen. Im Wald gelangt man zu unbekannten Menschen und Tieren, die es verstehen, mittels ihrer Künste und Fähigkeiten, magisch Einfluß auf das Geschehen zu nehmen. Der Wald ist der phantastische Ort der wilden Menschen und Tiere, der Räuber und prüfenden Wohltäter. Die Begegnungen sind auf herausragende Weise archaisch. Die Qualität der Imaginationen kann durchaus Ähnlichkeiten zur Märchen- und Mythenwelt annehmen. Allerdings muß sich eine weitgehende Regression des Ichs eingestellt haben, damit diesen archaischen Qualitäten nachgegeben werden kann. Ohne diese regressiven inneren Bewegungen sind die Gestalten aus dem Wald und die Vorgänge im Wald eher banal. Sie sollten dann unter dem Aspekt der Abwehr und des Widerstandes betrachtet und verstanden werden.

Nach der Schilderung der Grundstufen-Motive sollen nun die Motive der Mittelstufe benannt werden. Die Gesichtspunkte, die zu dieser Einteilung führen, sind die, daß gleichsam genauer einige wesentliche Grundkonstellationen der menschlichen Entwicklung untersucht werden. Es ist ein Motiv für eine Teilstruktur der Persönlichkeit entworfen worden: das Ich-Ideal. Weiterhin werden wichtige Lebensvollzüge wie Sexualität und Aggressivität und ihre psychischen Repräsentanzen symbolisch in Szene gesetzt. Und schließlich wird der kommunikative Aspekt, seine Entwicklungen aus der, und seine Einstellungen und verhaltensrelevanten Möglichkeiten in der Interaktion mit nahen Bezugspersonen in der Imagination nachvollzogen.

In dem Motiv der Begegnung mit nahen „Bezugspersonen" werden alle wesentlichen Bezugspersonen imaginiert, entweder als Erinnerungsrepräsentanzen von wesentlichen Interaktionen mit ihnen als Realpersonen oder in der eingekleideten Form als Tiere oder Tierfamilie. Die Personen werden in ihrer Erscheinung beschrieben, wesentliche Details werden genau betrachtet. Es können Aufforderungen an den Patienten ergehen, sich in einer von ihm gewünschten Form anzunähern. Er soll Kontakt aufnehmen und entsprechend handeln. Es kommen dann häufig typische Interaktionssequenzen zusammen. Sie geben Auskunft über die generalisierten Hemmungen und Schematisierungen der Kontaktaufnahme und der Gestaltung der Begegnung. Es erscheinen die wichtigen inneren Bilder und ihre Wirkungen der „relevanten anderen". Hier kann besonders gut daran gearbeitet werden, daß die „anderen" nun Teil des eigenen Erlebens sind. Introjekte und Identifizierungen können als Teilstrukturen des Selbst und der Persönlichkeit erkannt werden.

Es können weiterhin „neue" Formen der Begegnung geprobt werden, wie Sich-Annähern, Standhalten, Sich-Auseinandersetzen. Worthandeln und Körperhandeln werden erprobt, eventuell nach einer Aufforderung durch den Therapeuten.

Die Motive zur Einstellung der Sexualität sind der „Rosenbusch" für Männer und „Autostop" für Frauen. Sie heben ab auf ein bestimmt erreichtes Niveau der sexuellen Entwicklung. Um einen sicheren Interpretationsrahmen zur Verfügung zu haben, muß eine sichere Entwicklungsdiagnose (*Blanck* und *Blanck,* 1980) gestellt werden. Beide Motive scheinen recht kulturspezifisch zu sein und wirken, wie es *Singer* (1978) für das Autostopmotiv und das Rosenbuschmotiv vermutet. Das Motiv des Autostop scheint direkt an die Koppelung zwischen Hilflosigkeit, Hingabetendenzen und Vergewaltigung zu rühren.

Das Motiv „Löwe" regt relevantes Material aus aggressiven Wünschen, Tendenzen und Erfahrungen an. Der Tagträumer inszeniert eine Version eines Löwen, die sich zwischen den Polen von sanft – faul – träge – zärtlich lockend – spielerisch anlehnend einerseits und andererseits jagend – tötend – fressend – herrschend – angreifend bewegt. Vor allem mit der spontan auftauchenden, zusätzlichen Möglichkeit einer Szene in einem fremden Land oder Erdteil können sich archaische Kampf-Fluchtsituationen und Angriffs-Verteidigungssituationen bilden. Diese Möglichkeiten werden durch das phantastisch Unbekannte eines fremden Erdteils gefördert. Natürlich gibt es auch entsprechend eingebundene europäische Versionen, die sich als Zirkusgeschehen, Zoo und Käfigen, Wappentiere und Standbilder ausgestalten.

Das Motiv, das zur Darstellung des Ich-Ideals genutzt wird, besteht aus einer Aufforderung, sich einen gleichgeschlechtlichen „Vornamen" einfallen zu lassen. Es formiert sich eine Gestalt, eine Person, die sowohl bewunderte als auch als verhaßt erlebte Eigenschaften eines wichtigen „anderen" tragen kann. Es kristallisieren sich idealisierte Leitvorstellungen heraus, bewundernde oder ablehnende Beziehungen zu anderen werden deutlich.

In der Oberstufe des Katathymen Bilderlebens gibt es die beiden Motive der „Höhle" und des „Sumpfloches". Beide Motive eignen sich erfahrungsgemäß und nachweisbar dazu, daß sich durch sie archaisches und teilweise tief verdrängtes Material in der Imagination entwickelt. Diese Motive sind wohl auch deshalb zu beachten, weil während ihrer imaginativen Ausgestaltung deutlicher als bei anderen Motiven präverbales Material zu erwarten ist. Beide Motive werden so verwendet, daß der Patient aufgefordert wird, sich darauf einzustellen, daß Höhle oder Sumpfloch Gestalten entlassen werden. In der führenden Technik wird der Patient zur Beobachtung dessen, was sich an Symbolgestalten entwickelt, angehalten. Er soll die Symbolgestalten und sein Erleben und Fühlen in der Konfrontation mit ihnen beschreiben. Die entstehende Gefühlsdynamik ist recht häufig von primären Gefühlen wie Angst, Scham, Glück, Wut geprägt.

Wenn die von Therapeuten eingesetzte Verhaltensstrukturierung nicht besteht und die innere Szene sich freier entfalten kann, dann geschieht es, daß der Patient die Höhle oder das Sumpfloch zu erforschen beginnt. Die Erlebnisbreite bei diesen Motiven reicht einerseits von kreativer und angstbewältigender Aneignung von bizarren und archaischen Frühformen der Imaginationsstrukturen und -bereichen und deren Inhalten, und andererseits gelangt man zu sehr frühen, präverbalen Zeiten der psychischen Entwicklung und ihrer Frühstrukturen mit den Qualitäten der Desintegration und Verschmelzungen.

Zum therapeutischen Vorgehen

Die Motive aller drei Stufen gelten als Anregungspotential. In ihnen wird das Erleben auf die Fähigkeit zur Imagination fokussiert. Wenn sich der Tagtraum entwickelt, kann er vom Therapeuten in sehr unterschiedlicher Weise begleitet werden. Diese Begleitung findet zwischen den Polen eines deutlich strukturierenden Vorgehens und einem „freien" Mitgehen im assoziativ fließenden Imaginationsstrom statt. Innerhalb des Tagtraumes kann gewechselt werden. Der Wechsel ist von der psychodynamischen Konstellation, von der Regressionstiefe und ihrer Bewegungsrichtung und von der Verfügbarkeit der Ich-Funktionen abhängig.

Die strukturierende Vorgehensweise ist von vielen Fragen gekennzeichnet. Der Therapeut führt sich damit als fragend und erkundend und auch an Einzelheiten interessiert ein. Er stellt meist schon mit dem Motivvorschlag eine Anforderung auf. Er fragt nach Stimmungen, Details, Anmutungsqualitäten. Er fordert bei schwierigen inneren Stellen ein, daß der Patient ausharren und standhalten möge. Angesichts einer angstauslösenden Symbolfigur oder einer Situation soll der Patient sich alles ansehen, genau beschreiben und sich in Beziehung zu diesen angstauslösenden Imaginationen erleben (*Leuner,* 1955). Der Patient soll Verhaltensweisen ausprobieren und andere Lösungen suchen. Eingriffe in der Art und Ermunterung und der Aufforderung, sich zu entscheiden und zu handeln, sind möglich – genauso wie Eingriffe in der Art von Verboten und imperativen Steuerung des Verhaltens von außen. Man muß sich darüber klar sein, daß diese Art des Vorgehens sehr eng an wesentliche Muster der Eltern-Kind-Beziehungen anknüpft. Durch diese Haltung des Therapeuten wird zu einem Umgang mit der Imagination angeleitet, und damit ist mehr als die Vermittlung eines übenden Umgangs (*Leuner,* 1981) mit den Imaginationen gemeint. Die Haltung ist zum Teil pädagogisch und sie stellt zum Teil eine „natürliche Beziehung" wieder her, indem sich der Therapeut als Elternteil zur Verfügung hält und dem Patienten seine kindlichen Fixierungen in der inneren Welt seiner Imaginationen entdecken und auszuhalten hilft.

Anders ist es beim assoziativen Vorgehen (*Leuner,* 1964). Möglichst frei begleitend, ohne Fragen nach Details, unterstützt der Therapeut als teilnehmend Anwesender den Fluß der Imaginationen und des Erlebens. Er läßt Erinnerungen, spontane Altersregressionen, genetisches Material, Alltagserfahrungen und Eigeninterpretationen zu. Die imaginierten Bilder können springen, entstehen, gehen wieder auseinander, sammeln sich an einem Konfliktpunkt, werden unterbrochen und durch andere abgelöst, wechseln zwischen Vorstellungen und katathymen, affektgetragenen Bildern, bewegen sich von banalen Alltagserinnerungen hin zu konfliktträchtigen, imaginierten Szenen. Der Therapeut kann vorsichtig diese Vielfalt unterstützen, indem er anregt, diese vielfältigen Formen des Erlebens zuzulassen. Dadurch wird es möglich, Zusammenhänge zwischen genetisch frühen und verdrängten Erfahrungen und der Art des Imaginierens und den Inhalten der imaginierten Konflikte erlebbar zu machen.

Im Zusammenhang mit den beiden unterschiedlichen Vorgehensweisen sind die Erweiterungen des KB zu sehen. Psychische Ereignisse wie ein Nachttraum oder reale Ereignisse können in der Imagination eingestellt werden. Es können akute Konflikte in der Imagination bearbeitet werden. In der Imagination wird Probehandeln möglich, indem sich die Szene erweitern und anreichern darf.

Es gibt die Introspektion des Körperinneren (*Roth,* 1980, 1984). Es können sich Vorstellungen des Körperschemas und der Organfunktionen imaginativ ausdrücken. Hierbei entsteht die Welt der archaischen und magischen Körperfunktionen und Krankheitsvorstellungen. Wenn sich diese innere Welt belebt, dann können auch magische Rituale oder andere magische Umgangsweisen mit den Introjekten angeboten werden. Die magischen Umgangsweisen sind „Regieprinzipien" (*Leuner,* 1981), die während des Tagtraums angewandt werden. „Nähren und Versöhnen" bedeutet, im Traum eine angsterregende Symbolgestalt durch Nahrung zu beschwichtigen. Es gibt das Prinzip des „inneren Schrittmachers", eines inneren Begleiters, der an einer Aktion teilnehmend-schützend beteiligt ist. Es gibt die

Prinzipien von „Erschöpfen und Mindern" und die Anwendung „magischer Flüssigkeiten" (*Leuner,* 1957, 1964; *Leuner* und *Lang,* 1982). Hierbei entsteht auch die Welt der frühen Objektbeziehungsrepräsentanzen. Es ist möglich, daß im KB eine Befriedigung von archaischen Bedürfnissen ausagiert wird. Abgewehrte und verdrängte, sogar abgespaltete Primärbedürfnisse und die spezifischen Beziehungsrepräsentanzen zu den Introjekten können belebt werden, ob es orale, anale, phallisch-urethrale Bedürfnisse sind oder ihre narzißtischen Komponenten (*Grunberger,* 1976).

Ein ungefähr typischer Ablauf einer Sitzung mit dem KB kann so beschrieben werden:

– In den ersten Minuten, die mit Begrüßung und dem Platz nehmen ihren Beginn haben, kann über aktuelles Material gesprochen werden. Es ist wichtig zu wissen, wie sich die Anfangssituation aus der akuten Realität und Gestimmtheit der Patienten entwickelt.
– Dann kann entweder der Therapeut seinerseits den Vorschlag machen, in das „Bildern" einzusteigen oder ein erfahrener Patient formuliert seinerseits den Wunsch. Dieser Wunsch ist schon eingebettet in die bestehende Arbeitsbeziehung, in das Übertragungsgeschehen und in die aktuelle Möglichkeit, sich auf die Imaginationen und eine bestimmte Tiefe des Erlebens einzulassen.
– Der Therapeut und der Patient verändern beide in der schon für beide typischen Art die gemeinsame Situation. Der Platz wird gewechselt und der Patient nimmt auf der Couch seinen Platz ein. Eventuell verändert der Therapeut auch seinen Platz. Auf jeden Fall ist eine günstige Sitzposition für den Therapeuten, an der Seite des Patienten zu sitzen.
– Der Therapeut gibt einige Entspannungsformeln vor, die eine körperliche Entspannung erleichtern sollen. Es ist auch möglich, die Einstimmung auf die Imaginationstätigkeit als solche zu unterstützen.
– Das Imaginieren beginnt und nimmt seinen für diese Sitzung typischen Verlauf.
– Nach einer Zeit, die zwischen zehn und zwanzig Minuten liegen sollte, wird der Therapeut das Ende des Imaginierens einleiten. Er wird die Aufforderung ergehen lassen, tief Luft zu holen, die Muskeln anzuspannen und, falls der Patient liegt, ihn dazu aufzufordern, sich wieder hinzusetzen.
– Die Bearbeitung des Tagtraumes erfolgt also im Sitzen. Es kann die inhaltliche Arbeit beginnen. Dieser Teil ist deshalb so wesentlich, um die Regression teilweise rückgängig zu machen und um das wichtige Durcharbeiten, das auf Einsichten in Zusammenhänge zielt, in Gang zu bringen.
– Es kann noch die Aufforderung beigefügt werden, den Tagtraum zu malen.

Einige vergleichende Darstellungen zwischen dem Katathymen Bilderleben und anderen Ansätzen

Das Katathyme Bilderleben nach *Leuner* ist ein typisch europäischer Ansatz für eine Psychotherapie. Er fühlt sich definitiv der psychoanalytischen Theorie und Praxis verpflichtet (*Leuner,* 1980). Das zeigt sich in der psychotherapeutischen Arbeit, in der Unbewußtes bewußt gemacht wird und in mehrfacher Hinsicht dem Durcharbeiten der Konflikte mit ihren unbewußten Strukturen und Phantasien besondere Beachtung geschenkt wird. Im KB ist eine gesteuerte Regression möglich. Die Steuerung erfolgt durch den adäquaten Einsatz der Motive und die entsprechende Strukturierung des Imaginations- und Erlebensflusses durch den Therapeuten. Hier kommen die spezifischen Interventionstechniken zur Geltung. Genau wie in allen anderen therapeutischen Ansätzen ist die Technik im KB nicht isoliert von einer therapeutischen Haltung und von einem Persönlichkeitsbild im Sinne einer impliziten Persönlichkeitstheorie über Entwicklung in Gesundheit und Neurose. Wesentlich für diese Einstellung scheint zu sein, daß die Dialektik zwischen Geltenlassen der Phänomene und den gültigen Erfahrungshaltungen psychoanalytischer Therapie erhalten bleibt.

In der europäischen Tradition stehen auch andere Forscher. *Desoille,* der in Frankreich sein Konzept zur psychotherapeutischen Verwendung der Imagination entwickelt hat, fußt mehr auf der Lehre der bedingten Reflexe, wie sie von *Pawlow* entwickelt wurde (*Desoille,* 1961). Auch *Desoille* verwendet eine Reihe von Motiven, die sich um sechs Themenbereiche gliedern. ,,Schwert" und ,,Gefäß" sind seine Reizsymbole, durch die er männliche und weibliche Eigenschaften ansprechen möchte. Eine zweite Situation wird durch einen Abstieg in die Tiefe des ,,Ozeans" konstelliert. In einem dritten Motivbereich soll eine Begegnung im ,,Keller" mit einem ,,gegengeschlechtlichen" Wesen stattfinden. Wenn es ein Patient ist, soll das Wesen eine Hexe oder eine Zauberin sein, wenn es eine Patientin ist, soll das Wesen ein Magier oder Zauberer sein. Der vierte Motivbereich schlägt wieder als Motivort den ,,Keller" vor, und diesmal soll der Patient oder die Patientin eine gleichgeschlechtliche Gestalt, einen Zauberer oder eine Zauberin, treffen. Ein weiteres Motiv läßt eine Begegnung mit einem ,,Drachen" im Keller stattfinden. Die sechste Motivsituation ist das Bild einer schlafenden ,,Schönen", die sich in einem Schloß im Wald befindet.

Desoille legt Wert auf die imaginative Reise, während der eine Reihe emotional wesentlicher Erfahrungen in Begleitung des Therapeuten gemacht werden. Er betont den desensibilisierenden Effekt seines Vorgehens. Diesen beobachtbaren und nachweisbaren Effekt erklärt er nach dem Prinzip, daß angstauslösende Imaginationen als Angststimuli schwächer werden, wenn sie von weiteren Stimuli gefolgt werden, die belohnende und entspannende Erfahrungen und Emotionen nach sich ziehen. Er folgt damit den *Pavlov*schen Ansichten über den bedingten Reflex und den traditionell angelsächsischen und positivistischen Erklärungsparadigmen. Mit diesem Erklärungsansatz steht er in der Nähe der Gruppe der Lerntheoretiker und Verhaltenstherapeuten.

Aus seiner Schule sind weitere Forscher hervorgegangen. *Fretigny* und *Virel* entwickelten das Onirodrama. Es ist die imaginierte Konfrontation eines Patienten mit seinen entscheidenden Konflikten. Dabei verbinden sie die mentalen Techniken der Arbeit an und mit den Imaginationen mit den unterschiedlichen Stadien der Vigilanz, die es zwischen Wachbewußtsein und Schlafzustand zu beobachten gibt.

In Italien hat *Rigo (Singer,* 1978) seinen Ansatz entwickelt, der auf der Basis der Psychoanalyse *Freud*s steht und das *Jung*sche Symbolverständnis mit einbezieht. Er hat vor allem eine Gruppentherapie entworfen, in der er mit Hilfe der Imaginationen in einer Gruppe an den Konflikten arbeitet. Dabei interveniert er gelegentlich. Einige Patienten erkunden ihre Imaginationen und andere Patienten versuchen, sich in diese Imaginationen einzufühlen. Es gibt hier einen deutlichen Unterschied in Auffassung und Technik zur Gruppentherapie mit dem Katathymen Bilderleben (*Kreische,* 1978, *Sachsse,* 1980). In dieser Art werden die Gruppenmitglieder zunächst aufgefordert, ein gemeinsames Motiv zu finden und sich in einem gruppendynamisch interessanten Prozeß auf ein Motiv zu einigen. Dann legen sie sich sternförmig mit den Köpfen zueinander auf den Boden. Es werden einige Entspannungsformeln vom Therapeuten vorgegeben. Darauf beginnt die gesamte Gruppe, soweit es den einzelnen möglich ist, gemeinsam das Motiv und entsprechende, individuelle Ableitungen zu imaginieren und einander mitzuteilen. Der Therapeut interveniert in dieser Phase nicht. Hinterher wird das Bildgeschehen bearbeitet.

Es ist festzustellen, daß es seit mehr als vierzig Jahren einige experimentierfreudige Ansätze für eine Psychotherapie mit den Imaginationen gibt. Jeder der

Autoren vertritt dabei seinen eigenen, theoretischen Standpunkt. Die begriffliche und in Abstraktion überführte Theorieheimat ist meist die Psychoanalyse, wenn es um die Prozeßbeschreibung des therapeutischen Verlaufs geht. Wenn es um das Verständnis der Symbole geht, so wird die Psychologie *C.G. Jung*s mit herangezogen.

Die amerikanischen Entwicklungen auf dem Gebiet der Psychotherapie mit den Imaginationen waren in ihren Anfängen stark von den Techniken der Verhaltensmodifikation beeinflußt, wie sie in den verhaltenstherapeutischen Ansätzen entwickelt wurden (*Wolpe,* 1958; *Bandura,* 1969; *Cautela,* 1970). Die Bewegung der humanistischen Psychologie griff dann ihrerseits die Arbeit mit den Imaginationen auf. Die Gestalttherapie nach *F. Perls* und der erweiterte Ansatz der klientenzentrierten Psychotherapie nach *C. Rogers* verwenden beide die Imaginationen. Es soll hier die Technik des ,,focusing'' nach *Gendlin* dargestellt werden (*Gendlin,* 1980a, 1980b). Er postuliert zunächst das Primat des gefühlten Körpererlebens, das sich verbal nicht fassen läßt. Von dort aus fragt er nach der Verbindung zwischen gefühlten Körpererfahrungen und Imaginationen. Die Imaginationsprozesse sollen sich nicht ausdehen und sich im Sinne der inneren Reise oder der Entwicklung katathymer Bilder und der Vervollständigung eines Symboldramas oder inneren Panoramas erweitern. Vielmehr soll ein ständiger Wechsel zwischen Körpererleben und den Versuchen der Symbolisierung dieses Erlebens statthaben. Mit der Technik des ,,focusing'', die auch eine sehr genaue vorgehensstrukturierende Verhaltensanleitung für Therapeut und Patient ist, wird solange gearbeitet, bis sich eine gefühlte und symbolisierfähige Veränderung (,,felt shift'') im Körpererleben durchgesetzt hat. Der Patient soll nicht tief regredieren, er soll sich spezifisch auf seine ganzheitliche Körpererfahrung konzentrieren und sich innerhalb dieses Bedeutungsrahmens bewegen.

Eine weitere italo-amerikanische Richtung trägt den Namen ,,Psychosynthese''. *Assagiolo* entwirft seinen theoretischen Ansatz vom Aufbau des Seelischen in sieben Schichten (*Singer,* 1978). Für *Assagiolo* und einen anderen Autor, *Gerard,* gilt als Ziel der Psychotherapie die ,,Verlagerung der Persönlichkeit in ein neues Zentrum'' (*Singer,* 1978). Beide Autoren verwenden eine von ihnen entwickelte Technik der ,,symbolischen Visualisation'', die es in freier und in kontrollierter Form gibt. Der Patient soll sich bemühen, ein inneres Bild in sehr deutlicher Form zu entwickeln und es festzuhalten und es gleichzeitig freizuhalten von hinzudrängenden Gedanken und Einflüssen. *Gerard* entwickelte das Konzept der Visualisierung affektiver Zustände. Farben sollen visualisiert und erlebt werden, der Patient soll sich im Mittelpunkt der Farben fühlen. Oder ein Patient soll an einem lebendigen Vorgang wie dem Aufgehen einer Saat innerlich teilnehmen und ihn nachvollziehen. Hier sind Anklänge zur Gestalttherapie und zur Technik des ,,focusing''. Die physiologischen Verspannungen und Körperempfindungen werden als komplexe Ausgangsreize genützt. Aus ihnen sollen sich Imaginationsphantasien entwickeln.

Shorr (1972, 1980) beschäftigt sich auf empirisch-phänomenaler Basis mit den Imaginationen. Er akzeptiert die These der latenten Sinnstrukturen, die hinter den Inhalten der Tagträume zu suchen sind. Er ist aufmerksam auf den unbewußten Bereich, der sich in den Tagträumen äußert. In der Arbeit mit einem Patienten zieht er lebhafte Interaktion vor. Sie soll dahin führen, daß sich der Patient und der Therapeut über die Bedeutungen der Imaginationen einigen. Er will in seiner Verwendung der Imaginationen sowohl konflikthaftes Material fördern als auch die Eröffnung neuer Erlebnisbereiche durch die Phantasie und das Tagträumen ermöglichen. Die gemeinsame Arbeit der Bedeutungsfindung ist von einer Versuchs-Irrtums-Kreativität („trial and error creativity") geprägt. *Shorr* setzt seine Aufforderungen zur Imagination je nach dem Stand und der Entwicklung der Therapie ein. Zum Beispiel fragt er danach, sich in der Imagination drei Türen vorzustellen, diese zu öffnen und zu schildern, was dahinter ist. Oder es sollen drei Behälter untersucht werden, es soll in ein Wasserbecken geschaut werden und drei Bilder sollen sich nacheinander entwickeln und ähnliche Dreierkombinationen werden vorgeschlagen. Ein anderer Typ von inneren Bildern ist der der Körperbilder. Der Patient entwickelt zu seinen Körperteilen subjektiv entsprechende Imaginationen, die dann ihre Validierung durch gemeinsamen Konsens erfahren. *Shorr,* wie viele andere Therapeuten, die mit der Imagination arbeiten, berichtet davon, daß bei einem Engpaß oder einem starken Widerstand in einer Therapie das Angebot zu einer Therapie angebracht ist (*Shorr,* 1980; *Leuner,* 1981; *Pahl,* 1982b).

Literatur

Bandura, A.: Principles of Behavior Modification. Holt, Rinehart and Winston, New York 1969

Blanck, G., Blanck, R.: Ich-Psychologie II. Psychoanalytische Entwicklungslehre. Klett-Cotta, Stuttgart 1980

Cautela, J.R.: Covert Reinforcement. Behavior Therapy 1 (1970) 33–50

Corsini, R.J. (Hrsg.): Handbuch der Psychotherapie, Bd. 1, A–M. Beltz, Weinheim 1983

Desoille, R.: Theorie et Pratique du rêve éveillé dirigé. Mont-Blanc, Genève 1961

Fenichel, O.: Psychoanalytische Neurosenlehre. Walter, Olten 1974

Freud, S.: Vorlesungen zur Einführung in die Psychoanalyse. GW Bd. 11. S. Fischer, Frankfurt a.M. 1966

Freud, S.: Die Traumdeutung. GW Bd. 2 und 3. S. Fischer, Frankfurt a. M. 1973

Freud, S.: Der Dichter und das Phantasieren. GW Bd. 7. S. Fischer, Frankfurt a. M. 1976

Gendlin, E.T.: Focusing. Müller, Salzburg 1980a

Gendlin, E.T.: Imagery is more Powerful with Focusing: Theory and Practice. p. 65–73 in: *Shorr, J.E., Sobel, G.E., Robin, P., Connella, J.A.* (1980b)

Grunberger, B.: Vom Narzißmus zum Objekt. Suhrkamp, Frankfurt a. M. 1976

Grunberger, B.: Narziß und Ödipus und die Entwicklung der psychoanalytischen Therapie. Psyche 6 (1982) 515–540

Howe, J. (Hrsg.): Integratives Handeln in der Gesprächstherapie. Beltz, Weinheim 1982

Klessmann, E., Klessmann, H.A.: Ambulante Psychotherapie der Anorexia nervosa unter Anwendung des Katathymen Bilderlebens. p. 62–75 in: *Leuner, H., Horn, G., Klessmann, E.* (1978)

Kreische, R.: Gruppentherapie mit dem Katathymen Bilderleben. Schriftenreihe der AGKB, Göttingen 1978

Leuner, H.: Experimentelles Katathymes Bilderleben als ein klinisches Verfahren der Psychotherapie: Grundlegungen und Methode. Zeitschrift für Psychotherapie und medizinische Psychologie 5 (1955) 185–202

Leuner H.: Symboldrama, ein aktives, nicht-analysierendes Vorgehen in der Psychotherapie. Zeitschrift für Psychotherapie und medizinische Psychologie 6 (1957) 221–238

Leuner, H.: Das assoziative Vorgehen im Symboldrama. Zeitschrift für Psychotherapie und medizinische Psychologie *14* (1964) 196–211

Leuner, H. (Hrsg.): Katathymes Bilderleben – Ergebnisse in Theorie und Praxis. Huber, Bern 1980

Leuner, H.: Zur psychoanalytischen Theorie des Katathymen Bilderlebens (KB). p. 74–92 in: *Leuner, H.* (1980)

Leuner, H.: Katathymes Bilderleben, Grundstufe. Thieme, Stuttgart 1981

Leuner H.: Katathymes Bilderleben. p. 451–470 in: *Corsini, R.J.* (1983)

Leuner H., Lang, O. (Hrsg.): Psychotherapie mit dem Tagtraum. Ergebnisse II. Fallanalysen, Theorie. Huber, Bern 1982

Leuner, H., Horn, G., Klessmann, E. (Hrsg.): Katathymes Bilderleben mit Kindern und Jugendlichen. Reinhardt, München 1978

Lorenzer, A.: Interaktion, Sprache und szenisches Verstehen. Psyche *2* (1983) 97–115

Pahl, J.: Über einige abgrenzbare Formen der Übertragungs- und Gegenübertragungsprozesse während der Arbeit mit dem Katathymen Bilderleben. p. 73–91 in: *Leuner, H., Lang, O.* (1982) (a)

Pahl, J.: Kombination von Gesprächspsychotherapie mit dem Katathymen Bilderleben. p. 155–172 in: *Howe, J.* (1982) (b)

Pahl, J.: Der Tagtraum – ein seelisches Kompromißgeschehen und seine Bedeutung. p. 37–45 in: *Roth, J.W.* (1984)

Roth, J.W.: Über die Bedeutung der introspektiven Imagination des Katathymen Bilderlebens, dargestellt am Beispiel des Spannungskopfschmerzes. p. 224–234 in: *Leuner, H.* (1980)

Roth, J.W. (Hrsg.): Konkrete Phantasie. Neue Erfahrungen mit dem Katathymen Bilderleben. Huber, Bern 1984

Roth, J.W.: Körpersensationen während des Katathymen Bilderlebens – Ihr Einsatz als therapeutische Technik. p. 25–36 in: *Roth, J.W.* (1984)

Sachsse, U.: Das Katathyme Bilderleben der Gruppe – Die Gruppenimagination und die Analyse ihrer Dynamik. Schriftenreihe der AGKB, Göttingen 1980

Shorr, J.E.: Psycho-imagination therapy: The integration of phenomenology and imagination. Intercontinental Medical Book, New York 1972

Shorr, J.E.: Discoveries about the mind's ability to organize and find meaning in imagery. p. 55–64 in: *Shorr, J.E., Sobel, G.E., Robin, P., Connella, J.A.* (1980)

Shorr, J.E., Sobel, G.E., Robin, P., Connella, J.A. (eds.): Imagery. Its Many Dimensions and Applications. Plenum Press, New York 1980

Singer, J.L.: Phantasie und Tagtraum – Imaginative Methoden in der Psychotherapie. Pfeiffer, München 1978

Waechter, H.-M.: Das Katathyme Bilderleben (KB) nach *Leuner.* Selbstverlag der AGKB, Göttingen 1974

Wilke, E.: Katathymes Bilderleben (KB) in der Behandlung der Colitis ulcerosa. Selbstverlag der AGKB, Göttingen 1979

Wolpe, J.: Psychotherapy by Reciprocal Inhibition. Stanford University Press, Stanford California 1958

3.7 Reizüberflutung als Therapieform: Die Terpsichoretrancetherapie (TTT)

D. Akstein

Zusammenfassung

Die afro-brasilianischen Sekten wirken auf verschiedener Weise psychotherapeutisch auf ihre Anhänger. Als Formen der Suggestion oder der Möglichkeit zur emotionalen Spannungsentladung sind es Zustände der Besessenheit, welche den größten Einfluß auf die Gläubigen haben. Es ist diese Art der Besessenheit, die der Autor einer neuen Art der Gruppenpsychotherapie – Terpsichoretrancetherapie (TTT) – zugrunde legt. Die bei dieser Therapie zur Anwendung gelangende Trance zeigt große Ähnlichkeit mit den Zuständen, wie sie bei den erwähnten Sekten auftreten. TTT eignet sich vor allem als ergänzende Behandlungsform neben den üblicheren Arten der Therapie neurotischer oder psychosomatischer Patienten. Sie kann als zusätzlicher Impuls im Rahmen der gesamten Behandlung dieser Patienten dienen. Die Ziele von TTT sind:
1. Therapie,
2. Prophylaxe,
3. Analyse,
4. Diagnose und
5. Experiment.

Einleitung

So wie aus den Pflanzen und Kräutern, die traditionell von Medizinmännern und Heilern verwendet wurden, vielfältigster pharmakologischer Nutzen hat gezogen werden können, habe ich aus der kinetischen Trance, wie sie in verschiedenen amerikanischen Kulturen (Brasilien, Haiti, Puerto Rico, Trinidad, Kuba usw.), bei vielen afrikanischen Völkern und in den Sekten der tanzenden Derwische in der Türkei und Ägypten vorkommt, eine Form der nonverbalen Psychotherapie entwickelt, deren psychophysiologische Grundlage heute befriedigend erklärt werden kann (*Akstein*, 1967a, 1967b).

Die Terpsichoretrancetherapie, TTT genannt, ist eine nonverbale Gruppenpsychotherapie. Sie wurde 1965 entwickelt (*Akstein*, 1966a) und stützt sich auf die Beobachtung der Heilwirkung der außerordentlichen emotionellen Spannungsentladung, wie sie bei den rituellen kinetischen Trancen im Rahmen der afro-brasilianischen Spiritualisten vorkommen. Ich möchte jedoch betonen, daß weder bei der Induktion noch beim Zustand der kinetischen TTT mystische oder religiöse Faktoren beteiligt sind.

Die Techniken der TTT werden kontinuierlich weiterentwickelt. Diese Therapieform kann heute als eine der wichtigeren Hilfen im Rahmen der psychiatrischen und psychosomatischen Behandlungsmöglichkeiten betrachtet werden.

Soziokulturelle Grundlagen

Die rituelle kinetische Trance (im Rahmen der Umbanda, Candomblé, Quimbanda und andere Sekten) ermöglicht es in unserem Lande Millionen von Menschen, ihren täglichen Sorgen zu entfliehen, sich von ihren angestauten Emotionen zu befreien und sich dadurch ein gutes psychisches und psychosomatisches Gleichgewicht zu erhalten (*Akstein*, 1977a).

In einer kinetischen Trance erlebt das Individuum eine atavistische Regression; vor allem während der stärksten emotinalen Entladung treten phylogenetisch recht alte Verhaltensweisen auf. Ähnlich primitives Verhalten kann z.b. auch bei einem Ausbruch von Massenpanik beobachtet werden, wenn Menchen, im Versuche ihr Leben zu retten, so irrational und chaotisch handeln, daß erst recht viele den Tod finden oder verletzt werden. Weitere Beispiele der Rückkehr zu einem primitiven Verhaltensniveau sind die Zustände intensiven Hasses, der Betäubung durch Drogen oder Alkohol, des Kampfes. In diesen Zuständen ist das Großhirn grundsätzlich blockiert und niedrigere Nervenzentren dominieren, wobei primitivere Instinkte und Triebe befreit werden. Die TTT zielt zwar darauf ab, den Patienten in eine archaische Situation regredieren zu lassen, hält aber die Freiwerdung seiner extrem angespannten Emotionen unter Kontrolle. Sie führt per se zu einer hilfreichen Entspannung, erhöht das Niveau der nervlichen Widerstandskraft des Patienten, beruhigt ihn und verleiht ihm die nötigen Kräfte, die er braucht, um sich mit seinen Problemen auseinanderzusetzen und sie auf angemessene Weise zu lösen (*Akstein*, 1977a).

Abgesehen von der rituellen Besessenheit – unzweifelhaft ein Hauptfaktor der emotionalen Befreiung – gibt es in den afro-brasilianischen spiritualistischen Sekten (Umbanda, Quimbanda, Candomblé, Xangó, Catimbó, Batuque u.a.) weitere Elemente, die zu ähnlichen Ergebnissen führen. Der Kult an sich wirkt vor allem unter den sozial benachteiligten Klassen als Mittel, die täglichen Sorgen zu mildern.

Durch Medien erhalten die Gläubigen Rat in drückenden Fragen und bauen so ihre Spannung ab. Sie werden getröstet, aufgeheitert und geführt, teils durch Versprechungen einer besseren Zukunft. Der Abbau emotionaler Spannung kommt auch dadurch zustande, daß der Gläubige dem Logenführer (Babalaó) beichtet oder Gebete, Räucherriten, Zauberopfer und rituelle Gaben verrichtet (*Akstein*, 1974, 1982).

Das Gefüge der Riten in diesen Religionen hat also auch psychotherapeutischen Charakter. Ähnlich wie in den alten Kulturen, wo, wie es auch heute noch vorkommen kann, der Heiler gleichzeitig Priester war, machmal sogar König, wie z.B. *Ludwig XIV*. in Frankreich, der die Leute berührte und sagte: „Le roi te touche, Dieu te guérit" („Der König berührt dich, Gott heilt dich").

Ein wichtiger Unterschied zwischen den ursprünglichen europäischen *Kardec*ianischen spiritualistischen Sekten (Tischchen rücken oder *Kardec*ianischer Spiritismus, entwickelt von *Allan Kardec*) und den afro-brasilianischen Sekten besteht darin, daß die Trancen der ersteren statisch, der letzteren hingegen kinetisch sind.

Der Ausdruck „kinetische Trance" stammt vom Autor und bezeichnet einen Trance-Zustand, der ausgelöst wird durch heftige Körperbewegungen, meist Rotation, und eine unnatürliche Haltung des Kopfes, was zu einer Reizung des Vestibulärapparates führt.

Die Praxis der rituellen Trance erweist sich als eine spezielle Form der Psychotherapie. Diese kinetische Form der Trance führt zu einer intensiven emotionalen Entladung, die sich als günstig erweist für das psychische und psychosomatische Leben der Medien, die Mitglieder der oben erwähnten afro-brasilianischen Sekten sind. In der kinetischen rituellen Trance übernimmt die motorische Erregung die Funktion eines Ventils, durch welches die aus inneren Konflikten resultierende Spannung abgeleitet werden kann. Das Ritual selbst wirkt als Kontrolle über das Ausmaß der Spannungsableitung. Entwickelt ein Medium eine sehr heftige Trance, so wird es der Logenführer, der Babaláo, beruhigen und dafür sorgen, daß es den Rahmen des Rituals nicht sprengt. Muskelkrämpfe, wie sie während der rituellen Trance auftreten können, meistens verbunden mit dem Schneiden von Grimassen und dem Ausstoßen von schrillen oder gutturalen Lauten, stehen im Zusammenhang mit einer abgeschwächten Form der Entladung von blockierten Emotionen und gewissen primitiven Impulsen. Die Intensität der emotionalen Entladung nimmt im Verlauf wiederholter Sessionen ab und führt schließlich zur Desensibilisierung: Das Individuum mit einer starken blockierten Emotion entwickelt von Sitzung zu Sitzung allmählich ein gutes inneres Gleichgewicht. Diese Art des Verlaufs wird auch von *Mesmer* im Zusammenhang mit Patienten im Zustand der „crises" berichtet (*Ellenberger*, 1965).

Nach der Trance fühlt sich das Individuum wohl und ruhig. Auf sein psychisches Leben hat die emotionale Entladung einen sehr günstigen Einfluß. Dies haben meine jahrelangen direkten Beobachtungen kinetischer Trancen im Rahmen afro-brasilianischer spiritualistischer Séancen bestätigt. Ich fand es deshalb sinnvoll, diese Erfahrungen der rituellen Trance für die Psychiatrie und die psychosomatische Medizin zu nutzen, mystische oder religiöse Elemente dabei aber zu eliminieren.

Natürlich tragen auch andere Elemente der afro-brasilianischen Sekten zum psychotherapeutischen Effekt auf die Gläubigen bei. Der Zustand der Besessenheit steht aber an erster Stelle, sei es als Folge der Suggestion oder als Möglichkeit zur Befreiung von emotionellen Spannungen.

Sowohl in der Erscheinung wie in den Effekten erinnert die Besessenheit an den Elektroschock (*Akstein*, 1967a). Darauf weist auch *Sargant* (1975) hin.

Die rituell besessene Person beeindruckt die Gläubigen durch ihr außergewöhnliches Verhalten. Sie schneidet Grimassen, macht außergewöhnliche Gesten, gibt Laute von sich, die offensichtlich einer fremden Sprache entstammen, und all dies bestätigt die Kultmitglieder in ihrem Glauben. Es ist dies ein übliches Mittel, Gläubige zu beeindrucken, sei es in Brasilien, Haiti, Nigeria, Indonesien oder irgend einem anderen Teil der Welt.

Die festlichen Séancen der Umbanda, Quimbanda, Candomblé, Catimbó, Cangó und Batuque sind einem Schauspiel zu vergleichen. Dichte und Harmonie der Riten, der Musik, der Gesänge, Tänze und Kostüme schaffen eine Atmosphäre des Theaters (*Akstein*, 1967b).

Der ganze Rahmen der Sessionen, die andauernde und monotone Musik, der Rhythmus der Trommeln oder das Händeklatschen versetzen die Teilnehmer in einen Zustand hypnotischer Ruhe, der zu einer wohltuenden psychophysischen Entspannung führt.

Viele Jahre direkter Beobachtung und persönlicher Erfahrung mit afro-brasilianischen spiritualistischen Sekten auf dem Hintergrund der brasilianischen Wirklichkeit haben mich gelehrt, daß nicht nur religiöse Faktoren zum Tragen kommen, sondern auch kulturelle, soziale, anthropologische, psychologische, politische, ökonomische, neurophysiologische und psychiatrische (*Akstein*, 1967b, 1973a).

Die spiritualistischen Sekten sind in der brasilianischen Gesellschaft sehr einflußreich. Sie betreiben viele Spitäler und Zeitungen. Ihre Vertreter werden auf der regionalen wie auf der staatlichen Ebene in die Regierung gewählt.

Die synkretistische Form der Umbanda hat das Ausmaß einer Nationalreligion gewonnen. Cancomblé, das über einen größeren Reichtum an Ritualen verfügt, ist mehr den afrikanischen Traditionen verpflichtet; diese Richtung ist jedoch weniger wichtig und vor allem in Bahia vertreten.

Statische Trancen, wie sie in der klassischen Hypnose vorkommen, bei Yoga, Entspannungstechniken, transzendentaler Meditation usw. sind zunehmend Gegenstand wissenschaftlicher Forschung geworden, ausgehend von *Puysegur* (*Akstein*, 1967c).

Auch die kinetische (rituelle) Trance hat in den letzten Jahren zunehmend die Aufmerksamkeit von Anthropologen, Soziologen, Theologen, Psychologen und transkulturellen Psychiatern gewonnen. Die gründliche wissenschaftliche Untersuchung der vom Mystizismus losgelösten Bedeutung der kinetischen Trance wird auf dem Gebiet der Psychiatrie, Psychologie, Neurophysiologie und Elektroenzephalographie allerdings erst seit Entwicklung der TTT vorangetrieben (*Akstein*, 1966a, 1966b, 1967a, 1967b, 1973a, 1973b, 1977b; *Monteiro*, 1968; *Mariani Ramirez*, 1969; *Donnars*, 1981; *Portal*, 1984).

Analogien, Angaben zur Geschichte und zum Verfahren

Die Methode der TTT weist Ähnlichkeiten auf mit der Hypnosynthese nach *Conn* (1956) und dem Verfahren, das *Mesmer* von 1778 bis 1784 in Paris anwandte (*Akstein*, 1967c).

Conn hatte beobachtet, daß hypnotische Zustände an sich heilende Wirkung haben können, und entwickelte seine „Hypnosynthese" genannte Methode im Jahre 1944. Kurz zusammengefaßt besteht das Verfahren darin, den Patienten in einen hypnotischen Zustand zu versetzen und ihm zu sagen, daß er diesen Zustand ganz nach seinem Gutdünken nutzen darf. Er kann schweigen, lachen, oder irgend etwas tun, das ihm Freude macht. Die Hauptsache ist, daß er das Gefühl genießt, wirklich er selbst zu sein. In der TTT werden dem Patienten weder vor der Sitzung noch in deren Verlauf irgendwelche Hinweise oder Suggestionen dazu gegeben, welches Verhalten er zeigen soll. Verbale Kommunikation findet nicht statt. Patienten entwickeln eine große Vielfalt an Reaktionen. Einige tanzen in gleicher Weise wie sie einen Samba tanzen würden, andere bleiben auf dem selben Fleck stehen und schwingen lediglich mit dem Körper leicht hin und her. Manche verharren lange Zeit in einer Kreisbewegung, andere spazieren durchs Zimmer, wieder andere entwickeln eine sehr heftige, unkontrollierte Trance, auf die meist emotionale und physische Ausbrüche folgen. Das kommt vor allem während der ersten therapeutischen Sitzungen vor und entspricht den Zuständen, die während ritueller Séancen beobachtet werden können. Diese Patienten werden einer direkteren Kontrolle des Leiters oder seiner Assistenten unterworfen und es wird versucht, den Patienten so zu führen, daß er den Rahmen der Methode nicht sprengt. Manche weinen während sie tanzen, manche unterbrechen abrupt ihre Trance und beginnen dann zu weinen; andere stoßen gutturale Laute oder schrille Schreie aus.

Keiner der Patienten spricht während der Séance. Manche zeigen ein mystisches Gebaren, speziell Patienten, welche die Methode mit Mystizismus assoziieren. Wenn solche Patienten die rituelle kinetische Trance praktizieren oder praktiziert haben oder regelmäßig Logen besuchen oder besucht haben, wo diese Form der Trance praktiziert wird, folgen ihre psychomotorischen Manifestationen im allgemeinen einem Stereotyp, nämlich dem Muster des Verhaltens, wie es in eben dieser Loge beobachtet werden kann. Dieser Umstand erschwert eine korrekte Analyse der Körpersprache. Aus diesem Grund wird versucht, nicht mit Patienten zu arbeiten, die schon an afro-brasilianischen spiritualistischen Ritualen teilgenommen haben oder noch teilnehmen.

Mit dem Patienten wird, wie bereits erwähnt, während der ganzen TTT-Session nicht gesprochen. Dessen gesamte Aufmerksamkeit ist auf die musikalischen Stimuli gerichtet, andere auditive Stimuli nimmt er nicht wahr. Ist die Trance allerdings nicht so tief, so kann der Patient mit seiner Aufmerksamkeit von der Musik zur Stimme des Leiters und dessen Assistenten wechseln oder zur Konversation, die zwischen anwesenden Verwandten oder Freunden im Gange ist. Im letzten Fall wird der Patient gestört und es kann leicht geschehen, daß er aus der Trance herausfällt. Aus diesem Grund sollte während der Sitzung am besten überhaupt nicht gesprochen werden.

Die Musik, die in den TTT-Sitzungen verwendet wird, zeigt eine Analogie mit den Techniken von *Mesmer*. Sein bevorzugtes Instrument war die Orgel und die Musik war emotional sehr evokativ, so daß es unter den zentral plazierten Teilnehmern zu den „crises" (kathartischen Reaktionen) kam (*Akstein*, 1973b). Solche sind auch bei der TTT erwünscht.

In der letzten Zeit habe ich mich mit der Frage beschäftigt, ob die TTT nicht als Neufassung der kathartischen Therapie von *Mesmer* verstanden werden könnte. *Mesmer* konnte damals seine Therapie nicht weiterführen, da eine Kommission aus Mitgliedern der Akademie der Wissenschaften der Medizinischen Fakultät und der Königlichen Medizinischen Gesellschaft im Jahre 1784 sich gegen den tierischen Magnetismus aussprach. Die *Mesmer*schen „crises" und die durch die kinetische Trance erzeugten Reaktionen sind auch darin ähnlich, daß sie beide eine Form der Abreaktion gewöhnlicher Neurosen darstellen. Eine weitere Analogie läßt sich darin sehen, daß sowohl bei der kinetischen Trance (*Akstein*, 1967a) wie bei der Behandlung nach *Mesmer* (*Akstein*, 1977a) die Intensität der Reaktionen des Patienten von Sitzung zu Sitzung abnimmt.

Cuissart, ein brasilianischer Arzt französischer Herkunft, berichtete am 6. Oktober 1832 in einer Sitzung der Medizinischen Gesellschaft von Rio de Janeiro von Ähnlichkeiten zwischen den *Mesmer*schen „crises", „künstlichem Somnambulismus" (*Puysegur*) und epidemischen Besessenheitszuständen. Er vertrat die Meinung, daß dieses Phänomene, die man im 18. Jahrhundert für Neuheiten hielt und sehr mirakulös fand, in der menschlichen Natur liegende Phänomene seien, die es immer gegeben habe, wenn sie auch verschiedene Formen angenommen hätten (*Monteiro*, 1980).

Zustände, in denen der Mensch wie in der Besessenheit außer sich gerät, sind eine archaische oder primitive Form der Abwehr und waren vermutlich in der frühen

Menschheitsgeschichte sehr verbreitet. Auch in nicht so entfernten Zeiten, nämlich im Mittelalter, traten sie sehr häufig auf. Es gab epidemische konvulsive Krisen. Die damals auftretenden Zustände, auch als Besessenheit vom Teufel definiert, zeigten ein bestimmtes Muster (Körperverrenkungen, Zittern, arc-en-ciel-Krämpfe usw.), was sich durch den Instinkt der Nachahmung erklären läßt (*Akstein*, 1967a).

Pänomene wie die Besessenheit sind eine Form der Flucht und der Abwehr in Situationen starker Bedrohung oder Aggression (Kriege, Epidemien, Kataklysmen, Sklaverei, Vorurteile und starke soziale Repression gegen Frauen, Zwang zur entmenschlichenden Unterwerfung, Drohungen der Kirche mit Hölle und Fegefeuer usw.). Verschiedene Autoren haben das Auftreten epidemischer konvulsiver Krisen diskutiert. Die beste Untersuchung verdanken wir jedoch *Paul Regnard* (1887), der mit *Charcot* an der Salpétrière arbeitete und ein Werk mit dem Titel „Les maladies épidémiques de l'esprit" veröffentlichte.

Besessenheit durch den Teufel kam in den verschiedensten Teilen Europas vor. Ignoranz und religiöse Intoleranz machten tausende unglücklicher Menschen zum Opfer einer anderen Epidemie, der Dämonomanie. So wurden tausende von sogenannten Hexen verurteilt und auf Scheiterhaufen hingerichtet. Wie *Regnard* schreibt, hatte jede Person ihre oder seine eigene Art der Konvulsion und es war wie ein allgemeiner Tanz, eine wahre Tarantella.

Viele Tanzformen hatten in der Vergangenheit die Funktion in Zeiten intensiver Furcht und Verunsicherung Erleichterung zu bringen. Die Tarantella z.B., ein populärer neapolitanischer Tanz im 6/8-Rhythmus, entstand als Tanzmanie oder hysterische Chorea während der Epidemie des Tarantismus, von der die Leute glaubten, daß sie durch Tarantelbisse verursacht sei. Heilung brachte das intensive Schwitzen während des Tanzens. Heute weiß man, daß der Biß der Tarantelspinne praktisch harmlos ist (*Akstein*, 1974).

In Deutschland übernahm der Veitstanz dieselbe Rolle des Schutzes gegen aggressive Stimuli.

Wir erinnern uns auch der Zeit des Rock'n Roll und anderer höchst dynamischer Rhythmen. Es war die Zeit des kalten Krieges. Dies war eine wahrlich instinktive Reaktion, ganz wie in der frühen Menschheitsgeschichte, als die kinetische Trance entstand als Abwehrreaktion des primitiven Menschen gegenüber gewissen sehr machtvollen aber zerstörerischen Kräften der Natur (*Akstein*, 1974).

Es gibt keinen Zweifel, daß viele hochdynamische moderne Rhythmen ebenfalls dazu verhelfen, unterdrückte emotionale Spannungen freizusetzen oder Schutz vor aggressiven Stimuli zu bieten (was manche lieber als Flucht oder Entfremdung bezeichnen).

Diese Art des Tanzens vermag die Tänzer in einen ekstatischen Zustand zu versetzen, in dem sie sich leicht und in einer außerordentlichen Harmonie mit sich selbst und der ganzen Welt fühlen.

Aus all dem geht hervor, daß sich für die TTT ein weites Spektrum der Anwendungsmöglichkeiten zeigt, wenn sich eine Gemeinschaft in Konflikt, Furcht und Verunsicherung befindet. Dies führt mich dazu, TTT auch als eine Technik der Massenpsychotherapie zu bezeichnen.

Der „große Anfall" ist zu unserer Zeit nicht mehr so häufig wie früher. Vielmehr kennen wir heute die Konversions- oder psychosomatischen Symptome, die mit blockierten pathologischen Erregungsprozenten der Gehirnrinde im Zusammenhang stehen. Der positive Tonus der Kortex ist heute höher als früher und verhindert die sonst leicht zu erreichende schnelle inhibitorische Diffusion von der Peripherie des pathologischen Herdes im Erregungsprozeß der Gehirnrinde. Die Widerstandskraft hat sich in einer ontogenetischen und phylogenetischen Entwicklung erhöht (*Akstein*, 1967a).

Es gibt keinen Zweifel, daß die nervliche Widerstandskraft speziell seit dem 19. Jahrhundert aufgrund des Auftretens neuer, vielfältiger und stets zunehmender Stimuli zugenommen hat. Der städtische Mensch unseres Jahrhunderts muß einer Reizflut standhalten, die einem Menschen, sagen wir des 15. Jahrhunderts, unerträglich gewesen wäre. Heutzutage ist man schon als Kind oder als Heranwachsender einer unerhörten Reizüberschwemmung ausgesetzt.

Ellenberger (1965) schreibt zum Vergleich der Zeitgenossen *Mesmer*s mit dem heutigen Menschen:

,,Man at that time was not only socially and psychological, but also biologically different from us. They were not as tall, extremely sturdy (there weren't anesthetics of any kind); they grew up faster, going directly from childhood to adulthood; they grew older faster and lived shorter lives."

Wir dürfen nicht vergessen, daß der Mensch eine nervliche Veränderung mitgemacht hat, speziell seit dem Beginn des technischen Zeitalters: Sein zentrales Nervensystem, hat durch ontogenetische und phylogenetische Entwicklung eine größere Widerstandskraft erreicht. Die moderne Welt konfrontiert das Individuum von frühester Kindheit an mit intensiven, schnellen und vielfältigen Reizen wechselnder Frequenz aus den verschiedensten Quellen. Sein neurohormonales System wird laufend stimuliert, was Veränderungen aller Art nach sich zieht und sich sogar auf sein physisches Wachstum auswirkt. Der heutige Mensch ist größer und wir glauben nicht, daß dies nur auf Vitamine, Antibiotika, bessere hygienische Bedingungen und ähnliche Errungenschaften allein zurückzuführen ist. So weiß man ja z.B. von Pflanzen, daß sie besser wachsen, wenn sie während der Wachstumsphase einer regelmäßigen und angenehmen musikalischen Stimulation ausgesetzt werden (*Akstein*, 1967a).

Im Falle vieler Patienten wirkt die Therapie auf paradoxe Weise, indem sie eine primitive Krise oder einen Anfall auslöst. Die blockierten Teile innerhalb des Erregungsprozesses der Hirnrinde werden so befreit, und es steigt gleichzeitig nach Beendigung der Krise der positive Tonus der Gehirnzellen. Die Gehirnzellen sind mit anderen Worten dann besser befähigt, die subkortikalen Strukturen zu moderieren und zu kontrollieren. Bildlich gesprochen könnten wir die Situation so ausdrücken: Es ist, als ob wir eine abgerissene und schmutzige Person fänden, ihr die Kleider abnähmen, ein Bad verabreichten und ihr nachher wieder neue, saubere Kleider gäben (*Akstein*, 1967a, 1967b).

In der kinetischen Trance kehrt der Mensch gewissermaßen zu einem primitiveren Entwicklungsstand zurück, was übrigens in der rituellen kinetischen Trance leichter geschieht, da Mystizismus die Trance vertieft. Die künstlichen Einschränkungen der Zivilisation, welche die Abfuhr verschiedener Spannungen behindern, fallen dabei weg, und das Individuum erlebt Momente einer starken Ursprünglichkeit. Es wird dadurch befähigt, sich besser an seine soziale und familiäre Gruppe anzupassen und ein besseres psychisches und psychosomatisches Gleichgewicht zu entwickeln. Da die emotionalen und neurovegetativen Zentren physiologisch und anatomisch untereinander verbunden sind, wird sich eine emotionale Entladung immer auch günstig auf eine Besserung der psychischen und neurovegetativen Funktionen auswirken.

TTT ist nicht ausschließlich auf den Anfall zentriert. Die meisten der Patienten, die an den Sitzungen teilnehmen, haben nie einen klassischen Anfall und solche, von denen man erwarten würde, daß sie einen hätten, maskieren das Phänomen vielleicht unter unauffälliger und anhaltender Muskelspannung und frenetischem Tanzen. Es ist interessant, daß Patienten, die eine tiefe Trance entwickeln und ein sehr ruhiges Verhalten zeigen, z.B. so langsam tanzen, daß es wirkt, als schritten sie nur durchs Zimmer, sich nach der Sitzung sehr wohl und entspannt fühlen. Übrigens profitieren auch Patienten, die nur eine leichte Trance entwickeln, von der Therapie. Diejenigen, die den Zustand der Trance nicht erreichen, aber nicht zu tanzen aufhören, erleben dennoch eine wohltuende Befreiung von blockierten emotionalen Spannungen. Diese Befreiung entsteht durch die regelmäßige rhythmische Bewegung, durch die dynamische Musik und als Folge der stark fokussierten Aufmerksamkeit.

Manche Patienten entwickeln während der kinetischen TTT-Trance eine plötzliche und diffuse Inhibition des zerebralen Kortex, welche ihrerseits eine Erregung der emotionalen Zentren zur Folge hat. Dies führt bei einigen Patienten zu einer Situation, die an einen hysterischen Anfall erinnert, an eine dämonische Besessenheit oder an die tiefe rituelle Trance (*Akstein*, 1977b).

Meiner Ansicht nach repräsentieren sowohl die hysterische Krise wie auch der Besessenheitszustand einen phylogenetisch primitiven Abwehrmechanismus und aktivieren archaische Verhaltensmuster, die sonst in der Hirnrinde „abgelegt" sind. Das Individuum zeigt dann primitive Triebe, Impulse oder Reaktionen, wie sie bei unseren Vorfahren üblich gewesen sein mögen. Interessant ist eine Beobachtung, die ich anläßlich von TTT-Sitzungen während Workshops in Paris, in Neuchâtel (Schweiz), in Nijmegen (Holland), in Anvers (Belgien) und an den Universitäten von Göteborg und Stockholm in Schweden machen konnte. Heftige Gefühlsentladungen und Anfälle waren dort viel häufiger und auffälliger als bei Workshops in Rio de Janeiro und überraschenderweise auch in Nizza (Frankreich) in den Jahren 1980 und 1982.

Man könnte nun darüber spekulieren, daß sich diese Unterschiede in den Manifestationen der kinetischen Trance aus Unterschieden im Ökosystem – Klima, Meer, sonnige Strände – oder im soziokulturellen und ökonomischen Kontext erklären, d.h. im Zusammenhang stehen mit dem weniger leistungsbetonten, freieren Lebensstil der Südländer, bzw. umgekehrt mit dem Einfluß der wettbewerbsorientierten Gesellschaften, die durch Überorganisation, extreme Industrialisierung und den Fortschritt im allgemeinen repressiver geworden sind.

Anwendungsgebiete der TTT

1. *Therapie.* Die TTT kann als wichtige Ergänzung zur umfassenden psychiatrischen und psychosomatischen Behandlung gesehen werden.

2. *Prophylaxe.* Ziel der TTT ist es, unter kontrollierten Bedingungen eine günstige emotionelle Entladung unterdrückter Gefühle zu ermöglichen. Die Patienten

werden dadurch in ihrer nervlichen Widerstandskraft gestärkt und entwickeln eine innere Ruhe, die ihnen dabei hilft, ihre Probleme besser anzugehen und zu lösen. Es entwickelt sich ein besseres psychisches und psychosomatisches Gleichgewicht. Dank ihres günstigen Einflusses auf die nervliche Widerstandskraft und das psychische und psychosomatische Gleichgewicht eignet sich die TTT bei verschiedenen psychischen und psychosomatischen Störungen als effiziente Prophylaxe.

3. *Analyse.* Die Analyse der Erinnerungen, Regressionen und Träume des Patienten kann für die Behandlung wichtig sein. Durch die direkte Beobachtung der kinetischen Trance während der TTT-Sitzungen wird die Analyse des psychologischen Profils des Patienten erheblich erleichtert.

4. *Diagnose.* Das Verhalten des Patienten unter der kinetischen Trance während der TTT-Sitzungen gibt wichtige Hinweise für die Diagnose (ängstlich, unsicher, hysterisch, phobisch, zwangshaft, depressiv usw.). Patienten mit ernsthaften psychopathologischen Störungen gelangen im allgemeinen nicht in eine kinetische Trance, obwohl sie u.U. die Augen ganz verdrehen. Das Wissen um diese Tatsache hilft bei der Diagnose.

5. *Experiment.* Es eröffnet sich mit der TTT ein reiches, bisher noch kaum erforschtes Gebiet für Experimente.

Methode der TTT und Technik der kinetischen Trance

Die TTT verzichtet auf eine Diskussion der Probleme des Patienten, da letzteres in der Klinik geschieht, wo die Patienten auch Führung, stützende Therapie und angemessene Medikation erhalten und wo, wenn es wünschenswert scheint, auch mit Hypnose oder speziellen Techniken der Entspannung gearbeitet wird. Die TTT kann im Rahmen der Gesamttherapie des Patienten ein zusätzlicher Impuls zur Gesundung sein.

Die TTT basiert auf einem Gruppenkonzept, d.h. sie stützt sich ganz natürlicherweise auf die Gruppe und – soweit möglich – auf dasjenige soziale Setting, an das der Patient gewöhnt ist.

Mystizismus ist mit der TTT in keiner Weise verbunden, vielmehr handelt es sich dabei um eine rein medizinische Aktivität.

TTT-Treffen finden einmal pro Woche an einem Abend statt. Neulinge werden über die Methode und ihre Ziele informiert. Auf zwei Formularen werden wichtige Angaben festgehalten wie Blutdruck, Puls, Gefühle und Empfindungen nach der Trance und andere klinische Daten. Charakteristiken der Trance werden ebenfalls notiert; Tiefe, Dauer, Typen und Intensität der Bewegung, Verdrehen der Augen, sensorische Störungen, Störungen des Zeitempfindens, Amnesie, Erinnerungen, Träume usw.

Die Information über die Methode kann unmittelbar vor ihrer Anwendung, d.h. zu Beginn der Sitzung, gegeben werden. Neue Patienten werden also entweder frühzeitig von ihrem Psychotherapeuten orientiert oder sie erfahren unmittelbar vor der Sitzung etwas über die Vorteile, die sie von der Methode zu erwarten haben, über die angewandte Technik und den Verlauf der Sitzung, soweit man darüber Angaben machen kann. Es wird ihnen jedoch nichts suggeriert und es wird nicht die Erwartung eines bestimmten Verhaltens, das die Patienten zeigen müßten, geweckt. Wir raten ihnen allerdings, mit dem Tanzen nicht aufzuhören, auch wenn sie nicht in Trance fallen sollten. Es wird aber keine Form der Bewegung oder des Schrittes empfohlen oder gegenüber einer anderen Form als günstiger hingestellt. Vielmehr wird betont, daß der Tanz an sich eine günstige Wirkung haben wird.

Einige Anforderungen müssen erfüllt sein, damit eine TTT-Sitzung abgehalten werden kann: Es braucht eine ruhige, gemütliche und freundliche Umgebung und genügend Raum für Bewegungsfreiheit, sanftes Licht und lockere Kleidung. Die Patienten wie auch der Leiter der Sitzung und sein Assistent tragen entweder leichte Schuhe mit Gummisohlen oder bleiben barfuß.

Wenn wir wollen, können wir vor der Sitzung auch das Augenverdrehen des Patienten testen, um sein Trancepotential zu ermitteln (*Akstein,* 1983).

Früher nahm ich die Hilfe eines kleinen Orchesters mit sechs bis sieben Musikanten in Anspruch; die große Trommel stand dabei an erster Stelle. Aufgrund der Schwierigkeit, die Musiker wöchentlich zusammenzubringen, und nachdem ich durch hunderte von Tests gesichert hatte, daß alle anderen Instrumente unnötig waren, ging ich dazu über, mit einer in einem Tonstudio professionell gemachten Bandaufnahme einer großen Trommel zu arbeiten.

Die Musik muß nicht melodiös sein, doch ist der Rhythmus, der in unserem Fall von der Trommel, einem alten Stammesinstrument, gegeben wird, von größter Bedeutung für die Induktion und die Vertiefung der kinetischen Trance. Es steht außer Zweifel, daß der rhythmische Trommelschlag eine sehr wichtige Rolle spielt sowohl bei der Induktion als auch bei der Aufrechterhaltung der kinetischen Trance; eine Tatsache, die schon von verschiedenen Wissenschaftlern und vom Autor selbst in anderen Arbeiten festgehalten wurde (*Akstein,* 1966a, 1966b, 1967a).

Neher, den *Prince* zitiert (1968b), hat die Musik von zentral- und westafrikanischen Kulturen studiert und beobachtet, daß die vorherrschende Kadenz rund sieben bis neun Zyklen pro Sekunde umfaßt. Eine ähnliche Frequenz weist die akustische Stimulation durch die Voodoo-Trommeln auf.

Der Rhythmus erhält die hypnogenen Bedingungen der Sitzung aufrecht. Gegenwärtig verwenden wir eine Sequenz verschiedener Musikaufnahmen. Die erste besteht aus einer Schlagfolge auf der großen Trommel; die weiteren Aufnahmen bringen eine stets zunehmende Anreicherung mit melodischen Variationen.

Der erste Typ der Aufnahme wird vor allem in den ersten Sitzungen für neue Patienten gespielt mit der Absicht, eine tiefere Befreiung von unterdrückten Spannungen herbeizuführen. Diese Art der Aufnahme bewirkt besonders heftige emotivkinetische Manifestationen.

Die weiteren Aufnahmen werden im Verlauf der nachfolgenden Sitzungen gespielt, wenn die Patienten in ihrer Manifestation gemäßigter werden, d.h. wenn ein gutes Niveau der Desensibilisierung erreicht ist. Melodische Variationen ermöglichen den Patienten auf verschiedenen Bewußtseinsebenen leichteren Zugang zu ihren inneren gedanklichen Assoziationen, zu einer produktiveren Imagination und mehr Kreativität. Ich habe die TTT deshalb in zwei Kategorien der Sitzungen aufgeteilt:

1. Sitzungen zur Desensibilisierung und
2. Sitzungen zur Persönlichkeitsrestrukturierung.

Im ersten Stadium, d.h. während der Desensibilisierungssitzungen, wirkt die TTT direkt und klar auf die pathogene Störung, befreit unterdrückte emotionale

Spannungen und führt den Patienten zu einer guten psychischen und psychosomatischen Harmonie. In diesen ersten Sitzungen wird die TTT gefühlsmäßig erlebt, nicht gedacht. Die kognitiven Funktionen werden nicht angesprochen.

In der Phase der Restrukturierung der Persönlichkeit besteht das Ziel darin, den Patienten mit guten Gewohnheiten zu konditionieren und dabei unangenehme oder asoziale pathologische Muster zu verringern oder aufzulösen, d.h. das Individuum in seine oder ihre soziale und familiäre Umwelt zu reintegrieren. Durch die Art, wie während der kinetischen Trance auf verschiedenen Bewußtseinsebenen innere Assoziationen gewonnen werden, findet eine Informationsverarbeitung und -integration statt, welche zu einem Lernprozeß führt, der Kreativität anregt und Wege zur Lösung schwieriger Probleme aufzeigt.

In der TTT ist der Stimulus des Trommelschlages der Hauptfaktor, der Auslöser der emotionalen Entladung.

Emotionale Entladung entspricht einer motorischen Erregung, emotionale Kontrolle hingegen einer motorischen Kontrolle.

Aus diesem Grunde moderieren der Leiter der Sitzung und seine Assistenten die motorischen Reaktionen des Patienten, die, wenn sie allzu heftig sind, auf eine ebenfalls allzu heftige emotionale Entladung hinweisen, dergestalt, daß der Rahmen der Sitzung nicht gesprengt wird. Der Eingriff darf allerdings nicht so weit gehen, die motorischen Reaktionen allzu sehr zu behindern. Die optimale Moderation, d.h. die partielle Kontrolle der motorischen Reaktionen der Patienten unter Trance, wird dadurch erreicht, daß man die Teilnehmer soweit möglich dazu anhält, dem Rhythmus der großen Trommel zu folgen.

Manche Patienten entwickeln eine sehr heftige Form der Trance und gefährden durch ihre wilden Bewegungen andere Patienten. Um dies zu verhindern, ohne die Betroffenen durch zu starke Unterbindung ihrer motorischen Reaktionen aus ihrer Trance herauszuholen, verwenden wir eine interessante Technik. Wir fassen sie von hinten um die Taille und geben ihnen den Impuls einer vertikalen Bewegung, d.h. wir bringen sie dazu, in Richtung der Decke zu springen. Auf diese Art lenken wir ihren motorischen Impuls in eine andere Richtung (vertikal) und vermeiden so Risiken für die anderen durch eine erleichterte Kontrolle ihrer emotiv-kinetischen Manifestationen.

Wenn während der Sitzung die volle Trance eingetreten ist, bleibt die kortikale Inhibition durch den andauernden und dynamischen Rhythmus der Musik aufrechterhalten. Im Stadium der vollen Trance sind krampfartige Konvulsionen und dem musikalischen Reize folgende rhythmische Bewegungen ein Mittel der Flucht vor den am stärksten unterdrückten Spannungen, wie sie aus Frustrationen, Minderwertigkeitsgefühlen, Haß usw. resultieren. Eine starke und günstige emotionale Entladung hat bereits während der Induktion der Trance stattgefunden.

Die Trance wird individuell induziert und die Patienten verharren etwa 45 Minuten lang in ihr.

Es scheint ideal, daß alle Patienten zur gleichen Zeit induziert werden, was eine entsprechende Anzahl von Leitern und Assistenten bedingt.

Der Patient steht dem Leiter frontal gegenüber. Der Leiter weist den Patienten an, seine Augen geschlossen zu halten und sich auf das eine zu konzentrieren, was er sich am meisten wünscht, sei es seine Heilung, mehr Wohlstand, die Lösung familiärer oder sozialer Probleme usw. Es ist offensichtlich, daß diese Situation keinen

Einfluß hat auf die tatsächliche Lösung der Probleme. Ihr Ziel ist es vielmehr, eine effiziente Kanalisierung der Aufmerksamkeit zu erreichen, die leider nicht so effizient ist wie die mystische Konzentration, welche die Induktion einer tieferen Trance erleichtert.

Dem Patienten wird klargemacht, daß er sich auf einen einzigen Gedanken konzentrieren soll. Manche Patienten werden einfach gebeten, sich auf einen bestimmten Satz zu konzentrieren, wie z.B. *Coues* berühmte Worte: ,,Von Tag zu Tag geht es mir in jeder Hinsicht immer besser und besser" (*Coue,* 1954).

Da alle von Anfang an die Augen geschlossen halten, kann kein Patient beobachten, wie bei anderen die Induktion oder Ausprägung der Trance verläuft. Es hat daher niemand ein Muster, nach dem er sich richten kann; so haben die Trancen der verschiedenen Patienten je einen sehr persönlichen Charakter.

Die Patienten werden zunächst gebeten, individuell ihren Atem zu beschleunigen, d.h. zu hyperventilieren, was eine Abnahme des CO_2-Gehaltes im Blutplasma bewirkt. Bei sensiblen Patienten führt die Hyperventilation zu meßbaren Veränderungen im EEG (langsame Wellen, verlangsamt bis zu zwei bis drei Zyklen pro Sekunde) (*Prince,* 1968b). Im allgemeinen genügen drei Minuten oder sogar ein paar Sekunden der Hyperventilation, um bei sensiblen Individuen solche Veränderungen hervorzurufen. Die Patienten werden gebeten, für nur eine Minute mit ungefähr vierzig Atemzügen pro Minute zu atmen. *Sargant* und *Fraser* (1938) haben während Jahren die Verwendung von Hyperventilation zur Erleichterung der Induktion der Hypnose empfohlen. *Sargant,* bei *Prince* (1968a) zitiert, vertritt denselben Standpunkt wie der Autor (*Akstein,* 1973b, 1977b), indem er die Besessenheitsphänomene unter die Zustände der Hemmungsprozesse einreiht, wie sie durch die *Pavlov*sche Schule gründlich studiert worden sind. Er zählt die Hyperventilation zu den wichtigen Faktoren, die zum Besessenheitszustand führen.

Mit Beginn der Überatmungsphase setzt die Musik ein. Ungefähr eine Minute später wird für jeden Patienten individuell vom Leiter die kinetische Trance eingeleitet, indem er sie im Gegenuhrzeigersinn in eine rotierende Bewegung versetzt. Der Patient nimmt dabei eine unnatürliche Haltung ein, d.h. er beugt sich entweder nach vorne und unten, wobei er das Kinn so nahe wie möglich an die Brust drückt, oder aber er lehnt den Kopf so weit wie möglich zurück, das Gesicht nach oben gerichtet.

Die rotierende Bewegung ist schnell und folgt keinem bestimmten Rhythmus. Es besteht also kein Zusammenhang zwischen dieser Bewegung und dem Rhythmus der gespielten Musik. Ist der Trancezustand einmal erreicht, so gibt der Leiter den Patienten an einen Assistenten weiter, der ihn zu einer langsameren Bewegung bringt, ihn im Gleichgewicht hält und ihn soweit möglich dazu zu bringen versucht, daß er im Rhythmus zur Musik tanzt. Hat der Patient sein Gleichgewicht wieder gefunden und hält er Takt mit der Musik, so wird er ganz sich selbst überlassen, so daß er sein eigenes Verhalten wählen kann.

Die Assistenten des Leiters sind im Raum verteilt und achten auf Stürze, Zusammenstöße oder die Entwicklung heftiger Trancen. Die Tatsache, daß jeder Patient einen Assistenten in seiner Nähe weiß, gibt ihm ein zusätzliches Gefühl der Sicherheit und erleichtert die Heilung seiner Neurose.

Bei vereinzelten Patienten kommt es vor, daß sie plötzlich aus der Trance fallen, doch kann diese nach einer kurzen Zeit mit Leichtigkeit wieder induziert werden.

Manche Patienten sind nach einigen Sitzungen in der Lage, die kinetische Trance selbst zu induzieren, indem sie sich selbst in eine rotierende Bewegung versetzen, wobei sie die gleiche unnatürliche Körperstellung einnehmen wie in den vorherigen Fällen. Die in jeder Sitzung wiederholten Elemente, vor allem die Eröffnungsmusik, werden zu Signal-Stimuli für die Trance-Induktion.

Es kommt vor, daß Patienten berichten, es sei ihnen während und kurz nach der Induktion der kinetischen Trance übel gewesen und sie hätten unter Schwindel gelitten, was natürlich sehr unangenehm ist. Dies geschieht bei Patienten, die sehr sensibel auf die kinetische Trance reagieren. Bei nachfolgenden Sitzungen sollten sie durch langsamere und weniger heftige Bewegungen induziert werden, die dann genügen, um sofort eine tiefe Trance zu erreichen, bei der die unangenehmen Symptome entfallen.

Phänomenologie

In der TTT können verschiedene interessante, meist spontane Phänomene auftreten:

1. Emotionale Ausbrüche (Anfälle)
2. Veränderung des Zeiterlebens
3. Veränderung des Raumerlebens
4. Veränderung des Umgebungserlebens
5. Sensorische Störungen (Hypoästhesie und Anästhesie)
6. Erweitertes Erinnerungsvermögen
7. Regression
8. Spontane Amnesie
9. Exhibitionismus
10. Progressive Desensibilisierung
11. Änderungen des Körperschemas
12. Träume
13. „Schlafwandeln"
14. Visuelle Erlebnisse
15. Dissoziation
16. Innere Distanz
17. Augenverdrehen

1. Der emotionale Ausbruch ist das beeindruckendste Phänomen der TTT und natürlich auch das beabsichtigte.

2. Es kommt häufig vor, daß sich das Zeiterleben der Patienten verändert, meist im Sinne eines Zeitrafferlebnisses. Der Patient denkt, er sei für zehn oder 15 Minuten in Trance gewesen, wenn es tatsächlich zwei Stunden waren. Während der ersten Jahre der Arbeit mit TTT dauerten die Sitzungen zwei Stunden. Mittlerweile haben wir die Dauer auf 45 Minuten reduziert, was sich als adäquat erwiesen hat.

3. Viele Patienten nehmen den Raum in veränderter Weise wahr. Er scheint kleiner oder größer.

4. Im Erleben des Patienten kann die Umgebung verschiedene Formen, manchmal sehr absurde, annehmen.

5. Manche Patienten entwickeln eine partielle Anästhesie oder sogar Hypoästhesie, meistens in den Armen. Ähnliches ist bei manchen hysterischen Anfällen zu beobachten. In unseren Sitzungen testen wir dieses Phänomen.

6. Manche Patienten erinnern spontan Fakten und Gefühle, die sie Jahre zuvor erlebt haben, oft in der Kindheit. Später sind sie nicht in der Lage zu erklären, wie diese Erinnerungen zustande kamen.

7. Regression kommt sowohl bei der TTT wie bei den rituellen Trance häufig vor. Das Verhalten ändert sich. Es zeigt sich eine Tendenz, Schutz zu suchen. Die Regression kann sich bis zu sehr tiefen Persönichkeitsgeschichten erstrecken und archaische Verhaltensformen freilegen. Diese Art der Verhaltensregression darf nicht verwechselt werden mit der hypnotischen Altersregression.

8. Spontane Amnesie kommt bei vielen Patienten vor, die in tiefe Trance fallen. Es kann sich dabei um eine partielle oder um eine vollständige Amnesie handeln.

9. Jeder Mensch hat exhibitionistische Anteile, doch während der rituellen Trance wie auch während der kinetischen Trance der TTT tritt dieser Zug verstärkt auf. Ich habe beobachtet, daß es vielen Patienten großen Spaß macht, sich mit sehr künstlerischen Tanzschritten zu präsentieren und verschiedene Gefühle darzustellen.

10. Schon *Mesmer* beobachtete die progressive Desensibilisierung (*Akstein,* 1967a; *Ellenberger,* 1965). Von einer Sitzung zur nächsten wurden die Anfälle schwächer. Dasselbe gilt für die TTT-Sessionen. Während die Patienten bei den ersten Sitzungen sehr intensive, emotional-kinetische Ausbrüche haben, zeigt sich in den nachfolgenden Sitzungen immer deutlicher eine psychische und psychosomatische Beruhigung.

11. Die veränderte Körperwahrnehmung ist ein Phänomen, das als Folge einer Abweichung von der normalen Integration der das Mittelhirn erreichenden Stimuli auftritt (*Akstein,* 1973b). Dieses Phänomen ist bei der vollen kinetischen Trance zu beobachten wie auch bei der klassischen Hypnose, bei Entspannungstechniken oder in der Meditation. Während der kinetischen Trance kann sich ein Patient leicht wie ein Strohhalm fühlen oder den Eindruck bekommen, daß er demnächst zu fliegen beginne; oder aber er empfindet z.b. seine Beine nicht mehr als zu ihm gehörig oder erlebt irgendeine andere Veränderung in seiner Körperwahrnehmung.

Es ist nicht die Drehbewegung, mit der die Trance induziert wird, die zur Veränderung der Körperwahrnehmung führt. Zu diesem Zeitpunkt hat der Patient noch ein normales Empfinden seines Körperschemas. Die Veränderung findet erst statt, wenn sich die Person in voller Trance befindet, d.h. wenn die Gehirnrinde bereits eine diffuse Inhibition zeigt.

12. Die Interpretation der auftauchenden Träume ist wichtig für die Analyse der Ätiologie der Neurose des Patienten, für das Verständnis seiner Probleme, seiner Wünsche usw. Allgemein gesprochen stellen viele dieser Träume unerfüllte Wünsche dar, die während der TTT befriedigt werden.

13. Hin und wieder berichteten Patienten, während der TTT einen lebhaften Traum gehabt zu haben, was meist einhergeht mit einer sehr ausgeprägten Mimik und Gestik und Körperbewegungen, die wirken, als ob der Betreffende schlafwandelte. In diesem Zustand drückt er seine Konflikte aus, seine Wünsche und Begebenheiten, die er unter wachen Bedingungen nie ausdrücken würde.

14. Während der kinetischen Trance haben manche Patienten visuelle Erlebnisse verschiedener Art. Sie sehen z.B. farbige Lichter oder haben ein mystisches Bild von sich selbst usw.

Die Visualisierung verschiedener farbiger Lichter ist typisch für ekstatische Zustände und wird von verschiedenen Forschern auf diesem Gebiet berichtet. Als frühe Beispiele nennt *Barrucand* (1967) die Arbeiten von *A. de Rochas* (1894) und *H. Goudard* (1895), in denen vom Lichterleben hypnotisierter Patienten die Rede ist.

Für manche Patienten können solche Lichterlebnisse eine mystische Bedeutung erlangen. In anderen Fällen kann es auch zu einer Kombination von mystischen Halluzinationen und Lichterlebnissen kommen, wie wir weiter unten sehen werden.

Mystische Halluzinationen oder Visionen kommen bei Patienten vor, die einen generellen Hang zum Mystizismus haben und in einer tiefen Trance sind. Es handelt sich dabei im allgemeinen um Visionen von Personen, vor allem Gottheiten, von mystischen Symbolen und von farbigen Lichtern. Die optischen Erlebnisse können sehr komplex sein. So kann z.B. ein Patient hoch über sich eines der erwähnten Symbole sehen, von dem Licht ausstrahlt, meist ein weißes, sehr klares und helles Licht (manchmal werden auch andere Farben gesehen wir blau, grün, orange, gelb usw.). Das Licht ergießt sich über seinen ganzen Körper und schließlich fühlt sich der Patient selbst als Teil des Lichtes. Es kann vorkommen, daß der Patient sieht, wie er Teil des Kosmos wird und ganz im Kosmos aufgeht. Solche Erlebnisse kommen dem sehr nahe, was *Prince* (1968c) von den Konzepten mystischer Zustände beschreibt: das Erleben, Gott gegenüberzutreten, das Eintauchen des Individuums in das Unendliche, die Vereinigung des Individuums mit der göttlichen Einheit.

Daß der Patient sich selbst sieht, wie es auch bei Entspannungstechniken und in der Meditation vorkommen kann, gehört ebenfalls zu den Erfahrungen, die in der tiefen kinetischen Trance gemacht werden. Dieses Phänomen ist vermutlich eine Konsequenz des Verlustes des normalen Körperschemas. Man könnte es auch als hypnotische Dissoziation betrachten. Der Patient stellt sich vielleicht vor, daß sein Geist oder seine Seele seinen Körper beobachte, oder daß er seinen eigenen Geist sehe.

15. Dissoziation und Trance sind für manche Autoren identische Begriffe, da sie so eng miteinander verknüpft sind.

Dissoziation ist während der Trance z.B. dann zu beobachten, wenn der Patient sich bewußt wird, daß seine Bewegungen automatisch geworden sind und er damit nicht aufhören kann, auch wenn er sich darum bemüht. Es ist, als ob ein Teil seines Bewußtseins diese Bewegungen zum Aufhören bringen wollte, während ein anderer Teil ihn daran hinderte. *McDougall* gibt ein sehr ähnliches Beispiel zur Erklärung der Dissoziation (*Akstein*, 1973b).

Akzeptieren wir die Konzepte von *Janet*, so müssen wir davon ausgehen, daß ein Patient, der spontane Amnesie entwickelt, auch dissoziiert ist (*Akstein*, 1973b).

Bei manchen Dissoziationen tritt Schmerzunempfindlichkeit, d.h. Hautanästhesie auf. *Binet* (1912) berichtet von einem interessanten Experiment, das *William James* durchführte. Dieser Autor beobachtete einen Patienten, der eine sehr ausgeprägte Fähigkeit im automatischen Schreiben hatte. Vor dem Experiment waren dessen rechter Arm und dessen rechte Hand in normalem Umfange schmerzempfindlich. Während des automatischen Schreibens jedoch, als *William James* die rechte Hand des Probanden mehrmals mit Nadeln stach, fühlte dieser keinen Schmerz und bemerkte nicht einmal die Berührung. *Binet* erklärt die temporäre Anästhesie der rechten Hand als das Resultat einer Bewußtseinsspaltung, die sich darin zeige, daß die unbewußte Persönlichkeit, die sich durch das Schreiben manifestiere, den Schmerz gefühlt und die Worte geschrieben habe: „Füge mir keinen Schmerz zu".

Ich selbst habe für das Phänomen der Dissoziation, sei sie partiell oder vollständig, eine neurophysiologische Interpretation gegeben (*Akstein,* 1973b).

16. Eines der verbreiteten Phänomene, das im allgemeinen nach mehreren Desensibilisierungssitzungen auftritt, ist die innere Distanz, welche die Patienten sogar unter leichter Trance zu ihrem Alltag und ihren bisherigen Sorgen gewinnen. Sie erleben eine Situation völligen Wohlbefindens, ohne Müdigkeit oder Elend.

Manche Patienten beschreiben dieses Phänomen als ,,ein Gefühl, wie wenn der Verstand ausgeschaltet wäre" oder ,,das Gefühl, geistig völlig unbelastet zu sein". Es scheint sich hier um dasselbe Phänomen zu handeln, wie es im Zusammenhang mit Individuen berichtet wird, die durch anhaltende physische Anstrengung wie bei einem Marathon, gewissen Sportarten, im Tanz usw. in einen veränderten Bewußtseinszustand geraten.

Dieser Zustand der Abstraktion oder inneren Distanz führt, wie verschiedene Autoren berichten, so auch *Binet* (1912), wiederum zu einem dissoziativen Zustand.

17. Das Verdrehen der Augen ist ein Phänomen, das in der religiösen wie in der künstlerischen Ekstase auftritt, ebenso in der klassischen Hypnose, in rituellen Trancen, während der TTT und während Orgasmus und Prä-Orgasmus (*Akstein,* 1983). Je intensiver ein solcher Zustand erlebt wird, desto ausgeprägter ist das Verdrehen der Augen.

Der Film ,,Terpsichoretrancetherapie (TTT): eine Gruppentherapie, basierend auf der rituellen Besessenheit", der beim internationalen Kongreß für psychosomatische Medizin und Hypnose, Kyoto, Japan, 1967, vorgestellt wurde, enthält eine Szene, die zeigt, wie ich das Augenverdrehen eines Patienten teste, um die Tiefe seiner Trance zu kontrollieren. Tatsächlich bin ich unter den Hypnologen ein Pionier darin, die verschiedenen Grade des Augenverdrehens mit den verschiedenen Tiefegraden der Trance zu korrelieren.

Wir überprüfen die Tiefe der kinetischen Trance, indem wir schnell einen Augendeckel des Patienten anheben. Dies erfordert sehr viel Geschick, insbesondere weil die Patienten sich ja in Bewegung befinden und nicht dadurch aus ihrer Trance gerissen werden sollten, daß plötzlich visuelle Stimuli auf sie eindringen, was zu einer Unterbrechung der Trance führen kann (vor allem bei Patienten in leichter oder mittlerer Trance). Fällt der Patient tatsächlich aus der Trance, so sollte man ihn sofort wieder neu induzieren.

Nach dem Ausmaß des Augenverdrehens klassifizieren wir die Tiefe der kinetischen Trance wie folgt:

−	keine Trance (Iris in der horizontalen Achse)
+	leichte Trance (Auge zu einem Drittel verdreht)
+ +	mittlere Trance (Auge zu zwei Dritteln verdreht)
+ + +	tiefe Trance (Auge völlig verdreht, d.h. keine Iris sichtbar oder nur der unterste Rand)

Neurophysiologie der kinetischen Trance

Die wichtigsten Faktoren sind in Kürze die folgenden:

1. Extrem fokussierte Gedanken;
2. Hyperventilation;
3. Einfluß der in unnatürlicher Stellung ausgeführten Drehbewegungen auf die Gleichgewichtsreflexzentren in der subkortikalen Region;

4. Emotionale Entladung als Reaktion auf sonore rhythmische Stimuli und innere Erwartungen.

1. Die extreme gedankliche Fokussierung ist stärker als der Konzentrationsreflex, der die physiologische Basis für die Aufmerksamkeit bildet. Aufmerksamkeit ist verbunden mit der vorherrschenden Aktivierung einer begrenzten Zone der Gehirnrinde durch das Retikulum (aufsteigendes, aktivierendes Retikularsystem) (*Akstein,* 1965, 1973b).

Jeder Hypnologe weiß, daß ohne Aufmerksamkeit keine Hypnose durchgeführt werden kann. Erwartungsvolle Aufmerksamkeit ist die Grundlage, auf der sich die induktive Phänomenologie aufbaut.

Der bloße Zustand der erwartungsvollen Aufmerksamkeit beschränkt das Feld der Bewußtseinsaktivität in der Gehirnrinde und erleichtert eine Reihe hypnotischer Phänomena in einem scheinbar wachen Zustand (wache Hypnose) (*Akstein,* 1965, 1973b).

Die starke Fokussierung der Gedanken bewirkt eine dominante Erregung in einem sehr eng umgrenzten Bereich der Gehirnrinde, was wiederum durch negative Induktion eine Hemmung vieler weiterer kortikaler Bereiche nach sich zieht, so daß z.B. Schmerz nicht mehr wahrgenommen wird (*Akstein,* 1965, 1973b).

2. Es scheint ziemlich offensichtlich, daß durch die Hyperventilation ausgelöste biochemische und bioelektrogene Veränderungen eine wichtige Rolle spielen bei der Diffusion der kortikalen Hemmung. Bei empfindlichen Patienten kann schon nach wenigen Sekunden der Überatmung eine Veränderung des EEG beobachtet werden, meist in Form langsamer Wellen.

Die Hyperventilation führt in jedem Fall zu einer Abnahme des CO_2-Gehaltes im Blutplasma, und dieser Zustand wirkt hemmend auf das obere Zentrum des aufsteigenden Retikularsystems, was wiederum zu einer Hemmung der Erregbarkeit der kortikalen Neuronen führt (*Ebrahim,* 1978).

Verminderte Erregbarkeit der kortikalen Neuronen jedoch bedeutet generell eine Einschränkung der Wahrnehmungsfähigkeit. Die Hyperventilation führt mit anderen Worten zu einer Vergrößerung des Gebietes kortikaler Hemmung und erleichtert so die Induktion der kinetischen Trance.

3. Die Drehbewegung des in einer unnatürlichen Stellung gehaltenen Körpers verursacht eine Gleichgewichtsstörung im Labyrinth (hinteres Labyrinth) (*Monteiro,* 1968), d.h. eine starke Erregung des Vestibulärapparates. Diese supraliminale Erregung wird in der Folge zum Subkortex und den Gleichgewichtsreflexzentren weitergeleitet und führt zu einer negativen Induktion der Gehirnrinde, d.h. zu einer kortikalen Inhibition.

Ich vermute, daß die erwähnte supraliminale Erregung hauptsächlich auf die ungewöhnliche Stellung des Körpers und der Extremitäten im Raum zurückzuführen ist, die nicht nur von den vestibulären Rezeptoren signalisiert wird, sondern auch von den Propriozeptoren und den kutanen Extrazeptoren, wie es auch bei gewissen Formen der tierischen Hypnose festgestellt werden kann.

4. Die gespannte Erwartungshaltung des Patienten und die sonoren rhythmischen Stimuli führen zu einer starken Erregung der subkortikalen Emotionszentren. Diese subkortikale Erregung induziert die Gehirnrinde in negativer Weise, führt also wiederum zu einer kortikalen Hemmung. Dergestalt wird die kortikale Hemmung, die von der starken gedanklichen Fokussierung eingeleitet wird, durch andere Hemmungen verstärkt: Durch Hyperventilation, durch die Emotionen, die

mit der Erwartungshaltung und den sonoren rhythmischen Stimuli verbunden sind, und durch die Erregung der subkortikalen Gleichgewichtsreflexzentren.

Hat die Trance einmal eingesetzt, so konzentriert sich die Aufmerksamkeit in erster Linie auf die sonoren Stimuli. Der markante und anhaltende Trommelrhythmus trägt dazu bei, die hypnogenen Bedingungen während der gesamten Sitzung aufrecht zu erhalten. An der kinetischen Trance sind sowohl die klassische menschliche Hypnose als auch die sogenannte „tierische" Hypnose beteiligt. Die kinetische Trance gründet jedoch stärker auf Faktoren der tierischen Hypnose als auf solchen, die mit der menschlichen Hypnose verbunden sind.

In einer routinemäßigen klinischen Situation, d.h. in der Praxis des Arztes erfolgen Induktion, Aufrechterhaltung und Vertiefung des hypnotischen Zustandes vor allem durch verbale Stimulation. Drehbewegungen hingegen sind eine der meistbenutzten Techniken zur Erzeugung von Hypnosezuständen bei Tieren, *Svorad* (1956) und *Hoskovec* und *Svorad* (1965) haben interessante Experimente durchgeführt, bei denen diese Technik der tierischen Hypnose benutzt wurde. *Svorad* (1956) benutzte eine spezielle Einrichtung, mit der er ein Kaninchen in einer unnatürlichen Haltung, nämlich in Rückenlage, um seine vertebrale Achse rotieren konnte. Auf diese Art erzeugte er, was er eine „paroxysmale Inhibition" nannte.

Nach *Svorad* kann die paroxysmale Inhibition als ein phylogenetisch alter Mechanismus betrachtet werden, welcher bei höheren Tieren eine atavistische Reaktion darstellt, d.h. eine regressive Art des Verhaltens, wenn die Beziehung vom Organismus zur Umgebung nicht mehr durch die Gehirnrinde kontrolliert wird, sondern durch die subkortikalen Reflexzentren.

Der zitierte Autor hat die gleiche Reaktion bei hysterischem und katatonem Stupor festgestellt und auch unter gewissen anderen Bedingungen.

Die Kataplexie, wie sie gelegentlich bei Patienten während der TTT vorkommen kann, zeigt Analogien mit der tierischen Kataplexie.

Es ist anzunehmen, daß der Mechanismus dieser Art der Induktion tierischer Hypnose (es gibt auch andere Arten) bis zu einem gewissen Grad der kinetischen Trance ähnlich ist. Allerdings verschwindet die Kataplexie, wenn die Drehbewegung abnimmt. Bei wenigen Patienten kommt es vor, daß zu Beginn der Trance die Kataplexie für kurze Zeit gegenüber der Bewegung vorherrscht. Diese Tatsache deutet darauf hin, daß beim Phänomen der Induktion kinetischer Trance der Anteil tierischer Hypnosefaktoren gegenüber dem Anteil menschlicher Hypnosefaktoren überwiegt. Mit der Reduktion der übermittelten Drehimpulse wird die Kataplexie unterbrochen (*Akstein,* 1967a).

In Zusammenarbeit mit dem Elektroenzephalographischen Institut von Rio de Janeiro haben wir im Jahr 1967 eine Reihe von Messungen der kinetischen Trance, und zwar der rituellen wie der TTT-Trance, durchgeführt (*Akstein,* 1973b).

Bei zwei von den mehreren am Experiment teilnehmenden Patienten wurde die kinetische Trance der TTT durch eine sehr schnelle Drehbewegung induziert, und sie entwickelten für ein paar Stunden eine Kataplexie. Einer der beiden blieb während zwölf Sekunden kataplektisch, und das EEG zeigte abrupte, diffuse und bilaterale Impulse von Sinuswellen von drei bis vier Zyklen pro Sekunde isoliert oder in Gruppen.

Diese Art der paroxysmalen Erregung (bei normalen Patienten mit zuvor normalen EEGs und unter normalen Bedingungen) ist analog zu den EEGs, die *Svorad* bei

Kaninchen erhielt, die Kataplexie zeigten oder, wie er es nannte, paraxysmale Inhibition (*Akstein*, 1973b; *Svorad*, 1956). Dieses Forschungsgebiet hat das Interesse weiterer Kollegen geweckt, vor allem von *Mariani Ramirez* (1969) und *Monteiro* (1968), welche die physiologischen und psychologischen Aspekte der kinetischen TTT-Trance untersucht haben.

Wirkungsweisen der TTT

1. Durch die kinetische Trance werden unterdrückte emotionale Spannungen frei. Die emotionale Entladung wirkt sich auf das psychische und psychosomatische Leben des Individuums vorteilhaft aus (therapeutische und prophylaktische Wirkung).

2. Der anfallartige Ausbruch führt zu einer Befreiung blockierter Anteile im Erregungsprozeß der Gehirnrinde (Anteile, die mit psychopathologischen Symptomen in Verbindung stehen) und erhöht gleichzeitig, wenn der Anfall vorüber ist, den positiven Tonus der kortikalen Zellen. Diese werden demzufolge moderationsfähiger und können die subkortikalen Strukturen besser kontrollieren. Die nervliche Widerstandskraft nimmt zu, und als Folge davon wird ein besseres biopsychosoziales Gleichgewicht erreicht (therapeutische und prophylaktische Wirkung).

3. Eine weitere Wirkungsweise der TTT ist die progressive Desensibilisierung, eine Tatsache, die bereits von *Mesmer* festgestellt wurde (therapeutische Wirkung).

4. Die Tiefe der Trance kann variieren, d.h. es können verschiedene veränderte Bewußtseinszustände vorkommen. In der Hirnrinde gespeicherte Erfahrungen (stratifizierte dynamische Stereotypen) können auf verschiedenen Bewußtseinsebenen befreit werden und eine Reihe innerer Assoziationen anregen, die ihrerseits die Lösung bisher ungelöster Probleme erleichtern (therapeutische und diagnostische Wirkung).

5. Einsicht in unklare oder unerhellte psychologische und psychopathologische Umstände kann durch Erinnerungen, Visualisiserungen, Träume und den schlafwandlerischen Zustand, den manche Patienten in der TTT erleben, gewonnen werden (analytische und diagnostische Wirkung).

6. Eine diagnostische Wirkung wird noch in anderer Weise erreicht: Das Verhalten der Patienten während der kinetischen Trance der TTT-Sitzungen ist ein wichtiger Indikator für die Diagnose. Dazu braucht man allerdings gründliche Kenntnisse der Körpersprache, der Sprache des Körpers in Bewegung und der Möglichkeiten der Externalisierung von Emotionen durch die körperliche Bewegung.

Indikationen, Kontraindikationen und Schlußfolgerungen

Wir haben mit der TTT gute Resultate erzielt bei der Behandlung sogenannter psychosomatischer Beschwerden und bei gewöhnlichen Neurosen. Phobisch zwangshafte Neurosen sind eine Ausnahme, und wir empfehlen die TTT nicht für solche Fälle, denn es ist sehr schwierig, bei Patienten dieser Art die Trance überhaupt zu induzieren. Aus den gleichen Gründen ist die TTT für die Behandlung psychotischer Patienten nicht zu empfehlen.

Die besten Resultate waren bei Behandlungen zu beobachten, bei denen starke und unangemessene emotionale Ausbrüche vorkommen, wie bei hysterischen Neurosen, traumatischen Neurosen im allgemeinen und, in gewissen Fällen, bei jugendlicher Delinquenz.

Als sehr hilfreich erwiesen hat sich die TTT außerdem bei leichten depressiven Neurosen, oft Streßneurosen oder soziale Neurosen genannt.

Die TTT wurde auch dafür eingesetzt, junge Studenten in ihre Ausbildungsstätte zu integrieren oder zu reintegrieren. Neuerdings hat sich der TTT ein weiteres wichtiges Anwendungsgebiet erschlossen, nämlich die Behandlung von Fällen der Persönlichkeitsdissoziation (multiple Persönlichkeit).

Aufgrund der sozialen Interaktionen und Beziehungen, die zwischen den Teilnehmern entstehen, sind die TTT-Sitzungen auch eine Art der Soziotherapie. Vor und nach den Sitzungen finden sich die Patienten in kleinen Gruppen zusammen, besprechen sich, tauschen Vertraulichkeiten aus, diskutieren ihren eigenen Fall und versichern sich ihrer gegenseitigen Unterstützung.

In der letzten Zeit ziehen wir zusätzlich zur Gruppentherapie eine mögliche Anwendung der TTT für die Massentherapie in Betracht (*Akstein,* 1974).

Es sind gerade die soziokulturellen Grundlagen der TTT, die uns auf die außerordentlichen Möglichkeiten der TTT als Mittel der Massentherapie aufmerksam machen. Ohne Zweifel sind die rituellen kinetischen Trancen in Brasilien, Haiti und in manchen Regionen von Afrika eine sehr wirksame Form der Therapie für große Anteile der Bevölkerung. Für diese Art der Betrachtung spricht auch die Tatsache, daß Teufelsbesessenheit, Tarantismus und andere epidemische Tanzformen eine spontane (vielleicht sogar instinktive) Art des kollektiven Abreagierens von Neurosen bildeten (*Akstein,* 1974).

Ich glaube, daß die TTT in all jenen Fällen kollektiver Neurosen helfen kann, die ihre Ursachen in einer Panik oder einem tiefen emotionalen Schock der ganzen Gemeinschaft haben, wie er durch eine große Katastrophe oder eine Tragödie ausgelöst werden kann.

Möglicherweise eignet sich die TTT auch für Massen, die von ländlichen in städtische Gebiete ausgewandert sind, in isolierten Gemeinschaften leben und Neurosen entwickeln, weil sie ihren soziokulturellen Hintergrund und die Unterstützung ihrer Familie verloren haben.

Bei Problemen epileptischer Natur und Gelenkkrankheiten (d.h. wenn die Patienten nicht in der Lage sind, sich frei zu bewegen) sollte die TTT nicht eingesetzt werden. Dasselbe gilt für Patienten mit Lungenkrankheiten oder kardiovaskulären Problemen (kardiologische und koronare Insuffizienz, Thrombophlebitis usw.).

Zusammenfassend möchten wir feststellen, daß wir die TTT für eine Therapie halten, die sich für eine sehr breite Anwendung eignet und die von jedem kompetenten Psychotherapeuten ungeachtet seines theoretischen Hintergrundes mit Erfolg durchgeführt werden kann.

Literatur

Akstein, D.: The Induction of Hypnosis in the Light of Reflexology. American Journal of Clinical Hypnosis, 7 (1965), 281–300

Akstein, D.: Les Transes Rituelles Brésiliennes et les Perspectives de leur Application à la Médecine Psychosomatique. Brasil Médico 80 (1966a) 116–122

Akstein, D.: La bThérapeutique des Névroses de Fatique par des Transes Cinétiques (Terpsichoretransetherapie). Paper presented at the III. International Congress of Psychosomatic Medicine, Paris 1966b

Akstein, D.: Kinetic Trances and their Application in Treatment and Prophylaxis of Psychoneuroses and Psychosomatic Diseases. Rassegna di Ipnosi e Medicina Psicosomatice, 6 (1967a) 2319–2326

Akstein, D.: Terpsichoretrancetherapy: A Group Psychotherapy Based in Ritual Possession. Paper presented at the Congress for Psychosomatic Medicine and Hypnosis, Kyoto 1967b

Akstein, D.: Mesmer, o Precursor da Medicina do Espírito. Revista Brasileira de Medicina (Separata) 24 (1967c), 253–275, 334–339

Akstein, D.: Terpsichoretrancetherapy: A New Hypnopsychotherapeutic Method. International Journal of Clinical and Experimental Hypnosis 21 (1973a), 131–143

Akstein, D.: Hipnologia, Bd. 1. Hypnos, Rio de Janeiro 1973 b

Akstein, D.: Psychosocial perspectives of the application of terpsichoretrancetherapy. Psychopathologie Africaine 10 (1974) 121–129

Akstein, D.: Bewegungstrance. Terpsichoretrance Therapie, eine neue Dimension der non-verbalen Psychotherapie. p. 195–202 in: *Petzold, H.* (1977a)

Akstein, D.: Socio-cultural basis of terpsichoretrancetherapy. American Journal of Clinical Hypnosis 19 (1977b) 221–225

Akstein, D.: Psychotherapeutic Aspects of Spiritualism; Cross-Cultural Psychatric Influences. Svensk Tidskrift för Hypnos 9 (1982) 129–136

Akstein, D.: Um Esclarecimento sobre a Reversão do Olhar („eye-roll" dos Autores Norte-Americanos); Sua importancia na hipnologia e na Psiquiatria. A Defesa Hipnose Clinica e Experimental 4 (1983) 21–32

Barrucand, D.: Histoire de l'hypnose en France. Presses Universitaires de France, Paris 1967

Bello, A. (ed.): Enfoques de Hipnosis Colectiva. Andres Bello, Sanitago de Chile 1969

Binet, A.: Les altérations de la personnalité. Félix Alcan, Paris 1912

Conn, J.H.: Hypnosis as Dynamic Psychotherapy. Sinai Hospital Journal 22 (1956) 14–32

Coue, E.: Auto-sugestão consciente, Minerva, Rio de Janeiro 1954

Donnars, J.: La transe: Technique d'épanouissement. L'Homme et la Connaissance, Paris 1981

Ebrahim, D.W.: Hypnosis and the Neurological Model. Svensk Tidskrift för Hypnos 2 (1978) 9–15

Ellenberger, H.F.: Mesmer and Puysegur: From Magnetism to Hypnotism. The Psychoanalytic Review 52 (1965) 137–153

Hoskovec, J., Svorad, D.: The Relation Between Human and Animal Hypnosis. Paper presented at the International Congress of Hypnosis and Psychosomatic Medicine, Paris 1965

Mariani Ramirez, C.E.: Aplicaciones Practicas en Hipnoterapia Colectiva del Trance Cinético. p. 537–547 in: *Bello, A.* (1969)

Monteiro, A.R.C.: O Aparelho Vestibular e os Transes Cinéticos. Revista Brasileira de Aeronáutica 1 (1968) 43–59

Monteiro, A.R.C.: A Propósito do Relatório de Coissart sobre a Memória de Gamard. Revista Brasileira de Hipnologia 1 (1980) 47–55

Petzold, H. (Hrsg.): Psychotherapie und Köperdynamik. Verfahren psycho-physischer Bewegungs- und Körpertherapie, Bd. 1, 2. Auflage. Junfermann, Paderborn 1977

Portal, F.: Contribution à l'introduction d'une nouvelle forme de Thérapie de groupe, issue de l'hypnose et des transes rituelles: La terpsichore-trance-thérapie. Portal, Grenoble 1984

Prince, R. (ed.): Trance and Possession States. R.M. Bucke Memorial Society, McGill University, Montreal 1968a

Prince, R.: Can the EEG be Used in the Study of Possession States? p. 121–137 in: *Prince, R.* (1968 b)

Prince, R.: Preface. p. V–VII in: *Prince, R.* (1968 c)

Regnard, P.: Les maladies épidémiques de l'esprit – Sorcellerie, magnétisme, morphinisme, délire des grandeurs. Plon-Norrit, Paris 1887

Sargant, W.: A possessão da mente. Imago, Rio de Janeiro 1975

Sargant, W., Fraser, D.: Inducing Light Hypnosis by Hyperventilation. Lancet 11 (1938), 778

Svorad, D.: Paroxysmálny útlm. Vydavatelstvo Slovenskey Akadémie Vied, Bratislava 1956

Autoren dieses Bandes

Akstein, David, M.D.

geb.: 1923
Adresse: Avenida Princesa Isabel, 150 grupo 204 Copacabana, Rio de Janeiro, Brasilien
Tätigkeit: Direktor des „Integrated Centre of Medical Research", Präsident
der „International Association for Terpsichoretrancetherapy"

Publikationen

Akstein, D.: Hipnotismo – seus aspectos médico – legais, morais e religiosos. Hypnos, Rio de Janeiro, 1960

Akstein, D.: Le Trance Cinetiche nel Trattamento e nella Profilassi delle Psiconeurosi e delle Malattie Psicosomatiche (Tersicoretranceterapia). Rassegna di Ipnosi e Medicina Psicosomatica 6 (1967), 2319–2326

Akstein, D.: Hipnologia. Hypnos, Rio de Janeiro 1973

Akstein, D.: Bewegungstrance. Terpsichoretrance Therapie, eine neue Dimension der non-verbalen Psychotherapie. p. 195–202 in: *Petzold, H.* (Hrsg.): Psychotherapie und Körperdynamik. Verfahren psycho-physischer Bewegungs- und Körpertherapie. Junfermann, Paderborn 1977

Akstein, D.: Aplicação Prática dos Estados de Transe Psicautônomo. Revista Brasileira de Hipnose Clínica e Experimental 3 (1982), 23–30

Baer, Gerhard, PD Dr. phil.

geb.: 1934
Adresse: Museum für Völkerkunde und Schweizerisches Museum für Volks-
kunde, Augustinergasse 2, Postfach 1048, CH-4001 Basel, Schweiz
Tätigkeit: Direktor des Museums für Völkerkunde und Schweizerischen Museums für Volkskunde, Privatdozent an der Universität Basel

Publikationen:

Baer, G.: Die Figurengruppe eines altperuanischen Kupferspatels. Baessler-Archiv 13 (165), 27–38

Baer, G.: Reise und Forschung in Ost-Peru. Verhandlung der Naturforscher-Gesellschaft in Basel 80 (1969), 327–386

Baer, G.: An Ayahuasca-Ceremony among the Matsigenka (Eastern Peru). Zeitschrift für Ethnologie 99 (1974), 63–80

Baer, G.: Religion and Symbols: A Case in point from Eastern Peru. The Matsigenka View of the Religious Dimension of Light. Scripta Ethnologica 6 (1981), 49–52

Baer, G.: Die Religion der Matsigenka, Ost-Peru. Monographie zu Kultur und Religion eines Indianervolkes des Oberen Amazonas. Wepf & Co., Basel 1984

Califano, Mario, Prof. Dr.

geb.:   1935
Adresse: Centro Argentino de Etnologia Americana (CAEA), Avenida de
             Mayo 1437, 1°, „A", 1085 Buenos Aires, Argentina
Tätigkeit: Direktor des CAEA, Consejo Nacional de Investigaciones Cientifi-
             cas y Technicas

Publikationen:

Califano, M.: La incorporación de un nuevo elemento cultural entre los Mashco de la Amazonia peruana. Relaciones de la Sociedad Argentina de Antropología XI (1977), 185–201

Califano, M.: El mito de Atúnto y la potencia amorosa; análisis de una práctica ritual de los Huachipaire
(Mashco). Cuadernos Prehispánicos IX (1978), 33–90

Califano, M.: Muerte, miedo y fascinación en la crisis de embüye de los Mashco de la Amazonia Sudoccidental. Runa XIII (1981), 125–151

Califano, M.: Etnografía de los Mashco de la Amazonia Sudoccidental. FECIC, Buenos Aires 1982

Califano, M., Fernandez Distel, A.: The use of a Hallucinogenous Plant among the Mashco (Southwestern Amazonia, Peru). Zeitschrift für Ethnologie 107 (1982), 129–143

Dittrich, Adolf, PD Dr. rer.nat., Dipl.-Psych.

geb.:   1941
Adresse: PSIN, Jupiterstraße 49, CH-8032 Zürich, Schweiz
Tätigkeit: Privatdozent für Empirische Psychologie klinischer Richtung an der
             Universität Zürich und Leiter des PSIN (Psychologisches Institut
             für Beratung und Forschung)

Publikationen:

Dittrich, A.: Alteration of Behavioural Changes Induced by 3,4,5-Trimethoxyphenlethylamine (Mesca-
line) by Pretreatment with 2,4,5-Trimethoxyphenylethylamine. A Self-Experiment. Psychopharmacologia (Berl.) 21 (1971), 22–237

Dittrich, A.: Zum Einfluß von Körperbewegungen auf das Auftreten psychopathologischer Phänomene
während kurzdauerndem Reizentzug. Zeitschrift für Klinische Psychologie und Psychotherapie 22
(1974), 369–375

Dittrich, A.: Gemeinsamkeiten von Halluzinogenen und psychologischen Verfahren zur Auslösung von
veränderten Wachbewußtseinszuständen. p. 85–92 in: *Voegler, G., von Welck, K.* (Hrsg.): Rausch
und Realität. Drogen im Kulturvergleich. Rowohlt, Reinbek 1982

Dittrich, A.: Ätiologie-unabhängige Strukturen veränderter Wachbewußtseinszustände. Ergebnisse
empirischer Untersuchungen über Halluzinogene I. und II. Ordnung, sensorische Deprivation, hypnagoge Zustände, hypnotische Verfahren sowie Reizüberflutung. Enke, Stuttgart 1985

Dittrich, A. et al.: International Study on Altered States on Conciousness (ISASC). Part 8: Summary
of the Results. German Journal of Psychology 9 (1985), 319–339

Grof, Stanislav, Prof. M.D.

geb.: 1931
Adresse: Spiritual Emergency Network, Esalen Institute, Big Sur, California
93920, USA
Tätigkeit: Früherer Leiter der psychiatrischen Forschung am Maryland Psychiatric Center und Assistant Professor der Psychiatrie an der John Hopkins University School of Medicine, jetzt am Esalen Institut

Publikationen:

Grof, S.: Topographie des Unbewußten. LSD im Dienst der tiefenpsychologischen Forschung. Klett-Cotta, Stuttgart 1978

Grof, S.: LSD Psychotherapy. Hunter House, Pomona, California 1980

Grof, S., Halifax, J.: Die Begegnung mit dem Tod. Klett-Cotta, Stuttgart 1980

Grof, S., Grof, C.: Jenseits des Todes. An den Toren des Bewußtseins. Kösel, München 1984

Grof, S.: Journeys Beyond the Brain. (Im Druck)

Hehr, Gurudev Singh, Dr., M.B., B.S., D.P.M.

geb.: 1933
Adresse: 120/22 Purani Abadi, Sriganganagar 335001, India
Tätigkeit: Psychiatrische Praxis und Consultant Psychiatrist, Vizepräsident der Rajasthan Psychiatric Society

Publikationen:

Hehr, G.S.: Hahnemann and nutrition. British Homoeopathic Journal 70 (1981), 208–212

Hehr, G.S.: Bacteriology and homeopathy. British Homoeopathic Journal 71 (1982), 62–68

Hehr, G.S.: Self-awareness and homoeopathy. British Homoeopathic Journal 72 (1983), 90–95

Hehr, G.S.: Was Kent a Hahnemannian? British Homoeopathic Journal 73 (1984), 71–74

Hehr, G.S.: Relevance of History to homoeopathy. British Homoeopathic Journal 74 (1985)

Hofmann, Albert, Dr. phil. II, Dr. pharm. h.c., Dr. sc.nat. h.c.

geb.: 1906
Adresse: Rittimatte, CH-4117 Burg i.L., Schweiz
Tätigkeit: Vormals Leiter der Abteilung Naturstoffe der Pharmazeutisch-chemischen Forschungslaboratorien der Sandoz AG, Basel

Publikationen:

Hofmann, A.: Die Mutterkornalkaloide. Enke, Stuttgart 1964

Hofmann, A.: LSD – Mein Sorgenkind. Klett-Cotta, Stuttgart 1979

Schultes, E.R., Hofmann, A.: The Botany and Chemistry of Hallucinogens. Charles C. Thomas, Springfield, Illinois 1973

Schultes, E.R., Hofmann, A.: Plants of the Gods. McGraw-Hill, New York 1979

Wasson, R.G., Hofmann, A., Ruck, C.A.P.: The Road to Eleusis. Harcourt Brace Jovanovich, New York 1978

Idoyaga Molina, Anatilda, Dr.

geb.: 1950
Adresse: Centro Argentino de Etnologia Americana (CAEA), Avenida de Mayo 1437, 1°. „A", 1085 Buenos Aires, Argentina
Tätigkeit: Wissenschaftliche Mitarbeiterin am CAEA, Consejo Nacional de Investigaciones Cientificas y Technicas

Publikationen:

Idoyaga Molina, A.: Aproximación Hermenéutica a las Nociones de Conceptión, Gravides y Alumbramiento entre los Pilagá. Scripta Ethnologica IV (1976), parte II

Idoyaga Molina, A.: La Bruja Pilagá. Scripta Ethnologica V (1978), parte II

Idoyaga Molina, A.: Muerte, Duelo y Funebria entre los Pilagá. Scripta Ethnologica VII (1980)

Idoyaga Molina, A.: En torno al concepto de Folklore. Scripta Ethnologica, Supplementa 1 (1981)

Idoyaga Molina, A., Califano, M.: Las Brujerías Mashco y Pilagá. Análisis comparativo de una estructura de dos grupos de América de Sur. Revista Española de Antropología Americana XIII (1983)

Jilek, Wolfgang, G., Prof. M.D., M.A., M.Sc., D. Psych.

geb.:   1930
Adresse: „Casa Miramar", 571 English Bluff Rd., South Delta, British Co-
              lumbia, Canada V4M 2M9
Tätigkeit: Klinischer Professor für Psychiatrie, University of British Colum-
              bia und Vancouver General Hospital

Publikationen:

Jilek, W.G.: From Crazy Witch Doctor to Auxiliary Psychotherapist. The Changing Image of the Medicine Man. Psychiatria Clinica 4 (1971), 200–220

Jilek, W.G.: Native Renaissance: The Survival and Revival of Indigenous Therapeutic Ceremonials
Among North American Indians. Transcultural Psychiatric Research Review 15 (1978), 117–147

Jilek, W.G.: The Psychiatrist and his Shaman Colleague: Cross-Cultural Collaboration with Traditional
Amerindian Therapists. Journal of Operational Psychiatry 9 (1978), 32–39

Jilek, W.G.: Altered States of Consciousness in North American Indian Ceremonials. Ethos 10 (1982),
326–343

Jilek, W.G.: Indian Healing – Shamanic Ceremonialism in the Pacific Northwest Today. Hancock
House, Sorrey, B.C., Canada 1982

Lankton, Stephen R., M.S.W., ACSW

geb.:   1947
Adresse: 1507 El Sereno Circle, P.O. Box 958, Gulf Breeze, Florida 32561,
              USA
Tätigkeit: Private psychotherapeutische Praxis, Hauptherausgeber der
              „Ericksonian Monographs"

Publikationen:

Lankton, S.R., Lankton, C.H.: The Answer Within: A Clinical Framework of Ericksonian Hypnotherapy. Brunner/Mazel, New York 1983

Lankton, S.R.: Multiple Embedded Metaphor. p. 377–394 in: *Zeig, J.K.* (ed.): Ericksonian Approaches
to Hypnosis and Psychotherapy, Vol. 2. Brunner/Mazel, New York 1984

Leuner, Hanscarl, Prof. Dr. med.

geb.:   1919
Adresse: Eisenacher Straße 14, D-3400 Göttingen, Bundesrepublik
             Deutschland
Tätigkeit: Leiter der Abteilung der Psychotherapie und Psychosomatik an der
             Universität Göttingen

Publikationen:

Leuner, H.: Die experimentelle Psychose. Springer, Berlin 1962

Leuner, H., Josuttis, M.: Religion und die Droge. Kohlhammer, Stuttgart 1972

Leuner, H.: Halluzinogene – psychische Grenzzustände in Forschung und Psychotherapie. Huber, Bern 1981

Leuner, H.: Katathymes Bilderleben, 2. Aufl. Huber, Bern 1983

Leuner, H.: Lehrbuch des gesamten Katathymen Bilderlebens. Huber, Bern 1985

Pahl, Jürgen, Dipl.-Psych.

geb.:   1942
Adresse: Landgrafenstraße 105, D-5000 Köln 41, Bundesrepublik
             Deutschland
Tätigkeit: Dozent der Arbeitsgemeinschaft für Katathymes Bilderleben, Psy-
             choanalytiker und Psychotherapeut in eigener Praxis

Publikationen:

Pahl, J.: Über narzißtische Entwicklungslinien während des Katathymen Bilderlebens. p. 93–104 in: *Leuner, H.* (Hrsg.): Katathymes Bilderleben – Ergebnisse in Theorie und Praxis. Huber, Bern 1980

Pahl, J.: Kombination von Gesprächspsychotherapie mit dem Katathymen Bilderleben. p. 155–172 in: *Howe, J.* (Hrsg.): Integratives Handeln in der Gesprächstherapie. Beltz, Weinheim 1982

Pahl, J.: Über einige abgrenzbare Formen der Übertragungs- und Gegenübertragungsprozesse während der Arbeit mit dem Katathymen Bilderleben. p. 73–91 in: *Leuner, H., Lang, O.* (Hrsg.): Psychotherapie mit dem Tagtraum. Ergebnisse II. Fallanalysen, Theorie. Huber, Bern 1982

Pahl, J.: Der Tagtraum – Ein seelisches Kompromißgeschehen und seine Bedeutung. p. 37–45 in: *Roth, J.W.* (Hrsg.): Konkrete Phantasie. Neue Erfahrungen mit dem Katathymen Bilderleben. Huber, Bern 1984

Perez Diez, Andrés A., Dr.

geb.: 1950
Adresse: Centro Argentino de Etnologia Americana (CAEA), Avenida de Mayo 1437, 1°. „A", 1085 Buenos Aires, Argentina
Tätigkeit: Wissenschaftlicher Mitarbeiter am CAEA, Consejo Nacional de Investigaciones Cientificas y Technicas

Publikationen:

Perez Diez, A.A.: Investigación integral de las poblaciones indígenas de la frontera del río Pilcomayo. Scripta Ethnologica III (1975), 2

Perez Diez, A.A., Salzano, F.M.: Evolutionary Implications of the Ethnolography and Demography of Ayoreo Indians. Journal of Human Evolution 28 (1978)

Perez Diez, A.A.: Los Biá-Yukí del río Chimoré (Bolivia oriental). Scripta Ethnologica V (1981), 2

Perez Diez, A.A.: A tale of the Mataco about the origin of women. Latin American Indian Literature 7, 2

Perez Diez, A.A.: La muerte y la funebria entre los Chimane del Oriente boliviano. Scripta Ethnologica IX

Pressel, Esther, Prof. Ph.D.

geb.: 1937
Adresse: Department of Anthropology, Colorado State University, Fort Collins, CO 80523, USA
Tätigkeit: Professorin für Psychologische und Medizinische Anthropologie

Publikationen:

Pressel, E.: Umbanda in Sao Paulo: Religious Innovation in a Developing Society. p. 264–318 in: *Bourguignon, E.* (ed.): Religion, Altered States of Consciousness, and Social Change. Ohio State University Press, Columbus, Ohio 1973

Pressel, E.: Umbanda Trance and Possession in Sao Paulo, Brazil. p. 113–225 in: *Goodman, F., Henney, J.H., Pressel, E.:* Trance, Healing, and Hallucination. Wiley, New York 1974

Pressel, E.: Negative Spirit Possession in Experienced Brazilian Umbanda Spirit Mediums. p. 333–364 in: *Crapanzano, V., Garrison, V.* (eds.): Case Studies in Spirit Possession. Wiley, New York 1977

Pressel, E.: Spirit Magic in the Social Relations between Men and Women in Sao Paulo, Brazil. p. 107–128 in: *Bourguignon, E.* (ed.): A World of Women: Anthropological Studies of Women in the Societies of the World. Praeger, New York 1980

Prins, Marina

geb.:   1948
Adresse: Zürich, Schweiz
Tätigkeit: Studentin der Psychologie

Richeport, Madeleine, Prof. Ph.D.

geb.:   1940
Adresse: University of Miami School of Medicine, Office of Transcultural
             Education and Research, Department of Psychiatry, P.O. Box
             016990, Miami, Florida, 33101, USA
Tätigkeit: Professorin an der „University of Miami School of Medicine"

Publikationen:

Richeport, M.: Becoming a medium: The role of trance in Puerto Rican spiritism as an avenue to mazeway resynthesis. University of Michigan Press, Ann Arbor, Michigan 1975

Richeport, M.: The psychiatrist as a culture broker: The hypnotic techniques of Dr. *Hilton L. Lopez,*
M.D. Svensk Tidskrift för Hypnos 5 (1979), 16–19

Richeport, M.: Erickson's contribution to anthropology. In: *Zeig, J.* (ed.): Ericksonian approaches to
hypnosis and psychotherapy. Brunner/Mazel, New York 1982

Richeport, M.: The importance of anthropology to psychotherapy: World view of *Milton H. Erickson,*
M.D. In: *Zeig, J.* (ed.): Ericksonian approaches to hypnosis and psychotherapy, Vol. II. Brun-
ner/Mazel, New York 1985

Scharfetter, Christian, Prof. Dr. med.

geb.:   1936
Adresse: Psychiatrische Universitätsklinik Zürich, Burghölzli, Forschungs-
             direktion, Postfach 68, CH-8029 Zürich 8, Schweiz
Tätigkeit: Professor für Psychiatrie an der Universität Zürich

Publikationen:

Scharfetter, C.: Symbiontische Psychosen. Studie über schizophrenieartige „induzierte Psychosen".
Huber, Bern 1970

Scharfetter, C.: Das AMP-System. Manual zur Dokumentation psychiatrischer Befunde. Springer, Berlin 1971

Scharfetter, C.: Allgemeine Psychopathologie. Eine Einführung, 2. Aufl. Thieme, Stuttgart 1985

Scharfetter, C.: Schizophrene Menschen. Psychologie Verlags Union, Urban und Schwarzenberg,
Weinheim 1986

Scharfetter, C.: Der Schamane: Zeuge einer alten Kultur – wieder belebbar? Schweizer Archiv für Neurologie, Neurochirurgie und Psychiatrie 136 (1985), 81–95

Suedfeld, Peter, Prof. Ph.D.

geb.: 1935
Adresse: University of British Columbia, 2075 Wesbrook Mall, Vancouver, B.C., Kanada V6T 1Z3
Tätigkeit: Dekan der „Faculty of Graduate Studies" und Professor für Psychologie an der Universität von Britisch-Kolumbien

Publikationen:

Suedfeld, P.: The Benefits of Boredom: Sensory Deprivation Revisted. American Scientist 63 (1975), 60–69

Suedfeld, P.: Restricted Environmental Stimulation: Research and Clinical Applications. Wiley, New York 1980

Suedfeld, P., Kristeller, J.L.: Stimulus Reduction as a Technique in Health Psychology. Health Psychology 1 (1982), 337–357

Suedfeld, P., Roy, C., Landon, B.P.: Restricted Environmental Stimulation Therapy in the Treatment of Essential Hypertension. Behaviour Research and Therapy 20 (1982), 533–559

Suedfeld, P., Ballard, E.J., Murphy, M.: Water Immersion and Flotation: From Stress Experiment to Stress Treatment. Journal of Environmental Psychology 3 (1983), 147–155

Sachregister